Louis Anne de Lavirote né à Beaune en Bourgogne. a composé plusieurs livres sur son métier et quelques uns, sur la phisique telque celuyci il a travaillé longtemps au journal des savants et est mort en 1759. agé agé de 33 ans. cet extrait de la phisique de Newton en bien traduit et luy a fait honneur. loriginal est anglois et duc irlandois nommé maclaur dont on trouvera la vie au commencement de ce volume.

Mr Lavirote étoit un homme desprit et il promettoit beaucoup il a été avec raison très regretté.

EXPOSITION
DES
DÉCOUVERTES
PHILOSOPHIQUES
DE M· LE CHEVALIER NEWTON·

PAR M. MACLAURIN, DE LA SOCIETE' ROYALE
de Londres , &c.

Ouvrage traduit de l'Anglois par M. LAVIROTTE, Docteur
en Médecine. D. L. F. D. M.

De Seve pinx.   D. Sornique. S.

A PARIS,

Chez $\left\{\begin{array}{l}\text{DURAND, rue S. Jacques, au Griffon.}\\\text{PISSOT, Quay des Augustins, à la Sagesse.}\end{array}\right.$

M. DCC. XLIX.
Avec Approbation & Privilege du Roi.

A

MONSIEUR
DE MAIRAN,

L'UN DES QUARANTE DE L'ACADÉMIE
FRANÇOISE, Membre & ancien Secrétaire de
l'Académie Royale des Sciences, de la Société
Royale de Londres, de celles d'Edinbourg & d'Wpfal,
de l'Académie de Petersbourg, de celle de l'Institut
de Bologne, &c.

ONSIEUR,

Il est si flateur de voir un nom célébre
à la tête de son Ouvrage, qu'on aura lieu

a ij

EPITRE.

de croire que l'amour-propre a beaucoup
de part à l'hommage que je vous rends ;
j'y suis cependant porté par de bien plus
puissans motifs. Aussi jaloux de faire honneur à la mémoire de votre illustre Ami,
que de contribuer de toute maniere au progrès de la Physique, vous m'avez encouragé à travailler à cet Ouvrage ; & même
vous en avez applani les difficultés en
m'aidant de vos conseils. Toutes les bontés
dont vous m'avez comblé m'ont trop pénétré de réconnoissance pour ne pas saisir
avec empressement l'occasion de la rendre
publique. Egalement habile à pénétrer ce
que les Mathématiques ont de plus profond, à dévoiler ce que la Physique a de plus
caché, & à faire jouer tous les ressorts

EPITRE.

de l'Eloquence, vous faites admirer en
vous des Qualités qui ne se trouvent presque jamais réunies : je n'aurai pas cependant la témérité d'entreprendre un Eloge
que vous desaprouveriez, Eloge qui d'ailleurs n'ajouteroit rien à votre gloire. Mais
ce que j'oserai dire sans que votre Modestie puisse s'en offenser, c'est que tous ces
Talens sublimes sont encore moins dignes
de louanges que ce caractere doux & liant
qui vous est particulier, & qui d'un Sçavant fait un Homme aimable. Il semble
que vous n'ayez forcé la Nature à vous
découvrir ses secrets que pour en rendre
aux autres l'accez plus facile. C'est en
effet l'usage le plus noble qu'on puisse faire de l'autorité qu'on s'est acquise ; mais

EPITRE.

c'est un Mérite rare & qui n'est que le par-
tage des Grands-Hommes.

J'ai l'honneur d'être avec respect,

MONSIEUR,

Votre très-humble & très-
obéiſſant Serviteur,

LAVIROTTE.

AVERTISSEMENT
DU TRADUCTEUR.

Q Uoiqu'il y ait un grand nombre de
Traités de Phyſique & d'Aſtronomie, dans leſquels la Doctrine de M.
Newton ſe trouve répandue, il ſemble
cependant qu'il manquoit en France un
Ouvrage qui expoſât en particulier, avec
autant de clarté que d'éxactitude, la Philoſophie de ce Grand-Homme. Il l'a traitée d'une maniere ſi ſublime dans ſon Livre des Principes, qu'il n'y a que le petit
nombre de Sçavans pour qui les Mathématiques n'ont rien de trop élévé, qui
puiſſent ſe flatter d'y atteindre. On conviendra donc aiſément de l'utilité d'un
Livre tel que celui-ci, pour procurer à la
plupart de ceux qui s'addonnent aux
Sciences l'avantage de connoître une ſi
excellente Philoſophie. Il eſt certain que
de tous les Diſciples de M. Newton il n'y
en a eu aucun de plus propre à exécuter

cette entreprife que M. Maclaurin, qui par la fupériorité de fon génie & la profondeur de fes connoiffances a mérité un des premiers rangs parmi les Sçavans qui ont illuftré les Mathématiques. Il a jugé que pour mieux faire fentir l'importance des Découvertes de fon illuftre Maître , il étoit à propos de donner une Hiftoire abregée du commencement & des progrès de la Philofophie jufqu'à lui ; afin qu'en comparant les différens Etats de cette Science , on pût appercevoir combien il s'eft élévé au-deffus de tous ceux qui l'ont précédé. Après avoir expofé en peu de mots les Opinions des anciens Philofophes, il s'arrête principalement à réfuter le Syftême de Defcartes. On trouvera fans doute que cet Illuftre François n'y eft pas traité avec tous les égards qu'il mérite: il paroît que M. Maclaurin, tout circonfpect qu'il étoit, n'a pu s'empêcher de marquer une certaine partialité Nationale dans les conféquences qu'il a tirées de ce Syftême. Il eft ordinaire en effet à tous ceux qui embraffent un Parti avec cha-

leur

leur de ne croire jamais déprimer affez les
Opinions contraires.

Né avec un génie trop fublime pour
languir fous le joug qui tenoit les hommes affervis depuis fi long-tems, Defcartes eut la hardieffe de fe frayer lui-même une nouvelle route, avec une ardeur
que les plus grands obftacles ne faifoient
que ranimer. Il vint à bout de diffiper des
erreurs qu'une Autorité, facrée pour tout
autre, avoit accoutumé à regarder comme autant de vérités fondamentales. Si
n'ayant de guide que fon génie, il s'eft
quelquefois égaré, ne devons nous pas en
accufer la foibleffe de l'Efprit humain qui
ne peut prendre un certain effor fans courir le rifque de s'écarter à chaque inftant
du chemin qui conduit à la vérité ? Jufqu'où n'a-t'on pas lieu de préfumer qu'il
féroit parvenu, fi après avoir porté la
Géometrie au plus haut point d'élévation, il eut pu s'appuyer de toutes les
Expériences dont tant d'habiles Phyfi-
ciens ont enrichi notre Siecle. Mais ce n'eft
pas ici le lieu de faire une Apologie de

b

ce grand Philosophe ; il a d'ailleurs été si souvent célébré que je ne pourrois que tomber dans d'ennuyeuses répétitions.

M. Maclaurin s'est particuliement attaché dans le premier Livre à faire remarquer à combien d'erreurs on s'expose, lorsque perdant de vûe les Expériences, qui seules peuvent nous conduire dans les Labyrinthes de la Nature, on prétend dévoiler ses secrets à l'aide de quelques Hypothèses ou de certaines spéculations purement Métaphysiques. Il ne pouvoit pas citer d'exemple plus propre à nous convaincre du danger qu'il y a, même avec l'esprit le plus étendu, de se briser contre cet écueil, que celui du fameux M. Leibnitz.

Après ce Préliminaire, qui met le Lecteur en état de mieux juger de la prééminence de la Philosophie de M. Newton, il emploie les trois Livres suivans à en faire l'exposition. Il étoit surtout à craindre qu'en voulant faciliter l'intelligence de cette Philosophie M. Maclaurin n'en donna qu'une idée fuperficielle ; je laiffe au Lecteur à décider s'il n'a pas gardé ce jufte milieu : on verra d'ailleurs qu'il y a ajouté plufieurs démonftrations fur differens fujets, qui lui étoient particulieres, & grand nombre de refléxions que le plan de cet Ouvrage ne lui a pas permis d'étendre plus au long ; mais qui fe trouvent développées dans fon excellent Traité des Fluxions, de maniere à ne laiffer rien à défirer aux plus profonds Mathématiciens.

M. Maclaurin étant mort en 1746, M. Murdoch de la Société Royale a été chargé du foin de publier ce Livre fur les Manufcripts de l'Auteur. Il n'a paru à Londres que l'Année derniere, où on l'attendoit avec tant d'empreffement qu'il fe trouve plus de deux mille Soufcripteurs dans le Catalogue qui eft à la tête de cette Edirion. J'ai cru me rendre utile au Public en travaillant à la Traduction que j'en donne aujourd'hui ; on peut la regarder comme très-exacte : j'ai eu foin de la faire auffi littérale que le différent génie des deux Langues pouvoit me le permettre ; & je me suis flatté qu'on voudroit bien excuser les négligences de style qui pourront s'y rencontrer, convaincu que dans un Ouvrage Philosophique on cherche plutôt la clarté que l'élégance.

Il me resteroit maintenant à faire connoître plus particuliérement M. Maclaurin, si l'Editeur Anglois n'avoit pas recueilli l'Histoire de sa Vie qu'on voit ici traduite. Un simple détail des actions des Grands-Hommes fait mieux leur Eloge que tout ce qu'on pourroit en dire.

MEMOIRES

SUR LA VIE ET LES ÉCRITS

DE M· MACLAURIN·

 OLIN MACLAURIN étoit d'une an-
cienne Famille, qui a été long-
tems en poſſeſſion de l'Iſle de
Tirrie, ſur les Côtes de la Province
d'Argyle. Son Ayeul, Daniel,
allant s'établir à Innerara, contribua beaucoup
à réparer les dommages que cette Ville avoit
ſoufferts, dans le tems des guerres civiles qui
la ruinerent preſque entiérement. Il paroît
d'ailleurs par quelques Mémoires qu'il écrivit
ſur les affaires de ſon tems, que c'étoit un
homme de mérite & doué de talens ſupé-

rieurs. Jean Maclaurin fils de Daniel, & Pere de notre Auteur, étoit Miniftre de Glenderu-le ; où il s'eft diftingué non-feulement par tou-tes les vertus d'un Pafteur exact & vigilant, mais de plus il a laiffé, dans les Regiftres de fon Synode Provincial, des monumens éter-nels de fon habileté dans l'adminiftration des affaires Publiques. Il fut auffi employé par ce même Synode à finir la verfion des Pfeaumes en Irlandois, laquelle eft encore en ufage dans tous les lieux de la Campagne où le Service divin fe fait en cette langue. Il époufa une Femme de la noble Famille de Cameron dont il eut trois fils; Jean qui eft encore vivant Ec-cléfiaftique auffi, diftingué par fon fçavoir que par fa piété, l'un des Miniftres de la Vil-le de Glafgow ; Daniel, qui mourut jeune, après avoir donné des preuves d'un génie bien au-deffus du commun ; & Colin, né à Kilmod-dan au mois de Février 1698.

M. Maclaurin le Pere mourut fix femaines après ; mais cette perte, toute confidérable qu'elle étoit pour ces jeunes Orphélins, fut en grande partie réparée par les foins généreux de M. Daniel Maclaurin leur Oncle Miniftre de Kilfinnan, & par la vertu & la prudente économie de Madame Maclaurin leur Mere Cette Dame, après s'être arrêtée quelque tems dans la Province d'Argyle, où conjointe

ment avec ſes ſœurs , elle avoit une petite
Terre qui lui venoit de ſes Ancêtres , alla de-
meurer à Dumbarton , afin d'être plus à por-
tée de donner une éducation convenable à ſes
Enfans:mais par ſa mort qui arriva en1707, leur
Oncle ſe trouvaſeul chargé du ſoin de leséléver.

En 1709 Colin fut envoyé à l'Univerſité de
Glaſgow , où il reſta l'eſpace de cinq années ,
s'addonnant à ſes études avec tout le ſuccès que
donnoient lieu d'attendre des talens tels que les
ſiens,cultivés avec le plus grand ſoin & une application infatigable. On trouve parmi ſes plus
anciens Manuſcripts,des fragmens d'un journal ,
où il tenoit chaque jour & preſque chaque heure,
un compte exact du commencement & du
progrès de chaque genre d'Etude auquel il s'appliquoit,& de toutes les recherches particulieres
qu'il entreprenoit,de ſes converſations avec les
Sçavans , des queſtions qui y étoient agitées ,
& des raiſons qu'on alléguoit de part &
d'autre. On y trouve les noms des célébres
MM. Robert Simſon , Johnſton & de pluſieurs autres Sçavans, qui concouroient tous à
l'envi à encourager notre jeune Philoſophe ,
en lui ouvrant leurs Bibliotheques , & l'admettant à leurs entretiens les plus particuliers.
Ses occupations ne lui laiſſerent pas aſſez de
tems dans la ſuite pour continuer un Regiſtre ſi exact de ſa vie , mais il eſt certain que

fa maniere de vivre ne changea point pour
cela , & qu'il ne fe paſſoit pas d'heure où il
n'eut matiere à faire quelques remarques qu'il
auroit pu revoir enfuite avec plaifir.

Son génie pour les Mathématiques fe ma-
nifeſta de ſi bonne heure , qu'à l'âge de douze
ans , ayant rencontré , par hazard , un exemplaire d'Euclide dans la chambre d'un de fes
amis , il en comprit parfaitement en peu de
jours les ſix premiers Livres fans aucun fecours:
& delà , fuivant fon penchant naturel , il fit des
progrès ſi furprenans , que nous le trouvons
bientôt après engagé dans les Problêmes les
plus curieux & les plus difficiles. Il eſt certain que dans fa feiziéme année , il avoit déja
trouvé pluſieurs des propoſitions qu'il publia
dans la fuite fous le titre de *Geometria Organica.*

Il prit à l'âge de quinze ans fes dégrés de
Maître-ès-Arts , avec beaucoup d'applaudiſſe-
ment ; & il compoſa & foutînt publiquement
à cette occaſion une Theſe fur la Péſanteur.
Après avoir paſſé un an à l'étude de la Théologie , il quitta l'Univerſité , & vêcut la plûpart du tems retiré dans une agréable mai-
fon de Campagne de fon Oncle , jufque vers
la fin de l'année 1717. Dans cette retraite il
continua fes Etudes avec la même aſſiduité
qu'il avoit fait à l'Univerſité , fe livrant furtout à fes recherches favorites en Mathématiques

tiques & en Philofophie,& lifant à de certaines heures les meilleurs Auteurs claffiques pour lefquels il avoit naturellement un goût particulier.

Dans les intervalles de fes Etudes, les hautes Montagnes dont il étoit environné, l'excitoient fouvent à confidérer les curiofités naturelles qu'elles renferment, & la variété infinie des Plantes qui y croiffent, ou à monter jufqu'à leurs fommets pour y jouir du plaifir de la vûe la plus étendue & la plus diverfifiée. Là fon imagination étant échauffée par la grandeur & la magnificence des chofes qu'il découvroit,il compofoit quelque fois tout-à-coup, dans la vivacité de fon tranfport, quelques piéces de vers fur la beauté de la Nature & fur les perfections de fon Auteur. Il refte encore quelques fragmens de ces Poëfies, qui, tout imparfaits qu'ils font, annoncent cependant un génie capable d'aller beaucoup plus loin en ce genre. Il y a encore quelques autres productions de fa jeuneffe, qui, quoique peu dignes de paroître en public, font toujours très-précieufes pour fes amis; ne fut-ce que pour voir le progrès qu'il avoit fait alors dans les différentes parties des Sciences: que peut-il y avoir en effet de plus fatisfaifant que d'obferver le développement & la marche d'un efprit tel que celui de M. Maclaurin.

ç

En 1717. il se présenta en qualité de Candidat pour la Chaire de Mathématiques, au College d'Aberdéen, qu'il obtint après l'avoir disputée pendant dix jours avec un très-habile Compétiteur. Etant fixé dans cette place, il y fit bientôt revivre le goût des Mathématiques, & il les porta à un période qu'elles n'avoient jamais atteint dans cette Université.

Pendant les vacances de 1719 & 1721, il alla à Londres, dans la vûe de se perfectionner & d'acquérir la connoissance des Sçavans les plus distingués de cette Ville. Dans son premier voyage, il fut non-seulement lié avec le Docteur Hoaldy alors Evêque de Bangor, le Docteur Samuel Charke & différentes autres personnages d'un mérite éminent; mais la connoissance dont il se sentit le plus honoré, fut celle du Chevalier Isaac Newton, dont il regardoit l'amitié comme le plus grand bonheur de sa vie. Il fut reçu membre de la Société Royale, & donna deux Mémoires qui ont été insérés dans les Transactions Philosophiques; son Livre intitulé *Geometria Organica* fut imprimé dans le même tems, avec l'Approbation du Président.

A son second voyage à Londres en 1721, il fit la connoissance de M. Martin Folkes, Ecuyer, actuellement Président de la Société Royale, avec lequel il fut toujours lié depuis de l'amitié la plus intime , & entretint un frequent commerce de Lettres , lui communiquant toutes ses vûes & toutes ses Découvertes dans les Sciences.

En 1722. Milord Polwarth , Plénipotentiaire du Roi de la grande Bretagne au Congrès de Cambray, engagea M. Maclaurin à accompagner son Fils aîné dans ses voyages en qualité de Gouverneur & d'Ami. Après avoir séjourné très-peu de tems à Paris & visité quelques autres Villes de France, ils s'arrêterent en Lorraine ; là outre l'avantage d'une Académie célèbre , ils eurent celui de jouir des agrémens d'une des Cours les plus polies de l'Europe. M. Maclaurin s'y attira l'estime des personnes les plus distinguées de l'un & de l'autre sexe , & en même tems il ajouta beaucoup aux manieres douces & affables qui lui étoient naturelles , tant par la disposition de son esprit , que par tous les avantages qui peuvent rendre une personne aimable. C'est là qu'il composa sa Piéce sur le Choc des Corps, qui remporta le Prix de l'Académie Royale des Sciences pour l'Année 1724 ; il a inféré la substance de cette Dissertation dans son Traité des Fluxions & au Livre II. Chap. II. du présent Ouvrage.

M. Maclaurin & son Disciple ayant quitté la Lorraine , avoient déja avancé leur voyage

jufqu'aux Provinces Méridionales de France ,
lorfque M. Hume fut faifi d'une fievre dont
il mourut à Montpellier. Un événement fi trifte auroit fûrement touché un cœur moins fenfible & moins tendre que celui de M. Maclaurin : dans quelques Lettres qu'il écrivit à
ce fujet il en paroît entiérement inconfolable.
La douleur qu'il reffentoit en particulier d'avoir
perdu fon Difciple , fon Compagnon & fon
Ami ; fon attachement pour une famille à laquelle il avoit de grandes obligations , & qui
venoit de faire une perte irréparable dans la
mort de ce jeune Seigneur , dont elle avoit
lieu de concevoir les plus belles efpérances ,
l'accablerent de douleur. Ne trouvant plus alors
que du dégoût & de l'ennui dans les voyages ni même partout ailleurs , il fe livra , immédiatement après fon retour, aux occupations
de fa Chaire à Aberdéen.

Mais ayant acquis univerfellement la réputation d'un des plus grands Génies de fon Siecle , quelques Directeurs de l'Univerfité d'E-
dinbourg fouhaiterent de l'engager à remplir
les fonctions de M. Jacques Gregori, que l'âge
& les infirmités avoient rendu incapable de
profeffer. Plufieurs difficultés retarderent ce
deffein pour quelque tems , furtout la con-
currence d'un Mathématicien diftingué par
l'éminence de fes talens & favorifé d'une ma-

niere particuliere par les Chefs de l'Univerfité, & d'ailleurs le manque d'un fonds fur-
numéraire pour le nouveau Profeffeur ; mais
tous ces obftacles furent levés à la reception
de deux lettres de M. le Chevalier Newton :
dans l'une, addreffée à M. Maclaurin avec per-
miffion de la faire voir aux Directeurs de l'U-
niverfité , M. Newton s'exprime ainfi : «
» j'apprens avec beaucoup de fatisfaction
» que vous avez lieu d'efpérer d'être affocié à
» M. Jacques Gregori , pour profeffer les Ma-
» thématiques à Edinbourg , non-feulement
» parce que vous êtes mon Ami , mais encore
» plus à caufe de vos Talens, fçachant que les
» nouvelles Découvertes qui ont été faites dans
» les Mathématiques ne vous font pas moins
» connues que l'état primitif de ces Sciences.
» Je vous fouhaite de tout mon cœur un heu-
» reux fuccès , & j'apprendrai votre élection
» avec un fenfible plaifir ; je fuis avec toute la
» fincerité poffible votre fidel Ami & votretrès-
» humble Serviteur. »

Dans une feconde Lettre addreffée au Lord
Prevôt d'Edinbourg , de laquelle M. Maclaurin n'eut aucune connoiffance que quelques années après la mort du Chevalier Newton , ce
dernier parle en ces termes : » je fuis ravi d'ap-
» prendre que M. Maclaurin eft parmi vous
» dans une haute réputation pour fon habilété

„ dans les Mathématiques , car je le crois très-
„ digne de l'eſtime qu'il s'eſt acquiſe : Pour
„ vous convaincre que je ne le flatte pas , &
„ le porter à accepter la place d'Aſſocié à **M.**
„ Gregori , afin de lui ſucceder , je ſuis prêt ,
„ ſi vous voulez bien me le permettre , de con-
„ tribuer à ſes honoraires pour vingt livres
„ ſterling par an , juſqu'à ce que la place de
„ **M.** Gregori vienne à vacquer , ſi je vis aſ-
„ ſez long-tems ; & je payerai cette ſomme à
„ ſon ordre à Londres. „

Il fut reçu dans l'Univerſité au mois de Novembre 1725 , en même tems que ſon Sçavant
Collégue & intime Ami le Docteur Alexandre Monro Profeſſeur d'Anatomie. L'Ecole de
Mathématiques devint bientôt très-nombreu-
ſe , car il y avoit d'ordinaire plus de cent Auditeurs qui ſuivoient exactement ſes Leçons
chaque année. Ces Etudians étant de profeſ-
ſions & de capacités différentes , il fut obligé
de diviſer ſon Ecole en quatre ou cinq Claſſes ,
à chacune deſquelles il donna tous les jours
une heure entiere , depuis le premier de Novembre juſqu'au premier de Juin.

Dans la premiere ou la plus baſſe Claſſe , quelquefois diviſée en deux , il enſeignoit les ſix
premiers Livres des Elemens d'Euclide , la Trigonométrie Rectiligne , la Géometrie Pratique , les Elémens de Fortification & une in-

troduction à l'Algébre. Dans la seconde Classe, on étudioit l'Algébre, l'onziéme & le douziéme Livre d'Euclide, la Trigonométrie Sphérique, les Sections Coniques & les Principes généraux d'Astronomie. Dans la troisiéme Classe il traitoit de l'Astronomie & de la Perspective, il y expliquoit une partie du Livre des Principes de M. Newton, & faisoit un cours d'Expériences pour les éclaircir : Il démontroit ensuite les Elémens des Fluxions. Ceux de la quatriéme Classe étudioient le Traité des Fluxions, la Doctrine des Hazards & le reste du Livre des Principes de M. le Chevalier Newton.

M. Maclaurin se servoit d'une Méthode si lumineuse en traitant tous ces differens sujets ; & s'exprimoit avec tant de clarté que ses Démonstrations avoient rarement besoin d'être répetées : tel étoit cependant son zéle pour l'avancement de ses Ecoliers, que si quelquefois ils paroissoient ne l'avoir pas parfaitement entendu, ou si, en les examinant, il ne les trouvoit pas en état de démontrer promptement la proposition qu'il avoit prouvée, il étoit plus porté à soupçonner ses expressions d'obscurité, qu'à s'en prendre à leur manque de génie & d'attention; ensorte qu'il récommençoit sa Demonstration par quelque autre Méthode, afin d'essayer si, en l'exposant dans un different jour,

il la leur feroit comprendre plus clairement.

Malgré les travaux de fa charge de Profeffeur public , il ne laiffoit pas d'être fouvent
détourné par plufieurs autres occupations. Si le
bruit fe répandoit qu'on avoit fait quelque
part une Expérience finguliere , les Curieux
s'empreffoient de la voir répéter par M. Maclaurin : s'il y avoit une Eclipfe ou une Comete à obferver, fes Telefcopes étoient toujours prêts. Les
Dames mêmes s'entretenoient quelquefois avec
lui fur fes Expériences & fes Obfervations ;
& elles s'étonnoient de la facilité avec laquelle il leur donnoit la folution des Queftions
qu'elles lui propofoient. Il ne refufoit jamais
fes avis ni fon fecours , furtout à fes jeunes
Eleves , il étoit toujours prêt à les écouter , à
l'exception de fes heures de Claffes, qu'il regardoit comme facrées. Des perfonnes de tous
rangs & d'un mérite diftingué rechercherent
fa connoiffance & fon amitié ; elles trouvoient
tant de plaifir dans fa compagnie qu'elles lui
enleverent une grande partie de fon tems ,
enforte qu'il n'en étoit pas maître , même dans
fa retraite à la Campagne. Malgré la multitu-
de de fes occupations & les fréquens obftacles
qu'il rencontroit , il ne difcontinua pas de fuivre fes Etudes particulieres avec la plus grande affiduité , lifant tout ce qui paroiffoit de
nouveau

nouveau, dès qu'il pouvoit en attendre quelque avantage. Mais afin d'avoir le tems de se livrer à des travaux si suivis & de composer ses Ouvrages, il fut obligé de prendre sur les heures destinées au sommeil l'équivalent de celles qu'il accordoit à ses Amis & à ses Ecoliers; & il n'est pas douteux qu'il n'ait par là considérablement alteré sa santé.

M. Newton étant mort au commencement de l'année 1728, son Neveu M^r. Conduitt se proposa de donner une histoire de sa vie, & il désira d'être aidé dans ce travail par M. Maclaurin, qui pénétré de la plus vive réconnoissance par son Illustre Bienfaiteur, entreprit avec ardeur, & finit en peu de tems l'histoire des progrès de la Philosophie jusqu'au tems du Chevalier Newton. Ce fut la premiere ébauche de l'Ouvrage suivant, & aussi-tôt qu'elle parut à Londres, elle y reçut l'approbation de quelques-uns des meilleurs Juges. Le Docteur Rundle, depuis Evêque de Derry, fut en particulier si charmé de cet essai qu'il en par la au feu Roi. Sa Majesté se donna la peine de le lire, & témoigna qu'elle desiroit que cet Ecrit fut rendu public; mais la mort de M. Conduitt ayant prévenu l'exécution de la partie de l'Ouvrage dont il s'étoit chargé, M. Maclaurin retira son manuscrit. Il y ajouta dans la suite les preuves & les exemples les plus récens qu'il trou-

d

va, sur les sujets traités par M. Newton, & il le laissa dans l'état où il paroît actuellement.

M. Maclaurin vécut dans le Célibat jusqu'à l'année 1733 ; mais n'étant pas moins formé pour la Société que pour la contemplation, & désirant d'allier des plaisirs plus délicats & plus touchans à ceux de la Philosophie, il épousa Anne, Fille de M^r. Walter Stewart Procureur général du feu Roi pour l'Ecosse ; il en eut sept enfans, dont cinq sçavoir deux fils, Jean & Colin, & trois filles lui ont survêcu.

Le Docteur Berkley Evêque de Cloyne, ayant pris occasion, sur quelques disputes qui s'étoient élevées au sujet des fondemens de la Méthode des Fluxions, de rejetter la Méthode elle-même dans un Traite intitulé l'*Analyste* publié en 1734, & en même tems d'accuser les Mathématiciens d'infidelité en matiere de Religion ; M. Maclaurin jugea qu'il étoit nécessaire de défendre son Etude favorite, & de repousser une accusation dans laquelle il se trouvoit si injustement compris. Il commença une réponse au Livre de l'Evêque ; mais à mesure qu'il avançoit, il fit un si grand nombre de Découvertes, trouva tant de nouvelles Théories, & résolut tant de Problêmes curieux, qu'au lieu d'une Piéce justificative, son Ouvrage s'accrût jusqu'à former un Traité complet des Fluxions, avec leur application

aux Problêmes les plus importans de Géometrie & de Phyſique.

Cet Ouvrage fut publié à Edinbourg en
1742, en deux volumes in quarto ; on ne ſçait
ce qu'on doit le plus y admirer, ou ſes démonſtrations ſolides & inconteſtables des fondemens de la Méthode elle-même , ou l'application qu'il en a faite à une ſi grande variété
de Problêmes auſſi curieux qu'utiles *.

Ses démonſtrations furent communiquées ,
quelques années auparavant, au Docteur Berkley , & M. Maclaurin le traita avec tout le
reſpect & tous les égards dus à ſa dignité :
malgré cela il ne laiſſa pas de revenir à la charge dans ſa Diſſertation ſur l'Eau de Goudron ,
comme ſi on n'eut rien répondu ; par cette excellente raiſon que dfférentes perſonnes avoient
conçu & exprimé la même choſe de différentes manieres.

Une Société s'étant formée depuis quelques
années à Edinbourg pour l'avancement de la
Médecine , M. Maclaurin propoſa aux Membres qui la compoſoient d'en rendre le Plan
plus étendu ; enſorte qu'on y comprit toutes
les Parties de la Phyſique & les Antiquités
du Pays. Ce projet fut bientôt agréé, & à
l'exemple de M. Maclaurin pluſieurs perſonnes
du premier rang & d'un mérite diſtingué , ſe

---

* Ce Traité des Fluxions paroitra dans peu traduit en François.

joignirent, à cet effet, aux Membres de l'ancienne Société. Le Comte de Morton leur fit l'honneur d'accepter la Charge de Préfident ; le Docteur Plummer Profeffeur de Chymie, & M. Maclaurin furent choifis pour Secrétaires, & plufieurs Sçavans de grande réputation, Anglois & Etrangers, défirerent d'être admis à cette Société. Aux affemblées qui fe faifoient chaque mois, M. Maclaurin lifoit généralement quelque Mémoire ou quelque Obfervation dont il étoit l'Auteur, ou il leur communiquoit les Lettres qu'il avoit reçues des Sçavans étrangers ; enforte que la Société fe trouvoit informée de toutes les nouvelles Découvertes dont les Sciences s'enrichiffoient.

Plufieurs de fes Mémoires, lus à cette Société, fe trouvent imprimés dans le cinquiéme & le fixiéme volumes des Effays de Médécine. Il y en a auffi eu quelques-uns de publiés dans les Tranfactions Philofophiques, & M. Maclaurin eut occafion d'en inférer un beaucoup plus grand nombre dans fon Traité des Fluxions, & dans fon Expofition de la Philofophie de M. le Chevalier Newton. C'eft ce qui a retardé la publication d'un nouveau Volume des Ouvrages de cette Société : mais on a lieu d'efperer qu'elle ne laiffera pas de continuer fes travaux avec fuccès, malgré la perte qu'elle a faite à la mort de M. Maclaurin.

Il propofa auffi de bâtir un Obfervatoire Aftronomique & une Salle convenable pour faire des Expériences dans l'Univerfité ; il en dreffa un Plan où la commodité étoit réunie avec l'Elégance : & comme cet Edifice devoit être conftruit par le moyen des contributions particuliéres , il s'employa de tout fon pouvoir pour ramaffer la fomme néceffaire à ce deffein ; ce qu'il fit avec tant de fuccès , que fans ces malheureux défordres qui ont affligé ce Pays , ce bâtiment pourroit être actuellement fort avancé. Les Comtes de Morton & d'Hoptoun donnerent des preuves de leur libéralité , & de leur amour pour les Sciences , à cette occafion, ainfi que M. le Baron Clerk Vice-Préfident de la Société Philofophique. Plufieurs Perfonnes d'un rang diftingué , qui avoient des inftrumens d'une grandeur confidérable, offrirent de les donner dès qu'on feroit en état de s'en fervir à cet Obfervatoire.

Le Comte de Morton réfolu de partir pour les Orcades & le Shetland en 1739, afin d'y vifiter les Terres qu'il y poffede , vouloit en même tems réformer la Géographie de ces Contrées , qui eft très-fautive dans toutes nos Cartes , examiner l'Hiftoire naturelle du Pays , mefurer les Côtes, & y déterminer la valeur d'un dégré du Méridien : dans cette vûe il fouhaita d'être accompagné de M. Maclaurin.

Mais ſes affaires de famille ne lui permettant
pas d'entreprendre un pareil voyage , il ne
put faire autre choſe que de donner un Mémoire de ce qu'il jugeoit devoir être obſervé,
de fournir les inſtrumens néceſſaires , & de
préſenter en ſa place M. Short fameux Op-
ticien, comme très-capable de toutes ces entrepriſes. La rélation qu'il reçut de ce voyage le perſuada encore plus de l'imperfection
de la Géographie de cette Contrée , qui a été
la cauſe de tant de naufrages ; c'eſt pourquoi
il employa pluſieurs de ſes Écoliers , alors établis dans les Provinces Septentrionales , à en
meſurer les Côtes.

M. Bryce leva ſur ces Obſervations une
Carte de la Côte de Caithneſſ & de Strathna-
ver , il y ajoûta des remarques ſur l'Hiſtoire
naturelle & les raretés du Pays , avec des rou-
tes pour les Navigateurs. Cette Carte fut préſentée à la Société Philoſophique à Edimbourg
& publiée par ſon Ordre. M. Bonnar a levé
pareillement une Carte des trois Iſles les
plus Septentrionales du Shetland, qui ſe trouve
parmi les papiers de M. Maclaurin,& nous attendons dans peu la Géographie des Orcades corri-
gée par M. Mackenzie. C'étoit ſur de ſemblables Obſervations faites par des Perſonnes habiles,aidées des meilleurs inſtrumens,que M. Maclaurin s'attendoit à voir lever une bonne Car-

te d'Ecoffe ; & non fur les copies ferviles des Marchands de Cartes ni fur une pénible collection d'anciens Plans de très-peu d'autorité, qu'il croyoit plus propres à perpétuer les erreurs qu'à les rectifier.

M. Maclaurin avoit encore un projet plus étendu fur la perfection de la Géographie & de la Navigation ; après avoir lû toutes les Rélations qu'il put trouver des Voyages faits dans les Mers du Nord & du Sud, il imagina que l'Océan étoit ouvert dans le trajet du Groenland à la Mer du Sud par le Pole Septentrional. Il en étoit fi perfuadé qu'on lui a entendu dire que, fi fa fituation le lui permettoit, il entreprendroit ce voyage même à fes propres dépens. En 1744 on préfenta au Parlement plufieurs Piéces à ce fujet, fur lefquelles M. Maclaurin fut confulté par des Perfonnes de grande autorité ; mais on fe détermina à tenter la Découverte d'un paffage au Nord-Oueft avant qu'il put finir le Mémoire qu'il fe propofoit d'envoyer ; & il fut très-fâché de cette réfolution, parce qu'il penfoit que ce paffage, fi on avoit à le trouver, ne devoit pas être éloigné du Pole. Tel étoit le zele de ce célébre Philofophe pour le bien Public dans toutes les occafions ; la derniere & la plus remarquable eft celle dont nous allons maintenant parler.

Lorfqu'on fut affuré, en 1745, que les Rébelles, après s'être avancés entre Edimbourg
& les Troupes du Roi, continuoient leur marche vers le Midy, M. Maclaurin fut des premiers à ranimer le zele des Perfonnes attachées à notre heureux Gouvernement, & à les
tirer de la funefte fécurité où elles avoient
perfifté jufques alors. Quoiqu'il n'ignorât pas
que la Ville d'Edimbourg étoit non-feulement hors d'état de foutenir l'attaque d'une
Armée reguliere, mais même de réfifter long-
tems aux Troupes en défordre & mal-armées
qui marchoient contre-elle ; cependant pré-
voyant combien il feroit avantageux aux Rébelles de s'emparer de cette Capitale, &
fçachant que les forces du Roi fous les ordres du Chevalier Jean Cope étoient atten-
dues chaque jour, il leva les Plans des Murs,
propofa plufieurs Rétranchemens, des Barrica-
des, des Batteries & diverfes autres défenfes,
qu'il penfoit qu'on pourroit tenir prêtes avant
l'arrivée des Rébelles, & au moyen defquelles il efperoit que la Ville feroit en état de
réfifter, jufqu'à ce que l'Armée du Roi fut arrivée à fon fecours. Tout le foin, non-feulement de donner le deffein, mais auffi de veil-
ler à l'exécution de ces Fortifications, tomba
en partage à M. Maclaurin; il fut occupé nuit
& jour à lever des Plans & à courir de place

place ; l'inquiétude , la fatigue , & le froid auquel il fut ainſi expoſé, altérant ſa conſtitution naturellement foible , furent la premiere
cauſe de la maladie dont il mourut.

Ce n'eſt pas ici le lieu de rapporter pourquoi ce Plan fut négligé , & de quelle maniere
les Rebelles ſe rendirent maîtres de la Ville.
Ils s'en rendirent maîtres, dis-je , & leurs eſ-
prits animés par ce ſuccès inattendu & par le
ſecours d'armes & de proviſions qu'ils en ti-
rerent , il défirent bientôt après l'armée du Roi
à Preſton-Pans. La modération qu'ils avoient
affectée avant cette malheureuſe bataille s'évanoüit alors , & il falloit obéir à toutes les
proclamations & à tous les ordres qu'il leur
plaiſoit de donner , ſous peine d'exécution mi-
litaire. Parmi ces ordres deſpotiques, il y en
eut un qui obligeoit tous ceux qui avoient ſervi comme volontaires à la défenſe de la Ville , de ſe préſenter avant un tems preſcrit devant leur Secrétaire d'Etat, & de ſigner une
rétractation de tout ce qui s'étoit paſſé & une
promeſſe de ſoumiſſion à leur prétendu Gouvernement, ſous peine d'être punis & traités
comme Rebelles. M. Maclaurin s'étoit trop
diſtingué parmi ces généreux Défenſeurs, pour
penſer qu'il put échapper au traitement le plus
ſévére, s'il venoit à tomber entre les mains
des Ennemis, après avoir négligé, de faire la

e

foumiſſion qu'ils exigeoient : il ſe retira donc
ſecréttement en Angleterre avant le dernier
jour fixé pour recevoir les foumiſſions ; mais il
vint à bout auparavant de faire tranſporter un
bon Teleſcope dans le Château , & trouva
le moyen de fournir à la Garniſon les Proviſions dont elle avoit beſoin.

Auſſi-tôt que Milord Herring , Archevêque
d'York fut informé que M. Maclaurin s'étoit retiré au Nord d'Angleterre, il l'invita de la maniere la plus polie & la plus engageante, à prendre
un Appartement chez lui durant ſon ſéjour en
cette Contrée. M. Maclaurin accepta cet of-
fre avec plaiſir , & bientôt après il s'exprima
ainſi dans une lettre à un de ſes Amis , " je
„ vis ici (dit-il) auſſi heureuſement que peut
„ le faire un homme qui ignore l'état de ſa
„ Famille & qui voit la ruine de ſon Pays. „
Le Lord Archevêque , dont le mérite & les
bontés reſterent toujours profondement gra-
vés dans l'eſprit de M. Maclaurin , entretint
dans la ſuite avec lui une correſpondance réguliere ; & lorſqu'on ſoupçonnoit que les Rebelles reprendroient une ſeconde fois poſſeſſion d'Edinbourg , après leur retraite d'Angleterre , il invita ſon ancien Hôte à ſe réfugier
de nouveau chez lui. On obſerva que durant
ſon ſéjour à York il étoit plus maigre qu'à
l'ordinaire , & qu'il avoit un air malade ; ce-

pendant comme il ne fentit pas qu'il y eut alors aucun danger, il ne fit point appeller de Médecins : mais ayant eu le malheur de tomber de cheval & fe trouvant d'ailleurs expofé, pendant fon retour chez lui, (tandis que les Rebelles s'avançoient en Angleterre) aux plus grandes rigueurs de la faifon, il fe plaignit à fon arrivée d'être fort incommodé. On découvrit en peu de tems que fa maladie étoit une Hydropifie afcite, & ce fut en vain qu'on employa tous les différens Remedes prefcrits par les plus célébres Médecins de Londres & d'Edinbourg, & qu'on lui fit trois fois la Ponction.

Il fe comporta durant cette trifte & longue maladie, comme il convenoit à un Philofophe & à un chrétien ; toujours tranquille, joyeux & réfigné : fes fens & fon jugement fe foutinrent dans leur entiere vigueur jufqu'à peu d'heures avant fa mort. Ce fut alors que fon Secrétaire auquel il dictoit le dernier Chapitre de l'Ouvrage fuivant, (où il prouve la Sageffe, la Puiffance, la Bonté & les autres Attributs de Dieu) s'apperçut pour la premiere fois qu'il héfitoit & tomboit dans des répétitions. On ne lui put trouver de Pouls, fes mains & fes pieds étoient déja froids ; cependant malgré l'état extremêment foible où il fe trouvoit, il fe tint fur fa chaife, & par-

la au Docteur Monro son Ami, avec sa féré-
nité & toute sa raison ordinaires, lui deman-
dant l'explication d'un Phénomene qu'il ob-
servoit sur lui-même, sçavoir, que des traits
de feu sembloient s'élancer de ses yeux, tandis que sa vûe s'affoiblissoit & qu'il pouvoit
à peine distinguer les objets. Peu de tems après
cette conversation il se fit mettre sur son lit,
où, le Samedi quatorziéme Juin 1746, âgé
de 48 ans & quatre mois, il passa de ce Monde à cet état de bonheur, dont il avoit les
plus hautes idées, & qu'il souhaitoit ardem-
ment de posseder.

La douleur que causa la perte de cet Homme Illustre parmi les Personnes de tous rangs,
fut aussi générale que l'estime qu'il avoit acquise ; mais ceux qui l'avoient connu particuliérement en furent les plus vivement affligés ;
le Docteur Monro, dans un Discours pronon-
cé à la première assemblée de l'Université après
ce funeste événement (dont on a tiré en substance ce qu'on vient de rapporter) fait surtout une peinture très-touchante de la douleur que ressentit à cette occasion le feu Lord
Président Forbes. Une conformité parfaite de
caractére & d'inclinations les avoit étroite-
ment unis durant leur vie, & malheureusement
leur mort ne se suivit que de trop près : le
Président, s'étant comme lui consumé au servi-

ce de fon Pays, devint bientôt le fujet d'un regret univerfel.

Dans le même difcours le Docteur fait voir, par un grand nombre d'exemples, que le génie fublime & le profond fçavoir ne faifoient pas le principal mérite de M. Maclaurin ; mais qu'il étoit encore plus éminemment diftingué du commun des hommes par les qualités du cœur ; fa bienveillance univerfelle & fa piété exempte de toute affectation, enfin une chaleur & une conftance dans l'amitié qui lui étoient particulieres. Il affure aufli, qu'après une liaifon intime avec lui pendant un fi grand nombre d'années, il n'avoit connu qu'à moitié fon mérite ; & qu'il ne fe manifefta dans tout fon luftre, que lorfqu'il fe trouva dans cette terrible fituation que tous les hommes doivent éprouver un jour, mais que les feules Ames preparées comme la fienne, armées de la vertu & d'une efpérance chrétienne, peuvent fupporter dignement.

Les bornes qui nous font prefcrites ne nous permettent pas de fuivre de célébre Profeffeur dans toutes ces agréables recherches, & la modeftie des Amis de M. Maclaurin ne fouffriroit pas un détail fi particulier. Nous devons nous contenter de le confidérer du côté qu'il s'eft fait univerfellement connoître, en donnant une courte Expofition de fes Ou-

vrages & de la maniere dont il a cultivé les
Mathématiques , en fuivant , avec une application infatigable , des Etudes qui paroiſſent à la
plûpart du monde plus curieuſes qu'utiles.

Son premier Ouvrage fruit des travaux
de ſa jeuneſſe fut la *Géométrie Organique* ,
où il traite de la deſcription des Courbes
par un mouvement continu. La premiere
& la plus ſimple des Lignes courbes ſe décrit par le mouvement d'une droite ſur un
Plan , autour de l'une de ſes extrêmités. M.
Newton avoit demontré que les Sections Coniques pouvoient toutes être décrites , en prenant deux Centres ou deux Poles dans un
Plan , & mouvant autour de ces Points deux
Angles donnés , en ſorte que l'interſection de
deux jambes ſoit toujours dans une ligne-droi-
te , dont la poſition ſur ce même Plan eſt donnée ; car de cette maniere l'interſection des deux
autres jambes décrira quelque Section Conique. Il décrit de même les Courbes du troiſiéme genre qui ont un Point double, c'eſt-à-dire qui , rentrant en elles-mêmes , paſſent deux
fois par le même Point ; mais M. Newton
avoue que la Deſcription d'un très-grand nombre de Courbes , qui n'ont pas un pareil Point,
eſt un Problême d'une toute autre difficulté.
La ſolution en étoit reſervée à M. Maclaurin ,
qui non-ſeulement l'a donnée d'une maniere

complétte, mais qui de plus a fait de rapides progrès dans cette Méthode de décrire les Courbes. En prenant plus de Poles, ou en mouvant les Points Angulaires le long d'un plus grand nombre de lignes dont la position soit donnée, ou enfin en portant les interfections le long de quelques lignes Courbes au lieu de Droites, il a rendu cette Méthode aussi générale qu'elle pouvoit l'être, ou du moins il a donné le moyen d'y parvenir. Et parce que ces Defcriptions de Courbes s'exécutent par le mouvement des Angles, combiné fuivant que le cas l'exige, il les appelle du nom général d'Organiques. Lorfqu'il écrivit ce Traité, il fe trouvoit dans le premier feu de fon imagination, & continuellement excité par l'ardeur qui l'emportoit à tenter d'autres Découvertes, enforte qu'il ne prit pas le tems de finir chaque Démonftration, d'une maniere auffi élégante qu'il auroit pu le faire. Les pages, il faut l'avouer, font toutes chargées de Calculs algébriques, & les yeux délicats de quelques Critiques en ont été bleffés; mais on répondra que ce qui les offenfe peut être très-agréable à de jeunes Mathématiciens : & même nous n'aurions fait aucune mention de ce prétendu défaut dans un fi grand Ouvrage, s'il n'en avoit lui-même parlé en plufieurs occafions. Dans une lettre à

un de ſes Amis, il témoigna qu'il avoit intention de reprendre, à ſon premier loiſir,
toute cette Théorie & d'y ajouter un ſupplé-
ment ; dont la plus grande partie a été
imprimée il y a pluſieurs années, mais il ne
nous en reſte qu'un extrait dans les Tranſactions Philoſophiques, N°. 439. Dans le même
Volume, il donne une nouvelle Théorie des
Courbes qui peuvent être déduites, de quelque autre Courbe donnée, en concevant que
des perpendiculaires aux Tangentes de cette
derniere ſoient continuellement tirées par un
point donné, & leurs interſections avec ces
Tangentes formeront une nouvelle Courbe ;
de celle-ci, on peut en déduire une troiſiéme
de la même maniere, & ainſi de ſuite à l'infini. Cette Théorie fournit pluſieurs Théorêmes curieux : il y a auſſi quelques Propoſitions ſur les Forces Centripetes & ſur d'autres ſujets, qui, avec les nombreuſes citations
qu'on y trouve, font voir les grands progrés
qu'il avoit déja faits dans chaque partie des
Mathématiques, & combien il étoit verſé dans
les Ecrits des meilleurs Auteurs.

　Nous ne repeterons pas ici ce qui a déja
été dit ſur ſa Piéce qui remporta le Prix
de l'Académie Royale des Sciences en
1724. La même Académie lui adjugea en
1740 un Prix qui lui fait un honneur infini,
pour

pour avoir expliqué le Flux & Reflux de la Mer par la Théorie de la Gravité ; Question qui avoit été proposée l'année précédente sans qu'on y eut satisfait. Il n'eut que dix jours de tems pour travailler à ce Mémoire, & il ne put trouver le loisir de le transcrire avec exactitude, ensorte que l'Edition de Paris n'est pas correcte ; mais il revit cette Dissertation dans la suite & l'insera dans son Traité des Fluxions.

Il est inutile de rapporter à quelles occasions il composa différentes Piéces qu'il envoya à la Société Royale : on en verra les dates dans la liste suivante & les sujets qui y font traités.

1. *De la Construction & de la Mesure des Courbes.* N°. 356.

2. *Nouvelle Méthode de décrire toutes fortes de Courbes.* N°. 359.

3. *Lettre à M. Martin Folkes Ecuyer, fur les Equations à Racines impossibles.* Mai 1726. N°. 394.

4. *Continuation de la même.* Mars 1729. N. 408.

5. *Du 21 Décembre 1732. Sur la Description des Courbes, avec l'Exposition des nouvelles Découvertes en ce genre, & un Mémoire daté de Nancy, le 27 Novembre 1722.* N°. 439.

6. *Plan du Traité des Fluxions*, le 27 Janvier 1742-3 N°. 467.

7. —— *Le même continué*, le 10 Mars 1742-3 N°. 469.

8. *Régle pour trouver les parties Méridionales d'un Sphéroïde avec la même exactitude que celles d'une Sphere.* Août 1741. N°.461.

9. *Des Bafes des Cellules où les Abeilles dépofent leur Miel*, du 3 Novembre 1743. N°. 471.

Mais fon grand Ouvrage, celui qui lui a coûté le plus de peine & qui le couvrira d'une gloire immortelle, eft fon *Traité des Fluxions*. On a déja dit plus haut l'occafion qui le lui fit entreprendre, fçavoir, les objections de quelques Perfonnes ingénieufes contre la Doctrine des Fluxions, fondées fur les diverfes manieres de l'expliquer employées par differens Auteurs. On ne peut difconvenir que les termes *d'Infini* & *d'Infiniment petits* ne foient devenus trop familiers aux Mathématiciens, & qu'on n'en ait abufé en *Arithmétique* & en *Géométrie*, foit en introduifant & palliant des abfurdités réelles, foit en donnant à ces Sciences un certain air myftérieux & affecté qu'elles ne doivent point avoir. Pour remédier à ce mal qui alloit tous les jours en croiffant, & ne laiffer à jamais aucune prife aux railleries qu'il avoit occafionnées, M. Maclaurin trouva qu'il étoit néceffaire, en démontrant

les Principes des Fluxions, de rejetter entiérement tous ces termes sujets à dispute, &
de ne supposer que des Quantités finies dé-
terminables, telles que celles dont traite Euclide dans sa Géométrie ; enfin de n'employer
aucune autre sorte de démonstration que celle dont les Anciens ont fréquemment fait usage, & qui a toujours été regardée comme très-
rigoureuse dès le commencement de cette
Science : par là il a assuré cette admirable
invention contre toutes les attaques des Siécles à venir, & en même tems il a rendu justice à l'exactitude de son illustre Auteur. Cet
Ouvrage lui a coûté des peines infinies ; mais
il ne les régrettoit pas : car il pensoit qu'à
proportion „ que les Méthodes générales ont
„ des usages importans, il est nécessaire qu'el-
„ les soient établies avec la plus grande cer-
„ titude, & que puisqu'elles nous épargnent
„ tant de tems & de travail, on ne doit rien
„ négliger pour éclaircir ces Méthodes elles-
„ mêmes „ *.

　Non-seulement il a démontré la certitude
de cette Doctrine, mais il l'a enrichie de Découvertes importantes, & il en a fait l'application avec beaucoup de succès à un si grand
nombre des recherches, aussi curieuses qu'utiles , que son Ouvrage peut être regardé com-

* Introduction aux Fluxions vers la fin.

me un Tréfor de Sciences Mathématiques ,
plutôt que comme un Traité de l'une de leurs
branches. Il feroit inutile d'entrer ici dans le
détail des chofes qu'il renferme , puifqu'on
en trouve une Expofition claire & méthodi-
que dans les Tranfactions Philofophiques N°.
468 , 469 ; où nous renvoyons le Lecteur.

Quoique cet Ouvrage ne foit pas également parfait en toutes fes Parties , à caufe de
l'étendue immenfe du Plan qu'il s'étoit propofé , on y remarque cependant partout un
génie du premier ordre & une fagacité peu
commune. Un Artifte ordinaire fuit la premiere route qui fe préfente à lui & non pas
ordinairement la meilleure ; il peut arriver à
la folution de fon Problême , mais elle fera
probablement denuée d'élegance ou de clarté :
on s'apperçoit aifément qu'elle n'eft pas auffi
parfaite qu'elle pourroit l'être, le réfultat n'étant
guéres plus fcientifique que celui d'une opéra-
tion arithmétique , où les nombres donnés &
leurs rapports ont tous difparu. Il s'en falloit
bien que M. Maclaurin fut dans le même cas ;
il avoit une imagination vive & un difcerne-
ment exquis, enforte que , faififfant tout-à-coup
toutes les différentes manieres de procéder,
il étoit en état de choifir la plus propre à fon
deffein & d'en faire l'application avec un art
& une méthode admirables. Cette faculté

n'eſt pas de celles qui s'acquerrent par l'exercice, elle tire plutôt ſon origine d'un certain
goût préſent de la Nature, qui dans les Mathématiques, comme en toutes autres choſes,
diſtingue l'excellence de la médiocrité.

Nous avons dans tous les derniers Ouvrages de M. Maclaurin, particulierement dans
ſon Traité des Fluxions, des exemples ſans
nombre de cette ſagacité ſinguliere ; il n'en
faudroit pas d'autre preuve que la maniere
dont il a réduit tant de ſolutions, qu'on avoit
coutume de traiter par les ordres les plus élevés des Fluxions, à ceux d'un ordre inférieur
& pluſieurs des Queſtions *de Maximis & Mi-
nimis*, & même quelques-unes des plus difficiles, à la Géométrie plane. Ce ſont là tous les
Ouvrages que notre Auteur a publiés pendant
ſa vie ; depuis ſa mort il a paru deux autres
volumes, ſon *Traité d'Algébre* & ſon *Expoſition de la Philoſophie de M. Nevvton.*

Quoique ce Traité d'Algébre n'ait pas eu
l'avantage d'être fini de ſa propre main &
d'être publié ſous ſes yeux, il eſt cependant
regardé comme excellent en ſon genre ; contenant dans un ſeul volume un Traité élémentaire complet de cette Science, juſqu'au
plus haut période où elle ait été portée ; &
toutes les regles les plus utiles qui ſont répandues en un ſi grand nombre d'Auteurs y ſont

clairement démontrées,& difposées fuivant l'ordre qu'il a trouvé le plus convenable après une
longue Expérience dans l'exercice des fonctions de fa Chaire. Il ne s'arrête pas tant, à la
vérité, aux applications pratiques que la plupart des autres Auteurs, mais il l'a fait à deffein : car il penfoit que la plus grande partie
de ces applications méritoient d'être traitées
féparement, & qu'en embraffer trop dans fon
plan ce feroit la même chofe que fi on dé-
figuroit les Elémens d'Euclide, en y mêlant les
régles de Géométrie pratique. On a joint à
cet Ouvrage, en forme d'*Appendix*, fon Traité
latin *des Propriétés générales des Lignes Géomé-*
triques. Il a été imprimé avec beaucoup de foin
fur un Manufcrit tout écrit & corrigé de la
propre main de l'Auteur, & il fuffit d'ajouter
que comme c'étoit une des dernieres, elle
paroît auffi, à fon propre jugement, avoir été
l'une de fes meilleures productions.

L'Expofition de la Philofophie de M.
Newton eft actuellement fous les yeux du
Lecteur qui, en parcourant la Table des Chapitres, verra le deffein & la Méthode de l'Auteur ; & nous efpérons qu'en lifant l'Ouvrage même, il n'aura pas lieu de fe plaindre de
l'exécution.

On pourroit cependant faire une Queftion
qu'il eft à propos de prévenir : fçavoir pour-

quoi dans cette Expofition les plus grandes
Découvertes de M. Newton fur la Lumiere &
fur les Couleurs n'y font rapportées qu'en paffant
& en général ? A cela on répond que le principal deffein de M. Maclaurin paroît avoir été
d'expliquer feulement ces Parties de la Philofophie du Chevalier Newton qui ont été
conteftées & qui le font encore. Mais on
fçait que, depuis que les Expériences, fur lefquelles fa doctrine de la Lumiere & des Couleurs eft fondée, ont été répétées avec foin,
fon fentiment n'a fouffert aucune contefta-
tion : tandis que fon Syftême du Monde, fon
Explication des Mouvemens céleftes, & des
autres grands Phénomenes de la Nature, par
la Gravité, ont été mal entendus & même
tournés en ridicule jufqu'à ce jour. On a fouvent répété le reproche qu'on lui avoit fait,
fans aucun fondement, de renouveller les *Qualités occultes* ; quelques Profeffeurs étrangers ont
encore l'idée remplie de leurs triomphes imaginaires, & même l'élégant & ingénieux Car-
dinal de Polignac s'eft laiffé féduire jufqu'à
leur prêter l'harmonie de fes vers.

Il étoit donc à propos que ces Meffieurs
fuffent encore une fois averti, & par M. Maclaurin, que leurs objections font entiérement
hors de faifon, que les Fantômes qu'ils combattent tous les jours ne font fortis que de leur

imagination , & h'ont pas plus de rapport avec les dogmes de M. le Chevalier Newton, que l'Obfervation & l'Expérience en ont avec les *Qualités occultes* ; que les Partifans de ce célébre Philofophe foutiendront toujours que c'eft avec raifon qu'ils s'arrêtent où ils voyent qu'ils ne peuvent aller plus loin , fur des fondemens certains , & qu'ils font ufage d'un principe folidement établi fur l'Expérience , qui fatisfait fi bien à tous les cas où ils l'appliquent , & fe trouve toujours uniforme & conftant ; * quoiqu'ils défefperent de découvrir peut-être jamais la premiere caufe de ce Principe.

Mais outre que le Traité d'Optique de M. Newton n'avoit pas befoin de défenfe , on peut dire auffi qu'il eft à peine fufceptible d'explication , c'eft un Chef-d'œuvre fi accompli qu'il ne peut pas plus être abregé qu'étendu , & il vaudroit mieux rapporter toutes fes Expériences , fes éclairciffemens & fes preuves , dans les mêmes termes dont il s'eft fervi , que de s'expofer à les défigurer par un habillement étranger. Quant à fes conjectures qu'il n'a pu mieux établir , & qu'il propofe comme des Queftions , M. Maclaurin avoit un ju-

---

* On en voit une nouvelle preuve dans une feconde Découverte du Docteur Bradley , auffi admirable que la premiere , d'une petite nutation de l'Axe de la Terre , à laquelle il a été conduit par le mouvement des Nœuds de l'Orbite Lunaire.

gement

gement trop folide, & étoit trop fortement
imbu du génie & de l'efprit de fon illuftre
Maître, pour penfer à fonder fur elles des
Théories douteufes. Il les laiffe telles qu'il les
a trouvées, jufqu'à ce que les Découvertes des
Siecles à venir leur puiffent donner un autre
nom.

M. Maclaurin, outre fes Ouvrages imprimés & complets, avoit par devers lui un
grand nombre de Manufcrits & d'Effais imparfaits, tant fur les Mathématiques que fur
d'autres fujets. L'augmentation de fa maladie
ne lui laiffa pas le tems de les mettre en ordre, ni d'indiquer en particulier la maniere dont
ils dévoient être difpofés. Il les confia entiérement aux foins de trois Perfonnes, entre les
mains defquelles il les fçavoit en parfaite fû-
reté : fon refpectable Ami M. Martin Folkes
Ecuyer, Préfident de la Société Royale ; M.
André Mitchell Ecuyer, Membre du Parlement pour le Comté d'Aberdéen, qu'il connoiffoit très-difpofé à n'épargner aucune peine,
dans tout ce qui concernoit la memoire d'un
Ami qu'il avoit fi long-tems & fi vivement ai-
mé ; & M. Jean Hill Chapelain de l'Archevêque de Cantorbery, avec lequel il étoit lié depuis quelques années de l'amitié la plus intime.
En conféquence de ces difpofitions, ces Meffieurs réfolurent d'abord de publier ce que M.

g

Maclaurin avoit déja preparé pour la preſſe ;
ſçavoir ſon Algébre & l'Expoſition de la Philoſophie de M. Newton ; mais ne pouvant ſe
charger eux-mêmes du ſoin immédiat de ces
Editions, ils s'en ſont repoſés ſur une Perſonne dont les égards pour la mémoire de l'Auteur ſont un gage aſſuré de ſon exactitude
ſcrupuleuſe. Ils ont auſſi propoſé une Souſcri-
ption pour l'Ouvrage ſuivant, à laquelle on
s'eſt porté avec tout l'empreſſement qu'on
avoit lieu d'attendre ; ce qui ne laiſſera pas
d'être fort utile à la Famille du Défunt dans
la ſituation où il l'a laiſſée : car outre qu'un
Philoſophe ne s'occupe guéres du ſoin d'amaſ-
ſer des richeſſes, & qu'il ne péut ſatisfaire ſa
curioſité, ſans une dépenſe conſidérable, M.
Maclaurin étoit beaucoup plus libéral que ſa
fortune ne le lui permettoit ; il ne ſe conten-
toit pas d'aider de ſes lumieres & de tout ſon
credit les jeunes gens, en qui il remarquoit
d'heureuſes diſpoſitions & du penchant à la
vertu, il leur donnoit ſouvent tout l'argent
dont ils avoient beſoin, juſqu'à ce que ſes re-
commandations puſſent avoir lieu.

Si nous conſidérons maintenant les nombreux Ecrits de notre Auteur & les profondes
Recherches auxquelles il s'eſt livré, on ne ſera pas moins étonné de ſa patience & de ſon
aſſiduité que l'élévation de ſon génie. Ce

feroit en vain qu'on entreprendroit d'en convaincre une Perſonne qui n'a pas elle-même gouté les plaiſirs d'un eſprit contemplatif. Ceux qui ſe livrant aux plaiſirs du Monde, ne connoiſſent d'autre volupté que celle que les ſens procurent & que l'imagination aſſaiſonne, ſont inſenſibles aux charmes ſimples & tranquilles & aux attraits négligés de la vertu, qui fut durant tout le cours de la vie de M. Maclaurin l'objet conſtant de ſa paſſion. Il regardoit ces ſpéculations comme l'exercice le plus digne des facultés de l'homme, le plus propre à nous faire connoître les bornes qui leur ſont preſcrites & à nous inſpirer cette humilité qui doit être notre partage, & qui fait la principale partie de la vraie Sageſſe, *la connoiſſance de ſoi-même.*

Ceux qui ont eu le bonheur de connoître M. Maclaurin, peuvent rendre témoignage de l'exemple autentique qu'il a donné de cette vertu, & ſes Ouvrages en ſont une preuve ſuffiſante. Plus il avançoit en Géométrie & dans la connoiſſance de la Nature, plus il avoit d'averſion pour les Syſtêmes parfaits & les Hypotheſes univerſelles ; ſans affecter du mépris pour les connoiſſances que nous pouvons acquérir, ou pour les uſages auxquels elles ſont propres, il vit qu'il en reſtoit infiniment plus au-deſſus de la Sphere de l'entendement

humain. Il avoit coutume de ne regarder nos
plus grandes Découvertes que comme une efpece d'Aurore, proportionnée aux circonftances
où nous fommes & à nos befoins en cette vie,
dont nous devons cependant être fatisfaits
pour le prefent, dans l'efpérance de lui voir
fuccéder un jour brillant, lorfque nous joui-
rons d'un état plus heureux & plus parfait.

L'Etude des Mathématiques, il eft vrai, a
fouvent produit des effets tout-à-fait differens,
dans les Perfonnes d'un efprit foible & fans
expérience; quelquefois un orgueil & une préfomption ridicules avec un mépris de toutes
les autres Etudes, quelquefois elle a fait confondre témérairement les différentes fortes
d'évidence & les divers fujets auxquels elles
peuvent être appliquées; ou bien parce que
l'évidence démonftrative eft la plus parfaite,
on a regardé comme une chofe décidée qu'il
n'y en avoit pas d'autre, ou enfin l'évidence morale pour la porter au même niveau a été dégui-
fée d'une maniere ridicule & défavantageufe.
Mais le feul exemple de M. Maclaurin oppofé à la façon de penfer & d'agir de pareils
imprudens, fera une cenfure fuffifante de leur
conduite abfurde; & en même tems, fervira de
réponfes aux injuftes reprochesdont, à l'occafion
de ces abus, on a chargé les Mathématiciens.

Ce n'étoit pas feulement le plaifir & l'inf-

truction de l'efprit que M. Maclaurin cherchoit dans fes Etudes favorites ; il vit combien elles étoient importantes dans tous les
Arts de la vie civile, pour *aider les Puiffances*
de l'homme (comme s'exprime le Chancelier
Bacon *) *& étendre fon domaine fur la Nature.*
Pour peu qu'on foit inftruit de l'hiftoire de
l'état prefent du Commerce & des Manufactures, on conviendra qu'il n'y a rien de grand
ou de beau, rien d'univerfellement utile &
avantageux, qui n'exige d'être dirigé par l'application des Mathématiques ; les idées même,
que le hafard nous fournit, ne peuvent être
portées à la moindre perfection, fans le fecours de l'Arithmétique & de la Géométrie.

C'eft à cette utilité générale que M. Maclaurin rapportoit toutes fes Etudes, on trouve, en plufieurs endroits de fes Ouvrages, une
application des Théories même les plus abftraites à l'avancement des Arts Méchaniques.
Il avoit réfolu, dans la même vûe, de compofer
un cours de Mathématiques pratiques & de
vanger plufieurs branches utiles de ces Sciences, du mauvais traitement qu'elles ont fouvent reçues entre des mains moins habiles.
Mais fa mort nous a privé de l'exécution de
tous ces deffeins, à moins que nous ne regar-
dions comme une partie de l'Ouvrage qu'il

* *Nov. Organ. Lib. I.*

méditoit, la Traduction de la Géométrie pratique du Docteur David Gregory, qu'il revit & publia avec des additions en 1745.

Cependant, il eut souvent pendant sa vie le plaisir de servir ses Amis & sa Patrie par son profond sçavoir. Quelque difficulté qui se rencontrât sur la construction des Machines, sur le travail des Mines, sur les moyens de perfectionner les Manufactures, de faire venir des Eaux, ou sur l'exécution de quelque autre Ouvrage public, on s'addressoit toujours à M. Maclaurin pour la résoudre. On eut aussi recours à lui, pour terminer quelques disputes de conséquence, qui s'étoient élévées à Glasgow sur le Jaugeage des Vaisseaux; & pour cela il présenta aux Commissaires de l'Excise deux Mémoires travaillés avec soin, contenant des Regles à ce sujet avec leurs démonstrations; Regles que depuis on a suivi exactement.

Mais ce qui lui causa la plus grande satisfaction à cet égard, ce fut les Calculs qu'il fit au sujet de ce sage établissement, actuellement autorisé par les Loix, en faveur des Veuves & des Enfans du Clergé d'Ecosse & des Professeurs des Universités, par lequel on leur donne le Droit de jouir de certaines sommes & annuités, au moyen d'un payement annuel & volontaire d'une somme déterminée,

par le poſſeſſeur du Bénéfice ou de la Chaire.
La diſpoſition de ce Syſtême couta beaucoup
de peine à M. Maclaurin, & les Perſonnes,
qui furent chargées de ſolliciter l'affaire à
Londres, avouent que l'autorité de ſon nom
fut d'un grand poids, pour diſſiper tous les
doutes qui naiſſoient ſur la ſuffiſance du fonds
propoſé, ou ſur la juſte proportion des ſommes
& des annuités.

Ce devoit être un plaiſir bien flatteur pour
lui de s'être rendu par là ſi utile à ſon Siecle
& même à la Poſtérité la plus reculée. Mais
ſes Etudes lui étoient encore plus cheres, en
ce qu'elles ſervent à démontrer l'éxiſtence &
les attributs du ſouverain Créateur, & à établir les Principes de la Religion naturelle ſur
des fondemens ſolides, également aſſurés contre les vains Sophiſmes des Epicuriens & les
dangéreuſes ſubtilités des Métaphyſiciens modernes. Il penſoit avec le grand M. Cotes *
*que la connoiſſance de la Nature ſera toujours le
plus ferme boulevard contre l'Athéiſme*, & par
conſéquent le plus ſûr fondement de la vraie
Religion. Cette connoiſſance fait plus qu'exciter une ſimple admiration, elle nous inſpire
l'amour & l'adoration du Créateur; car il faudroit en effet qu'elle fut bien ſuperficielle,
pour ne pas nous convaincre de notre indé-

* *Præfat. ad Newton. Princip.*

pendance & de nos devoirs envers ce grand
Etre, qui nous a fait tout ce que nous fommes. L'argument tiré des caufes finales, de
l'ordre & du deffein, qui fe manifefte évidemment par tout l'Univers, étoit regardé par M.
Maclaurin comme le plus fimple de tous, &
par conféquent comme le plus proportionné aux
facultés humaines : au lieu que les raifonnemens
Métaphyfiques ne font entendus que d'un petit nombre, & font toujours fufceptibles d'être
pris dans un mauvais fens. Enforte que, quoiqu'il fut en état d'en faire ufage avec autant
de force & de fubtilité qu'aucune autre perfonne, il aima mieux, dans fa converfation auffi
bien que dans fes Ecrits, terminer la difpute
en peu de mots à fa maniere.

Il n'étoit pas moins ardent à la défenfe de
la Religion révelée qu'il entreprenoit avec chaleur auffi-tôt qu'on l'attaquoit, foit en paffant
dans la converfation, où dans ces Livres perni-
cieux qui n'ont pas moins contribué à nous
corrompre le Goût que les Mœurs : on vit combien il avoit été fermement perfuadé de la
vérité de cette Religion, par la tranquillité
qu'elle lui procura dans fes derniers momens.

C'eft ainfi que ce Grand-Homme paffa tous
les jours de fa vie dans le cours d'une Etude
laborieufe ; continuellement occupé à faire le
bien de tout fon pouvoir à étendre parmi les

hommes

hommes la Religion & la Vertu, en même
tems qu'il s'appliquoit particulierement à
perfectionner les Arts utiles & curieux. Il
nous a été ravi dans un âge où il étoit capable
de faire beaucoup plus; mais il a laissé un exemple qui sera long-tems admiré aussi bien qu'imité
jusqu'à ce que la Révolution des choses humaines vienne à bannir les Sciences de ces Parties du Monde, ou que l'inconstance des hommes, & leur dégoût pour ce qu'il y a de meilleur, ayent substitué à cette Philosophie quelque vain fantôme de Science, & que par l'un
ou l'autre moyen nous retombions à notre premier état de barbarie.

TABLE
DES CHAPITRES.

LIVRE PREMIER.

De la Méthode qu'on doit suivre dans l'Etude de la Philosophie naturelle, & des differens Systêmes des Philosophes.

LIVRE SECOND.

De la Théorie du Mouvement & des Méchaniques rationelles.

TABLE.

LIVRE TROISIEME.
La Gravité démontrée par Analyse.

LIVRE QUATRIEME.
Les effets de la Gravité déduits synthétiquement.

Fin de la Table.

FAUTES A CORRIGER.

PAGE 4, *Ligne* 26, *tous*, lifez, tout.
Pag. 34, *L.* 21, *raifon*, lifez, lieu.
Pag. 39, *L.* 10, *raifon*, lifez, tout lieu.
Pag. 39, *L.* 25, lifez, ces Philofophes.
Pag. 54, *L.* 35, *fentiroit*, lifez, ferviroit.
Pag. 114, *L.* 2, *mante à*, lifez, mais
Pag. 117, *L.* 11. *terminer*, lifez, déterminer.
Pag. 151, *L.* 9, lifez, avec défavantage contre le mouvement.
Pag. 161, *L.* 7, A & B, lifez, B & C.
Pag. 163, L. 14, e lifez, Be.
Pag. 177, *L.* 1 & 5, lifez, Poulie fimple.
Pag. 184, *L.* 9. lifez, réciproquement comme.
Pag. 193, *L.* 1, *ne*, lifez, en.
Pap. 193, *L.* 18, FF, lifez, F.
Pag. 202, *L.* 13, lifez, *of* & *od* à *ob*.
Pag. 211, *L.* 28, lifez, qui font defcendre les Corps.
Pag. 222, *L.* 29, KKk, lifez, Kk.
Pag. 354, Note, 2ᵉ. Colomn. L. 3, *premier*, lifez, dernier.
Pag. 366, *L.* 4 & 6, au lieu de (, lifez).

De Seve inv.   Moitte Sculp.

DÉCOUVERTES
DE M· NEWTON·

❖❖❖❖❖❖❖❖❖❖❖❖❖❖❖❖❖❖❖❖❖❖❖❖❖❖❖❖❖❖❖❖

LIVRE PREMIER.

De la Méthode qu'on doit fuivre dans l'étude
de la Philofophie naturelle, & des différens fyftêmes des Philofophes.

CHAPITRE PREMIER.

*Expofition générale de la Méthode de Monfieur le
Chevalier NEWTON, & de fa doctrine fur
le fyftême du Monde.*

 I. 'OBJET de la Philofophie naturelle eft de
décrire les Phénomenes de la Nature, de
découvrir leurs caufes, en expofer les rapports & faire des recherches fur toute la
conftitution de l'Univers. Une noble curiofité a porté les hommes de tout tems à l'étude de la

A

Nature ; il n'y a aucun Art utile qui n'ait quelque connexion avec cette science, la beauté inépuisable & la va-
rieté des choses la rendent toujours agréable , nouvelle
& surprenante.

Mais la Philosophie naturelle a d'autres usages beaucoup plus importans , car elle tire son principal mérite
de ce qu'elle sert de fondement solide à la Religion naturelle & à la Philosophie morale , en nous conduisant
d'une maniere satisfaisante à la connoissance de l'Auteur
& du Maître de l'Univers. Etudier la Nature, c'est chercher
à connoître l'ouvrage de ce souverain Créateur : chaque
découverte nous en développe quelque nouvelle partie ;
& tandis que dans nos recherches nous sentons toujours
qu'il nous reste de plus grandes choses à découvrir , l'esprit est par là dans l'agréable espérance de faire de plus
grands progrès. Nous prenons en même tems de plus
hautes idées de cet Etre suprême , dont les ouvrages
sont si variés & si difficiles à comprendre.

Les connoissances que nous avons de la Nature , toutes imparfaites qu'elles sont , servent à nous représenter
de la maniere la plus sensible cette souveraine Puissance qui domine par tout , qui agit avec une force & une
efficacité qui ne sont affoiblies ni par les longs espaces ,
ni par les intervalles du tems. Elles nous font admirer
cette sagesse qui se manifeste également dans la merveilleuse structure & les mouvemens reglés des parties les
plus grandes , comme de celles qui échappent à nos sens.
Enfin nous ressentons évidemment les effets d'une bonté
parfaite qui dirige tout. Tel est le premier objet des spéculations d'un Philosophe , qui tandis qu'il contemple ,
& qu'il admire un système si excellent , ne peut s'empêcher de s'unir à l'harmonie générale de la nature pour
s'élever à son Créateur.

Dans la vûe de parvenir à ces grandes fins, nous ne
devons pas nous précipiter dans nos recherches ; mais
avancer pas à pas avec les plus grandes précautions. Les

faux syftêmes de Phyfique peuvent conduire à l'Athéifme, ou du moins faire naître des opinions fur la Divinité
& fur l'Univers d'une dangéreufe conféquence pour le
Genre humain; & on ne les a vûs que trop fouvent em-
ployés à foutenir de femblables erreurs. Nous avons d'autant plus de raifon de nous tenir fur nos gardes, que les
Philofophes ont fait voir dans plufieurs occafions une
difpofition finguliere à donner dans des fictions extravagantes, lorfqu'ils ont tenté de pénétrer dans les myfteres
de la nature. Un parti confidérable dans l'antiquité adopta
ce monftrueux fyftême, dans lequel fans avoir recours
à une Divinité, * on entreprend d'expliquer la formation de l'Univers par un jeu fortuit d'atômes, & on tire la
beauté ineffable des chofes qui nous environnent même
la vie & la penfée d'un heureux arrangement produit par
le hazard dans un aveugle chaos. L'horreur qu'ils avoient
conçûes des funeftes effets de la fuperftition, peut les
avoir portés à recourir à une doctrine fi oppofée au fens
commun & à la raifon. Mais nous n'avons pas même
cette excufe à alleguer en faveur de quelques Philofophes modernes de grande réputation qui femblent avoir
trop fuivi ces anciens Maîtres dans leurs explications méchaniques de la production du monde.

Tandis que nous fommes en garde contre l'athéifme
& les opinions qui en approchent, nous devons pareillement éviter de prêter l'oreille à la fuperftition, qui s'op-
pofe à l'étude de la nature, de peur qu'en étendant nos
connoiffances, nous n'échappions à fa fervitude, & que
nos découvertes ne portent atteinte à fes dogmes favorits. S'ils font vrais ces dogmes, ils feront plûtôt confir-
més par nos recherches, & s'ils font faux, il eft certainement de la derniere importance qu'ils foient découverts. Nous pouvons pourfuivre la vérité avec affû-
rance, nous la trouverons toujours d'accord avec elle-
même ; elle n'a befoin pour fe foutenir, ni des jalou-

* Lucret. De rerum natura, Lib. 1. v. 63. &c.

A ij

fies , ni des noirs foupçons des fuperftitieux. C'eft dans leurs mains que la vérité s'obfcurcit par le mélange impur qu'ils font & par les déteftables moyens qu'ils employent trop fouvent pour maintenir une union fi peu convenable. Les Philofophes qui ont voulu foutenir des idées fi frivoles, n'ont jamais manqués d'être tournés en ridicule & avec juftice , fans fervir abfolument à la caufe dont ils entreprenoient la défenfe. Cofmas Indopleufte * entraîné par un zèle téméraire s'avifa autrefois de former un fyftême de Phyfique de quelques expreffions qu'il avoit compilées dans les faintes Ecritures, que contre l'ufage conftant & univerfel, il ne devoit point entendre à la rigueur & dans le fens le plus littéral.

La Terre donc fuivant lui n'étoit pas ronde , mais une plaine immenfe plus longue que large , environnée d'un Océan qu'il étoit impoffible de traverfer. Il plaçoit du côté du Nord une haute montagne autour de laquelle le Soleil & les Etoiles faifoient leurs révolutions diurnes ; & par l'ombre *conique* qu'il lui attribuoit , & le mouvement oblique du Soleil, il expliquoit l'inégalité des jours & la variation des faifons. La voûte du Ciel étoit appuyée fur la Terre étendue au-delà de l'Océan & foutenue par deux groffes colomnes ; fous cette voûte les Anges conduifoient les Etoiles dans leurs différens mouvemens, au-deffus étoient les eaux céleftes ; & enfin il plaçoit par-deffus tous les Cieux fupérieurs. Quelques abfurdes que puiffent paroître les imaginations de cet Auteur, qui écrivit dans des temps plus ténébreux, nous en avons un exemple plus inexcufable dans le der-

---

* Fabrit. *Biblib. Græca.* vol. II. pag. *609.* &c. où il rapporte les opinions de cet Auteur d'après *Photius* & autres , avec une figure pour éclaircir fon fyftême. Il vivoit fous le regne de l'Empereur Juftin , & écrivit à Alexandrie , où il fejourna long-tems; il paroît par quelques endroits de fon ouvrage, qui a pour titre , *Cofmographie Chrétienne* , &c. que c'étoit un moine , & on voit dans d'autres qu'il étoit marchand, Le Pere de Montfaucon l'a fait imprimer fur un manufcrit de la Bibliotheque de Medicis.

nier siecle, dans ce que Kircher appelle son voyage extatique aux Planetes. Après plusieurs grandes découvertes qu'il avoit faites sur les corps célestes, il ne donne rien qui soit digne * d'un si noble sujet, ni même de l'étendue de ses connoissances & de ses inventions. Il alla même jusqu'à adopter la folie, ou plûtôt l'impieté des Astrologues, en attribuant le bien ou le mal qui arrive aux hommes aux influences favorables ou malignes des Planetes. La vraie Religion n'exige pas de tels sacrifices, & on ne fait rien pour ses intérêts en feignant des systêmes Philosophiques dans le dessein de l'appuyer : car lorsque dans la suite nous les trouvons mal fondés, nous sommes en danger de tomber dans le Scepticisme.

Nous devons avoir une entiere liberté dans nos recherches pour que la Philosophie naturelle puisse devenir utile aux desseins les plus importans, & acquérir toute la certitude & la perfection dont elle est susceptible ; mais nous ne devons point abuser de cette liberté, en supposant, au lieu de rechercher, & en imaginant des systêmes au lieu de recourir à l'observation & à l'expérience pour découvrir la vraie constitution des choses. Les hommes spéculatifs par la force de leur génie, peuvent inventer des systêmes qui peut-être seront admirés pour un tems. Mais ces systêmes, quels, qu'ils soient ne sont que des phantômes que la force de la vérité dissipera tôt ou tard ; & tandis que nous nous divertissons de leur chûte, la vraie Philosophie avec tous les arts & tous les avantages qui en dépendent, en souffre. L'état réel des choses échappe à nos observations ; ou s'il se présente à nous, nous sommes portés ou à le rejetter entierement comme une fiction ou par de nouveaux efforts

---

* Dans la Planete de Venus, par exemple, il ne trouve d'autre amusement que d'admirer les eaux limpides & les beaux cristaux qu'il y rencontre, & de demander au génie son compagnon & son guide, si un baptême fait avec ces eaux seroit valide. Le reste de l'ouvrage est dans le même goût.

d'un vain génie , nous tâchons de le confondre avec nos
propres idées afin de le faire quadrer avec nos syſtêmes
favorits. Ainſi en alliant enſemble des choſes ſi mal aſ-
ſorties , il n'en réſulte qu'un abſurde mélange de vérité
& d'erreur.

De pluſieurs difficultés qui ſe ſont oppoſées à l'avancement de la Philoſophie , cette vanité a peut-être produit les plus mauvais effets. L'amour du merveilleux &
les préjugés des ſens ont retardé les progrès de la Phyſique ; mais l'expérience & la refléxion ont bientôt appris aux hommes à examiner & à ſe défaire de ces préjugés. Quoique les Philoſophes ayent été fort découra-
gés dans des ſiécles où regnoient l'ignorance & la ſuperſ-
tition, les ſciences fleurirent avec la liberté dans des tems
plus heureux. Les diſputes qui s'éleverent parmi les Sectes , plus par déſir de la victoire que par amour de la vérité , produiſirent une ſorte de Philoſophie qui ne conſiſ-
toit qu'en mots , une vaine oſtentation de ſçavoir qui
prévalut pendant long-tems ; mais les hommes ne pouvoient être toujours détournés de la voie qui conduit aux
connoiſſances plus réelles. Ces obſtacles n'ont pas été
auſſi difficiles à ſurmonter que cet orgueil & cette ambition qui ont fait penſer aux Philoſophes qu'il étoit au-
deſſous d'eux de donner au Public quelque choſe de
moins qu'un ſyſtême du Monde complet & fini. Enſorte
que dans la vûe d'y parvenir, ils ont pris la liberté d'inventer des principes & des hypothèſes au moyen deſquels ils
prétendent expliquer tous les myſteres de la Nature.

2. M. LE CHEVALIER NEWTON ſçavoit combien de
telles entrepriſes étoient extravagantes , c'eſt pourquoi il
ne poſa aucun principe favorit , il ne fit aucune ſuppoſition , ne ſe propoſant point l'invention d'un ſyſtême. Il
vit qu'il étoit néceſſaire de conſulter la Nature elle-même , de ſuivre avec ſoin ſes opérations manifeſtes & de
lui arracher ſes ſecrets par des expériences choiſies &
répétées. Il n'admettoit aucunes objections contre une ex-

périence évidente, qui fuſſent déduites de refléxions mé-
taphyſiques, dont il ſçavoit que les Philoſophes s'étoient
ſouvent laiſſés ſéduire, ſans en avoir preſque jamais tiré
d'avantage réel dans leurs études. Il ne ſe laiſſa point emporter à la préſomption, & il penſoit que la patience
n'étoit pas moins néceſſaire que le génie. Il réuſſit parce qu'il ne s'écarta jamais du droit chemin.

Les expériences & les obſervations, il eſt vrai, ne
pouvoient ſeules l'élever juſqu'à découvrir les cauſes par
leurs effets, & expliquer les effets par leurs cauſes : une
Géometrie ſublime lui ſervit de guide dans cette recherche délicate & épineuſe. C'eſt là l'inſtrument par lequel
ſeul le méchaniſme d'un ouvrage fait avec tant d'art, peut
être développé ; c'eſt pourquoi il chercha à le porter à
ſa plus haute perfection. Il ſeroit difficile de décider,
s'il a fait voir une ſcience plus profonde, & s'il a eu
des ſuccès plus éclatans en perfectionnant l'inſtrument,
ou en le mettant en uſage. Il avoit coûtume d'appeller
ſa Philoſophie, *Philoſophie expérimentale*, voulant exprimer par ce terme la différence eſſentielle qui étoit entr'elle & ces ſyſtêmes qui ne ſont que la production du
génie & de l'imagination. Ils ne peuvent ſubſiſter long-
tems ; mais ſa Philoſophie étant fondée ſur l'expérience & la démonſtration, ne peut tomber que la raiſon ou la nature des choſes ne ſoient changées.

Afin de procéder en toute ſûreté & mettre fin
pour toujours aux diſputes, il apprit à ſe ſervir dans
l'étude de la Nature des méthodes d'analyſe & de ſyn-
theſe dans un ordre convenable : enſorte qu'ayant commencé par les phénomenes ou les effets, de-là on re-
chercheroit les puiſſances ou les cauſes qui operent dans
la Nature ; que des cauſes particulieres, on remonteroit
à d'autres plus générales, & de celles-ci enfin juſqu'aux
plus générales de toutes ; telle eſt la méthode d'analyſe.
Ayant une fois découvert ces cauſes, on deſcend dans
un ordre contraire & on les conſidére comme autant de

principes établis au moyen defquels on explique tous les phénomenes qui n'en font que les conféquences, & on fait voir la folidité de ces explications : c'eft-là la méthode de fynthèfe. Il eft évident que dans la Phyfique comme dans les Mathématiques, on doit procéder dans les chofes difficiles par la méthode d'analyfe, avant que de faire ufage de celles de compofition ou de fynthefe. Car autrement nous ne ferions jamais affurés que nous avons employé des principes qui foient réellement dans la Nature, & notre fyftême, après l'avoir formé avec beaucoup de peine, pourroit n'être qu'un fonge & une illufion.

En procédant fuivant cette méthode, il démontra analytiquement par des obfervations que la Gravité eft un principe général, d'où il expliqua dans la fuite le fyftême du Monde. Par l'analyfe il découvrit des proprietés nouvelles & admirables de la lumiere, & delà il rendit raifon de plufieurs phénomenes curieux, en fe fervant de la fynthèfe. Mais tandis qu'il démontroit ainfi un grand nombre de vérités, il ne pouvoit fe faire que fa fagacité & fes obfervations affidues ne lui fiffent naître différentes idées fur beaucoup d'autres chofes qu'il n'étoit pas en état d'établir avec une égale certitude ; & comme ces découvertes ne devoient pas être négligées, mais féparées des autres avec foin, il les raffembla & les propofa fous le titre modefte de Queftions.

En les diftinguant ainfi foigneufement les unes des autres, il a rendu un fervice des plus importans à cette partie des Sciences, & il a mis fa Philofophie hors du rifque d'être un jour renverfée ou affoiblie par de nouvelles découvertes. Il a eu grand foin de ne donner pour démonftration que ce qui devoit être regardé comme tel dans tous les tems ; & ayant féparé ce qu'il ne trouvoit pas fi certain, il a laiffé une ample matiere aux recherches des fiecles à venir qui pourront confirmer fa doctrine, ou l'étendre davantage, mais non pas la réfuter.

Il

Il fçavoit où il falloit s'arrêter lorfque les expériences venoient à lui manquer, & lorfque la fubtilité de la Nature lui faifoit perdre de vûe fes opérations ; il étoit
fort éloigné de vouloir abufer de la grande autorité &
de la réputation qu'il avoit acquife pour donner fon opinion fur de femblables fujets, autrement que comme
des doutes. Il fe laiffa long-tems folliciter avant que de
fe réfoudre à propofer fon opinion ou fes conjectures
fur la caufe de la Gravité ; & ce qu'il en dit, auffi-bien
que des autres puiffances qui agiffent fur les petites parties de là matiere, il l'expofe avec une modeftie & une
défiance qu'on trouve rarement parmi les Philofophes
d'une moindre réputation. Ces derniers n'agiffent pas en
conformité de l'efprit qui regne dans cette Philofophie où
l'on parle dogmatiquement fur ces fujets jufqu'à ce que
les expériences & les obfervations y répandent une lumiere plus claire qui les faffent tirer de la claffe des
queftions pour être mis dans le rang des chofes démontrées.

3. Telle fut la méthode de notre incomparable Philofophe dont la précaution & la modeftie, lui feront
toujours un très-grand honneur parmi toutes perfonnes
libres de préjugés. Mais cette rigoureufe méthode de
proceder ne fut pas goutée par ceux qui avoient été
accoûtumés à traiter la Philofophie d'une façon bien différente, & qui vîrent qu'en la fuivant, il faudroit abandonner leurs fyftêmes favoris. Ses obfervations & fes
raifonnemens étoient hors d'atteinte ; ainfi ne trouvant
rien à leur oppofer, ils s'efforcerent de rabaiffer le caractere de fa Philofophie par de certaines objections
générales & indirectes, & quelquefois par d'injuftes ca-
lomnies. Ils prétendirent trouver une reffemblance entre fes fentimens, & les dogmes rejettés de la Philofophie fcholaftique. Ils crurent leur triomphe accompli
en traitant la Gravité comme une qualité occulte, parce que M. Newton ne prétendoit pas déduire ce prin-

B

cipe de fa caufe. Le pouvoir qu'elle exerce fur tout le
fyftême de la Nature , & que nous connoiffons fi bien
fur la Terre , l'explication qu'il en tire de la maniere la
plus fatisfaifante des mouvemens & des influences des
corps céleftes , & les mefures qu'il détermine des différens mouvemens qu'elle produit , par une fi fçavante
application de la Géometrie à la Nature , tout cela n'a
aucun mérite avec de tels Philofophes , parce qu'il n'a
pas affigné la caufe méchanique de la Gravité. Je ne
crois pas qu'on ait jamais fait une pareille objection contre la circulation du fang , quoiqu'il foit très-difficile de
l'expliquer méchaniquement. Ceux,qui les premiers ont
attribué de la gravité à l'air , aux vapeurs & à tous les
corps qui font autour de la Terre , ont été honorés comme ils le méritoient , quoique la caufe de la Gravité fut
auffi obfcure qu'auparavant ; elle parut même encore
plus enveloppée de myfteres après qu'on eut fait voir
qu'on ne pouvoit trouver aucun corps près de la Terre
exemt de gravité , qui put être regardé comme fa caufe.
Pourquoi donc fes admirables Découvertes , par lefquelles il a étendu ce principe fur tout l'Univers , ont-elles
été fi mal reçues par quelques Philofophes ? La vérité
eft , qu'il eut détruit avec une entiere évidence les fyftêmes fi vantés , par lefquels ils prétendoient dévoiler
tous les myfteres de la Nature ; & la Philofophie qu'il
introduifoit à leur place , portant avec elle , la conviction de l'éloignement où nous étions d'avoir une
connoiffance parfaite & complette de la Nature , ne
pouvoit plaire à des perfonnes accoûtumées à fe croire
elles-mêmes en poffeffion de l'effence & des premieres
caufes des chofes.

Mais la circonfpection & la modeftie de M. Newton
feront rendre juftice à fa Philofophie par tous ceux qui
ont de juftes notions du grand Auteur de l'Univers &
de fon admirable ouvrage ; & même l'imperfection qu'il
reconnoît lui-même dans quelques parties de fa Philo-

ſophie, leur paroîtra plutôt une conféquence de ſa conformité avec la Nature. Tous les ſyſtêmes complets &
finis leur ſont très ſuſpeĉts. Ils ne ſeront pas ſur-
pris que des ſpéculations exaĉtes ou même les travaux
de pluſieurs ſiecles, ne ſuffiſent pas pour développer
toute la conſtitution des choſes, & expoſer tous les phénomenes dépendans de l'enchaînement des cauſes juſqu'à la premiere. Le progrès admirable qu'on a fait dans
cette recherche épineuſe doit-il être mépriſé & négligé,
parcequ'il reſte encore plus à découvrir. Nous devons
ſûrement plutôt nous rejouir de ce qu'on a tant pénétré dans l'art conſommé avec lequel toutes choſes ont
été formées, & craindre de le mêler avec nos idées
extravagantes. Les procédés de la Nature ſont ſi cachés
qu'après toutes les peines que nous pourrons prendre, il
en reſtera peut-être beaucoup auxquels l'art, & la ſcience
des hommes ne pourront atteindre. Mais ce n'eſt pas une
raiſon pour nous abandonner à des fiĉtions, quelqu'ingénieuſes qu'elles ſoient, au lieu de prêter l'oreille à la
voix infaillible de la Nature ; car c'eſt elle ſeule qui peut
nous ſervir de guide dans ſes propres labyrinthes ; & c'eſt
une conféquence de ſa beauté réelle que la moindre
partie de la vraie Philoſophie eſt incomparablement plus
remplie de charmes, que les ſyſtêmes les plus complets
que l'imagination ait produit. Cela eſt particulierement
vrai de la Philoſophie de M. Newton, & nous pouvons en ce ſens-là, la comparer à ces célébres piéces
d'Apelle, qui, quoiqu'elles n'ayent jamais reçues la derniere main, ont été plus admirées parmi les Anciens
que les ouvrages les plus finis des autres Artiſtes : &
il eſt à ſouhaiter que la poſtérité ne puiſſe avoir
ſujet de dire de cette Philoſophie ce que les Anciens
diſoient de ces piéces *Ipſum defeĉtum ceſſiſſe in gloriam
artificis, nec qui ſuccederet operi ad præſcripta lineamenta
inventum fuiſſe.* Plin.

4. Ce n'eſt pas cependant une choſe nouvelle que

cette Philofophie trouve de l'oppofition. Toutes les découvertes utiles qui ont été faites autrefois, particulierement dans le dernier fiecle, ont eu à combattre les
préjugés de ceux qui s'étoient accoûtumés à ne penfer
que d'une façon fyftématique, qui ne pouvoient fe réfoudre à abandonner leurs fyftêmes favoris, tant qu'ils
efpéroient de trouver le moindre prétexte pour continuer
la difpute. Ils mettoient en ufage toute forte d'artifices
& tous leurs talens pour foutenir leur caufe, lorfqu'elle
touchoit à fa chute. Aucun fecours ne leur paroiffoit
étranger dès qu'il pouvoit en quelque maniere nuire à
leurs adverfaires : telle étoit fouvent leur opiniâtreté
que la vérité ne pouvoit faire que très-peu de progrès,
jufqu'à ce qu'ils fuffent remplacés par de plus jeunes
perfonnes qui n'étoient pas fi fortement imbues de leurs
préjugés.

M. Newton eut beaucoup de défagremens à effuyer
de la part de cette efpece de Philofophes, & il femble
qu'il s'en étoit laiffé décourager. Il avoit une averfion
particuliere pour les difputes, & il étoit très-difficile de
l'engager dans quelques differends. Les vives oppofitions
que rencontrerent fes admirables découvertes en Optique durant fa jeuneffe, priverent le Public pendant
plufieurs années de fon grand ouvrage fur cette matiere,
jufqu'à ce qu'il vit les Sçavans plus favorablement difpofés à le recevoir. Ces mêmes raifons l'obligerent de
retenir par devers lui d'autres découvertes importantes,
crainte de s'expofer en les publiant à de nouvelles difputes. Il pefoit ainfi mûrement & avec impartialité les
raifons des chofes, avant qu'on put foupçonner que leur
publication l'eût engagé à en entreprendre la défenfe.
On fçait affez combien il étoit lent à mettre fes ouvrages au jour, & on ne peut douter que la difpofition de
l'efprit, & les talens de ce grand homme ne le rendif-
fent propres d'une maniere particuliere à pénétrer fort
avant dans la Nature, & à développer fon harmonie.

Son averfion pour les difputés ne venoit pas feulement de l'amour du repos. La Philofophie fut dans une
haute eftime dans l'antiquité ; mais elle perdit fon ancien luftre par les démêlés & les chicanes vaines & inutiles qui s'eléverent parmi les Sectes ; & elle ne pouvoit
le récouvrer dans un tems où la faculté d'inventer promptement un fyftême , & de le défendre avec opiniâtreté
étoit le talent le plus admiré dans un Philofophe. Tandis qu'un fiecle où une Secte renverfoit les productions
laborieufes d'un autre , les plus prudens défefperoient
d'acquérir de la certitude dans la Phyfique, & ils aimeient
mieux fe contenter d'une vûe générale des chofes commune à tous les hommes que de s'attacher à des fyftêmes , qui ne produifoient aucun fruit réel , & qui fûrement les écartoient de la vérité. C'eft pour cela que
notre Auteur avertit qu'il falloit quitter tous les préjugés , & fuivre exactement la méthode naturelle de traiter la Phyfique , que nous avons rapportée d'après lui.
Comme il s'eft lui-même fcrupuleufement attaché à
cette méthode , nous fommes affûrés que la vérité &
la Nature font de fon côté , & qu'en fuivant les excellens modeles qu'il nous a donnés , nous pourrons
faire de plus grands progrès.

D'autres ont prétendu expliquer toute la conftitution
des chofes parce qu'ils appellent des idées claires & par
de pures fpéculations abftraites. Ils font paroître du mépris pour la connoiffance des caufes * qui s'acquiert par
la contemplation de leurs effets, & ils ne veulent admettre d'autre fcience que celle de déduire les effets de

* *Perfpicuum eft optimam phi-*
lofophandi viam nos fequuturos , fi ,
ex ipfius Dei cognitione rerum ab eô
treatarum explicationem deducere co-
nemur , ut ita fcientiam perfectiffimam
quæ eft effectuum per caufas , acquira-
mus. Defcartes Princip. Part. 11. §. 22.
Enfuite ayant occafion de parler des

Phénomenes , il a foin de nous avertir qu'il n'en feroit ufage pour prouver aucune chofe , parce qu'on devoit déduire la connoiffance des effets de leurs caufes , & non pas re-
ciproquement celle des caufes de
leurs effets, *Princip.* Part. III. §. 4.
&c.

B iij

leurs caufes. C'eft pourquoi ils établiffent d'abord la premiere caufe , & par les idées qu'ils en prennent , ils
prétendent développer tout l'enchaînement, & former
un fyftême complet de fes ouvrages. Telle eft la Philofophie qui eft aujourd'hui en oppofition avec celle de
notre Auteur. Elle flatte tellement la vanité humaine ,
& s'annonce d'une maniere fi pompeufe , que ceux qui
ne font pas attention à la variété inépuifable de la Nature , & qui ne confidérent pas combien l'efprit humain eft incapable d'une entreprife fi difficile , fe laif-
fent tromper par fes promeffes. On peut douter fi une
telle Philofophie eft à la portée d'aucun Etre créé , &
il femble affez clair qu'elle eft au-deffus de l'entendement humain. Mais puifqu'il y a encore beaucoup de
perfonnes attachées à ce fantôme , & qui mettent tout
leur art à l'embellir & à augmenter le nombre de fes
admirateurs ; il fera néceffaire pour le fervice de la vérité , qu'à mefure que nous avancerons , nous tâchions
en même tems de découvrir cette illufion.

5. La connoiffance de la Nature , qui eft l'objet immédiat des fens , eft très-imparfaite & d'une étendue
fort bornée ; mais par le fecours de l'art & celui de notre raifon , elle s'accroît jufqu'à fe perdre dans l'infini
de part & d'autre. L'immenfité des chofes d'un côté &
leur petiteffe de l'autre les emportent également au-
deffus de notre portée , & nous cachent la plus grande
partie & la plus noble des opérations Phyfiques. Comme toute grandeur , confidérée par abftraction, peut être
augmentée à l'infini, & qu'elle eft auffi divifible fans
fin ; nous trouvons de même que dans la Nature les
bornes des dimenfions les plus grandes & les plus petites des chofes font actuellement placées à une diftance immenfe les unes des autres. Nous ne pouvons concevoir aucunes limites du vafte efpace dans lequel les
caufes naturelles operent, ni fixer aucun terme ni aucunes
extremités de l'Univers : Nous nous perdons également,

ſi nous nous efforcons de pénétrer juſqu'aux élémens
des choſes , & ſi nous cherchons à découvrir les bornes
qui terminent les ſubdiviſions de la matiere. Les objets
que nous appellons communément grands , s'évanouïſ-
ſent, lorſque nous contemplons le vaſte corps de la
Terre ; le Globe terreſtre ſe perd bientôt lui-même dans
le ſyſtême ſolaire dans quelques endroits duquel il eſt
vû comme un aſtre fort éloigné. Dans la plus grande
partie de cet eſpace il eſt inconnu , ou du moins rarement viſible à des obſervateurs vigilans , aſſiſtés peut-
être d'un art ſemblable à celui qui fit découvrir à Galilée
tant de parties nouvelles du ſyſtême céleſte. Le Soleil
lui-même ne paroît plus qu'une Etoile , la vaſte orbite de
Saturne & les Trajectoires de toutes les Cometes ſe reſſer-
rent en un point, lorſqu'elles ſont vues des lieux innombrables ſitués entre la Terre & les Etoiles fixes les plus proches. D'autres Soleils envoyent de la lumiere pour éclairer d'autres ſyſtêmes où les rayons de notre Soleil ne ſont
pas apperçus ; mais ils ſont auſſi engloutis dans l'immenſité de l'eſpace , & même tous les ſyſtêmes des Etoiles
qui brillent dans le firmament le plus clair , ne doivent occuper qu'un petit coin de cet eſpace , dans lequel ils ſont diſperſés , puiſqu'on découvre plus d'Etoiles dans une conſtellation , à l'aide du Teleſcope , que
les yeux ſeuls n'en apperçoivent dans tous les Cieux.
* Après nous être elévés ſi haut , & avoir laiſſé ſi loin
derriere nous toutes meſures bornées, nous ne nous trouvons pas plus près du terme ou des limites ; car tout
cela n'eſt rien reſpectivement à ce qui peut être répandu dans l'eſpace infini , qui eſt au-delà des Etoiles les
plus éloignées qui ayent été découvertes.

Si nous ſuivons l'échelle de la Nature du côté oppoſé , nous trouvons une pareille gradation des petits objets à d'autres incomparablement plus petits ; & nous

---

* Dans la ſeule conſtellation *d'Orion*, les Aſtronomes comptent deux
mille *Etoiles.*

fommes conduits autant au-deffous des mefures fenfibles que nous étions auparavant élevés au-deffus par des
voies femblables qui deviennent bientôt cachées pour
nous dans une égale obfcurité. Nous fommes fondés à
croire que ces fubdivifions de la matiere ont un terme, &
que les parties élementaires des corps font folides & fimples, enforte qu'ils ne peuvent fouffrir aucune altération dans les différentes opérations de la Nature ou de
l'Art. Mais il paroît par les obfervations microfcopiques
qui font découvrir des Animaux, dont un millier formeroit à peine une partie fenfible à la fimple vûe,
chacun defquels a fes vaiffeaux propres & des fluides
qui y circulent; par la propagation, la nutrition & l'accroiffement de ces Animaux; par la fubtilité des corpuf-
cules qui s'exhalent des corps, & qui retiennent leurs
proprietés particulieres, après une fi prodigieufe fubdivifion; par plufieurs expériences furprenantes des Chymiftes, & furtout par la petiteffe inconcevable des parties de la lumiere qui trouvent un paffage également en
toutes directions à travers les pores des corps tranfparens; enfin par les proprietés contraires des différens côtés
d'un même rayon, * il paroît, dis-je, par toutes ces
obfervations, que les fubdivifions des parties des corps
defcendent par un nombre de degrés qui furpaffe toute imagination; & que la Nature eft inépuifable pour
nous de tous côtés. Ce n'eft pas feulement dans la grandeur des corps que cette gradation infinie doit être obfervée. Des mouvemens, les uns s'exécutent dans un
inftant, les autres durent longtems; quelques-uns font
trop lents, & d'autres font trop prompts, pour être apperçus. L'exercice le plus noble de la Philofophie eft de
faire des recherches fur l'enchaînement des caufes; mais
l'on n'en découvre aucune qui ne doive elle-
même être confidérée comme un effet, & nous ne
pouvons compter que bien peu d'anneaux de cette

* Optique de Newton. *Queft.* 26.

chaîne.

chaîne. Dans toute forte de grandeurs, il y a un degré auquel nos fens font proportionnés, dont la connoiſſance eſt d'un très-grand uſage au genre humain.

Ce même degré eſt le fondement de la Philoſophie ; * car quoique toutes les eſpeces & tous les degrés ſoient également l'objet des ſpéculations philoſophiques ; cependant c'eſt de ceux qui ſont proportionnés aux ſens qu'un Philoſophe doit partir dans ſes recherches, s'élévant ou s'abbaiſſant enſuite ſuivant que l'exigent les ſujets qu'il examine. Il fait bien à la vérité de prendre ſes dimenſions de pluſieurs points de vûe, & de ſuppléer aux défauts de ſes ſens par une imagination bien reglée ; & il ne doit point être borné par aucune limite dans l'eſpace ou le tems : mais comme ſa connoiſſance de la Nature eſt fondée ſur l'obſervation des choſes ſenſibles, il doit commencer par elles, & y revenir ſouvent pour examiner les progrès qu'il a faits. Il marche ainſi d'un

---

* Si nous devions examiner ici plus particulierement la ſituation de l'homme dans la Nature, nous trouverions des raiſons pour conclure, que ce degré eſt le plus convenable à chacune de ſes facultés & de ſes inclinations, pour étendre ſes connoiſſances d'une maniere qui ſoit compatible avec tous les devoirs auxquels il eſt obligé ; & que ceux qui l'ont comparé à cet égard § aux animacules découverts dans le ſang par le microſcope ſe font trompés dans leur jugement. On doit avouer que c'eſt le premier être qui appartienne à ce globe, lequel à en juger par toutes les choſes que nous connoiſſons, peut-être auſſi conſidérable non en grandeur, mais en perfection, qu'aucun autre qui exiſte dans le ſyſtême Solaire qui lui-même n'eſt peut-être pas inférieur à aucun des ſyſtêmes répandus dans l'immenſité de l'eſpace. En occupant une place plus baſſe dans la Nature,

l'homme auroit été plus à portée de voir ce qui ſe paſſe parmi les parties ſubtiles de la matiere, mais il auroit plus perdu que gagné à cet avantage ; il n'eut plus alors été en état de faire une analyſe de la Nature. D'un autre côté nous ne doutons pas qu'il n'y ait d'excellentes raiſons pour leſquelles il ne lui eſt pas avantageux de pénétrer juſqu'aux parties éloignées du ſyſtême de l'Univers, dont il doit ſe contenter à préſent d'avoir une connoiſſance imparfaite. Les devoirs qu'il doit remplir comme membre de la Société, auroient ſouffert de la trop grande attention qu'il y auroit donnée, ou de ſa communication trop particuliere avec ces grandes choſes. Si on lui eut accordé une correſpondance avec les Planetes, il auroit bientôt deſiré de s'élever juſqu'aux Etoiles, & enfin de comprendre tout l'eſpace infini.

§ *Spinoſa*, *Epiſt.* 15.

C

pas affuré, car s'il ne retourne fouvent en arriere avec
précaution,il courera le rifque de s'égarer dans les labyrinthes de la Nature.

6. Après cet examen général de la Nature & de la
fituation de l'homme confideré comme fpectateur de
fes phénomenes, & comme cherchant à pénétrer dans
fon méchanifme, nous pouvons porter quelque jugement fur le projet de ceux qui, en formant leurs fyftêmes, commencent au fommet de l'échelle, & delà
prétendent à l'aide de leurs idées claires en parcourir tous les degrés avec beaucoup de pompe & de facilité, enforte que d'un coup d'œil, ils rendent raifon
de tout. On procéde dans la Philofophie expérimentale d'une maniere différente. Les commencemens font
moins brillans, mais les idées fe perfectionnent à mefure qu'on s'eléve des obfervations particulieres à des
connoiffances plus générales & plus exactes.

Il faut avouer à la vérité que la Philofophie feroit
plus parfaite, fi nous avions une connoiffance affez
complette de la Nature pour nous éléver depuis les objets communs des fens, jufqu'aux bornes de l'Univers,
& pour defcendre jufqu'aux élémens des chofes; & fi
les puiffances ou les caufes qui operent partout nous
étoient connues. Mais fi nous comparons l'étendue
de l'Univers avec les facultés de l'homme, nous ferons
obligés de reconnoître la néceffité de le prendre par parties & de les examiner chacune en particulier avec tout
le foin & la précaution dont nous fommes capables. Lorfque nous voyons les merveilles qui ont été
découvertes par les Naturaliftes dans les plus petits objets, prétendrons-nous décrire auffi aifément les productions d'une puiffance infinie dans un efpace, qui eft
en même tems infiniment étendu & divifible à l'infini ?
On doit fûrement plûtôt imaginer que ces grandes chofes font la matiere des recherches & de l'admiration perpetuelle d'Etres beaucoup plus parfaits.

Ce n'eft donc pas l'objet de la Philofophie dans l'état où nous fommes refpeƈtivement à l'Univers , d'entre-prendre d'embraffer tout à la fois & d'un coup d'œil le fyftême entier de la Nature ; mais d'étendre avec beau-coup de foin & de circonfpeƈtion nos connoiffances, en avançant par degrés auffi loin que nos obfervations & les raifonnémens que nous ferons en conféquence pourront nous conduire dans nos recherches fur les opé-rations les plus relevées & les mouvemens les plus grands de la Nature , ou fur fes ouvrages les plus fub-tils & les plus cachés. C'eft fur ce plan que M. le Che-valier Newton a procédé dans fes découvertes : il éta-blit fon explication du fyftême du Monde fur les meil-leures obfervations aftronomiques d'un côté , & il fit lui-même de l'autre avec la plus grande fagacité les ex-périences qui le mirent en état de pénétrer dans les opérations de la Nature les plus fecrettes parmi les par-ties fubtiles de la matiere. C'eft par ce moyen qu'il a porté fi loin nos connoiffances , & qu'il nous a laiffé d'excellentes idées fur ce qui eft encore enveloppé dans l'obfcurité.

Dans ces vûes, il nous a donné deux traités incompara-bles les plus parfaits dans leur genre , dont la Philofophie puiffe fe glorifier; fes Principes mathématiques de la Philo-fophie naturelle & fon Traité d'Optique. Dans le premier, il expofe le fyftême du Monde, il démontre les puif-fances qui gouvernent les mouvemens céleftes, & qui produifent leurs influences mutuelles. Elles s'étendent depuis le centre du Soleil jufqu'à la plus grande hau-teur de la Comete la plus élévée , & probablement juf-qu'aux dernieres extrêmités de l'Univers. Ces principes ne font ni nouveaux ni obfcurs, comme ceux qui n'ont jamais exifté que dans l'imagination des Philofophes ; mais ce font les plus familiers aux hommes, & les mê-mes qui dans l'ufage commun , font plus étendus & plus exaƈtement définis. Dans le fecond il traite de la

lumiere , qui quoique l'agent le plus puiſſant dans la Nature , qui ſoit ſenſible pour nous , n'agit qu'à de petites
diſtances. Ses admirables découvertes ſur ce ſujet l'en-
gagerent à faire des recherches ſur les mouvemens qui
exiſtent dans les petites parties de la matiere les plus
abſtrus de tous les phénomenes naturels.

Dans le premier , il eut à bâtir ſur les obſervations
des Aſtronomes de pluſieurs ſiecles , & les juſtes conſéquences que les plus ingénieux en avoient tirées par
de laborieux calculs. La conſtance & la régularité des
mouvemens céleſtes avoient contribué avec les obſervations d'un grand nombre de ſiecles , à rendre l'Aſtronomie la partie la plus exacte des Sciences Phyſiques;
excepté ſeulement la doctrine des Cometes. Les vaſtes diſtances des grands corps qui compoſent le ſyſtême
du Monde les uns des autres , favoriſoient une juſte analyſe des puiſſances , par leſquelles ils agiſſent l'un ſur
l'autre ; puiſque par la grandeur de la diſtance , elles doivent être réduites à un petit nombre de principes ſimples & par conſéquent plus faciles à découvrir.

Dans le ſecond , il fait des recherches dans les parties les plus cachées de la Nature , & il avoit à trouver
les phénomenes eux-mêmes , auſſi bien que leurs cauſes. Le ſujet eſt plus délicat & plus difficile à cauſe de
la petiteſſe inconcevable des agens, de la ſubtilité & de
la promptitude des mouvemens; les principes combi-
nés dans la production des phénomenes étant plus variés , on ne pouvoit pas s'attendre à les ſoumettre ſi facilement à l'analyſe. Il ſuit delà que ce qu'il a donné
dans le premier (quoique toujours ſuſceptible de progrès) eſt plus complet & plus fini à différens égards , au
lieu que ſes découvertes du ſecond Traité ſont plus ſur-
prenantes.

Après avoir établi le principe de la Gravitation univerſelle de la matiere dans le premier ouvrage ; lorſqu'il
ne peut démontrer plus évidemment les cauſes des phé-

nomenes expofés dans le fecond, il tâche d'en juger
par analogie , de ce qu'il a découvert dans les plus grands
mouvemens du fyftême de l'Univers ; façon de raifonner qui eft conforme à l'harmonie des chofes & à l'an-
ciènne maxime attribuée à Hermes * & approuvée par
l'obfervation & le jugement des meilleurs Philofophes.
» Que ce qui fe paffe en haut dans le Ciel eft fembla-
» ble & analogue à ce qui fe paffe ici-bas fur la Terre. »
Il avoit trouvé que tous les corps gravitoient les uns
vers les autres par une puiffance qui agit également fur
toutes leurs parties à des diftances égales , & qui augmente fuivant une loi déterminée lorfque la diftance diminue. Il foupçonna que les phénomenes les plus cachés de la Nature étoient produits par un principe femblable , agiffant aux moindres diftances avec une plus
grande force & avec plus de variété ; mais infenfible-
ment à des diftances plus confidérables. C'étoit un grand
point en Philofohie d'être fûr d'un principe général , &
un feul fuffifoit pour produire les mouvemens réguliers
des corps céleftes. Il falloit une plus grande variété pour
conduire les différentes opérations de la Nature dans
fes parties particulieres ; & comme elles étoient enve-
loppées dans quelque obfcurité jufqu'à ce qu'une meilleure lumiere vint à fe repandre , il ne pouvoit trouver de fondement plus fûr pour établir fon jugement
que ce principe qu'il avoit déja démontré avoir lieu dans
la Nature. Mais parce que nous trouvons fouvent que
des phénomenes , qui à la premiere vûe paroiffoient
très-différens dépendent néanmoins de la même caufe ,
& que plufieurs caufes font fouvent rapportées , après
un plus mûr examen à un principe plus général , toute

* On attribue un principe
femblable aux Mages Perfans &
Chaldéens , συμπαθῆ εἶναι ἀνω
τοῖς κατω. Pfell. Declaratio dog-
matica Chaldaic. Cependant cette
maxime , ainfi que plufieurs autres
occafionna des abus dans la fuite du tems , lorfque les Philofophes
degenererent de leur premiere fimplicité.

la conftitution de la Nature, (malgré la variété des apparences) conduifant manifeftement à l'Etre fuprê-me; ce grand Philofophe fut porté par là auffi bien que par différentes obfervations qu'il avoit faites à penfer que toutes ces puiffances devoient tirer leur origine d'un inftrument ou d'un agent général, comme diver-fes branches d'un grand tronc, dont l'efficacité dépen-doit plus immédiatement de la direction ou des in-fluences de la caufe fouveraine qui gouverne l'Univers. Mais il en parle comme il convient à un Philofophe qui avoit tant étudié la Nature, & qui connoiffoit com-bien ces parties abftraites de fon fyftême devoient être obfcures pour nous.

7. Comme la vûe la plus générale des chofes créées rappelle à tous les hommes l'exiftence & le gouverne-ment d'une Divinité, ainfi chaque découverte dans la Philofophie naturelle en fournit de nouvelles preuves, & c'eft par ce fruit qu'on doit en retirer que ce grand hom-me conclud fes deux Traités. On ne doit pas s'imagi-ner que fa Philofophie ait peu fervi à ce deffein, quoi-qu'il n'ait pû determiner entierement les premieres caufes.

Le fouverain Etre qui a fait & qui gouverne tout l'Univers, nous a laiffé connoître une partie de l'enchaî-nement des caufes; mais nous trouvons que comme il eft lui-même trop élevé pour notre entendement, de même fes inftrumens immédiats font encore envelop-pés dans une obfcurité que la Philofophie n'eft pas ca-pable de diffiper, ainfi notre vénération pour l'Auteur fuprême eft toujours augmentée à mefure que nous avançons dans la connoiffance de fes ouvrages : à pro-portion que nous nous élevons en Philofophie vers la premiere caufe, nous acquerons des connoiffances plus étendues de la conftitution des chofes, & nous voyons fes influences plus clairement. Nous nous ap-percevons que nous nous approchons de lui par la fimplicité & la généralité des puissances ou des Loix que nous découvrons, par la difficulté qu'il y a de les expliquer méchaniquement, par la beauté & l'ordre qui se manifestent de plus en plus dans ses ouvrages à proportion de nos progrès, & par les idées que nous prenons de plus grandes choses encore au-dessus de notre portée : mais après toutes nos recherches il reste toujours pour nous à une distance infinie & voilé dans l'obscurité.

Il n'est pas l'objet des sens, sa Nature & son essence sont impénétrables, les instrumens les plus immédiats de sa puissance & de son autorité, ne nous sont connus qu'obscurement ; la moindre partie de la Nature nous met dans l'embarras, lorsque nous tâchons de la comprendre, même le lieu & le tems dont nos idées semblent si simples & si claires ont assez en eux dequoi embarrasser ceux qui croyent qu'il n'y a rien au-dessus de leurs facultés. Toutes ces choses cependant n'empêchent pas que nous n'apprenions à former de grandes & de justes idées de lui, en considérant ses ouvrages sensibles, dans lesquels le spectateur le plus superficiel ne peut s'empêcher de remarquer un art & une science qui surprennent les plus experimentés, & qui très-souvent sont au-dessus de la portée du Philosophe le plus profond. De ce que nous comprenons dans la Nature, nous devons concevoir les plus hautes espérances de ce qui nous sera découvert, si jamais il nous est permis de pénétrer jusqu'à la premiere cause même, & de voir toute la suite de ses ouvrages tels qu'ils sont réellement sortis de ses mains, lorsque notre Philosophie imparfaite parviendra à sa perfection.

CHAPITRE II.

Des Syſtêmes des anciens Philoſophes.

1. CEux qui ne ſont pas imbus des préjugés des Philoſophes ſe perſuadent aiſément que la Phyſique ne doit être fondée que ſur l'expérience & l'obſervation. Mais il y a une Philoſophie qui corrompt
l'eſprit tandis qu'elle prétend l'élever & le ſatisfaire, qui
apprend à mépriſer la voie ſimple & modeſte de la vérité. Ce n'eſt pas peu de choſe d'avoir à raiſonner avec
ceux qui ſe ſont eux-mêmes perdus dans les ſyſtêmes
obſcurs d'une néceſſité inviolable univerſelle, ou avec
ceux qui s'imaginent toûjours être en poſſeſſion des premieres cauſes. La moindre apparence d'un argument
ſuivant leur méthode viſionnaire a infiniment plus de
poids avec eux que l'évidence la plus claire déduite
d'un fait ou d'un obſervation. Et ils paroiſſent ſi entê-
tés de ces ſyſtêmes en l'air qu'ils aimeroient mieux diſ-
puter éternellement que de s'abbaiſſer à convenir d'une
certitude acquiſe par une voie plus ſimple. La méthode
de M. le Chevalier Newton expoſée dans le Chapitre
précédent, eſt recommandable par elle-même pour un
Philoſophe impartial; quelques perſonnes ingénieuſes
ont reconnu autrefois la néceſſité de la ſuivre. Mais la
pratique générale des Philoſophes a été bien différente;
les ſyſtêmes fondés ſur des ſpéculations abſtraites ont
toûjours tellement prévalu, qu'il ſera néceſſaire pour
notre deſſein de faire voir par quelques obſervations ſur
l'hiſtoire de la Philoſophie, combien de telles entrepriſes ont toujours été vaines & inutiles.

Les théories de cette eſpece ont été inventées, changées & réformées pluſieurs fois avec beaucoup de peine

&

& d'efforts d'imagination ; mais lorfqu'on venoit à les comparer avec la Nature, quelle différence n'y trouvoit-on pas ! *ibi omnis effufus labor.* Si nous remontons à l'état de la Philofophie dans les differens fiecles, nous apprendrons par l'Hiftoire de chaque période, que toutes les fois que les Philofophes ont confulté la Nature, & qu'ils fe font fondés fur les obfervations, ils ont fait quelques progrès dans la véritable Phyfique ; mais tant qu'ils ont prétendu former leurs fyftêmes fans le fecours de l'expérience, ils n'ont fait que multiplier les difputes.

Les commencemens de la Philofophie, comme des autres chofes, font incertains & obfcurcis par des fables. Nous apprenons cependant par le témoignage de differens auteurs, que les Philofophes les plus anciens & les plus célébres de la Phénicie & de la Grece, firent du vuide, des atômes, & de leur gravité les premiers principes de leur Philofophie * foit qu'ils y ayent été conduits par d'exactes obfervations de la Nature avant que les fyftêmes imaginaires & les difputes des hommes fpéculatifs euffent rendu obfcurs fes phénomenes les plus évidens, foit que ces connoiffances ayent eu quelque autre origine. Il parut dans la fuite differens fyftêmes; mais on découvrit long-tems quelques veftiges de ces anciens principes parmi la doctrine des Philofophes qui leur fuccederent, quoique confondus avec leurs dogmes particuliers, & ce qui paroît le plus uniforme dans la variété de leurs opinions femble dérivé de cette fource **. Les plus anciens Atomiftes paroiffent avoir en-

* Suivant *Pofidonius* le Stoïque, cité par Strabon & *Sextus Empiricus*, la doctrine des atômes étoit plus ancienne que le tems de la guerre de Troye, ayant été enfeignée par *Mofchus* Phénicien, le même probablement dont parle Jamblicus, lorfqu'il dit que Pythagore eut des entretiens à Sidon avec les Prophé-tes fucceffeurs de *Mofchus* le Phy-

fiologifte. Dans ces anciens tems les caracteres de Légiflateur & de Philofophe étoient réunis, & plufieurs perfonnes croyent que ce *Mofchus* étoit le même que Moyfe Légiflateur des Juifs.
** Ils enfeignerent que rien n'étoit fait de rien, qu'aucune fubftance n'eft engendrée ou détruite, que la couleur & le goût ne font pas dans

D

seigné qu'il y avoit auſſi des ſubſtances vivantes qui
préexiſtoient avant l'union des ſyſtêmes de ces corpuſcules élementaires , & qui continuoient d'exiſter après
leur diſſolution. Ils virent la néceſſité d'admettre des
principes actifs comme des paſſifs , la vie auſſi-bien que
le méchaniſme dans le monde(a).Mais cette Philoſophie
exacte & conforme à la Nature fut démembrée dans la
ſuite , & par une affectation de ſimplicité, ou par d'autres
raiſons on s'imagina qu'il ſuffiſoit d'admettre une ſeule
ſorte de matiere paſſive ; & par le concours fortuit de
ſes corpuſcules , ils prétendirent expliquer la formation
de l'Univers. D'autres plus pénétrans l'attribuerent principalement ou uniquement à des ſubſtances incorporel-
les actives(a). Il s'éleva une troiſieme Secte , tant leurs
diviſions & leurs diſputes étoient ſemblables à celles de
notre tems , qui rejettoit la réalité des deux précédens
ſyſtêmes , & qui ſoutenoit qu'on ne pouvoit trouver
nulle part une ſtabilité d'eſſence ou de connoiſſance ;
que tout être & toute ſcience n'étoient qu'imaginaires
& rélatifs : que l'homme étoit la meſure de la vérité
pour lui en toutes choſes , & que chaque opinion ou
imagination de toutes perſonnes étoit vraie (b). Tandis
qu'une Secte penſoit que rien n'étoit permanent , mais
que tout étoit dans un flux ou un mouvement continuel,
& d'autres que tout étoit de ſon eſſence immobile &
infini:il n'eſt pas étonnant que leurs ſucceſſeurs s'avouent
eux-mêmes incapables d'entendre leur doctrine (c). L'oppoſition qu'ils avoient les uns pour les autres ſemble les
avoir fait donner dans l'extrémité , & viſer à des principes trop étendus & trop généraux.

les objets, &c. Ce qui ſemble être les vrais dogmes de cette Philo-
ſophie atomique parmi les Grecs. Voyez *Ariſt. De anima Lib. III.* *Cap. I.* qui attribue de telles opinions à la plûpart des Phyſiologiſtes avant lui.

(a) Voyez le *ſyſtême intellectuel de l'Univers* du Docteur Cudworth en Anglois. Liv. I. Chap. I.

(b) C'étoit la doctrine de Protagore l'Abderite , *Plat. Thœtetus , &c.*

(c) *Plat. Thœtetus.*

Quant aux dogmes particuliers de Thales & de ses
successeurs de l'École Ionique, le résultat de ce que
nous apprenons par les Histoires imparfaites que nous
avons d'eux, est que chacun détruisoit ce que son pré-
decesseur avoit avancé, & qu'il recevoit lui-même un traitement semblable de celui qui venoit après lui. On sçait
que l'un d'eux regarda l'eau comme le principe
de toutes choses ; un autre chosit l'air, un troisieme le
feu, un quatrieme préféra la Terre, & quelques-uns
les prirent tous ensemble & en firent les quatre élemens
ou principes des choses. Ainsi la passion pour les systêmes
commença de bonne heure, & les disputes en conséquence d'une telle précipitation furent inévitables.

2. Dans le tems de cette incertitude parmi les Phy-
siologistes (car tels étoient tous les Philosophes les plus
anciens) Socrate parut dans le monde. Une sublimité
de génie, une simplicité de mœurs, un talent particulier pour rechercher la vérité & découvrir l'erreur, ca-
ractériserent ce grand homme. Dans sa jeunesse il s'ap-
pliqua, comme ses predecesseurs avoient fait, à la
Physique, & il tâcha de la réduire à une méthode & à des
principes. Mais après avoir examiné leurs systêmes sans en
recevoir aucune satisfaction, il étoit trop sincere ama-
teur de la vérité & trop attaché au bien du genre-hu-
main, pour tenter d'en inventer un autre, ou pour dissimu-
ler son ignorance dans les mysteres de la Nature. Il vit que
cette science imaginaire étoit le plus grand obstacle à
la véritable, & rendoit ceux qui en étoient enflés in-
supportables aux amateurs des connoissances solides. Il
saisit toutes les occasions qu'il put pour faire ces représentations, & il eut l'heureux talent de sçavoir tourner
en ridicule la vanité des Sophistes de son tems qui prétendoient tout sçavoir. L'Oracle à une certaine occasion
le déclara le plus sage de tous les hommes ; & il inter-
préta avec sa modestie accoûtumée, que cette préfe-
rence n'étoit dûe, qu'à ce que tandis que les autres s'ima-

ginoient vainement connoître ce qu'ils ignoroient effec-
tivement, il fçavoit cette feule chofe de plus qu'eux
» qu'il ne fçavoit rien. »

Après avoir fait plufieurs tentatives inutiles dans
fa jeuneffe * pour pénétrer dans les caufes des chofes, ayant entendu dire qu'Anaxagore enfeignoit
que tout étoit gouverné par un efprit suprême, & ce
principe le fatisfaifant beaucoup, il eut recours à fes
écrits; plein de l'attente de voir tout le fyftême de la
Nature expliqué par la fageffe parfaite d'un efprit qui
gouverne tout, & de trouver la folution de fes doutes
fur la perfection de l'Univers. Mais il fut bien trompé,
lorfqu'il vit qu'Anaxagore ne faifoit aucun ufage de cet
efprit fouverain dans fes explications de la Nature, &
ne rapportoit pas la difpofition actuelle des chofes à l'ordre & à la perfection de l'Univers; mais qu'il introduifoit certaines puiffances aqueufes & aëriennes, & d'autres principes incroyables pour les caufes des chofes.
Enfin Socrate trouva que cette explication de la Nature n'étoit pas plus fatisfaifante, que fi quelqu'un qui eut
entrepris d'affigner la caufe de toutes les actions de Socrate, commençoit par dire que Socrate agiffoit par un
principe de penfées & de deffein; & prétendant expliquer comment il vint à s'affeoir en prifon, dans le tems
qu'il fut condamné à mourir par les injuftes & ingrats
Athéniens, il nous apprenoit que le corps de Socrate
étoit compofé d'os & de mufcles, que les os étoient
folides & avoient leurs articulations, tandis que les mufcles étoient capables de fe contracter & de s'étendre,
au moyen de quoi il étoit en état de mouvoir fon corps
& de s'affeoir; & fi après avoir expofé la nature du fon
& des organes de la voix, il fe vantoit enfin d'avoir
ainfi expliqué comment Socrate s'affit & s'entretînt avec
fes amis en prifon; fans parler du décret des Athéniens,
& fans dire qu'il penfa lui-même qu'il étoit plus jufte

*Ἐγὼ γὰρ νέως ὢν &c, Plat. Phædo.

& plus convenable d'attendre patiemment l'exécution
de leur Sentence , que de fe fauver à Megare ou à
Thebes pour y vivre en exil. » Il eſt vrai, dit-il , que
» fans os & fans nerfs, je n'aurois pu exécuter aucune
» action dans ma vie , mais il feroit ridicule de les re-
» garder comme les raifons de mes actions, tandis que
» mon ame eſt déterminée par ce qui paroît le meil-
» leur. »

J'ai rapporté ce paſſage , furtout parce qu'il fait voir
combien les plus illuſtres & les meilleurs Philoſophes
ont penſé que la confidération des cauſes finales étoit
eſſentielle à la vraye Philoſophie ; fans quoi elle perd fa
plus grande beauté & fa perfection & n'obtient pas fon
principal ufage. M. le Chevalier Newton eut un plaiſir
particulier de voir que fa Philoſophie avoit contribué
à faire confidérer ces cauſes finales (comme je le lui ai
entendu remarquer) après que Defcartes & d'autres
s'étoient efforcés de les bannir. Il eſt furprenant que cet
Auteur regarde comme une plus grande préfomption *
de prétendre à la connoiſſance des cauſes finales, que
de vouloir déduire un fyſtême complet de l'Univers de
la nature de la Divinité confiderée comme la fouveraine cauſe efficiente , ou après avoir rejetté les cauſes
mentales & finales , rendre raifon de tout par un méchanifme ou une néceſſité métaphyſique & materielle. Cette forte de cauſe eſt fûrement la plus à notre portée ;
& on ne peut comprendre pourquoi il penſe qu'il eſt
préfomptueux de confidérer le deſſein & l'ordre qui
font répandus dans la Nature fi évidemment , & qui

---

* Nullas unquam rationes circa
res naturales à fine , quem Deus aut
Natura in iis faciendis fibi propo-
fuit , defumemus ; quia non tantum
debemus nobis arrogare ut ejus con-
filiorum participes nos eſſe putemus.
Sed ipfum ut caufam efficientem rerum omnium confiderantes , videbi-
mus quidnam , ex iis ejus attributis
quorum nos nonnullam notitiam vo-
luit habere , circa illos ejus effectus ,
qui fenfibus noſtris apparent , lumen
naturale quod nobis indidit conclu-
dendum eſſe oſtendat. Princip. Part.
1. §. 28.

fe manifeftent à tous les hommes ; de foûtenir , par
exemple , que l'œil a été fait pour voir , quoique nous
puiffions n'être pas en état d'expliquer méchaniquement la réfraction de la lumiere dans les tuniques de
l'œil , ou comment l'image eft portée de la retine jufqu'à l'ame.

Socrate trouvant tout obfcur & incertain dans les
differens fyftêmes de fes prédeceffeurs , jugea qu'il étoit
mieux de fe contenter d'une connoiffance générale de
la Nature que tous les hommes peuvent acquérir , que
d'en adopter aucun. Et s'étant appliqué à étendre la pratique auffi-bien que la théorie de la Philofophie morale parmi fes concitoyens par fon exemple & fes préceptes , il mérita la plus haute eftime & l'admiration du
genre humain *. Platon cependant & fes Difciples con-
noiffant combien la Phyfique devoit influer fur les vérités les plus importantes , fe remirent à l'étudier. La
beauté de l'Univers étoit le fujet favori des Platoniciens ; & ils avoient coûtume de recommander la contemplation & l'imitation de fes mouvemens conftans &
réguliers par la pratique de la vertu , comme les meilleurs moyens de recouvrer l'ancienne conformité où
l'on avoit été avec elle dans un premier état & de fe
rendre dignes de joüir de nouveau de ce bonheur. Tandis qu'une Secte d'Atomiftes expliquoit tout par les mouvemens & les modifications de la matiere , Platon s'ef-

* Voyez *Aul. Gellius Lib. 6.
Cap.* 10. Où il en rapporte un exemple extraordinaire d'après Taurus
Philofophe Platonicien. Les Athéniens fur quelque différend avec les
habitáns de Megare , leur avoient
fait défenfe expreffe à chacun d'eux
d'entrer à Athenes. Euclide de Megare après cet Edit , avoit coûtume
de fe déguifer en femme , & de faire vingt milles de chemin pendant
la nuit pour entendre Socrate. Delà
Taurus prend occafion de fe lamenter
fur la haute eftime qu'on avoit de
la Philofophie dans ce tems-là ;
maintenant , dit-il , nous voyons les
Philofophes s'en aller de plein gré ,
attendre à la porte des jeunes & des
riches , & s'y affeoir jufqu'à midi
pour donner le tems à leurs difciples de fe remettre des débauches de la nuit. Diogene Laer-
ce cependant parle d'un étranger
qui vint à Athenes & qui trouva
quelques chofes à reprendre dans
Socrate.

força d'élever les penfées des hommes au-deffus des
objets des fens, & il foûtint avec chaleur la prééminence des Etres actifs, incorporels & intellectuels.
C'étoient-là, fuivant lui les vraies fubftances, les autres
n'en étoient que les ombres; les Philofophes groffiers
ne pouvoient appercevoir que ces dernieres de même
que celui qui tourne le dos à la lumiere, ne la voit
pas, non plus que les corps placés entr'elle & lui, mais
il n'en apperçoit que les ombres (a). Il parle cependant
quelquefois des parties infenfibles des corps, qui ne
peuvent être apperçues que par l'efprit & l'entendement, leur attribuant différentes figures dans le ftyle
de la Philofophie atomique (b). S'il porta trop loin fa
complaifance pour fes idées, nous devons avouer au
moins que fes erreurs ne furent pas à beaucoup près
d'une auffi dangéreufe conféquence que celles de Démocrite & de plufieurs autres. Mais quelques louables que
puiffent avoir été les vûes de cet aimable Philofophe,
les préceptes inintelligibles & myftiques de quelques-
uns de fes Difciples (c) doivent nous avertir d'être fur
nos gardes contre les excès, même dans une bonne
caufe.

3. Pendant ce tems-là les Sectateurs de Pythagore
fleuriffoient en Italie, & enfeignoient une Philofophie
qui paroît avoir moins été le réfultat de leurs propres
obfervations que le fruit du féjour que leur grand Maître avoit fait en Orient. Il paffa vingt-deux ans dans ces
contrées, & il ne fit point de difficulté de s'accomoder
aux coûtumes (d) les plus particulieres des Nations
Orientales, afin d'avoir un accès plus libre auprès de

(a) Platon de Republica. Lib. 7. & 10.
(b) Platon Tim.
(c) Il feroit inutile de citer ici des exemples du myftique le plus profond
de Plotin & autres Platoniciens.
(d) Il fut circoncis en Egypte fuivant la coûtume des Prêtres de ce Pays,
& il paffe pour avoir été l'homme le plus aimable de fon tems. Clem.
Alexandr. Strom. Lib. I.

leurs Sçavans. Comme c'étoit un homme doué de talens extraordinaires & qui étoit extrêmement laborieux, il paroît auffi avoir le mieux réuffi des anciens dans la connoiffance de leur Philofophie. Nous trouvons que fes Difciples enfeignerent la vraie doctrine des mouvemens des Planetes, particulierement que la Terre fe mouvoit tous les jours fur fon axe, & qu'elle faifoit fa révolution autour du Soleil en un an; & ils donnerent des idées fur les Cometes qui s'accordent avec les découvertes modernes (*a*). Ils enfeignerent auffi que chaque Etoile étoit uu Monde (*b*), & qu'elles avoient toutes quelque chofe de correfpondant à notre terre, à l'air & à l'eau dans l'immenfité de l'efpace. La Lune furtout fuivant eux, étoit habitée par des Animaux plus grands & plus beaux que ceux de notre Globe. Nous trouvons quelques idées de la Gravitation des corps céleftes dans ce qui eft rapporté de la doctrine de Thales & de fes fucceffeurs. Mais Pythagore paroît l'avoir mieux connue, & on croit qu'il l'avoit en vûe dans ce qu'il a enfeigné fur l'harmonie des Spheres (*c*).

Une corde de mufique donne les mêmes fons qu'une autre dont la longueur eft double, lorfque la tenfion ou la force avec laquelle la derniere eft tendue, eft quadruple, & la gravité d'une Planete eft quadruple de la gravité d'une autre qui eft à une diftance double. En général, pour qu'une corde de mufique puiffe devenir à l'uniffon d'une corde plus courte de même efpece, fa tenfion doit être augmentée dans la même proportion que le quarré de fa longueur eft plus grand; & afin que la gravité d'une Planete devienne égale à celle

(*a*) Ariftot. *Meteorol. Lib. I. Cap.* 6. Plutarque *de Placitis Philofophorum Lib. III. Cap. II.*
(*b*) Ibid. *Cap. XIII. & XXX.*
(*c*) Plin. *Lib. II. Cap. XXII.* Macrob. In fomnium Scip. *Lib. II.*

Cap. I. Voyez auffi Plutarque ; *De Animal. procreatione*, è Timæo. Ὄιτε πάλαι θεολόγοι, πρεσβύτατοι φιλοσοφῶν ὄντες, ὄργανα μᾶσικα θεῶν, &c. jufqu'à la fin.

d'une

d'une autre Planete plus proche du Soleil , elle doit
être augmentée à proportion que le quarré de sa distance au Soleil est plus grand. Si donc nous suppofons
des cordes de musique tendues du Soleil à chaque
Planete, pour que ces cordes devinffent à l'uniffon , il
faudroit augmenter ou diminuer leurs tensions dans les
mêmes proportions qui feroient néceffaires pour rendre les Gravités des Planetes égales. On croit que c'est
de la fimilitude de ces rapports , qu'il a tiré la célébre doctrine de l'harmonie des Spheres.

Comme ces opinions des Pythagoriciens fur les mouvemens diurnes & annuels de la Terre , les révolutions
des Cometes, les habitans de la Lune & des Etoiles &
l'harmonie des Spheres font très-éloignées d'être dic-
tées par les fens, & fort oppofées aux préjugés vulgaires; on a lieu de penfer que ceux qui les premiers ont
fait ces découvertes devoient avoir fait un progrès confidérable dans l'Aftronomie & la Philofophie naturelle.
Il n'est pas aifé de perfuader à une perfonne qui ignore
la vraie Théorie du mouvement, que la Terre , qui de
toutes les chofes qui exiftent dans la Nature paroît être
la plus fixe & la plus ftable, est ainfi emportée dans
l'efpace avec une fi grande rapidité. Il falloit qu'il fe fut
entierement mis au-deffus des difficultés qui naiffoient
des fens & des préjugés fuperftitieux qui prévaloient
de fon tems pour être perfuadé de cette doctrine, jufqu'à compter la Terre parmi les Etoiles, & regarder
les Etoiles comme autant de Mondes. C'est pourquoi
lorfque nous trouvons les dogmes des Grecs à ce fujet
fi imparfaits & alliés avec tant d'erreurs, il paroît naturel de penfer qu'ils en avoient feulement pris quelques idées d'autres Nations plus fçavantes, & qui avoient
fait de plus grands progrès dans la Philofophie : peut-
être n'étoient-ils pas plus capables de traiter cette matiere qu'un Indien ingénieux qui après avoir refté quelques années en Europe , & s'y être quelquefois entre-

E

tenu avec des Sçavans , voudroit à son retour exposer
nos systêmes à ses compatriotes. C'est pour cela que les
Pythagoriciens ne paroissent pas avoir été en état
de défendre leur doctrine , quoiqu'il eussent la vérité
pour eux ; car Aristote les refute avec apparence de raison de son côté. Ce qu'il dit de leur systême fait voir
ou qu'ils l'avoient mal exposé , ou qu'il ne les avoit
pas entendu. On rapporte qu'ils enseignoient qu'il y
avoit une terre opposée à la nôtre, & differens autres
corps qui faisoient leurs révolutions autour du Soleil ,
qui nous étoient cachés par la Terre, & que delà ils
expliquoient pourquoi il y avoit plus d'éclipses de Lune que de Soleil *. A cette occasion il leur fait un reproche auquel les Philosophes n'ont que trop souvent
donné fondement. » Qu'au lieu d'accommoder leur
» Philosophie à la Nature , ils n'avoient pas représenté
» les Phénomenes tels qu'ils étoient , afin qu'ils parus-
» sent conformes à leurs propres suppositions. » Mais s'il
avoit été mieux instruit de ces Phénomenes & de ce
systême , il en auroit porté un meilleur jugement.

Dans ce tems-là la Géometrie étoit dans une haute
estime. Nous avons raison de penser que l'attachement
que les Pythagoriciens & les Platoniciens avoient pour
elles les séduisit quelquefois , en les induisant à tirer
les mysteres de la Nature de certaines analogies de figures & de nombres, qui non-seulement sont intelli-
gibles pour nous, mais qui dans quelques cas ne paroissent
pas susceptibles d'aucune juste explication. L'usage qu'ils
firent en Philosophie des cinq corps réguliers , en est
un exemple remarquable , car ils doivent en avoir fait
une partie importante de leur systême , si nous nous

* *De Cælo. Lib. II. Cap. XV.*
Nous devons être moins surpris
que les Grecs ayent eu une connoissance si imparfaite de la Philosophie Orientale , s'il est vrai que
quelques-uns de leurs plus célébres

Philosophes , firent le voyage d'E-
gypte dans une vûe bien différente de celle d'apprendre la Philosophie. On dit que le principal but
de Platon étoit d'y vendre son
huile.

en rapportons aux anciens Commentateurs d'Euclide, qui nous difent qu'il étoit Philofophe Platonicien, & qu'il compofa fes excellens Elemens en faveur de cette doctrine. Mais comme la Géometrie eft une matiere de pure fpéculation, on ne peut concevoir qu'il puiffe y avoir quelqu'analogie entr'elle & la conftitution de la Nature. Ceux qui en dernier lieu ont tâché de développer cette analogie n'y ont pas réuffi, comme nous aurons occafion de le faire voir dans la fuite, lorfque nous parlerons des Découvertes de Kepler. Ce n'eft pas là le feul exemple, où des analogies & des harmonies prétendues nous ayent induit en erreur dans la Philofophie. La Géometrie ne peut y être que de peu d'ufage jufqu'à ce qu'on ait raffemblé des vérités connue fur lefquelles on bâtiffe; le Chancelier Bacon a juftement obfervé, *Mathefim Philofophiam naturalem terminare debere, non generare aut procreare.*

4. La Philofophie d'Ariftote nous donne lieu de remarquer que la plus grande pénétration fans d'autres fecours, fera toujours d'une moindre utilité dans l'étude de la Nature que dans la Métaphyfique & la Dialectique, où la force du génie peut à la vérité produire des merveilles. Au lieu des anciens fyftêmes, il introduifit la matiere, la forme & la privation, comme les principes de toutes chofes : mais il ne paroît pas que cette doctrine fut d'un grand ufage dans la Philofophie naturelle. Il furpaffa tous les autres Philofophes en établiffant les divifions & les définitions relatives à fes fujets avec une exactitude particuliere; cependant quelques-uns de fes préceptes font exprimés d'une maniere fi obfcure de l'aveu de fes Difciples les plus zelés, que quoiqu'ils ayent pris les plus grandes peines pour découvrir fa penfée (& quelques-uns d'eux fuivant ce qu'on rapporte, d'une maniere très-extraordinaire) ils n'ont pû la pénétrer; & on difpute encore pour fçavoir quels étoient fes fentimens fur quelques fujets de grande importance. E ij

Il fut mis en état par la libéralité d'Alexandre son
eléve, de faire de vastes collections sur l'Histoire naturelle. Ce Prince fit à ce sujet des dépenses immenses;
dont les Naturalistes ont souvent parlé depuis en se co-
piant les uns les autres (a). Mais dans ses écrits généraux &
théoriques sur la Nature, quoique ses raisonnemens puissent paroître subtils & ingénieux, les conclusions qu'il en
tire sont communément détruites par des Découvertes
plus récentes. Nous avons observé ci-dessus comment
il exposoit la doctrine de Pythagore sur les deux mouvemens de la Terre, & la maniere dont il tâchoit de la
refuter : dans l'un des Traités qui lui sont attribués (b)
l'Auteur prétend démontrer que la matiere des Cieux
est incréée incorruptible, & qu'elle n'est sujette à aucune
altération; & il avance que les Etoiles sont emportées
autour de la Terre dans des Orbites solides. Il fut généralement suivi dans ces opinions, jusqu'à ce que Tycho par ses observations, & Galilée par ses raisonnemens en firent voir la fausseté. Quelques personnes se
font plaintes qu'il n'étoit pas fait mention si souvent
d'une Divinité dans ses differens écrits, que dans les
ouvrages de la plûpart des Philosophes plus anciens,
excepté seulement son Traité du Monde (ou comme
d'autres disent qu'il devoit être intitulé, de l'Univers),
qui pour cette raison a été attribué à un autre Auteur.
Mais il y en a plusieurs qui jugent que cette piece admirable est d'Aristote; & Gassendi est d'opinion qu'il
la composa vers la fin de sa vie, comme le résultat de
ses pensées les plus sérieuses (c). On peut observer en
faveur de ce grand Philosophe, que peut-être il n'avoit
pas intention que ses Découvertes fussent bien enten-

(a) Suivant Pline, Aristote, écrivit cinquante volumes sur les Animaux, & plusieurs milliers de personnes en Grece & en Asie l'aide-
rent dans ses recherches par ordre

d'Alexandre. On dit que la dépense
monta à quatre-vingt talens.
(b) De Cœlo.
(c) De Physiologia Epicuri.

dues par fes écrits publics. Car on rapporte qu'un jour qu'Alexandre fe plaignoit de ce qu'il avoit mis au jour quelques-uns de fes Traités, il lui fit fentir par fa répon-fe, qu'ils ne feroient entendus que par les Philofophes. Si nous avions une expofition plus parfaite de fes opinions fur les formes & les qualités, il pourroit fe faire qu'el-les paruffent dans un meilleur jour. Peut-être vouloit-il feulement foutenir contre cette Secte d'Atomiftes qui fui-vit Démocrite, que les Phénomenes de la Nature ne pou-voient être expliqués fans avoir recours à autre chofe que la matiere & le mouvement; mais que les qualités des corps devoient être attribuées à des puiffances ca-chées qui agiffoient diverfement dans les différentes combinaifons des petites parties de la matiere, fuivant les loix établies. La conduite de Callifthene qu'il re-commanda à Alexandre pour l'accompagner dans fes conquêtes Afiatiques, fit un grand honneur à Ariftote; une perfécution cependant que ce Philofophe eut à fouf-frir des Prêtres Athéniens, l'obligea d'abandonner leur Ville pour éviter le fort de Socrate.

Ariftote fut long-tems appellé le Prince des Philofo-phes, & il a été en poffeffion de l'autorité la plus ab-folue dans les Ecoles, non-feulement en Europe, mais même en Afrique, parmi les Mahométans, auffi-bien que les Chrétiens. On traduifit fes Ouvrages en Perfe & à Samarcande; & aucun Philofophe ne fût jamais dans une eftime fi haute & fi univerfelle. Son opinion étoit regardée comme la raifon même, il n'étoit pas permis d'en appeller: les Parties dans chaque difpute, étant obligées de faire voir que leurs conclufions n'étoient pas moins conformes à la doctrine d'Ariftote, qu'à la vé-rité. Ce moyen cependant ne mettoit pas fin aux dif-putes, mais fervoit plûtôt à les multiplier; car il n'étoit pas plus aifé de s'affurer de fon fentiment, que de décou-vrir la vérité, & fouvent fa doctrine n'étoit pas com-patible avec elle. Il n'eft pas hors de propos de rappel-

ler cette foûmiffion fervile des Philofophes, parce qu'une
haute eftime pour les grands hommes, eft capable de nous
entraîner dans leurs opinions, même dans des matieres
douteufes, & quelquefois étrangeres à la Philofophie.

5. Nous avons déja parlé du fiftême d'Epicure, &
nous aurons fouvent occafion de faire des remarques
dans la fuite fur ce fujet. Quiconque examine les opinions extravagantes de cette Secte, & des autres Dog-
matiques, quels qu'ils foient Péripatétiques ou Stoïques,
peut en admirer quelques-uns pour leur morale, & un plus
grand nombre pour leur éloquence, ayant fait leur principale occupation de difputer fur leurs fiftêmes, & de dé-
clamer en leur faveur; mais on ne doit pas être fort furpris, de les voir la plupart conformes aux Sceptiques,
dans ce qui a rapport à la Phyfique: Les uns foûtenoient
qu'il étoit impoffible de découvrir la vérité, & les autres, que les hommes la cherchoient, mais ne la poffedoient pas. Les Sectes & les divifions de Sectes, devinrent à la fin fi nombreufes, que prefque tout le monde s'addonna en quelque façon à la Philofophie, car
perfonne ne pouvoit manquer de trouver une Secte &
une Doctrine, conforme à fon goût & à fon inclina-
tion. Mais il ne paroît pas que cette grande augmentation de Philofophes contribua beaucoup au progrès de
la fcience, ou fervit à la vérité; leur licence & la variété de leurs opinions, étoient portées à un fi haut
point, qu'il eut à peine paru aucune doctrine dans les
derniers tems, qui n'eût été appuyée de l'autorité de
quelqu'un d'eux. On a remarqué avec juftice, que
dans chaque Art les fautes & les erreurs des uns, fervent à l'inftruction des autres; mais nous ne voyons
pas qu'en Philofophie, les erreurs d'une Secte fer-
viffent à faire tenir les autres fur leur garde. Les grands
Maîtres dont nous avons parlé, ont donné un malheureux exemple, & leurs fucceffeurs les ont furpaffé,
en accumulant fictions fur fictions, pour fervir à leur

deſſein. Ainſi les Platoniciens devinrent des myſtiques
inintelligibles, les Peripatéticiens, des diſputeurs infa-
tigables, tandis que chaque Secte avoit ſon ſiſtême,
vanté par le parti, mais condamné par tout le reſte.

Pendant que les anciens, toutesfois, s'appliquoient
à conſidérer les Cieux, ou à faire des collections d'Hiſtoire naturelle, ils ne perdoient pas leur peine, leurs
obſervations leur faiſoient quelquefois entrevoir les véri-
tables cauſes qui ont lieu dans l'Univers : & nous avons
raiſon d'admirer quelques idées de cette ſorte, qui
paroiſſent dans différens paſſages de leurs écrits, & qui
ſemblent être des anticipations à quelques découvertes
modernes des plus importantes. Mais généralement parlant, ils ſe plaiſoient trop à des diſcuſſions obſcures &
inutiles ſur les eſſences cachées des choſes, & ils cherchoient à acquérir des connoiſſances qui n'étoient pas
proportionnées aux fondemens ſur leſquels ils avoient
à bâtir. Quant à leurs explications du ſyſtême du Monde, la doctrine des Pythagoriciens fut entierement ou-
bliée, & les opinions d'Ariſtote & d'Eudoxe prevalu-
rent univerſellement. Dans la ſuite du tems on prit de
grandes libertés pour expliquer chaque Phénomene
de la Nature; on multiplia dans cette vûe les Orbes
ſolides & les Epicycles, juſqu'à ce que l'Univers perdit
dans les deſcriptions de ce Philoſophe ſa beauté naturelle, & ſembla de nouveau réduit à un chaos par leurs
travaux infructueux.

L'Hiſtoire des Sciences dans leurs différentes révolutions des ſiécles poſtérieurs, lorſque la Philoſophie &
les Philoſophes tomberent dans le mépris, eſt ſi peu in-
térreſſante & ſi inutile à mon deſſein qu'elle ne mérite
pas d'être rapportée. Ils ſe diſtinguerent plus alors par
leurs opinions extravagantes, par des mœurs & des coûtumes ſingulieres (a) que par aucune ſcience ou aucun

(a) Sententiam capillis & habitu
jactant, dit Lactance en parlant d'eux.
Voyez auſſi la plainte de Taurus le
Philoſophe, citée d'Aul. Gel. ci-
deſſus dans les notes au §. 21 de ce
Chapitre.

mérite réels. La peinture que Tacite en fait nous apprend combien ils étoient differens dans le tems des Cefars, de ces fameux Pythagoriciens Légiflateurs, l'incomparable Socrate & autres qui firent l'ornement des premiers âges de la Philofophie. » Neron, dit cet » Auteur avoit coûtume de paffer quelque tems après » les repas à écouter les raifonnemens de differens Phi- » lofophes, & tandis que chacun foûtenoit fa Secte, & » que l'un contredifoit directement l'autre, ils s'accor- » doient tous à faire voir les difputes & les conteftations » qui étoient continuellement entr'eux, autant qu'à ex- » poferleurs opinions particulieres & favorites; il y avoit » même quelques-uns de ces maîtres de fageffe qui ai- » moient paffionnement à être vûs avec leur vifage fom- » bre & leur ton fevere parmi les débauches & les diver- » tiffemens Royaux de Neron (a).

Mais l'état de la Philofophie devint dans la fuite encore plus déplorable; & il eft à propos d'en parler, parce que nous y découvrirons l'ennemi le plus cruel de la vraie Philofophie. Ce fut quelque tems après la chûte de l'Empire Romain, lorfque la majefté & l'admirable Gouvernement de ce Peuple fit place à la barbarie Gothique, que la fuperftition étendit fon regne fans oppofition, que la liberté des recherches fut profcrite, & que par un zéle fauvage on chercha à déraciner la mémoire de l'ancienne Philofophie en détruifant fes annales, production ineftimable des travaux de l'antiquité. Ce fatal fyftême ne réuffit que trop, car il paroît qu'un nuage épais eut bientôt obfcurci l'entendement des hommes, & prefqu'éteint leurs facultés naturelles : ce

(a) Tacit. Annal. Lib. 14. Nous n'avons rien dit des Chinois parce que quoiqu'aucune Nation ne fe foit appliquée fi longtems & avec tant d'ardeur à l'Aftronomie, ils paroiffent avoir fait peu de progrès fuivant les rélations que nous en avons. On peut attribuer cela, au moins en partie à leur négligence de la Géometrie (fans laquelle il eft impoffible d'avancer beaucoup en Aftronomie) & à leur manque de correfpondance avec les autres Nations.

défaftre

défaftre alla fi loin qu'une partie des tems fuivans fut appellée l'âge de plomb, qui ne le céda en rien à l'âge de fer des Poëtes. L'autorité ufurpa long-tems la place de la raifon, & fous le prétexte abufif de rendre l'homme plus foumis au Ciel, il fut degradé & réduit en efclavage. Il parut de tems en tems quelques génies dignes de meilleurs tems, mais ils furent obligés de fe conformer à l'efprit de ce fiecle barbare. S'ils s'appliquoient à la vraie Philofophie c'étoit ou dans leur particulier & d'une maniere myftérieufe, ou leurs talens & leur mérite ne fervoient qu'à leur attirer un traitement fevere & cruel de leurs fuperftitieux contemporains. Ce fut le fort du fameux Roger Bacon qui paroît avoir fait des progrès furprenans dans la Phyfique pour le tems où il vivoit, & avoir connu quelques inventions qu'on croit communément d'une date poftérieure.

La Philofophie naturelle méprifée & negligée en Europe, trouva un afyle parmi les Sarrazins, auxquels nous fommes redevables de plufieurs Découvertes, auffi bien que de la confervation de quelques-uns des ouvrages des Anciens. Ils en avoient une fi haute idée qu'ils avoient coûtume d'en demander des copies par des articles particuliers dans leurs Traités avec les Empereurs Grecs; quoiqu'ils ayent détruit un tréfor ineftimable en ce genre à Alexandrie dans leurs premieres conquêtes. Le Calif Almaimon eft célebre pour avoir fort encouragé à l'étude de l'Aftronomie, ayant fait élever un grand nombre d'Obfervatoires dans fes Etats, & les ayant pourvus d'inftrumens d'une grandeur prodigieufe. Ce fut autant que nous le fçavons par fon ordre, qu'on mefura pour la premiere fois avec exactitude un degré du cercle de la Terre. Mais à la fin leurs Philofophes fe font abfolument dévoués à Ariftote d'une maniere non moins fervile que les Européens, & à une Philofophie qui ne confiftoit

F

qu'en mots, & qui ne fervit qu'à produire des difputes fans fin.

Le nuage fut enfin diffipé peu à peu en Europe : le génie actif de l'homme ne put être pour toûjours dans la fervitude. L'amour des fciences fe renouvella, les reftes de l'ancienne Philofophie qui avoient échappés au naufrage des fiecles ténébreux furent foigneufement recherchés; les Arts libéraux & les Sciences reprirent leur ancienne vigueur, mais aucune ne gagna plus à cette heureufe révolution que la Phyfique.

CHAPITRE III.

Des Philofophes modernes avant Defcartes.

1. LEs révolutions de la Philofophie font comparées par Ariftote au lever & au coucher des Aftres, & Pline parle de quatre périodes des Sciences qui avoient précedé fon tems, l'Egyptienne, l'Affyrienne, la Chaldéenne & la Grecque. Lorfqu'une fois on en eut perdu le goût dans ces Contrées, elles ne s'y releverent jamais, & il ne refte aucunes productions de trois de ces périodes, ou du moins il en refte bien peu. Les parties Occidentales de l'Europe ont été plus heureufes. Après un long intervalle la Philofophie y reparut de nouveau, & la période qui a commencé à la révolution dont nous avons parlé ci-devant, a déja continué plufieurs fiecles. Ce goût pour les Sciences y fut introduit par différentes inventions d'un très-grand ufage. A en juger par là, les Découvertes importantes qu'on a faites depuis, & celles qu'on a lieu d'attendre de l'exactitude avec laquelle les Sçavans s'appliquent fans ceffe à de profondes recherches dans les myfteres de la Nature, nous font efpérer avec juftice que cette

période ne touchera pas de long-tems à sa fin : & si elle doit un jour avoir le même sort que les autres, e-le sera nécessairement à jamais mémorable dans l'Histoire des Sciences parmi ceux qui nous suivront, à moins que tout ne soit enseveli dans un oubli général.

On inventa dès le treizieme siecle les verres conve-xes & concaves, quoique personne ne s'avisa que trois cens ans après de les joindre ensemble pour en faire un Telescope. Sur quoi on a justement observé que les choses que nous avons tous les jours entre les mains peuvent avoir des propriétés excellentes encore incon-nues pour nous, que le hazard ou les expériences qu'on fera dans la suite pourront découvrir. La propriété de l'ai-guille aimantée, de se diriger vers les Poles du Mon-de, dont on se servit dans la navigation dès le quator-zieme siecle, si ce n'est plûtôt, facilita la correspon-dance entre des Nations éloignées, & conduisit Co-lomb à la Découverte du nouveau Monde. Person-ne n'ignore l'avantage que les Sciences ont retiré de l'Art de l'Imprimerie que nous devons aussi au même siecle. Ces inventions avec plusieurs autres aussi sur-prenantes produisirent un grand changement dans les affaires du Monde; & un esprit de reforme se fit bien-tôt remarquer dans tout ce qui avoit quelque connexion avec les Arts & les Sciences.

2. Peurbachius avec son disciple Regiomontanus & quelques autres firent revivre l'Astronomie dans le quin-zieme siecle. Le célebre Copernic, qui nâquit à Thorn en Prusse en 1473, leur succéda, » homme dit Kepler, » (a) d'un vaste génie, & ce qui est de grande conséquen-» ce dans ces matieres, d'un esprit libre. « Lorsqu'il considéra la forme, la disposition & les mouvemens du Monde tels qu'on les représentoit alors d'après Ptolomée, il trouva ce systême dépourvû d'ordre, de proportion & de symmétrie. Semblable à une Piece, comme il

(a) *Prefatio ad Paulum III. Pontif. Maxim.*

F ij

s'exprime lui-même, faite de morceaux copiés de differens originaux, qui n'étant pas affortis les aux autres,
repréfenteront plûtôt un monftre qu'un homme. C'eft
pourquoi il parcourut les écrits des anciens Philofophes
pour voir fi on n'avoit jamais donné quelqu'explication
plus raifonnable des mouvemens des Cieux. Il prit la
premiere idée de fon fyftême dans Ciceron, qui dit
dans fes *Queftions Académiques*, (Livre IV.) que Ni-
cetas Syracufain avoit enfeigné que la Terre tournoit
autour de fon axe, ce qui faifoit que tous les Cieux paroiffoient à un fpeƈtateur placé fur la Terre tourner tous
les jours autour d'elle.

Enfuite il trouva dans Plutarque (*a*) que Philolaus
le Pythagoricien avoit enfeigné que la Terre fe mouvoit annuellement autour du Soleil. Il s'apperçut d'abord
qu'en admettant ces deux mouvemens, toute l'obfcurité, le défordre & la confufion dont il s'étoit plaint au
fujet des mouvemens céleftes, s'évanouiffoient, & qu'à
leur place il paroiffoit une difpofition fimple & reguliere des Orbites & une harmonie des mouvemens dignes du grand Auteur de l'Univers. Ce fut bientôt après
l'an 1500 qu'il commença à porter intérieurement ce
jugement du fyftême du Monde : mais fçachant combien il feroit mal reçu du commun des hommes, &
même des Sçavans de fon tems, il ne put fe déterminer à donner au Public fon explication des mouvemens céleftes que plus de trente ans après. Il avoit
beaucoup de penchant, comme il nous le dit lui-même, à fuivre la coûtume des Pythagoriciens qui ne vouloient pas découvrir leurs myfteres au Public, mais qui
aimoient mieux les faire paffer de main en main à la
poftérité ; non qu'ils enviaffenr aux autres les connoiffances qu'ils poffedoient, mais parce que les belles Découvertes des grands hommes, le fruit de leurs travaux,
ne doivent point devenir le jouet des préfomptueux &c.

(*a*) *De Placitis Philofophorum, Lib. III, Cap. XIII.*

des ignorans. Ce ne fut pas sans les plus grandes solli-
citations qu'il donna enfin ses papiers à ses amis avec
la permission de les publier, & il ne vécut que précisement le tems qu'il falloit pour voir un exemplaire de
son Livre en 1543, peu d'heures avant sa mort.

Dans ce Traité il rétablit l'ancien systême de Pythagore, & il en déduit les Phénomenes des mouvemens
célestes. Chaque siecle depuis a fourni de nouvelles
preuves en sa faveur, & il prévalut peu-à-peu malgré
l'opposition qu'il eut à souffrir des préjugés des sens contre le mouvement de la Terre, de l'autorité d'Aristote dans les écoles, des menaces des ignorans supersti-
tieux & de la terreur de l'Inquisition. Le principal argument qui ait porté Aristote & ses Sectateurs à considérer la Terre comme le centre de l'Univers étoit que
tous les corps avoient une tendance vers le centre de ce
Globe. Pour répondre à cette objection Copernic observa
(a) qu'il étoit raisonnable de penser qu'il n'y avoit rien de
particulier à la Terre dans ce principe de Gravité; que
les parties du Soleil, de la Lune & des Etoiles tendoient pareillement les unes vers les autres, & que
c'étoit cette puissance qui conservoit leur figure Sphérique dans leurs differens mouvemens. Ainsi chaque pas
dans la vraie science donne une lueur ou une foible vûe
de ce qui est au-delà, quoiqu'encore inconnu, dans
le trésor de la Nature.

3. Le rétablissement du systême de Pythagore fut un
pas de la derniere importance dans la vraie Philosophie, & il frayoit le chemin à de plus grandes Découvertes; mais les esprits des hommes n'étoient pas

(a) *Equidem existimo Gravitatem
non aliud esse quam appetentiam
quandam naturalem, partibus indi-
tam à divina providentia opificis
universorum, ut in unitatem inte-
gritatemque suam sese conferant, in
formam Globi coeuntes. Quam affec-
tionem credibile est etiam Soli, Lunæ
cæterisque errantium fulgoribus,
inesse, ut ejus efficacia, in ea qua
se repræsentant rotunditate perma-
neant; quæ nihilominus multis modis suos efficiunt circuitus.* Nicol.
Copernici revol. Lib. I. Cap. X.

alors fuffifamment préparés pour cela. On manquoit d'une exacte Théorie du mouvement qui rendit fenfible la fimplicité & la beauté de ce fyftême,
& qui mit en état de réfoudre d'une maniere fatifaifan-
te les argumens qui lui paroiffoient contraires. Suivant Copernic, la Terre faifoit fa révolution autour de
fon axe avec un mouvement rapide d'Occident en
Orient. On lui objecta qu'un tel mouvement devoit
néceffairement être fenfible en plufieurs occafions ;
qu'une pierre, par exemple, tombant du haut d'une
Tour, ne devoit pas frapper la Terre au pié de la
Tour, mais à une certaine diftance vers l'Occident,
fuivant cette doctrine; la Tour étant emportée par le
mouvement diurne vers l'Orient tandis que la pierre
tomboit. Pour répondre à cette objection, on compara le mouvement de la Terre au mouvement progreffif uniforme d'un vaiffeau fur la Mer, & on foutint
qu'une pierre tombant du haut du mâts, frapperoit le tillac
directement au pié de ce mâts, quoique le vaiffeau fut
à la voile, & qu'il avançât avec une grande viteffe
tandis que la pierre tomboit. Cette expérience eft maintenant hors de doute : mais quelqu'un l'ayant tentée
fans y donner le foin & l'attention néceffaires, rapporta
à Tycho Brahé qu'elle n'avoit pas réuffi; (a) cette raifon jointe à un zéle mal entendu pour l'Ecriture Sain-
te, & peut-être à l'ambition d'être l'inventeur d'un nouveau fyftême, le porta à rejetter la doctrine de Copernic, & à propofer un fyftême qui tint un milieu. Tycho connoiffoit trop bien les mouvemens des Planetes pour placer leur centre ailleurs que dans le Soleil;
mais afin que la Terre pût être en repos, il fuppofa
que le Soleil avec toutes les Planetes étoit annuellement emporté autour d'elle, tandis que celles-ci par
leurs mouvemens particuliers faifoient leur révolution
autour du Soleil dans leurs différentés périodes. Ayant

(a) Gaffendi dans la vie de Tycho Brahé.

rejetté la Rotation de la Terre fur fon axe, il fut obligé de retenir la partie la plus choquante du fyftême de
Ptolomée, & de fuppofer que tout l'Univers, jufqu'aux
dernieres extrêmités où la vûe puiffe s'étendre, étoit
emporté par le *premier Mobile* chaque jour autour de
l'axe de la Terre. Il fut cependant abandonné en cela
par quelques-uns de fes Sectateurs qui aimerent mieux
exempter toutes les Spheres de ces mouvemens immenfes en attribuant avec Copernic une révolution diurne
à la Terre fur fon axe; ce qui leur fit donner le nom
de Semi-Tychoniques.

Quoique ce Noble Danois n'eut pas un heureux
fuccès dans l'établiffement de fon nouveau fyftême, il
rendit néanmoins de grands fervices à l'Aftronomie
par fa fagacité & fon exactitude à faire des Obfervation pendant une longue fuite d'années. Il découvrit
la réfraction de l'air, & il détermina les lieux d'un grand
nombre d'Etoiles fixes avec une exactitude inconnue
aux Aftronomes qui l'avoient précédé. Il démontra
que les Cometes étoient plus élevées que la Lune,
parce qu'elles avoient une Parallaxe très-petite contre
l'opinion qui prévaloit alors. Il découvrit ce qu'on appelle la *variation* dans le mouvement de la Lune, &
fes fuites d'obfervations fur les Planetes fervirent beaucoup après lui à corriger & à perfectionner leurs Théories. Tous ces travaux le rendront à jamais célébre parmi les Aftronomes.

4. Vers la fin du feizieme fiecle & fur le commencement du dix-feptieme Galilée & Kepler fe diftinguerent dans la défenfe du fyftême de Copernic, &
par un grand nombre de nouvelles Découvertes dans
le fyftême du Monde. L'illuftre Galilée ne fut pas
moins heureux dans fes recherches Philofophiques que
dans les fameufes Découvertes qu'il fit dans les Cieux
par le Telefcope. Nous devons à l'admirable Kepler
la Découverte de la véritable figure des Orbites & les

proportions des mouvemens du fyftême Solaire , mais il étoit refervé à M. le Chevalier Newton de faire connoître l'avantage qui revient à la Philofophie de la découverte de ces Phénomenes.

Kepler avoit une paffion particuliere de trouver des analogies & des harmonies dans la Nature à la maniere des Pythagoriciens & des Platoniciens : & c'eft à cette difpofition que nous fommes redevables de plufieurs importantes Découvertes, plus que fuffifantes pour excufer fes imaginations. Il nous apprend qu'il chercha avec ardeur depuis fa tendre jeuneffe , les raifons de trois chofes , pourquoi les Planetes étoient au nombre de fix ? Pourquoi les dimenfions de leurs Orbites étoient telles que Copernic les avoit décrites par fes obfervations ? & qu'elle étoit l'analogie ou la Loi de leurs révolutions. Il chercha les raifons des deux premieres dans les propriétés des nombres & des figures planes fans fuccès. Mais à la fin refléchiffant que tandis que le nombre des figures planes régulieres étoit infini , les Solides réguliers n'étoient qu'au nombre de cinq comme Euclide l'avoit démontré auparavant il s'imagina que cette limite remarquable dans l'effence des chofes lui pourroit faire découvrir certains myfteres correfpondans dans la Nature , d'autant plus qu'il vit que les Pythagoriciens avoient fait grand ufage de ces cinq corps réguliers dans leur Philofophie. Il s'efforça donc de trouver quelque rapport entre les dimenfions de ces Solides & les intervalles des Spheres planetaires ; & imaginant qu'un cube infcrit dans la Sphere de Saturne , toucheroit par fes fix plans la Sphere de Jupiter ; & que les quatre autres Solides réguliers répondoient de même aux intervalles qui font entre les Spheres des autres Planetes , il fe perfuada que c'étoit là la vraie raifon pourquoi les Planetes principales étoient précifément au nombre de fix ; & que l'Auteur du Monde avoit déterminé leurs diftances au Soleil , le centre du

fyftême

fyftême de l'Univers, conféquemment à cette analogie. Etant ainfi à ce qu'il croyoit en poffeffion du grand
fecret des Pythagoriciens & entierement fatisfait de fa
Découverte, il la rendit publique en 1596, fous le titre de *Myfterium Cofmographicum.*

Kepler envoya un exemplaire de ce Livre à Tycho-
Brahé qui n'approuva point ces fpéculations abftraites
fur le fyftême du Monde ; mais il écrivit à Kepler de
commencer d'abord à établir de folides fondemens fur
les Obfervations, & qu'alors il tâcheroit de s'élever en
partant delà jufqu'aux caufes des chofes. Cet excellent
avis auquel nous devons les plus belles Découvertes
de Kepler, mérite d'être rapporté tel qu'il nous l'a laiffé lui-même. (*a*) » *Argumentum litterarum Brahei,* dit-il,
» *hoc erat ; uti fufpenfis fpeculationibus à priori defcenden-*
» *tibus, animum potius ad obfervationes, quas fimul offere-*
» *bat, confiderandas adjicerem. Inque iis primo gradu facto*
» *poft demum ad caufas afcenderem.* « Les grand hommes
de tout tems fe font fouvent accordés à porter ce jugement, mais il y en a peu qui s'y foient fidellement
conformés.

Son génie cependant plut à Tycho, qui l'engagea à
refter avec lui près de Prague (où il paffa les dernieres années de fa vie, ayant quitté fa Patrie à caufe de quelques mauvais traitemens qu'il y avoit reçu) & à l'aider dans
fes travaux Aftronomiques. Tycho mourut bientôt après,
mais Kepler fondé fur les Obfervations de ce grand
homme fit plufieurs Découvertes importantes, il trouva que les Aftronomes s'étoient trompés jufqu'alors,
en attribuant toujours aux Planetes des Orbites circulaires & des mouvemens uniformes ; que chacune d'elles fe mouvoit dans un Ellipfe, dont l'un des foyers
étoit au centre du Soleil, que le mouvement de chacune étoit réellement inégal, & varioit tellement qu'un

(*a*) *Nota in editionem fecundam Myfterii Cofmographici.*

G

rayon fuppofé toûjours tiré de la Planete au Soleil décrivoit des aires égales en tems égaux.

Quelques années après il découvrit l'analogie qui eſt entre les diſtances des différentes Planetes au Soleil, & les périodes dans leſquelles elles achevent leurs révolutions. Il vit aiſément que les Planetes les plus éloignées non-ſeulement ſe mouvoient dans de plus grands cercles, mais auſſi plus lentement que celles qui ſont plus proches, enſorte que pour deux raiſons, leurs tems périodiques étoient plus grands. Saturne, par exemple, fait ſa révolution à une diſtance du Soleil neuf fois & demi plus grande que n'eſt celle de la Terre; & la courbe décrite par Saturne eſt dans la même proportion : & comme la Terre fait ſa révolution dans un an, ainſi ſi leurs viteſſes étoient égales, Saturne devroit faire ſa révolution en neuf ans & demi au lieu que le tems périodique de cette Planete eſt d'environ vingt-neuf ans. Les tems périodiques des Planetes augmentent donc dans une plus grande proportion que leurs diſtances au Soleil, mais non pas en auſſi grande raiſon que les quarrés de ces diſtances; car ſi telle étoit la Loi de leurs mouvemens, le quarré de $9\frac{1}{2}$ étant $90\frac{1}{4}$, le tems périodique de Saturne ſeroit de quatre-vingt dix ans. Une proportion moyenne entre celle des diſtances des Planetes & celle des quarrés de ces diſtances eſt la vraie proportion des tems périodiques ; comme un terme moyen entre $9\frac{1}{2}$ & ſon quarré $90\frac{1}{4}$ donne le tems périodique de Saturne en années. Kepler après être tombé dans différentes erreurs en déterminant cette analogie, la ſaiſit enfin le 15 Mai 1618, car il eſt exact juſqu'à indiquer préciſément le jour où il trouva » que les quarrés des tems périodiques » étoient toûjours dans la même proportion que les » cubes de leurs diſtances moyennes au Soleil. » Ce n'eſt là qu'une expoſition courte & ſommaire des fruits

de ses grands travaux qu'il continua pendant plusieurs
années sur les Observations faites par Tycho (a).

Lorsque Kepler vit que cette disposition des cinq
corps réguliers, parmi les spheres planetaires, ne s'ac-
commodoit pas aux intervalles qui sont entre leurs orbites, suivant les meilleures Observations, il chercha à
découvrir quelques autres systêmes d'harmonie. Dans ce
dessein, il compara les mouvemens de la même Planete, à sa plus grande & à sa moindre distance, & des
différentes Planetes dans leurs orbites, tels qu'ils paroîtroient vûs du Soleil, & il s'imagina y trouver une
similitude avec les divisions de l'octave en Musique.
C'étoient-là les rêveries de cet homme ingénieux, ausquelles il étoit si attaché, qu'ayant appris la découverte
de quatre Planetes nouvelles (les satellites de Jupiter) faite par Galilée, il avoue que ses premieres reflexions furent de chercher comment il pourroit garan-
tir son systême favori de la chûte dont il étoit menacé
par cette addition au nombre des Planetes (b). Les mêmes imaginations lui firent porter un faux jugement sur la
sphere des Etoiles fixes (c): car étant obligé par sa Doctrine, de donner au Soleil une vaste supériorité dans
l'Univers, il restraint les Etoiles fixes dans les limites trop
étroites. Il ne les considere pas comme des Soleils,
placés au centre de leurs différens systêmes, ayant des
Planetes qui font leurs révolutions autour d'eux, ainsi
que les autres Sectateurs de Copernic l'ont conclu, de
ce qu'elles ont la lumiere d'elles-mêmes, de leurs distances immenses, & de l'analogie de la Nature. Non content de ces harmonies qu'il avoit apprises par les observations de Tycho, il se donna lui-même la liberté d'imaginer plusieurs autres Analogies, qui n'ont point de fondement dans la Nature, & qui sont renversées par les

(a) Voyez ses *Tabulæ Rudolphi-*
næ, & un Comment. *De Stella*
Martis.

(b) Dissert. *Cum nuncio sidereo.*
(c) Epitome *Astronomiæ*, Lib. IV,
Part I.

G ij

meilleures obſervations. Ainſi les opinions de Kepler ; quoique très - juſtement admiré , nous apprennent le danger d'embraſſer des principes ou des hypotheſes , empruntés des ſciences abſtraites , & de les appliquer avec tant de liberté à l'étude de la Nature.

Huyghens , un des plus grands Géometres & Aſtronomes , qu'aucun Siecle ait produit , nous fournit un exemple plus récent de cet ardeur , à chercher des Analogies entre les matieres de ſpéculation abſtraite , & la conſtitution de la Nature. Lorſqu'il eut découvert ſon ſatellite de Saturne , il fit avec notre Lune & les quatre Satellites de Jupiter , le nombre complet de ſix Planetes du ſecond ordre alors découvertes : & parce que les Planetes principales ſont auſſi au nombre de ſix , & que ce nombre eſt appellé par les Mathématiciens , un nombre parfait (étant égal à la ſomme de ſes parties aliquotes , 1. 2. & 3. (a).) Huyghens s'imagina de-là que le nombre des Planetes étoit complet , & qu'il étoit inutile d'en chercher davantage (b). Nous ne faiſons pas cette remarque , dans la vûe de diminuer la réputation de ce grand homme , qui dans aucune autre occaſion , n'a peut-être jamais raiſonné de cette maniere ; mais ſeulement pour faire voir par un autre exemple , combien les raiſonnemens de cette eſpece , ont toûjours été trouvés mal fondés : car peu de tems après , le célebre Caſſini découvrit quatre Sattelites de plus autour de Saturne , en ſorte que les Planetes ſecondaires actuellement connues dans le ſyſtême du Monde , ſont au nombre de dix. Le même Caſſini a trouvé que l'analogie découverte par Kepler , entre les tems périodiques , & les diſtances au centre , a lieu dans les ſyſtêmes particuliers de Jupiter & de Saturne ; ſes obſervations détruiſirent cette Analogie , qu'on avoit imaginée ſans fondement entre le nombre des Planetes

(a). Elem. Euclid. Lib. VII. Definit, ultim.　(b). Voyez la Dédicace de ſon ſyſtême de Saturne.

principales & fecondaires, & le nombre fix ; mais elles
ont fait voir en même-tems qu'il y avoit une harmonie
dans leurs mouvemens, qui paroiſſoit tirer ſon origine
d'un principe réel, répandu par tout l'Univers, comme
nous le verrons dans la ſuite.

5. Mais pour revenir à Kepler ſa grande ſagacité & ſes
réfléxions continuelles ſur les mouvemens Planetaires, lui
firent naître quelques idées ſur les vrais principes qui produiſent ces mouvemens. Dans la Préface de ſes Com-
mentaires ſur la Planete de Mars, il parle de la Gravité
comme d'une puiſſance, qui eſt réciproque entre les
corps ; & il dit que la Terre & la Lune tendent l'une
vers l'autre, & ſe rencontreroient dans un point, qui
ſeroit d'autant plus près de la Terre que de la Lune,
que la Terre eſt plus grande que la Lune, ſi leurs mouvemens ne s'y oppoſoient pas. Il ajoûte que la cauſe du
flux & reflux de la mer, n'eſt autre choſe que la gravité des eaux vers la Lune. Mais n'ayant pas d'aſſez
juſtes notions des Loix du mouvement, il ne paroît
pas avoir été en état de tirer de ces reflexions tout
l'avantage dont elles étoient ſuſceptibles, & même il
ſemble qu'il penſa différemment dans la ſuite, puiſque dans ſon abrégé d'Aſtronomie, publié onze ans
après, il propoſe une explication Phyſique des mouvemens planetaires, déduite d'autres principes.

Il dit dans ce Traité, que le mouvement du Soleil ſur
ſon axe, doit ſa conſervation à quelque principe vital
inhérent ; qu'il y a une certaine vertu ou une image
immatérielle du Soleil, répandue avec ſes rayons, dans
l'eſpace environnant, & qui faiſant ſa révolution avec
le corps du Soleil ſur ſon axe, s'empare des Planetes,
& les emporte avec elle dans la même direction ;
comme un Aiman agité circulairement près d'une ai-
guille aimantée, la fait tourner auſſi en même-tems.
La Planete, ſuivant lui, par ſon inertie, s'efforce continuellement de reſter à ſa place, l'action de l'image du

Soleil, & cette inertie sont dans un combat perpétuel. Il ajoûte que cette action du Soleil, diminue comme sa lumiere, à mesure que les distances augmentent, & que c'est pour cela que la même Planete se meut avec plus de vitesse, lorsqu'elle est plus près du Soleil, que lorsqu'elle en est à une plus grande distance. Pour expliquer l'approximation de la Planete vers le Soleil, lorsqu'elle descend de l'Aphélie au Périhelie, & son éloignement du Soleil, lorsqu'elle remonte à l'Aphélie, il suppose que le Soleil attire un côté de chaque Planete, & repousse le côté opposé; & que celui qui est attiré est tourné vers le Soleil dans la descente au Périhelie, & le côté opposé, lorsqu'elle remonte à l'Aphélie. Il tâcha d'expliquer toutes les autres variétés des mouvemens celestes par de semblables suppositions.

Maintenant que les Loix du mouvement sont mieux connues que du tems de Kepler, il est aisé de montrer la fausseté de chaque partie de cette explication des revolutions Planetaires. La Planete ne tend pas à s'arrêter à sa place, en conséquence de son inertie, mais afin de persévérer dans son mouvement en ligne droite. Une force attractive la fait descendre de l'Apéhlie au Périhélie, dans une courbe concave du côté du Soleil : mais la force répulsive qu'il supposoit commencer au Périhélie, la feroit monter dans une courbe convexe vers le Soleil. Nous aurons occasion de faire voir dans la suite, d'après Mr. le Chevalier Newton, comment une attraction ou une gravitation vers le Soleil, peut seule produire les effets, qui suivant Kepler, exigeoient une force attractive & répulsive; que la vertu qu'il attribuoit à l'image du Soleil, étendue dans les régions Planetaires, n'est d'aucune nécessité, & que quand même on l'admettroit, elle ne sentiroit de rien pour cet effet. Nous voyons maintenant vérifiée sa prophétie, par laquelle il conclut son ouvrage (a); il dit « que

(a) *Hæc & cætera hujusmodi latent in pandectis ævi sequentis, non*

« la découverte de ces choses étoit reservée aux Sie-
« cles à venir, lorsqu'il plairoit à l'Auteur de la Nature,
« de reveler ces mysteres. »

6. Dans le même-tems, Galilée fit des découvertes
surprenantes dans les Cieux, par le Telescope, instrument inventé alors; & en appliquant la Géométrie à la
doctrine du mouvement, il commença à établir la Philosophie naturelle, sur des fondemens solides. Il rendit le système de Copernic plus évident, lorsqu'il fit
voir par les Phases de Venus, semblables à celles
qui arrivent chaque mois à la Lune, que Venus faisoit
sa révolution autour du Soleil. Il prouva le mouvement
du Soleil sur son axe par ses taches; & de-là la révolution diurne de la Terre, devint plus croyable. Les quatre Satellites qui accompagnent Jupiter dans sa révolution autour du Soleil, représentoient dans le système
particulier de cette Planete, une juste image du grand
système Solaire, & faisoient plus aisément concevoir
comment la Lune accompagnoit la Terre, comme un
Satellite, dans sa révolution annuelle. En découvrant
des éminences & des cavités dans la Lune, & des tâ-
ches dans le Soleil, continuellement variables, il mon-
tra qu'il n'y avoit pas une aussi grande différence entre
les corps celestes & les sublunaires, que les Philosophes
l'avoient vainement imaginé (a).

Il ne rendit pas un moindre service, en traitant d'une
maniere claire & Géométrique, la doctrine du mouvement, qui a été justement appellée la clef de la Nature.

---

antea discenda quam librum hunc
Deus arbiter sæculorum recluserit
mortalibus. Epit. Astron.

(a) Galilée observa quelque chose de fort extraordinaire autour de
Saturne, qu'il crut être deux Satellites presqu'en contact avec cette Planete; & Descartes s'imagina
que ces deux Satellites étoient en

repos dans son tourbillon, parce
que (comme il le supposoit) Saturne ne tournoit pas sur son axe; mais
Huyghens fit voir que ce Phénomene venoit d'un anneau qui l'environne sans le toucher, & qui
l'accompagne dans sa révolution
autour du Soleil.

La théorie des Méchaniques avoit été tellement né-gligée, qu'à peine y avoit-on fait aucun progrès, de-puis l'incomparable Archimede, jusqu'à Galilée. Mais ce dernier Auteur nous a donné une théorie complette des mouvemens uniformes, de ceux qui font unifor-mement accelérés ou retardés, & de ces deux combi-nés enfemble. Il démontra le premier, que les efpaces parcourus par les corps péfans depuis le commence-ment de leur chûte, font comme les quarrés des tems, & qu'un corps jetté dans toute direction, qui ne foit pas perpendiculaire à l'horifon, décrit une parabole. Ce font là les commencemens de la doctrine du mouve-ment des corps péfans, qui a été depuis portée fi loin par M. Newton.

Il découvrit auffi la gravité de l'air, il tâcha de la comparer avec celle de l'eau, & il fraya le chemin à plufieurs autres recherches dans la Phyfique. Il fût non feulement eftimé & fuivi par les Philofophes, mais encore honoré par des perfonnes de la plus grande dif-tinction de toutes Nations. Defcartes, à la vérité (a), après l'avoir loué de ce qu'il a appliqué la Géométrie à la Phyfique, fe plaint qu'il n'a pas examiné les chofes fuivant l'ordre, mais qu'il n'a recherché que les raifons des effets particuliers; & il ajoute qu'en négligeant les caufes premieres des chofes, il a bâti fans fondement. Il ne prit pas, il eft vrai, un vol auffi haut que Defcar-tes, & n'entreprit pas un fyftême fi univerfel; mais ce reproche, ce me femble, doit tourner à la louange de Galilée; au lieu que la cenfure de Defcartes, fait voir qu'il avoit la foibleffe de fe glorifier de la plus mauvaife partie de fes ouvrages.

Mais tout le mérite de cet excellent Philofofophe & élegant écrivain, ne pût l'empêcher d'être perfécuté dans fa vieilleffe. Quelques prétendus Philofophes, qui avoient imprudemment combattu fes nouvelles Dé-

(a) Epift. Part II, Epift, 91.

couvertes

couvertes dans les Cieux, se voyant vaincus & exposés
en ridicule, tournerent leur haine & leur ressentiment
contre sa personne. Il fut obligé par la fureur des Jésui-
tes, ainsi qu'on nous l'apprend (*a*), & la foiblesse de
son protecteur, de se rendre à Rome, & là de renon-
cer solemnellement à la doctrine du mouvement de la
Terre, qu'il avoit prouvée avec autant d'ingénuité que
d'évidence (*b*). Après ce cruel traitement il resta en
silence pendant quelque tems, mais non pas oisif; car
nous avons de lui plusieurs pieces considérables d'une
date postérieure.

7. L'illustre Chancelier Bacon, Lord Verulam, (*c*)
qui étoit contemporain de Galilée & de Kepler, est
justement compté parmi les Restaurateurs des sciences,
mais plus particulieremenr de la Philosophie expérimentale. Dès l'âge de seize ans, il commença à rejetter
la Physique vulgaire, & ce qu'on appelloit la Philosophie d'Aristote. Il vit qu'il étoit nécessaire d'introduire
une réforme dans la façon de traiter la Philosophie naturelle, & qu'on devoit abandonner toute théorie, qui
n'étoit pas fondée sur l'expérience. Il proposa son plan
dans son ouvrage intitulé, *Instauratio magna*, avec tant
de force dans ses raisonnemens, & un zele si juste,
que cet admirable traité doit faire les délices de tous
ceux qui ont du goût pour la science solide.

Il considere la Physique, comme une vaste Pyramide,
qui doit avoir pour base, l'Histoire Naturelle; l'exposition des puissances & des principes, qui operent dans
la Nature, ce qu'il appelle la partie physique pour le se-

(a) *Vir in omni Mathematum par-*
te summus Galileus Galilei Jesuita-
rum in ipsum odio, ac Principis Thus-
ci sub quo vixit secordi metu, coac-
tus ire Romam, ideo quod Terram
movisset, non vetante vestro Horten-
sio, durè habitus, ut majus vitaret
malum, quasi ab Ecclesiâ edoc-
tus, sua scita rescidit. Hug. Grotius

in Epist. ad Vossium. Lutet. 17.
Maii. 1635.
(b) Il fut de plus condamné à
une année de prison à l'Inquisition, & à réciter tous les jours
quelques Pseaumes Pénitentiaux.
(c) Il nâquit en 1560, & Galilée en 1564.

H

cond étage ; pour le troifieme , la partie métaphyfique qui traite des caufes formelles & finales des chofes. Mais quant au fommet de cette Pyramide , ce qui tient le premier rang dans la Nature , *opus quod operatur Deus à principio ufque ad finem* , comme il s'exprime , il doute fi les hommes pourront jamais parvenir à en avoir une connoiffance parfaite. Il compare les Philofophes qui s'efforcent d'élever leurs fyftêmes par la force des fpéculations abftraites , aux Géants de l'antiquité, qui fuivant les Poëtes , firent leurs efforts pour entaffer le Mont *Offa* fur *Pelion* , & l'*Olympe* fur *Offa*. Un Artifte , dit ce célebre Auteur , s'expoferoit à être tourné juftement en ridicule , s'il entreprenoit d'élever un vafte obelifque , par la force de fes bras , au lieu d'employer les machines convenables ; ou fi après s'être trouvé incapable de cette entreprife , il avoit recours à plufieurs Ouvriers , pour l'aider de la même façon. Paroîtroit-il moins ridicule , s'il choififfoit fes hommes , & les examinoit avec foin , afin de n'employer que les plus vigoureux & les plus robuftes ? Ou fi après avoir reconnu toutes ces précautions inutiles , il s'appliquoit à étudier l'Art Athlétique , & apprenoit à compofer quelques onguens pour fortifier leurs membres , ou enfin s'il confultoit de fçavans Médecins , qui par des médicamens appropriés , augmenteroient leur vigueur , & leur donneroient une fanté plus robufte ? Notre illuftre Auteur ne trouve pas moins ridicules , ceux qui cherchent à pénétrer dans la Nature , par la feule force & la fubtilité de leur génie , quoiqu'ils empruntent le fecours des hommes les plus pénétrans , & qui poffedent la dialectique & l'art de raifonner dans fa derniere perfection.

Il compare les Philofophes empiriques , qui n'ont pas de vûe plus élevée que celle de faire des collections d'Hiftoire Naturelle , aux fourmis qui ramaffent le grain & le mettent à part , à mefure qu'elles le trou-

vent, (à moins qu'il ne foit vrai, comme on le rapporte, qu'elles ont d'abord foin qu'il ne vienne à ger-
mer ;) les Sophiftes aux Araignées, qui forment leurs
toiles de leurs propres entrailles, pour prendre les in-
fectes imprudents dans leurs vols. Mais l'Abeille qui ra-
maffe la matiere des fleurs de la Campagne, dont
elle forme fon miel avec un art admirable, eft l'em-
blême du vrai Philofophe, qui ne fe rapporte pas entierement à fon imagination, & ne fe contente pas de
faire des collections d'Hiftoire naturelle ou d'expériences méchaniques, mais de-là il s'eléve par de folides raifonnemens à la connoiffance de la vérité, objet le
plus digne de nos recherches. Il s'enfuivit du peu de
cas qu'on fit des expériences, que tandis que la Nature étoit infinie, la Phyfique ne fit aucun progrès pendant plufieurs Siecles, & que les differentes Sectes
erroient dans l'obfcurité, fans qu'il parut aucune lueur
pour les guider, ou fans trouver aucun fentier pour les
conduire dans les labyrinthes de la Nature. Mais le
Chancelier Bacon conçût les plus hautes efpérances
de la réunion de l'expérience & du raifonnement.
Alexandre, nous dit-il, & Cefar vinrent à bout de plufieurs exploits, qui font réellement plus grands, que
ceux qu'on raconte du Roi Arthus, ou d'Amadis de
Gaule, quoiqu'ils ayent agi par des moyens naturels, fans
le fecours de la magie ou d'aucun prodige.

Ce fut avec beaucoup de juftice, qu'il reprit ceux (a)
« qui fur une fauffe idée d'humilité, ou de modération
« mal-appliquée penfent ou foutiennent qu'un homme
« peut faire des recherches trop profondes, ou trop
« étudier, dans le Livre de la parole de Dieu, ou dans
« celui de fes ouvrages. Mais plûtôt, ajoûte-t'il, que
« les hommes fe reveillent & s'appliquent avec ardeur,
« à faire des progrès fans fin dans l'un & dans l'autre,
« & à en retirer tout l'avantage dont ils feront capa-

(a) Bacon, *Advancement of Learning*, Lib, I.

« bles; qu'ils prennent feulement garde, que leur
« fcience ne leur foit un fujet d'orgueil & d'oftentation,
« au lieu de l'appliquer à la charité & à l'utilité publi-
« que. » Il obferve qu'un goût fuperficiel de la Philofophie, peut par accident, faire pencher l'efprit à
l'Athéifme; mais dès qu'on en a une entiere connoiffance, elle ramene de nouveau à la Religion. A l'entrée de la Philofophie, lorfque les fecondes caufes les
plus fenfibles aux fens, fe préfentent à l'efprit, nous
fommes portés à nous y arrêter, & même fi long-tems
que nous oublions ce qui leur eft fupérieur dans la Nature. Mais lorfque nous paffons outre & que nous découvrons, la dépendance, l'enchaînement, la liaifon
des caufes & les ouvrages de la Providence; alors
fuivant l'allégorie des Poëtes, nous croyons aifément
que l'extrêmité de la chaîne doit être attachée au pié
du Thrône de Jupiter, ou plûtôt nous appercevons
« que la Philofophie, femblable à la vifion de Jacob,
« nous découvre une échelle, dont le fommet eft
« élevé jufqu'à l'efcabeau du Thrône de Dieu. »

    La Philofophie d'Ariftote ne parut pas fatisfaifante
au Chancelier Bacon, non qu'il manqua d'eftime pour
fon Auteur, à qui il avoit coûtume de donner beaucoup de louanges, mais parce qu'elle ne lui fembloit
propre qu'aux difputes, & incapable de produire un
bien réel. Ariftote, dit-il, a accommodé fa Phyfique à
fa Logique, au lieu de donner une Logique qui put
être d'un ufage réel en Phyfique. Pour fuppléer à ce défaut, il compofa fon *novum organum*, où fon principal
deffein eft de montrer comment on doit faire une
bonne induction, comme celui d'Ariftote étoit d'apprendre à faire un bon Syllogifme. Si les Philofophes
avoient fuivi ce plan plus exactement depuis le tems
du Chancelier Bacon, leurs fuccès euffent été plus
éclatans, & la Philofophie du Chevalier Newton
n'eût pas trouvé les fçavans fi remplis de préjugés con-

tr'elle, en faveur de quelques fyftêmes nouvellement inventés, & loués avec tant d'ardeur par les hommes fpéculatifs; en forte que tandis que tous ces Philofophes admiroient la fublime Géométrie, qui brille dans fon ouvrage, il y en eut peu, pendant quelque tems, qui paruffent difpofés à fuivre fa Philofophie, ou en état d'en juger avec impartialité.

8. Les exhortations cependant, & l'exemple du Chancelier Bacon eurent un bon effet, & la Philofophie expérimentale a été beaucoup plus cultivée depuis fon tems, qu'elle n'avoit été auparavant. La Géométrie & la Philofophie, fe perfectionnerent enfemble, & fe donnerent un fecours mutuel. L'évidence de la Géométrie commença à avoir lieu en Philofophie, lorfqu'on examina tout par nombre, poids & mefure, & les principes de la théorie du mouvement, étant alors pleinement entendus, fournirent d'excellens éclairciffemens fur les parties abftraites de la Géométrie. Galilée eut des écoliers dignes d'un fi grand Maître, qui prouverent clairement la gravitation de l'Armofphere, & qui mefurerent exactement fa preffion variable, par la colonne de vif-argent d'un poids égal qu'elle foutient dans le tube du Barometre. L'élafticité de l'air, par laquelle il tend continuellement à fe dilater, & réfifte à fa compreffion, à proportion de fa denfité, étoit un Phénomene d'une nouvelle efpece, (les fluides communs n'ayant pas cette propriété) & de la derniere importance en Philofophie. Ces principes ouvrirent un vafte champ de connoiffances nouvelles & utiles, & expliquerent une grande variété de Phénomenes, qui avoient obligé auparavant de recourir à des raifons abfurdes. Il fembloit que l'air, le fluide dans lequel les hommes vivent depuis la création, eut été alors découvert pour la premiere fois. Des Philofophes s'occuperent en différentes contrées, à faire des recherches fur fes propriétés, & fur fes effets,

& leurs travaux furent récompenfés par d'importantes
découvertes. Parmi le grand nombre de ceux qui fe
diftinguerent en cette occafion, nous ne pouvons paffer fous filence Torricelli en Italie, Pafchal en France,
Otto Guerick en Allemagne, & Boyle en Angleterre.

Les connoiffances des Philofophes commencerent
alors à être confidérablement étendues, non-feulement
par leurs découvertes fur l'air, mais auffi par leurs recherches fur le puiffant élement du feu, & fur fes effets,
fur la compofition Chymique, la réfolution & les
changemens des corps. Car, environ ce tems-là, les
Chymiftes commencerent à parler plus intelligiblement
fur leur art, & à l'unir en quelque façon à la Philofophie naturelle, ou à le confidérer, du moins, comme
ne lui étant pas entierement étranger. Nous en fommes
redevables en partie au refpectable Mr. Boyle, dont
la Chymie étoit l'étude favorite, & qui réuffit à décrire les fujets qu'il traitoit d'une maniere aifée & fami-
liere.

On doit avouer que perfonne ne prit tant de peine
pour perfectionner la Phyfique dans toutes fes parties,
& en retirer tout le fruit dont elle étoit fufceptible, que
ce grand homme. On a remarqué qu'il nâquit le même
jour que le Chancelier Bacon mourut, comme s'il eut
été deftiné à continuer fon plan. Il n'épargna ni le travail ni la dépenfe, pour faire des collections d'Hiftoire
naturelle, & des expériences curieufes & utiles de
toutes fortes. Comme le plan du Chancelier Bacon
renfermoit toute l'étendue de la Nature, ainfi la variété des recherches, fuivies par Mr. Boyle avec le
plus grand foin, eft très-furprenante, & n'a peut-être
point de pareille. L'hydroftatique, quoiqu'une partie
des plus utiles de la Philofophie méchanique, avoit été
très-mal entendue, avant qu'il établit fes principes, &
qu'il éclaircit fes paradoxes, par un nombre d'expériences évidentes, d'une maniere fatisfaifante. La doc-

trine de l'air fournit un ample champ à ses études; dans toutes ses recherches, il fit voir un génie heureusement disposé pour la Philosophie expérimentale, avec une candeur parfaite; il examinoit avec patience, & refutoit sans ostentation, les erreurs où les Philosophes s'étoient laissés tomber par leurs préjugés, & les subterfuges artificieux, par lesquels ils s'efforçoient de les soutenir. L'intégrité à toute épreuve, la charité & la piété singuliere de cet homme célebre, firent un grand honneur à la Philosophie, & formerent la principale partie de son caractere. Il consideroit le Monde comme le Temple de Dieu, & (a) l'homme, pour me servir « de ses propres termes, comme le Prêtre né de la « Nature, ordonné, pour célebrer le service Divin, « non-seulement *dans* elle, mais *pour* elle. » Non content d'avoir établi autant qu'il a pû par la vérité d'un Dieu, & l'évidence de la Religion dans le grand nombre de Volumes qu'il a composés sur différents sujets, dans le cours d'une vie laborieuse; il a pris soin par son Testament, de perpétuer une succession de défenseurs de cette doctrine, qui procureroient le même fruit, non-seulement de ses découvertes, ou de celles des tems passés, mais de celles qu'on feroit dans les Siecles futurs. Dans ce dessein digne de lui, le succès a répondu à ses intentions; on doit sûrement avouer qu'un tel homme n'étoit pas seulement l'ornement de son Siecle & de son Pays, mais qu'il étoit né pour le bien public de tous les tems & de toutes les Nations. Nous sommes maintenant arrivés à l'heureuse époque de la Philosophie expérimentale, lorsque les hommes ayant trouvé le droit chemin, ont étudié des sciences utiles; lorsque leurs connoissances de la Nature les comblerent d'honneur, & que les arts furent tous les jours perfectionnés, lorsque non-seulement des particuliers, mais des sociétés d'hommes réunissant leur zele, leur

(a) Boyle, utilité de la Physique. Part. II. Essai III.

génie, & leur induſtrie, ſe livrerent à leurs recherches
dans la Nature, ſans ſe dévouer à aucune Secte ou aucun ſiſtême; mais nous ſommes obligés de nous priver
à préſent, du plaiſir de les ſuivre dans leurs découvertes, durant cette floriſſante période, pour expoſer un
ſyſtême des plus illuſoires de la Phiſoſophie ſpéculative, qui cependant prévalut beaucoup alors, & qui en
ſéduiſant des hommes ingénieux, corrompit leurs
idées, & retarda leurs progrès.

Il ſemble que quelque fertile que cette période ait été
en nouvelles découvertes, la Nature ne ſe dévoila pas
aſſez pour ſatisfaire l'impatience de quelques perſonnes qui ne ſe contenterent pas des connoiſſances que
le tems & l'induſtie leur avoient procurées. C'eſt pourquoi ils prêterent l'oreille aux vaines promeſſes de ceux
qui prétendoient développer tous ſes myſteres par la
force de leurs ſpéculations abſtraites. Le ſyſtême de
Deſcartes fut le plus étendu, & ſuivant pluſieurs, le
plus ingénieuſement formé de tous ceux qui ayent jamais été imaginés. L'Auteur étoit un Philoſophe hardi,
& ſans doute d'un génie ſubtil; il ſe retira du Monde
pendant pluſieurs années, afin de s'y liver entierement. Il
ſe vantoit beaucoup d'avoir des idées claires; & il paſſe
pour avoir contribué à diſſiper l'obſcurité de cette ſorte de
ſcience qui régnoit dans les écoles. Si nous en croyons
quelques-uns, il rejetta le vuide par une complaiſance
pour le goût qui prévaloit alors, contre ſes premiers ſenti-
mens; & parmi ſes amis particuliers, il avoit coutume d'appeller ſon ſyſtême, ſon Roman Philoſophique. Il eut
cependant un grand ſuccès, & ſa doctrine a encore
tant de Partiſans, qu'il eſt néceſſaire pour notre deſſein, d'en donner une courte expoſition.

CHAPITRE

CHAPITRE IV.

Des Principes Philosophiques de Descartes, des changemens qui y ont été faits par ses Sectateurs & des disputes qui regnent actuellement en Physique.

DESCARTES commence ses Principes en faisant voir la nécessité de douter d'abord de tout, afin d'acquérir des connoissances certaines. Il recommande à ses Lecteurs de considérer les raisons qu'il allegue pour douter de tout, non pas une seule fois, mais d'employer des semaines & même des mois entiers à ces refléxions avant que de passer outre. Il établit premierement la certitude de notre propre existence & celle de nos idées dont nous sommes assurés par un sens intime ; tout ce qu'il dit à ce sujet paroît nous mettre dans l'impossibilité d'en douter un seul moment. De l'idée que nous avons d'un Etre infiniment parfait & existant nécessairement, il conclud qu'un tel Etre existe actuellement. Sur ces Principes il fonde la certitude de plusieurs propositions évidentes par elles-mêmes (*a*) ou Axiomes, comme de toutes autres vérités nécessaires.

De la connoissance de la cause établie de cette maniere, il prétend déduire une connoissance complette de ses effets par une progression nécessaire. Il est clair, dit-il (*b*),

(*a*) Suivant lui, Dieu n'a pas voulu que les trois angles d'un triangle fussent égaux à deux droits, parce qu'il sçavoit que cela ne pouvoit être autrement. Mais les trois angles d'un triangle sont nécessairement égaux à deux droits, parce qu'il l'a voulu ainsi.

(*b*) Voyez les passages cités ci-dessus de ses Principes dans les notes au §. 4. Chap. I.

I

que nous fuivrons la meilleure méthode en Philofophie ; fi de la connoiffance que nous avons de Dieu lui-même , nous tâchons de déduire une explication de tous fes ouvrages ; enforte que nous acquererons ainfi l'efpece de Science la plus parfaite , qui eft celle des effets par leurs caufes. Quant aux caufes finales , il les rejetta entierement de la Philofophie comme nous l'avons obfervé ci-devant. Ces paffages qui font voir le génie de la Philofophie de cet Auteur & les Principes dont il part , nous mettent déja en état de porter quelque jugement fur le fuccès qu'on doit attendre d'un pareil projet.

Il prouve par la véracité de Dieu la réalité des objets materiels , qui nous font repréfentés comme exiftans hors de nous. Il fait confifter l'effence de la Matiere dans l'étendue ; car elle refte feule , dit-il , lorfque nous rejettons la dureté , la couleur , le poids , la chaleur , le froid & les autres qualités fans lefquelles nous fçavons qu'un corps peut exifter. D'où il conclud aifément qu'il n'y a point de vuide ou d'étendue fans Matiere. Il ajoûte cependant immédiatement après , comme propriétés de la Matiere que fes parties font féparables & mobiles ; quoique cela paroiffe beaucoup plus fignifier qu'une fimple étendue.

Il définit le mouvement , le tranfport d'un corps de la proximité des corps qui font en contact avec lui , & qui font regardés comme en repos à la proximité d'autres corps ; ainfi il ne fait point de diftinction entre les mouvemens abfolus ou réels , & les rélatifs ou apparens qui conviennent également à cette définition. La raifon qu'il donne pour quoi la même quantité de mouvement doit être confervée pour toujours dans l'Univers , fans aucune augmentation ou diminution , paroît fort concife & très-extraordinaire ; ce n'eft que parce que Dieu doit être fuppofé agir de la façon la plus conftante & la plus immuable. De la même propriété de Dieu, il conclud qu'un corps doit continuer dans son état quant au repos, au mouvement, à la figure, &c. jusqu'à ce que quelque cause externe produise un changement, ce qui fait sa premiere Loi de la Nature : que la direction du mouvement est naturellement en ligne droite, ou qu'un corps ne change jamais sa direction de lui-même, c'est sa seconde Loi : & qu'un corps en mouvement, lorsqu'il en rencontre un autre qui se meut avec une plus grande force, est repoussé sans rien perdre de son premier mouvement ; mais lorsqu'il rencontre un corps qui se meut avec moins de force, il l'entraîne avec lui, & perd autant de mouvement qu'il lui en communique ; & c'est là sa troisieme Loi de la Nature. Il explique la dureté des corps par le repos où sont leurs parties les unes par rapport aux autres, & la fluidité de ce qu'elles sont continuellement en mouvement en toutes directions. Il conclud la seconde Partie de son Livre en nous disant que ces Principes sont suffisans pour expliquer tous les Phénomenes de la Nature, & qu'on n'en doit admettre ni même souhaiter aucun autre

Il procede ensuite à faire voir comment l'Univers pourroit avoir pris sa forme présente, & persister continuellement dans son état par des Principes méchaniques. Il suppose que les petites parties de la Matiere étoient angulaires, ensorte qu'elles remplissoient l'espace sans laisser aucun interstice entr'elles ; qu'elles ont été dans des agitations continuelles qui ont fait briser les parties angulaires : que par là les parties de la Matiere devinrent rondes & formerent ce qu'il appelle la matiere de son second Elément. Les parties angulaires étant broyées & réduites en particules les plus subtiles de toutes, devinrent la Matiere de son premier Elément, & servirent à remplir tous les pores de l'autre. Mais comme il y avoit une quantité de ce premier Elément plus grande qu'il n'étoit nécessaire pour cela elle s'accumula dans le centre des Tourbillons, dont il imagina que l'Univers étoit compofé, & elle y forma les corps du Soleil & des Etoiles. Les Cieux furent remplis de la matiere du fecond Elément, le milieu de la Lumiere. Mais les Planetes & les Cometes furent compofées d'un troifieme Elément plus groffier que les deux autres, dont il expofe enfin la génération dans tous fes dégrés. Suivant lui la matiere du premier Elément doit s'être échappée conftamment par les interftices qui fe trouvoient entre les parties fphériques du fecond Elément, où le mouvement circulaire étoit plus grand, & doit être retournée continuellement aux poles de ce mouvement vers le centre du Tourbillon; là ces petites parties étant propres à s'unir, elles produifirent à la fin les parties groffieres du troifieme Elément, & lorfque celles-ci vinrent à s'adhérer en une quantité confidérable, elles donnerent naiffance aux taches fur les furfaces des Soleils ou des Aftres. Quelques-uns étant encroutés de ces taches devinrent des Planetes ou des Cometes; & la force de leur rotation s'affoibliffant, leurs Tourbillons furent abforbés par quelqu'autre Tourbillon voifin plus puiffant. C'eft ainfi que le fyftême Solaire fut formé, les Tourbillons des Planetes fecondaires ayant été abforbés par le Tourbillon de la principale, & tous enfemble par celui du Soleil. Il prétend que les parties du Tourbillon Solaire augmentent en denfité, mais diminuent en viteffe à une certaine diftance, au-delà de laquelle il fuppofe qu'elles font toutes égales en grandeur, mais augmentent en viteffe à proportion qu'elles font plus éloignées du Soleil. Dans ces Régions fupérieures du Tourbillon, il place les Cometes; dans les inférieures, il range les Planetes: en fuppofant que celles qui font plus rares font plus près du Soleil, afin qu'elles puiffent correfpondre à la denfité du Tourbillon où elles font emportées.

Il explique la Gravité des corps terreftres par la

force centrifuge de l'Ether qui tourne autour de la Terre ; il imagina qu'il devoit pouffer en bas les corps qui n'avoient pas une auffi grande force centrifuge, de la même maniere qu'un corps qui a une gravité fpécifique moindre que celle du fluide dans lequel on le plonge, eft pouffé vers le haut. Il prétendit expliquer les Phénomenes de l'Aiman, & tout ce qui fe paffe dans la Nature par les mêmes Principes.

2. Il n'y eut peut-être jamais une entreprife plus extravagante que celle de déduire par des conféquences néceffaires toute la ftructure de l'Univers & une entiere explication des Phénomenes de la Nature de quelques idées que nous fommes capables de former d'un Etre infiniment parfait. Si ce n'étoit la haute réputation de l'Auteur & de fon fyftême, il feroit à peine excufable de faire quelques remarques fur une telle *Rhapfodie*. Quand même on conviendroit de fes Principes & de fa méthode, il refteroit toujours évident que les conféquences font bien foiblement liées enfemble dans cet enchaînement vifionnaire. Nous n'examinerons pas ici l'exactitude de la méthode dont il fe fert pour démontrer l'exiftence & les attributs de Dieu, ni combien fon opinion fur la vérité & la fauffeté qu'il fait dépendre de la volonté de Dieu, tend à affoiblir toute Science & à confondre fes principes. Tandis qu'il fait confifter l'effence complette de la Matiere dans l'étendue, il néglige la folidité & l'inertie par lefquelles elle réfifte au changement dans fon état de mouvement, ou de repos; ce qui diftingue le corps de l'efpace. Si on regarde l'étendue comme l'effence de la Matiere, c'eft une propofition ridicule que de foûtenir que tout efpace eft rempli de Matiere, fuivant cette définition. Mais la queftion reftera toujours, fi tout efpace eft plein de cette fubftance folide, mobile & réfiftante appellée communément corps. Car comme plufieurs parties de l'efpace ne paroiffent pas faire une réfiftance fenfible au mouvement, tandis que d'autres réfiftent diver-

fement à proportion de la denſité du milieu répandu dans ces parties ; nous apprenons delà qu'il y a un eſpace vuide de ce qui eſt communément appellé Matiere. Les Cometes qui ſe meuvent avec une égale liberté en toutes directions d'un mouvement très-rapide, & qui traînent après elle des queues d'un volume prodigieux formées de quelque matiere extrêmement rarefiée, font voir que les Cieux ne ſont pas remplis de fluides denſes qui n'admettent point de vuide. Car il eſt évident dans la Philoſophie expérimentale, que la réſiſtance des fluides augmentent *cœteris partibus* comme leur denſité, enſorte que tout mouvement languiroit bientôt dans un fluide qui n'ayant point de pores ſurpaſſeroit en denſité le Vif-argent ou les corps les plus peſans. Rien n'eſt plus évident que la force requiſe pour mouvoir deux corps égaux avec une viteſſe donnée, doit être double de celle qui produiroit la même viteſſe dans l'un des deux. Lorſque nous compoſons les plus grands corps de plus petits, ou que nous les réſolvons en leurs parties, nous trouvons que la réſiſtance ou l'inertie augmente ou diminue à proportion de la quantité de Matiere. C'eſt pourquoi lorſque la viteſſe eſt donnée, ſi un corps en mouvement dans un fluide plus denſe déplace plus de Matiere pour ſe faire chemin, la réſiſtance qu'il rencontre étant égale au mouvement communiqué aux parties du fluide, il doit trouver une réſiſtance proportionnellement plus grande.

Ce n'eſt pas ſeulement des mouvemens libres des Planetes & des Cometes, que nous apprenons l'abſurdité de la doctrine d'un Plein univerſel. Les Phénomenes les plus communs & les plus évidens des mouvemens des corps à la ſurface ou près de la ſurface de la Terre ſuffiſent pour la détruire. Car nous trouvons qu'ils n'éprouvent de réſiſtance ſenſible que de l'air : au lieu qu'un fluide ſi denſe qui rempliroit tout l'eſpace également, produiroit néceſſairement une très-grande réſiſtance.

On objecte (*a*) qu'en fuppofant que ce fluide den-
fe qui remplit l'efpace pénétre les pores des corps avec
la plus grande liberté (de même que la Lumiere traver-
fe les corps tranfparens , & les écoulemens magnetiques & électriques une grande partie des corps) fa
réfiftance feroit incomparablement plus petite qu'en
proportion de fa denfité ; car alors la réfiftance ne feroit
pas mefurée par la denfité du fluide, puifque la plus
grande partie pénétreroit les pores du corps en mouvement, librement fans réfiftance. Quand on admettroit
cette fuppofition, il eft néanmois évident même dans
cette hypothefe, que la réfiftance d'une boule d'Or dans
le Plein feroit toujours très-grande. Car ce fluide fubtil quelque pénétrant qu'il foit, doit réfifter aux parties folides de la boule, qui ne peut fe mouvoir dans
le fluide fans en déplacer les parties, & fans perdre
autant de mouvement qu'elle leur en communique ;
& cette réfiftance dépend de la quantité des parties folides de la boule : au lieu que la réfiftance que la même boule rencontre dans le Vif-argent (que nous fuppofons n'avoir aucune entrée dans la boule) dépend
de la quantité des parties folides dans un égal volume
de Vif-argent, qui doivent être déplacées pour donner
paffage à la boule. Or cette quantité étant moindre
que celle des parties folides dans un volume égal
d'Or, à proportion que la Gravité fpécifique du
Vif-argent eft moindre que celle de l'Or, il fuit que la
réfiftance d'une boule d'Or, qui fe meut dans un tel
Plein fubtil pénétrant, fera plus grande que celle qu'elle éprouveroit dans le Vif-argent. Pour plus grand éclairciffement, la Gravité fpécifique de l'Or étant à celle
du Vif-argent à-peu-près comme 195 à 140, fuppofons qu'une boule d'Or compofée de 195 parties folides fe meuve dans le Plein avec une viteffe donnée &

(*a*) Dans une petite piece pu- annees par un Auteur fort inge-
bliée fur ce fujet, il y a quelques nieux.

parcouré un très-petit espace ; supposons ensuite que la même boule se meuve dans le Vif-argent avec la même vitesse & parcoure le même espace ; dans le premier cas les parties solides déplacent une certaine quantité du Plein, que je suppose égale à la boule ou de 195 parties ; dans le second cas elles déplacent un égal volume de Vif-argent, c'est-à-dire 140 parties solides. Mais comme ceux qui soûtiennent un Plein universel peuvent dire que la boule d'Or qui se meut dans le Vif-argent, éprouve une résistance du fluide subtil qui remplit l'espace aussi bien que du Vif-argent lui-même; accordons cette hypothese & supposons même qu'elle rencontre autant de résistance du Plein dans le Vif-argent que lorsqu'elle se meut dans un espace libre de tout fluide grossier ; il paroîtra toûjours cependant que la résistance que trouve la boule d'Or dans le plein, doit être pour le moins dans une aussi grande proportion à la résistance qu'elle éprouve dans le Vif-argent, que la densité de l'Or est à la somme des densités de l'Or & du Vif-argent ou comme 195 à 335, & par conséquent elle seroit huit fois plus grande que sa résistance que trouveroit la boule dans l'Eau. Telle est la moindre résistance que cette boule éprouveroit dans le plein en admettant les suppositions les plus favorables à cette doctrine; une pareille résistance mettroit bientôt fin aux mouvemens des corps. Mais il est évident que nous avons trop accordé en faveur de leur opinion, lorsque nous supposons que la boule se mouvant dans le Vif-argent rencontroit une résistance égale à la somme des résistances qu'elle éprouveroit du Plein & du Vif-argent séparement. Car suivant cette supposition sa résistance dans le Vif-argent seroit à sa résistance dans l'Eau, comme la somme des densités de l'Or & du Vif-argent à la somme des densités de l'Or & de l'Eau, c'est-à-dire, comme 335 à 205, ou 67 à 41; ensorte que la résistance du Vif-argent ne seroit pas double de celle de l'Eau, ni même double

de

de celle de l'Air ; & rien ne peut-être plus contradictoire à l'expérience.

Il importe peu dans ce raisonnement de quelle rareté
on suppose l'Or, le Vif-argent ou les corps les plus pesans ;
puisque la résistance du Vif-argent est reconnue pour
très-grande, & qu'elle n'est point altérée par de telles suppositions, non plus que la proportion de la
densité de l'Or à celle du Vif-argent sur laquelle proportion le raisonnement est fondé. Car on trouvera
toûjours que la résistance d'une boule d'Or dans le Plein
(quelque facilité qu'il ait à traverser les pores de la
boule, & quelque grands & nombreux que soient ces
pores) correspondra à la matiere solide de la boule ; qui est en plus grande quantité que la matiere
solide d'aucun de nos fluides à volume égal, d'où dépend leur résistance. La supposition que la matiere
solide dans le Vif-argent n'occupe que la milliéme ou
millioniéme partie de son volume, n'a d'autre effet
qu'en ce qu'il suit delà que l'inertie d'une quantité
donnée de matiere solide est augmentée dans la même
proportion que la rareté du Vif-argent, dont l'inertie est
connue par l'expérience.

La résistance produite par la tenacité ou l'adhésion
des parties des fluides peut être diminuée ; mais la résistance qui résulte de l'inertie de la matiere reste toûjours : si elle pouvoit être détruite, la matiere n'ayant
plus de résistance, il n'est pas aisé de concevoir comment elle pourroit avoir aucune activité ou force méchanique pour pousser les corps ou pour produire aucun des effets qu'on attribue à la matiere subtile des
Cartésiens. Car l'action & la réaction sont toûjours égales, & nous ne connoissons aucune force dans les corps
que celle qui vient de leur résistance à changer leur
état ou leur inertie. Sans elle il n'y auroit point de force
centrifuge, le pouvoir favorit par lequel ces Philosophes
s'efforcent d'expliquer les Phénomenes de la Nature.

K

Ils suppofent que les particules de ces fluides subtils se meuvent conftamment & également en toutes directions, & à la faveur de cette hypothefe, ils s'imaginent pouvoir les suppofer agir fans faire de réfiftance. Mais ils n'ont jamais rendu cette étrange suppofition probable, & même ils ne peuvent montrer qu'elle répondroit à leur deffein. Le mouvement d'un fluide ne favorife le mouvement d'un corps qui y eft plongé qu'autant qu'il fe fait dans la même direction; & un mouvement inteftin des parties du fluide égal en toutes directions, ne peut rendre la réfiftance moindre que fi les parties étoient en repos. Plufieurs Philofophes foutiennent que les particules des fluides communs, l'Eau ou l'Air par exemple, font conftamment dans un mouvement inteftin : mais cela n'empêche pas ces fluides de réfifter à proportion de leur denfité. Il y en a quelques-uns qui prétendent qu'il eft impoffible de concevoir un vuide; cette idée ne leur vient fûrement que de ce qu'ils font imbus de la doctrine de Defcartes, que l'effence d'un corps confifte dans l'étendue; & il feroit contradictoire de fuppofer l'efpace fans étendue. Suppofer qu'il y ait des fluides qui pénétrent tous les corps en rempliffant l'efpace, fans réfifter ni agir fur ces corps, purement pour éviter d'admettre un vuide, c'eft feindre deux fortes de matieres fans aucune néceffité & fans aucun fondement, ou c'eft tacitement abandonner la queftion. Quant aux argumens de M. Leibnitz contre le vuide, nous remettons à en parler lorfque nous confidérerons les changemens qui ont été faits à ce fyftême.

La même quantité de mouvement n'eft pas toûjours confervée comme Defcartes l'a témérairement conclu de l'immutabilité de Dieu. La quantité de mouvement abfolu varie continuellement; elle eft diminuée dans la compofition du mouvement & en plufieurs cas, dans les chocs des corps qui ont une elafticité impar-

faite; elle eſt augmentée dans la réſolution du mouve-
vemeut & dans quelques cas des chocs des corps elaſ-
tiques. Il faut avoir recours à un Principe actif pour
expliquer la dureté des corps & le repos des parties ne
ſuffit pas pour cela, car il n'empêcheroit pas qu'elles
ne fuſſent ſéparées les unes des autres par la moindre
force. Il y a à peine aucun article dans ce ſyſtême qui
ne ſoit pareillement ſujet à des difficultés inſurmontables.

Enfin Deſcartes vit la néceſſité d'avoir recours à
l'Obſervation, quoique malgré lui, & il paroît que ce
fut avec beaucoup de peine qu'il l'avoua, après avoir
tant vanté ſes Principes. Il nous dit qu'il les trouvoit ſi
étendus & ſi fertiles (a), qu'on en déduiſoit beaucoup
plus de choſes, qu'on n'en connoiſſoit dans le Monde
viſible.

D'autres Philoſophes ſe ſont plaints qu'il ne pouvoient expliquer que trop peu des myſteres de la Nature : Deſcartes trouve que ſes principes ſont plus que
ſuffiſans pour rendre raiſon de tous ſes Phénomenes,
& il ſemble uniquement craindre d'en expliquer trop.
C'eſt pourquoi il a recours aux Phénomenes, non pas
qu'il veuille rien prouver par leur moyen; car il a ſoin
que nous n'ayons pas une ſi mauvaiſe opinion de ſa
Philoſophie, que de penſer qu'il l'établiſſe ſur des faits;
mais afin qu'il puiſſe déterminer ſon eſprit à conſidérer
quelques-uns de ces effets innombrables, qu'il jugeoit
pouvoir être produits par les mêmes cauſes, plûtôt
qu'à en examiner d'autres.

Il reconnoît pareillement (b), que le même effet

(a) Il cite les effets, comme il dit, *Non quidem ut ipſis tanquam rationibus utamur ad aliquid proban-dum*; *cupimus enim rationes effec-tuum à cauſis, non autem à contra-rio cauſarum ab effectibus deducere; ſed tantum ut ex innumeris effecti-bus, quos ab iiſdem cauſis produci* *poſſe judicamus, ad unos potius quam alios conſiderandos mentem noſtram determinemus.*

(b) *Sed confiteri me etiam oportet potentiam Naturæ eſſe adeo amplam ut nullum ferè amplius particularem effectum obſervem, quem ſtatim variis modis ex iis principiis deduci*

peut être déduit de ses principes de plusieurs manieres
différentes, & que rien ne l'embarrassoit plus, que de
distinguer celle qui avoit lieu dans la Nature. Dans ces
passages, il vante beaucoup ses principes, afin de cacher la foiblesse de son système, avec une affectation
qui ne sert qu'à la rendre plus évidente, & qui paroît
indigne d'un si grand homme.

3. Descartes en mettant l'essence de la matiere dans
l'étendue, donna occasion à d'autres de tirer de cette
doctrine de dangereuses conséquences, qu'il auroit
indubitablement désavouées, quoiqu'il n'est pas aisé de
voir comment il s'en seroit garanti. Comme nous ne
sommes pas capables de concevoir que l'espace puisse
être anéanti, ou qu'il y ait jamais eu un tems auquel
l'espace ou l'étendue n'étoit pas; ainsi si nous accordons que l'étendue seule constitue l'essence de la matiere, nous ne pouvons que lui attribuer l'infinité,
l'éternité, & l'existence nécessaire. C'est de cette Maniere que Spinosa raisonne conséquemment aux principes de Descartes, soutenant que la Matiere est non-
seulement infinie & nécessaire, mais encore qu'elle est
une, & indivisible (a). « Ceux, dit-il, qui rejettent
« la possibilité du vuide ne peuvent en disconvenir,
« car si la matiere étoit tellement divisée, que ses par-
« ties fussent réellement distinctes, pourquoi ne pour-
« roit-on pas en anéantir une partie, les autres restant unies
« ensemble comme auparavant ? Puisque des choses

posse non agnoscam : nihilque ordina-
rio mihi difficilius videri quam inve-
nire quo ex his modis inde dependet.
De Methodo, §. 6.

(a) Nam si substantia corporea ita
posset dividi ut ejus partes realiter
distinctæ essent, cur ergò una non
posset annihilari manentibus reliquis,
ut ante, inter se connexis ? & cur omnes ita aptari debent ne detur vacuum ? Sane rerum quæ realiter ab

invicem distinctæ sunt, una sine alia
esse & in suo statu manere potest.
Cum igitur vacuum in Natura non
detur, sed omnes partes ita concur-
rere debent ut detur vacuum, sequitur
hinc etiam easdem non posse realiter
distingui; hoc est substantiam corpo-
ream, quatenus substantia est, non
posse dividi. Spinos. Ethic. Part I.
Prop. XV. Schol.

« qui font réellement diftinctes les unes des autres,
« l'une peut exifter & refter dans fon état fans l'autre. »
Ailleurs il nous dit que fi une partie de la Matiere
étoit anéantie, toute l'étendue s'évanouiroit avec elle
(a). Cet Auteur paroît avoir été très-verfé dans les
écrits de Defcartes (b), dont il a réduit en forme
géométrique les deux premieres Parties des Principes. Mr. Leibnitz lui-même, appelle Spinofifme un
Cartéfianifme outré, & il paroît que fa méthode & plufieurs de fes dogmes, étoient dérivés de cette
fource.

De même que Defcartes (c) a conclu de l'idée d'un
Etre infiniment parfait, exiftant néceffairement, qu'un
tel Etre devoit exifter; ainfi Spinofa de l'idée vraie que
nous ayons, (c'eft-à-dire, une idée claire & diftin-
te, comme il l'explique lui-même) d'une fubftance,
conclud qu'elle doit néceffairement exifter, (d) ou
pour me fervir de fes propres termes que fon exiftence,

(a) *Si una pars materiæ annihila-
retur, fimul etiam tota extenfio eva-
nefceret.* Epift. IV. ad Henric.
Oldenb.
Par ces paffages & plufieurs
autres il paroît que Spinofa fut mal-
heureufement trompé par la doctrine de Defcartes, que l'effence de
la matiere confifte en l'étendue.
Il faut avouer cependant que la
plûpart des Cartéfiens s'efforcerent
de refuter ces terribles conclufions :
mais ils auroient abregé leur ouvrage, & procedé fur de meilleurs
fondemens, s'ils euffent entiérement rejetté le Principe. Cependant Spinofa dans fa 73. lettre,
prétend prouver que Defcartes a
tort de définir la matiere par l'étendue, & fuivant lui elle devoit avoir
été expliquée par un attribut qui
exprimeroit une *effence effentielle &
infinie.*

(b) *Quum ille fummo fciendi amo-
re arderet, quid in his ingenii vires
valerent experiri decrevit. Ad hoc
propofitum urgendum fcripta Philofo-
phica nobiliffimi & fummi Philofophi
Renati Defcartes magno ei fuerunt ad-
jumento.* Spinof. Oper. pofth. præfat.
(c) Afin de ne rien retrancher de
l'original, on a confervé cette comparaifon toute outrée qu'elle puiffe
paroître. C'eft au Lecteur à fe tenir
fur fes gardes.
(d) *Si quis dixerit fe 'claram &
diftinctam, hoc eft veram ideam fubf-
tantiæ habere, & nihilominus dubitare num talis fubftantia exiftat,
idem hercle effet, ac fi diceret fe veram habere ideam, & nihilominus
dubitare num falfa fit (ut fatis atten-
denti fit manifeftum;) vel fi quis
ftatuat fubftantiam creari fimul ftatuit
ideam falfam factam effe veram ; quo*

aussi-bien que son essence, sont une vérité éternelle.
Comme Descartes prétendoit déduire tous les Phénomenes de l'Univers, de la nature & des propriétés de
la premiere cause; de même Spinosa prétend que toutes nos connoissances viennent des vraies idées,
(comme il les appelle toûjours) & que ces idées vraies
doivent être produites par l'Ame (a), de celle qui représente l'Etre le plus parfait, l'origine & la source de toute la Nature. Descartes rejetta de la Philosophie, la
considération des causes finales; & Spinosa dit qu'elles
ne sont que des fictions humaines (b), & il se mocque
de ceux qui s'imaginent que les yeux sont faits pour voir,
& le Soleil pour éclairer. Il fait venir de la même
source les notions, que nous avons du bien & du mal,
de l'ordre & de la confusion, de la beauté & de la difformité. De même que Descartes représentoit l'Univers,
comme une machine qui pouvoit d'abord avoir été
produite, & ensuite continuer d'exister éternellement,
par des Loix méchaniques seulement, la même quantité de mouvement restant toûjours inaltérable dans
le Monde: ainsi Spinosa le représentoit comme infini &
nécessaire, doué toujours de la même quantité de
mouvement, ou (pour me servir de son expression (c)

sane nihil abjurdius concipi potest
adeoquë fatendum necessario est, subf-
tantiæ existentiam sicut ejus essentiam
æternam esse veritatem. Ethic. Part.
I. Prop. VIII. Schol. II.

(a) Ut mens nostra omnino referat
Naturæ exemplar, debet omnes suas
ideas producere ab ea quæ refert ori-
ginem & fontem totius Naturæ, ut
ipsa etiam sit sons cæterarum idea-
rum. Spinos. De Emendat. intel-
lect.

(b) Ut jam ostendam Naturam nullum sibi finem præfixum habere, &
omnes causas finales nihil nisi huma-
na esse figmenta, non opus est multis
&c. Hoc adhuc addam, nempe hanc

de fine doctrinam Naturam omnino
evertere. Append. Prop. XXXVI.
Part I. Ethic.

(c) Omnia corpora ab aliis circum
cinguntur & ab invicem determi-
nantur ad existendum & operandum,
certâ ac determinatâ ratione, servatâ
semper in omnibus simul, hoc est in
toto Universo, eâdem ratione motus
ad quietem. Epist. XV.

Corpus motum vel quiescent ad motum vel quietem determinari debuit
ab alio corpore, quod etiam ad motum
vel quietem determinatum fuit ab alio
& illud iterum ab alio, & sic in infinitum. Ethic. Part. II. Prop. XIII.
Lem. III.

peu exacte) ayant toûjours en lui la même proportion
du mouvement au repos, & procédant par une nécessité naturelle & absolue, sans aucun moteur, ou aucun
principe de liberté.

Dans tous ces Dogmes, Spinosa a considérablement
ajoûté de sa propre imagination, à ce qu'il avoit appris
de Descartes. Mais la comparaison de leur méthode &
de leurs principes, doit nous faire prendre garde au
danger qu'il y a de procéder en Philosophie d'une maniere si relevée & si présomptueuse; tandis qu'ils prétendirent l'un & l'autre déduire des systêmes complets des idées claires ou vraies, qu'ils s'imaginoient
avoir, des essences des choses & des causes nécessaires.
Si nous faisons attention aux conséquences de pareils
principes, nous nous soumettrons volontiers à la Philosophie expérimentale, comme la seule qui soit proportionnée à nos facultés. Il seroit injuste de rejetter
sur Descartes les conséquences impies que Spinosa
peut avoir tirées de ses principes : mais nous ne pouvons nous empêcher d'observer, à l'honneur de la Philosophie de M. le Chevalier Newton, qu'elle renverse
absolument le fondement de la doctrine de Spinosa,
en montrant, que non-seulement il peut y avoir, mais
qu'il y a actuellement du Vuide, & qu'au lieu d'un
Plein nécessaire, infini & indivisible, la matiere paroît
n'occuper qu'une très-petite partie de l'espace, & avoir
ses parties actuellement divisées & séparées les unes des
autres.

Il seroit inutile de faire une exposition plus particuliere du systême de Spinosa, & il n'est pas possible de
rapporter entierement d'une maniere intelligible, une
doctrine si absurde. Ceux même qui, dans d'autres occasions, ont paru fort approcher du Scepticisme, par
rapport aux fondemens de la Religion naturelle,
avouent que ce systême est le plus monstrueux qui puisse être imaginé, « & le moins capable de séduire,

« parce qu'il combat les notions les plus diſtinctes, qui
« ſoient dans l'entendement de l'homme. Les objec-
« tions naiſſent en foule contre lui, & il ne peut faire
« que des réponſes qui ſurpaſſent en obſcurité, la theſe
« même qu'il veut ſoûtenir (a). » Il prétend à la vérité,
procéder ſuivant la méthode, & le ſtyle géométriques ;
mais tandis qu'il établit à ſa fantaiſie, des définitions de
la ſubſtance & de ſes attributs, & qu'il paſſe de ſes définitions, comme des idées vraies (ainſi qu'il les appelle)
à l'exiſtence néceſſaire de la choſe définie, par une
prétendue conſéquence immédiate, qu'il ne veut pas
qu'on lui conteſte, tous ſes raiſonnemens ne ſont que
de pures pétitions de principe ou des fictions. Il n'y a
aucun ſyſtême qui ne puiſſe être établi par cette maniere
de procéder. Mais il ne paroît pas poſſible d'en inventer
un auſſi abſurde, lorſqu'il ſoûtient qu'il n'y a qu'une
ſubſtance dans l'Univers, qui a des attributs infinis,
(particulierement l'étendue & la penſée infinies) qui
produit toutes choſes en elle-même néceſſairement,
comme ſes propres modifications, qui eſt ſeule en toutes choſes, la cauſe & l'effet, l'agent & le patient, en
tous reſpects phyſiques & moraux.

4. La doctrine de Deſcartes a été ſouvent altérée &
ſoumiſe à differentes corrections, depuis que ſon Auteur l'a enſeignée ; pendant environ un Siecle pluſieurs
Philoſophes ingénieux ont fait leurs plus grands efforts
pour l'appuyer & lui conſerver ſon crédit, reformant
d'abord une partie, changeant enſuite entierement

(a) Ce ſont les paroles de M.
Bayle à l'article de Spinoſa, où il
expoſe les abſurdités de ce ſyſtême
avec beaucoup de clarté, & il ſoutient
que le plus foible de ſes adverſai-
res étoit en état de le renverſer entierement. Notre deſſein en donnant quelques idées de ce ſyſtême
n'étoit pas ſeulement de faire voir
les conſéquences abſurdes, auxquelles conduit le ſyſtême de Deſcartes,
mais auſſi de rappeller la doctrine
de Spinoſa à ſa ſource (en faveur
de ceux qui pourroient mal-à-pro-
pos en avoir pris une opinion fa-
vorable) qui n'eſt autre que la fable Cartéſienne, dont preſque chaque Article a été rejetté par M. le
Chevalier Newton & quelques autres Philoſophes.

une

une autre partie de ce vaste système. Mais le fondement
est si foible & tout l'édifice si mal construit, qu'il eut
été beaucoup mieux de l'abandonner absolument &
d'en laisser subsister les ruines, pour servir de monument
à la postérité de la folie des systèmes présomptueux des
Philosophes.

M. Leibnitz retint la matiere subtile de Descartes,
avec le Plein universel & les Tourbillons, & il repré-
senta l'Univers comme une Machine dont les mouvemens continueroient toujours suivant les Loix du
Méchanisme , dans l'état le plus parfait, par une nécessité absolue & inviolable; quoiqu'il differe en quelques choses de Descartes. Après que la Philosophie du
Chevalier Newton fut donnée au Public (en 1687.)
M. Leibnitz fit imprimer un Essai sur les mouvemens
célestes (*Act. Erudit.* 1689.) où il admet la circulation
de l'Ether avec Descartes, & la Gravité avec le Chevalier Newton ; mais il n'a jamais expliqué comment
ces deux choses devoient être combinées ensemble ,
pour produire les révolutions des Planetes, ou comment l'impulsion de cet Ether pouvoit causer la Gravité.
Il n'a pas fait voir comment sa circulation harmonique
de l'Ether pouvoit être conciliée avec la loi des mouvemens des Planetes dans leurs orbites respectives , qui
est très-différente de la loi des mouvemens de la même Planete, à ses diverses distances du Soleil. La vitesse angulaire d'une Planete diminue du Périhélie à
l'Aphélie dans la même proportion que sa distance au
Soleil augmente, & c'est ce qu'il appelle la circulation
harmonique. Si cette Loi avoit lieu de même dans
les mouvemens des differentes Planetes comparées ensemble dans le système du Monde, cette hypothese ,
dans laquelle on les suppose emportées avec un Ether
qui circule, paroîtroit plus soutenable ; mais les vitesses
des Planetes, à leurs distances moyennes , diminuent
dans la même proportion que les racines quarrées des

L

nombres, qui expriment ces distances au Soleil. Il n'a pas plus fait voir comment on pouvoit accorder cette circulation de l'Ether avec les mouvemens libres des Cometes en toutes directions, ou avec l'obliquité des plans dans lesquels les Planetes font leurs révolutions à l'équateur du Soleil, & celle de ces plans entr'eux. Enfin il n'a pas donné la maniere de résoudre les autres objeétions, ausquelles cette hypothese du Plein & des Tourbillons est sujette.

Dans la suite cependant à l'occasion de quelques disputes qui s'éleverent au sujet de son droit à l'invention du calcul des Infiniment petits, ou de la Méthode des Fluxions, il parut s'opposer avec beaucoup de chaleur à la Philosophie de M. le Chevalier Newton, & il se mit à la tête de ses Adversaires. Il est inutile d'insister sur la passion & les préjugés que ses Sectateurs ont fait paroître contre lui, & contre ceux qui avoient pris sa défense. Il vaut mieux oublier toutes ces aigreurs, & restraindre une dispute Philosophique aux seules matieres Philosophiques.

Le systême de Mr. Leibnitz a eu beaucoup de Prosélites, parce que de la sagesse & de la bonté de Dieu, il conclud que l'Univers est un Ouvrage parfait, ou le meilleur qui puisse avoir été produit. Cette doctrine a toujours extrêmement plu à la plûpart des Philosophes, qui n'étoient pas assez aveugles pour douter de l'existence d'un souverain Etre bienfaisant; mais l'origine du mal les embarrassoit. C'est la solution de cette difficulté que Socrate chercha, mais envain dans les Ecrits d'Anaxagore. L'Etre suprême, suivant Timée de Locres, étoit Créateur de ce qu'il y a de plus excellent (a). Platon enseigna que le Maître de l'Univers avoit disposé & arrangé les choses pour la perfection & le bonheur du tout, que nos plaintes étoient sans fondement, & ne venoient que des bornes étroites de

(a) δαμιδργος τῶ Βελ7ιον Θ.

nos connoiſſances. (a) Chryſippe étoit d'opinion que ce n'avoit jamais été le but ni la premiere intention de l'Auteur de la Nature qui eſt la ſource de tout bien, de faire l'homme ſujet aux maladies; mais que tandis qu'il créoit beaucoup d'excellentes choſes, & qu'il formoit ſon Ouvrage de la maniere la plus convenable & la plus utile, il ſe trouva d'autres choſes incommodes, attachées à celles qu'il produiſoit, enſorte qu'elles ne furent point faites pour elles-mêmes, mais ſeulement permiſes, comme de certaines conſéquences néceſſaires de ce qui étoit le meilleur. M. Leibnitz a beaucoup écrit pour défendre cette doctrine, & il a tâché de répondre aux objections qui ont été faites contre la perfection de l'Univers.

Mais quoique les ſpéculations de ce ſçavant Auteur, puiſſent embarraſſer un Lecteur circonſpect, elles ne peuvent le ſatisfaire. Il propoſe deux principes comme le fondement de toutes nos connoiſſances. Le premier, qu'il eſt impoſſible qu'une choſe ſoit & ne ſoit pas en même-tems; ce qu'il dit être le fondement de la vérité ſpéculative. L'autre eſt, qu'il n'y a rien ſans *raiſon ſuffiſante* pourquoi cela eſt ainſi plûtôt qu'autrement; & par ce principe, ſuivant lui, nous faiſons une tranſition des vérités abſtraites à la Philoſophie naturelle. De ce principe il conclud, que l'Ame eſt naturellement déterminée dans ſon choix ou ſa volonté, par l'apparence du plus grand bien, & qu'il eſt impoſſible de faire un choix entre des choſes parfaitement ſemblables, qu'il appelle *indiſcernables*; d'où il infere que Dieu même ne peut avoir produit deux choſes

---

(a) *Exiſtimat Chryſippus non hoc fuiſſe Naturæ principale conſilium ut faceret homines morbis obnoxios, nunquam enim hoc conveniſſe Naturæ Auctori, parentique rerum omnium bonarum; ſed quum multa atque magna gigneret, parererque aptiſſima & utiliſſima, alia quoque ſimul agnota ſunt incommoda iis ipſis quæ faciebat cohærentia; eaque non per Naturam, ſed per ſequelas quaſdam neceſſarias, facta dicit, quod ipſe appellat κατα παρακολεθησιν* Aul. Gell. Lib. VI, Cap. I.

L ij

parfaitement femblables. Par cette raifon jointe à quelques autres reflexions Métaphyfiques, il rejette le Vuide, dont les parties devroient être entierement femblables les unes aux autres. Il rejette auffi, pour la même raifon, les Atomes & toutes les particules fimilaires de Matiere; à chacune defquelles, quoique divifibles à l'infini, il attribue une Monade, ou une forte de Principe actif, dans lequel, dit-il, il y a comme une perception & des volitions. Il fait confifter l'effence de la fubftance dans l'action ou l'activité, ou plûtôt, comme il s'exprime, en quelque chofe qui eft entre l'action & la faculté d'agir. Il foutient que le repos abfolu eft impoffible, & que le mouvement ou une forte de tendance eft effentiel à toutes les fubftances matérielles. Il décrit chaque Monade comme repréfentant tout l'Univers de fon point de vûe. Et enfin, dans une de fes lettres il nous dit, que la Matiere n'eft pas une fubftance, mais un *fubftantiatum* ou un *Phénomene bien fondé.*

Tels font les Dogmes & les expreffions d'un Philofophe, qui fe flattoit d'avoir des idées claires & complettes & fe mocquoit de la Métaphyfique des Anglois, comme bornée & fondée fur des notions incomplettes. On place ordinairement la regle de vérité (*criterium veritatis*) dans les perceptions claires & évidentes; mais quelques Philofophes femblent eftimer les dogmes à proportion qu'ils font obfcurs. Qui eft-ce qui s'imagineroit que dans la Philofophie naturelle, on dût préférer de tels argumens aux faits les plus clairs & aux expériences évidentes, pour déterminer la queftion fur le Vuide? Que tout homme refléchiffe fur fes propres penfées, de qui feules peuvent venir toutes les notions que nous avons de la liberté & par conféquent de la liberté divine; & s'il eft convaincu qu'il choifiroit entre deux chofes défirables qui paroîtroient également bonnes, plûtôt que de fe priver de l'une

& de l'autre, de tels raisonnemens ne peuvent avoir de force sur lui. Sa difficulté est toujours la même contre les parties de la Matiere, après toutes les peines qu'il s'est donnée pour les distinguer par les Monades; car comment distinguerons-nous les Monades elles-mêmes? Ou si on pouvoit y réussir, comment distingueroit-on la même Monade d'elle-même, dans tous les momens de son existence? Si deux choses parfaitement semblables l'une à l'autre, peuvent exister en differens tems, elles peuvent sûrement exister en differens lieux en même-tems. Ce sçavant Auteur parut très-opposé aux opinions, qu'il imaginoit avoir une tendance à retablir les dogmes rejettés de la Philosophie Scholastique; cependant ces Monades, telles qu'il les a exposées, paroissent aussi incompréhensibles que leurs formes substantielles, l'*Entelechie*, ou les qualités les plus occultes.

Il fait grand usage de la comparaison entre les effets que produisent sur l'Ame des motifs opposés, & ceux des poids placés dans les bassins d'une Balance, ou des puissances qui agissent sur le même corps dans des directions contraires. Son sçavant Antagoniste nie qu'il y ait aucun rapport entre une Balance mise en mouvement par des poids, & l'Ame qui agit dirigée par de certains motifs, parce que l'une est entierement passive, & que l'autre n'est pas seulement passive, mais qu'elle agit aussi. Il avoue que l'Ame est purement passive, en recevant l'impression du motif, ce qui n'est qu'une perception & ne doit pas être confondu avec le pouvoir d'agir en conséquence de cette perception. La différence entre un homme & une machine, ne consiste pas seulement dans la sensation & l'intelligence; mais aussi dans ce pouvoir d'agir. La Balance privée de cette puissance, ne peut se mouvoir absolument, lorsque les poids sont égaux : mais un libre agent, dit-il, lorsqu'il trouve deux façons d'agir raisonnables parfaiement femblables, a toujours en lui-même la faculté de choifir; & il peut avoir de très-fortes raifons, pour ne pas refter dans l'inaction. Il eft évident que comme je tiens d'un fentiment intérieur, tout ce que je fçais fur la liberté, je ne puis admettre aucune propofition contraire à ce qui m'eft fuggeré par ce fens intime, & il feroit peut-être mieux de traiter cette matiere abftraite dans le goût de la Philofophie expérimentale, au lieu de remplir un millier de pages de difcuffions Métaphyfiques à ce fujet. Mais la doctrine de la liberté eft fi étrangere aux queftions, concernant le Vuide & les Atomes, qu'il doit paroître bien fingulier qu'on ait prétendu les décider par des reflexions Métaphyfiques fi mal fondées, & qu'on ait ofé refufer à Dieu le pouvoir de produire par un feul acte de fa volonté, toute la Matiere de l'Univers tout à la fois, quand même elle feroit par-là fuppofée parfaitement fimilaire & uniforme.!

5. Du même principe, Mr. Leibnitz conclud que le fyftême du Monde eft une machine abfolument parfaite, qui ne peut jamais être dérangée, ou avoir befoin d'être rétablie; & que s'imaginer que Dieu le gouverne, c'eft diminuer la fcience de l'Auteur, & la perfection de fon ouvrage.

Mais il va plus loin, que n'exigent fes propres principes. Car quand on accorderoit que rien n'eft déterminé fans une raifon fuffifante; cependant il peut fe faire qu'il foit mieux que l'Auteur du Monde agiffe immédiatement fur lui, confervant & gouvernant fon Ouvrage, & quelquefois le changeant ou le renouvellant. La beauté & la perfection de l'Univers pourroient-elles être altérées par l'action immédiate de cet Etre fuprême, qui agit toujours avec une parfaite fageffe? Il étoit à propos qu'il y eut en général une régularité & une conftance dans le cours de la Nature; non-feulement par rapport à fa plus grande beauté, mais auffi en faveur des agens doués d'intelligence , qui fans cela euffent été dans l'impoffibilité de rien prévoir , ou de choifir , de juger avec fageffe des chofes par leurs conféquences , & d'exercer leurs autres facultés. Mais quoique le cours de la Nature dût être régulier , il n'étoit pas néceffaire qu'il ne fût gouverné que par des principes qui réfultent des differens mouve-mens & des modifications diverfes d'une matiere inactive , par des Loix méchaniques; l'Univers eut été fort inférieur , à ce qu'il eft en beauté & en perfection , fi fa formation n'étoit dûe qu'à de tels principes.

M. le Chevalier Newton penfoit que la ftructure de l'Univers ne pouvoit toûjours continuer dans le même état , mais qu'elle exigeoit à la fuite du tems d'être ré-tablie par la même main qui l'avoit formée ; cependant cette Philofophie fut condamnée par M. Leibnitz , comme conduifant à l'impiété ; & ce qu'il y a de plus furprenant , c'eft qu'il rapporta ce fentiment particu-lier,comme une preuve manifefte de ce qu'il avance. Il objecta que de même qu'un bon Artifte fait fon ouvrage auffi parfait qu'il lui eft poffible , ainfi ce feroit un man-que de puiffance ou de fcience dans l'Auteur du Mon-de , fi le fien avoit befoin d'être reformé & comme remonté de nouveau. Mais le Chevalier Newton penfoit qu'il étoit compatible , & même plus con-forme avec la notion d'un Etre fouverainement par-fait , de fuppofer qu'il formeroit fon Ouvrage dépen-dant de lui-même , enforte qu'après un tems conve-nable il le renouvellât fuivant fa fageffe infinie. Exclure de l'Univers , l'action & le gouvernement de la Divinité , c'eft en exclure ce qu'il y a de plus par-fait & de meilleur , dont l'abfence ne peut être fup-plée par aucun Méchanifme. M. Leibnitz n'eût pas avancé une telle doctrine fur la perfection de l'Univers , s'il n'eût été féduit par un attachement exceffif à la Né-ceffité & au Méchanifme.

Le fondement de cette Philosophie qui repréſente
l'Univers comme une machine parfaite qui peut toûjours perſéverer dans ſon état préſent, eſt que la même quantité de vigueur & de force perſiſte continuellement & paſſe d'une portion de la Matiere à l'autre,
ſans que le tout ſouffre aucun changement. Deſcartes
ſoûtenoit que la quantité de mouvement étoit toûjours
la même dans l'Univers. Spinoſa prétendoit qu'il y avoit
toûjours la même proportion du mouvement au repos.
M. Leibnitz fit une diſtinction entre la quantité de
mouvement & la force des corps; il avoue que la premiere varie, mais il ſoutient que la quantité de force
eſt toûjours la même dans l'Univers : il n'y a cependant
aucune doctrine plus oppoſée à l'expérience & aux obſervations les plus communes, quand même on meſu-
reroit les forces des corps par les quarrés des viteſſes,
comme il le prétend. Si tous les corps dans le Monde
avoit une élaſticité parfaite, on pourroit avoir quelque
raiſon de ſoûtenir ce principe. Mais on n'en a juſqu'à
préſent découvert aucun dont l'élaſticité fut parfaite ;
& lorſque deux corps ſe rencontrent avec des mouvemens égaux, ils rejailliſſent avec de moindres mouvemens, & il y a toûjours quelque force perdue par le
choc : ſi les corps ſont mous, ils s'arrêtent tous deux
à cauſe de l'impénétrabilité de leurs parties; ou pour
parler dans le ſtyle favorit de cet Auteur, parce qu'il
n'y a pas de raiſon ſuffiſante pourquoi l'un d'eux pré-
vaudroit plûtôt que l'autre. Dans ce cas tout leur mouvement eſt perdu; & le mouvement de l'un étant détruit par le mouvement oppoſé de l'autre, c'eſt ſans
fondement & ſimplement pour ſauver une hypotheſe
qu'on imagine un fluide qui reçoit & retient les forces
de ces corps. Lorſqu'on prend la liberté d'appuyer
une fiction par une autre, celle-ci par une troiſieme &
ainſi de ſuite, il n'y a aucun ſyſtême qu'on ne puiſſe
ſoûtenir. Suivant nos premieres idées de la Matiere &
du

du Mouvement, il paroît par les expériences les plus évidentes que la Matiere est une substance inactive sans élasticité. Cependant ces Philosophes attribuent une élasticité parfaite à toute leur matiere subtile ; & ils proposent des loix du mouvemenr comme générales, qui ne peuvent avoir lieu que pour des corps dont aucun n'a été découvert jusqu'ici dans la Nature. Ils n'ont jamais pû expliquer comment cette élasticité parfaite est un effet des Loix du méchanisme ; cependant suivant eux le Monde est un mouvement méchanique perpetuel.

Le génie de cette sorte de Philosophie ne paroît nulle part aussi évidemmenr que par les artifices qu'on a mis en usage pour se tirer des objections insurmontables qui ont été faites contre les Tourbillons. Afin d'éloigner un peu plus la difficulté & envelopper la question dans l'obscurité, on a introduit de nouveaux Tourbillons dans chaque partie de Matiere infiniment petite. Delà s'ils en ont besoin, ils descendront à un autre ordre infini plus petit & ainsi de suite. Car ils prétendent positivement tirer le même avantage en Philosophie (a) des ordres infinis d'infiniment petits, que quelques Géometres de ces derniers tems dans la résolution de leurs problêmes. Ainsi (comme nous l'avons remarqué ailleurs (b)) une Philosophie absurde est la production naturelle d'une Géometrie défectueuse. Car quoiqu'il suive des notions que nous avons de la grandeur qu'elle consiste toujours de parties, & qu'elle est divisible sans fin ; cependant une division actuelle à l'infini est absurde & une quantité infiniment petite (au jugement même de M. Leibnitz (c)) est une pure fiction. Les Philosophes peuvent s'accorder à imaginer des ordres infinis de parties infiniment petites de Matiere

---

(a) Mémoires de l'Académie Royale de Sciences, 1729.

(b) Traité des Fluxions, introduction. P. 47. en Anglois.

(c) Essai de Théodicée. §. 70.

M

& se laisser transporter par cette idée, mais ces illu-
sions ne sont pas appuyées sur une solide Géometrie
ni même conformes au sens commun. Après tout ce
qui a été dit pour les Tourbillons, il n'y a aucune expérience qui les favorise, tandis que quelques-unes des
plus communes & des plus simples sont directement
contraires à l'existence de ces fluides & de leurs mouvemens.

Nous avons un autre exemple de l'Art avec lequel
ils soûtiennent leurs systêmes dans la prétendue démonstration qu'ils donnent contre la possibilité des Atômes
ou d'aucuns corps parfaitement durs & infléxibles. Suivant ce qu'ils appellent la Loi de *continuité*, tous les
changemens dans la Nature sont produits par des degrés insensibles & infiniment petits : ensorte qu'un corps
ne peut dans aucun cas passer du mouvement au repos ou du repos au mouvement, sans passer par tous
les degrés possibles de mouvement intermédiaires ; d'où
ils concluent que les Atômes ou tous corps parfaitement durs sont impossibles : parce que si deux de ces
corps se rencontroient avec des mouvemens égaux en
directions contraires, ils s'arrêteroient nécessairement
tout-à-coup, & violeroient la loi de continuité (*a*).
Mais sur quels fondemens ont-ils fait cette loi univer-
selle de la Nature ? Quoique dans les corps communs
(composés de parties, dont l'union n'est pas intime,
qui elles-mêmes sont formées d'autres parties d'un ordre inférieur & ainsi de suite ; ensorte que nous ne pouvons parvenir jusqu'aux élémens ou Atômes qu'après un
nombre de résolutions qu'il nous est impossible de déterminer) les parties cédent dans leurs chocs, nous ne
pouvons affirmer cela des Atômes ou des derniers Elémens eux-mêmes. Cette compression est une conséquence de la contexture des corps qui ont toujours
beaucoup plus d'interstices vuides que de matiere solide,

(*a*) Discours sur le mouvement, Paris 1726.

& qui font compofés de parties qu'on doit regarder
comme adhérentes les unes aux autres avec une force
incomparablement plus petite que celle avec laquelle
la matiere des parties élémentaires elles-mêmes eft réunie (*a*). La vérité eft qu'ils ont trouvé néceffaire de
rejetter les corps d'une dureté parfaite ; parce qu'il étoit
impoffible d'expliquer les effets de leurs chocs d'une
maniere compatible avec la confervation de la même
quantité de force dans l'Univers , ou avec leur nouvelle doctrine , que les forces des corps font comme les
quarrés des viteffes : & c'eft pour cela qu'ils ont recours
à cette nouvelle loi de *continuité* pour fe tirer d'embarras. Si un corps en frappoit un autre de la même efpece
égal & en repos , la viteffe du premier feroit également
divifée entr'eux par le choc ; mais fi nous mefurions la
force par le quarré de la viteffe , chacun d'eux n'auroit
que la quatriéme partie de la force du premier corps ,
& tous deux enfemble n'en auroit que la moitié ; en forte que l'autre moitié feroit néceffairement perdue fans
avoir produit aucun effet. Pour éluder les objections
de cette efpece , quelques Partifans de la nouvelle doctrine fur la mefure de la force des corps fe contentent
d'obferver qu'on n'a point trouvé de corps d'une dureté
parfaite dans la Nature ; quoiqu'il y ait la même objection contre ceux d'une parfaite élafticité dont on traite
en Phyfique. Mais d'autres rejettent hardiment de tels
corps comme impoffibles fondés fur ces confidérations
Métaphyfiques fingulieres , dont nous avons parlé ci-de-

(*a*) L'Auteur du difcours fur le
Mouvement cité ci-deffus , nous dit
que fi la Nature pouvoit paffer d'un
état de mouvement à celui de repos tout-à-coup fans paffer par les
degrés de mouvement intermediai-
res alors un état feroit détruit avant
que la Nature put connoître à quel
autre elle doit fe déterminer ; & il
demande comment elle pourroit

fe déterminer à un état plûtôt qu'à
un autre ? Pour répondre à cela il
fuffit feulement de remarquer que
ceffer de fe mouvoir eft la même
chofe qu'être en repos , il n'y a
point d'intervalle entre l'état de
mouvement & celui de repos , &
le mouvement étant détruit le repos s'en fuit néceffairement.

vant. On verra dans la fuite combien on a tâché d'obſcurcir la Théorie du Mouvement dans ce qu'il y a
même de plus évident par zéle pour cette opinion.

Le pouvoir du Méchaniſme n'a jamais été plus exal-
té que par la fameuſe Doctrine de M. Leibnitz de l'*Harmonie préétablie ,* ainſi qu'il l'appelle. Suivant Deſcartes
les Animaux étoient de pures machines , & cette opinion ne parut pas vrai-ſemblable à la plus grande
partie des Philoſophes. Mais cela n'eſt rien en com-
paraiſon de ce que M. Leibnitz voudroit nous faire
croire , lorſqu'il nous dit que l'ame n'agit pas ſur le
corps ni le corps ſur l'ame , que l'un & l'autre procédent
par des loix néceſſaires , l'ame dans ſes perceptions &
ſes volitions , & le corps dans ſes mouvemens ſans que
l'un ſoit du tout affecté par l'autre ; mais qu'on doit les
conſidérer comme deux machines ſéparées & indépen-
dantes. Les volitions de l'ame ſont ſuivies à l'inſtant des
mouvemens deſirés du corps , non en conſéquence de
ces volitions qui n'y ont aucune influence , mais à cauſe du merveilleux méchaniſme du corps. Les impreſ-
ſions produites ſur les ſens n'ont point d'effet ſur l'ame ,
mais l'idée correſpondante eſt excitée préciſément dans
ce tems , en conſéquence d'un enchaînement de cauſes de différentes ſortes. Ainſi tout ce que les hommes
diſent ou font n'eſt ſuivant lui que l'effet d'un Méchaniſme admirable. Mais il eſt tems que nous laiſſions ces
fictions , de peur de donner occaſion au Lecteur de penſer que toute Philoſophie n'eſt qu'illuſion.

CHAPITRE V.

Conclusion des Observations précédentes.

1. IL résulte de tout ce que nous avons observé, que quoique ces sçavans hommes ayent fait voir dans leurs Ecrits une merveilleuse fécondité de génie ; cependant ils ont commencé de même que tous les autres qui ont suivi une pareille méthode par une extremité trop au-dessus de leur portée, en voulant exposer l'enchaînement des causes, & ils ont entrepris de former un système de Philosophie qui surpasse de beaucoup les facultés de l'esprit humain. L'essence & les premieres causes des choses qu'ils croyoient posseder sont infiniment au delà de leur sphere; tandis que les observations certaines & les faits évidens paroissent perpétuellement en contradiction avec leurs spéculations tant vantées.

Nous devons tâcher de nous élever des effets aux causes immédiates jusqu'à la cause suprême. Nous devons chercher à connoître Dieu par ses ouvrages, & non pas prétendre décrire sa conduite dans la Nature par des idées aussi imparfaites que celles que nous sommes capables de former de ce grand Etre enveloppé de mysteres. Ainsi la Physique peut devenir une base solide à la Religion naturelle ; mais il est absolument ridicule de déduire cette Science d'aucune hypothese, quoiqu'inventée pour nous faire imaginer que nous sommes en possession d'un système de Méthaphysique plus complet, ou formée peut-être dans la vûe de répondre plus aisément à quelques difficultés de la Théologie naturelle. Nous devons, à la fin, rester convaincus que dans la Physique la vérité ne doit être découverte

que par l'Expérience & l'Obfervation avec le fecours
de la Géometrie, & qu'il eft néceffaire de procéder
d'abord par la méthode d'analyfe avant de préfumer de
conftruire un fyftême fynthétiquement.

Nous pouvons auffi apprendre enfin par le mauvais
fuccès de tant d'entreprifes inutiles à être moins avides
de fyftêmes de Phyfique parfaits & finis, à nous arrêter
lorfque nous ne nous trouvons pas en état d'aller plus
avant, & à laiffer à la pofterité l'avantage de faire de
plus grands progrès à mefure que le tems & l'expérience leur en donneront le pouvoir. Car nous ne devons
pas douter que la Nature ne referve un grand nombre
de Découvertes pour les fiecles futurs qui peuvent être
retardées par nos anticipations téméraires & mal fondées. En procédant ainfi avec précaution, chaque fiecle ajoûtera au tréfor de nos connoiffances, les myfteres qui ont été jufqu'ici cachés dans la Nature pourront être dévoilés peu-à-peu, les Arts fleuriront & augmenteront, le Genre humain fe perfectionnera & paroîtra plus digne de fa fituation dans l'Univers, à proportion qu'il approchera plus d'une parfaite connoiffance de
la Nature.

2. Ce fut ainfi que les parties fpéculatives des Mathématiques s'éleverent peu-à-peu, par les travaux réunis
des grands hommes dans des fiecles bien éloignés les
uns des autres. Les Egyptiens s'adonnerent les premiers
à cette Science, elle fit du progrès chez les Grecs,
les Arabes la conferverent lorfqu'elle fut abandonnée
en Europe, & elle perfifta dans une haute eftime parmi eux tant que fleurit leur Empire, enfin depuis le dernier rétabliffement mémorable des lettres en Europe,
fes grands progrès ont fait la gloire des Sçavans modernes.

L'inondation du Nil mit les Egyptiens dans la néceffité d'inventer quelque Art par lequel ils puffent mefurer leurs terres, & c'eft delà que nous apprenons que

la Géometrie tire son origine & son nom. Les Prêtres
de cette Contrée qui ne manquoient ni de génie ni
de loisir, la perfectionnerent & en firent une Science,
& même leurs Rois écrivirent des Traités sur ce sujet.
Thales en porta les Principes dans la Grece où elle fut
cultivée avec tant de soin que la partie élementaire devint bientôt complette, & elle y fut dans une si haute
estime qu'elle reçut le nom de Mathématiques, c'est-à-
dire de Science par excellence (a). Un Oracle or-
donnant que l'Autel cubique d'Apollon fut doublé,
procura sûrement un plus grand avantage à la Géometrie qu'aux Athéniens alors affligés de la Peste, car il
donna occasion à Platon d'examiner le fameux Problême de la duplication du Cube, & il fit naître la Géometrie des *Solides*. L'incomparable Archimede perfec-
tionna cette Science dans la suite, il trouva la quadrature de l'aire de la Parabole, fit quelque progrès dans
la mesure du Cercle, & enrichit la Géometrie de plusieurs Découvertes dignes d'un si grand génie.

Il paroît qu'elle n'avança que par degrés & quelquefois fort lentement : l'un découvrit que les trois
angles d'un triangle équilateral étoient égaux à deux
droits ; un autre alla plus loin & fit voir la même chose de ceux qui ont deux côtés égaux, qu'on
appelle triangles isoceles, & ce fut un troisiéme
qui trouva que le Théoreme étoit général, & s'étendoit à toutes sortes de triangles (b). De la même maniere lorsque cette Science fut poussée plus loin & qu'ils vinrent à traiter des Sections coniques, le plan de la Section
étoit toujours supposé perpendiculaire au côté du Cone;
la Parabole étoit la seule Section qui fut considérée dans
le Cone à angle droit, l'Ellipse dans le Cone à angle aigu & l'Hyperbole dans celui qui étoit à angle obtus.

(a) Μαθηματα, les Sciences,   (b) Procli. *Comment. In Eucli-*
de μανθανω j'apprens.   *dem.*

Les figures des Sections conferverent les noms tirés de ces trois fortes de Cones pendant un tems confidérable, jufqu'à ce qu'Appollonius fit voir qu'on trouvoit toutes ces fections dans un feul Cone, & par cette Découverte il mérita alors le furnom de grand Géometre.

C'eft par de tels degrés que cette Science s'éleva à la fuite du tems à cette fublimité qui fait notre admiration. Les Problêmes qui dans un fiecle paroiffoient d'une difficulté infurmontable, ont été réfolus dans un autre, & dans un troifieme ils furent en quelque maniere méprifés comme trop fimples & trop aifés : on trouva des Théoremes particuliers qui conduifirent à des Découvertes plus étendues; on fuivit des méthodes laborieufes jufqu'à ce qu'on en eut trouvé d'autres plus fimples & plus générales ; mais on prit toûjours le plus grand foin que la certitude & l'évidence fuffent conftamment le caractere de cette Science dans tous fes progrès. Il y eut à la vérité un long intervalle de plufieurs fiecles entre le tems où elle fleuriffoit en Grece & celui de fon renouvellement en Europe ; mais les Anciens l'ayant établie fur les fondemens les plus folides, & cultivée avec la plus grande exactitude, lorfque les Sciences reprirent leur ancien luftre, leurs ouvrages fervirent de bafe auffi bien que de modeles aux Sçavans modernes. Ainfi le progrès du Genre humain dans cette Science paroît avoir de la fimilitude à quelques égards avec l'ayancement d'un homme en force & en connoiffance. Ils firent d'abord quelques effais d'une force foible & fans expérience, mais peu-à-peu elle s'accrût de plus en plus jufqu'à ce qu'enfin, après les heureux travaux de plufieurs fiecles, rien ne parut trop élevé pour eux.

3. Parce que nous avons obfervé fur l'Hiftoire de la Philofophie naturelle, on peut aifément comprendre pourquoi fes progrès ont été fi differens; & d'où vient

que

que nous y avons si rarement trouvé cette agréable gradation, depuis les premiers élemens jusqu'au plus haut période, que nous avons observée en Géométrie. Au lieu d'étudier la Nature, les hommes se sont appliqués à contempler leurs propres pensées; au lieu de décrire ses opérations, ils n'ont donné que le jeu de leurs imaginations, où ils auroient dû hésiter ils ont décidé, & ils se sont arrêtés où il n'y avoit pas de difficultés. Ils ont divisé ce qui étoit simple, & expliqué ce qui étoit clair; mais dans les choses plus embarrassées, ils ont mis les subterfuges de l'Art en opposition avec la Nature, & une science captieuse avec la raison commune; tandis qu'ils imaginoient une maxime mal fondée, pour en soutenir une autre, & qu'une fiction étoit suivie d'une autre fiction pour lui servir d'appui. On inventa des hypotheses, non pour réduire les faits & les observations à des regles & à un certain ordre, en quoi elles peuvent être de quelque utilité, mais comme des principes de science. Elles avoient une si grande autorité, qu'elles ne pouvoient être détruites, ni par les conséquences extravagantes qui en résultoient, ni par les observations contradictoires; mais l'Auteur charmé de sa rhapsodie, procédoit, sans faire attention à ces difficultés, à la conclusion de la fable qu'il avoit imaginée.

Ainsi une Secte ne pouvoit que détruire, pour la plus grande partie, les travaux d'une autre. Dans un tems les nombres & l'harmonie des Pythagoriciens servirent à expliquer ce qu'il y avoit de plus mystérieux dans la Nature; les idées de Platon, la matiere & la forme d'Aristote, prévalurent à leur tour; mais elles ne servoient qu'à voiler l'ignorance des hommes. Epicure employa sa Philosophie, à détruire ce que les sens & la raison nous apprennent de plus certain & de plus évident; cependant il n'a pas manqué de Disciples, pour soûtenir & embelir un systême si absurde. Les Sceptiques

N

tomberent dans l'autre extrêmité, & devinrent si attachés à l'obscurité, qu'ils ne vouloient pas voir la lumiere même la plus claire ; & quelques-uns d'eux aimerent mieux douter s'ils doutoient, que d'avouer
aucune vérité ; ils eurent cependant les uns & les autres
un grand nombre de Sectateurs. Dans la suite la Philosophie ne fut estimée, qu'autant qu'elle servit par
des explications fausses & obscures, à étendre la superstition. De nos jours, les prétendues idées claires de
Descartes, & les spéculations Métaphysiques de M.
Leibnitz ont eu un grand nombre d'admirateurs qui
les ont reçûes pour la vraie Philosophie, sans parler des
extravagances de Spinosa, & de mille autres imaginations singulieres, qui ne méritent aucune attention.

Nous avons vû dans l'Histoire précedente de l'état
de la Philosophie, que ceux qui s'attacherent à inventer
des systêmes, & à les rendre universels, ont quelquefois procédé d'une maniere qui paroissoit plausible ;
mais qu'en avançant dans leurs systêmes, ils ont donné
lieu à des conséquences, qui ne pouvoient manquer
de dégoûter tous ceux qui ne s'étoient pas laissés entierement séduire par ces trompeuses imaginations.
Quelques-uns par leur obstination à tout expliquer par
le Méchanisme, ont été conduits jusqu'à tout exclure
de l'Univers hors la Matiere & le Mouvement ; d'autres
d'une disposition contraire, n'admettent que des perceptions, & les choses perçûes ; & il y en a qui ont
poussé cette façon de raisonner, jusqu'à n'admettre que
leurs propres perceptions. D'autres, en méprisant les
causes immédiates & remontant d'abord à l'influence
de la premiere cause, alterent la beauté de la Nature
& mettent fin à nos recherches dans la plus sublime
partie de la Philosophie. Celui qui a poussé un systême
le plus loin, a rendu cet important service, que tandis
qu'il s'imaginoit vainement le rendre parfait & universel, il en a découvert la fausseté & l'a réduit à une ab-

furdité. Le fyftême de Defcartes auroit eu plus de Partifans, fi les impiétés de Spinofa ne les euffent retenus.
M. Leibnitz fe feroit attiré beaucoup de Sectateurs de
fon fyftême, de la Néceffité abfolue, s'ils n'euffent été
rebutés par fes Monades & fon Harmonie *préétablie*. Et
quelques-uns confentant à rejetter la réalité de la Matiere, ne purent fe réfoudre à rejetter celle de l'Ame.

La variété des opinions & des difputes perpétuelles
parmi les Philofophes, a fait penfer à beaucoup de perfonnes dans ces derniers tems, comme dans les plus
reculés, que c'étoit envain qu'on cherchoit à acquérir
de la certitude dans la Phyfique, & qu'on devoit attribuer cette difficulté à quelques défauts inévitables
dans les principes de cette Science. Mais il a paru fuffifamment, par les découvertes de ceux qui ont confulté la Nature, & non pas leurs propres imaginations,
& particulierement parce que nous apprenons de M.
le Chevalier Newton, que la faute retombe fur les
Philofophes eux-mêmes, & non pas fur la Philofophie.
On ne peut trop recommander à tous ceux qui vou-
dront y faire du progrès de ne jamais perdre de vûe cette excellente maxime (*a*) : tout ce qui ne fe déduit
pas des Phénomenes n'eft qu'une Hypothefe ; & les
Hypothefes foit Métaphyfiques, Phyfiques, Méchaniques ou de qualités ocultes, n'ont pas lieu dans la
Philofophie expérimentale. Dans cette Philofophie on
déduit les propofitions des Phénomenes & on les rend
générales par des inductions. C'eft ainfi qu'on a découvert l'impénétrabilité, la mobilité & la force des
corps, les loix du Mouvement & de la Gravité. On

(a) *Quidquid enim ex Phænomenis non deducitur Hypothefis vocanda eft : & Hypothefes feu Metaphyficæ, feu Phyficæ, feu Mechanicæ, feu qualitatum occultarum, in Philofophia experimentali locum non habent. In hac Philofophia propofitiones de-ducuntur ex Phænomenis, & reddun-tur generales per inductionem. Sic impenetrabilitas, mobilitas & impetus corporum & leges motuum & gravitatis innotuerunt. Nevuton Philof. natur. Princip. Mathem. Schol. gener. p. 530.*

ne devoit pas à la vérité attendre un Syftême complet d'un feul homme, d'un fiecle, ou peut-être d'un
très-grand nombre de fiecles; fi on avoit lieu de l'attendre des facultés d'un feul homme, nous l'aurions
fûrement eu de M. le Chevalier Newton; mais il connoiffoit trop la Nature, pour former une pareille entreprife. Nous allons maintenant confidérer jufqu'où il
a pénétré, & qu'elles font les plus importantes de fes
Découvertes.

Fin du premier Livre.

DÉCOUVERTES

PHILOSPHIQUES
DE M. NEWTON.

LIVRE SECOND.

De la Théorie du Mouvement & des Méchaniques rationelles.

CHAPITRE PREMIER.

*De l'Espace , du Tems , de la Matiere & du
Mouvement.*

COMME nous sommes certains de notre pro-
pre exiftence & de celle de nos idées ,
par un fens intime ; de même nous fommes intérieurement convaincus qu'il y
a des objets , des puiffances , ou des
caufes hors de nous , & qui agiffent fur nous. Car dans
plufieurs de nos idées , particulierement celles qui font

accompagnées de douleur, l'Ame est passive & reçoit les impressions (qui sont involontaires) des causes externes qui ne dépendent pas de nous. Nous distinguons aisément ces objets en deux classes générales. La premiere est de ceux que nous appercevons avoir une spontanéité, ou une puissance de se mouvoir d'eux-mêmes & differentes autres propriétés & affections semblables à celles de notre Ame, telles que de raisonner, de juger, de vouloir, d'aimer, de hair, &c. La seconde classe générale, est de ceux qui n'ont point de pareilles affections, mais qui sont tellement d'une nature passive, qu'ils ne se meuvent jamais d'eux-mêmes, & lorsqu'ils sont en mouvement, ne s'arrêtenp as sans quelque cause externe. Si quelqu'un de ces objets vient à être mû, sans qu'il paroisse un moteur, nous concluons aussi-tôt que ce mouvement est dû à quelqu'agent invisible, tant nous sommes persuadés de sa propre inertie. Si nous le mettons en quelqu'endroit, nous nous attendons à l'y retrouver à quelque intervalle de tems que ce soit, si aucune puissance n'a agi sur lui. Cette nature passive ou cette inertie, est ce qui distingue principalement la seconde classe des objets externes, qu'on appelle Corps ou Matiere; comme la premiere est appellée Ame ou Esprit.

2. Il n'est pas maintenant de notre sujet d'examiner, comment les objets externes de l'une & l'autre classe, agissent sur l'Ame, en produisant une si grande variété d'impressions ou d'idées & il n'est pas nécessaire pour nous de déterminer combien la ressemblance peut être parfaite ou exacte entre nos idées & les objets ou substances qu'elles représentent. Les idées qui sont des repétitions d'autres idées, ont beaucoup plus de ressemblance avec les objets, que celles dont elles sont les repétitions. L'idée que nous formons dans notre imagination d'une personne, d'un lieu, ou d'une figure que nous avons souvent vûe, a une ressemblance beau-

coup plus parfaite avec l'impreſſion que nous recevons
par les ſens, que l'idée que nous ſommes capables de
former dans notre imagination de la douleur, n'en a
avec la ſenſation que nous en avons éprouvée. Et
comme ce n'eſt pas une objection contre l'exiſtence
des Ames des autres hommes, de dire qu'elles peuvent
être très-differentes de la notion que nous pouvons en
avoir ; de même on ne doit rien conclure contre l'exiſtence de la Matiere, de ce que ſon eſſence interne ,
ou *ſubſtratum*, peut être très-different de toutes les propriétés que nous lui connoiſſons. C'eſt cependant trop
rabbaiſſer les idées que nous avons des objets externes,
que de les comparer aux mots, ou à des ſignes purement arbitraires, ſervant ſeulement à les diſtinguer les
uns des autres. Car c'eſt par les idées que nous en avons,
que nous apprenons leurs propriétés, leurs rapports , &
leurs influences les uns ſur les autres & ſur nos Ames, &
que nous acquérons une connoiſſance utile de ces objets,
& de nous-mêmes. Par exemple, en comparant &
en examinant nos idées, nous jugeons de l'ordre & de
la confuſion, de la beauté & de la difformité , de la régularité & de l'irrégularité des choſes. Les idées de
nombre & de proportion qui ſervent de fondement à
des ſciences ſi utiles & ſi étendues, ont la même origine.

3. L'Ame eſt intimement perſuadée de ſa propre activité en refléchiſſant ſur ſes idées, en les examinant &
les arrangeant, en formant celles qui ſont complexes
des plus ſimples, & enfin lorſqu'elle raiſonne en conſéquence, choiſit & ſe détermine. Par-là, auſſi-bien
que par l'influence des objets externes ſur elle, & par
ſa connoiſſance du cours de la Nature, l'Ame acquiert
aiſément les idées de cauſe & d'effet. Lorſqu'une
figure repréſentée ſur une table, produit une idée ou
une impreſſion ſemblable ſur tous ceux qui la voyent,
il eſt auſſi naturel d'attribuer cela à une cauſe, que lorſque nous parlons à une nombreuſe aſſemblée, l'effet

du difcours doit nous être attribué ; quoique nous ne puiffions expliquer comment l'impreffion de la figure eft communiquée aux differens fpectateurs, ou le dif-cours aux Auditeurs. Il feroit aifé de faire beaucoup plus de remarques fur cette efpece de Philofophie, dont les principes conduiroient à foûtenir, que les objets externes varient avec nos perceptions, & que l'objet eft toûjours different, lorfqu'il eft perçû par differentes perfonnes, ou par la même en différens tems ou en différentes circonftances. On ne doit pas attendre de nous, que dans un Traité tel que celui-ci, nous entrions plus avant dans l'examen de ces fortes de doctrines, qui font auffi inutiles qu'elles font extravagantes.

4. Le corps non-feulement ne change jamais fon état de lui-même, en conféquence de fa nature paffive, ou de fon inertie, mais de plus il réfifte aux caufes qui produifent ce changement ; lorfqu'il eft en repos, ce n'eft pas fans difficulté qu'il eft mis en mouvement, & lorfqu'il eft en mouvement, il faut une certaine force pour l'arrêter. Cette force par laquelle il tend à perfévérer dans fon état, & réfifte à tout changement, eft appellée fa force d'inertie. Elle provient de l'inertie de fes parties, qui eft toûjours proportionnelle à la quantité de matiere contenue dans le corps ; enforte que c'eft par cette inertie feulement, que nous fommes capables de juger de la quantité de matiere. Et ce jugement eft bien fondé, parce que nous trouvons conftamment, que lorfque nous rendons un corps double ou triple, ou que nous l'augmentons ou le diminuons en quelque proportion, nous fommes obligés de doubler ou de tripler la force requife pour le mouvoir avec la même viteffe, ou de l'augmenter ou la diminuer dans la même proportion, que le corps. Si les parties folides fimples & fans pores, d'un égal volume, ont une inertie égale, alors ce que nous venons de dire fera exactement vrai ; mais

s'il

s'il y a des especes de matieres si differentes entr'elles,
que les parties solides élémentaires des unes, ayent une
plus grande inertie, que les parties solides élémentaires égales des autres especes, alors ce ne sera qu'en
comparant celles de la même sorte, que nous pourrons
assurer que l'inertie est proportionnelle à la quantité de
matiere. Ces differentes especes de matiere peuvent
exister autant que nous le sçavons ; mais c'est en diminuant ou augmentant le nombre ou la dimension
des pores des corps qu'ils sont condensés ou rarefiés,
suivant l'expérience, & c'est par-là que l'inertie d'un volume donné, est augmentée ou diminuée.

5. L'Espace est d'une étendue sans bornes, immobile,
uniforme, similaire en toutes ses parties, & libre de
toute résistance. Il est composé à la vérité de parties,
qui peuvent être divisées en d'autres parties plus petites, & celles-ci de même jusqu'à l'infini ; mais elles ne
peuvent être séparées les unes des autres, & avoir leurs
situations & leurs distances changées.

6. Le Corps est étendu dans l'Espace, mobile, terminé par une figure, solide & impénétrable, résistant
par son inertie, divisible en parties de plus petites en
plus petites jusqu'à l'infini, en sorte qu'elles peuvent
être séparées les unes des autres, & avoir leurs situations & leurs distances changées de toute maniere.

7. La succession de nos propres idées, & les variations successives des objets externes suivant le cours de
la Nature, nous font aisément naître les idées de la
durée, du tems & de leurs mesures. Nous concevons
que le tems vrai & absolu s'écoule uniformement, suivant un cours immuable, en sorte qu'il sert seul à
mesurer avec exactitude les changemens de toutes les
autres choses. Car à moins qu'on ne corrige les mesures vulgaires du tems, qui sont grossieres & peu
exactes, par des équations convenables, (comme en
prédisant les Eclipses des Satellites de Jupiter, & la

O

plûpart des autres Phénomenes aftronomiques) les conclufions fe trouvent toujours fautives & fans exactitude : & quelque variable que puiffe paroître l'écoulement du tems à différens Etres intellectuels, on ne peut au moins s'imaginer qu'il dépende des idées d'aucun Etre créé. On peut concevoir le tems divifé en parties, fucceffivement plus petites & plus petites fans fin ; quoique refpectivement à chaque Etre particulier, il puiffe y avoir le plus petit efpace de tems fenfible, de même qu'il y a un *minimum fenfibile* dans les autres grandeurs.

8. Le Mouvement eft un changement de lieu, c'eft-à-dire, de la partie d'efpace que le corps occupe, ou dans laquelle il eft étendu. Le mouvement eft *réel* ou *abfolu*, lorfque le corps change de place dans l'efpace abfolu. On l'appelle *relatif*, lorfque le corps ne change de place que refpectivement aux corps environnans ; & il eft *apparent*, lorfque le corps change fa fituation relativement aux autres corps, qui nous paroiffent être en repos. Les parties de l'efpace abfolu, n'étant pas les objets des fens, c'eft une des plus grandes difficultés en Philofophie, de diftinguer les mouvemens vrais & réels, de ceux qui ne font qu'apparens. Cependant les Philofophes par de certaines précautions, font fouvent en état d'en venir à bout, en faifant de juftes raifonnemens, en conféquence des caufes du mouvement, lorfqu'elles font connues, ou de leurs propriétés & de leurs effets. Un mouvement réel circulaire, par exemple, eft toûjours accompagné d'une force centrifuge, qui vient de la tendance du corps à fe mouvoir en ligne droite. Ainfi, la force centrifuge qui a l'Equateur, diminue la Gravité, & retarde le mouvement du Pendule, en forte qu'il y fait fes vibrations plus lentement que vers l'un ou l'autre Pôle, eft une preuve de la révolution diurne de la Terre fur fon axe. En même-tems, la révolution diurne des corps céleftes autour de la Terre, ne peut être qu'apparente ; puifque fi elle étoit

réelle, il s'enfuivroit de-là une force centrifuge immenfe, qui fe manifefteroit fûrement, parce qu'ils fe
meuvent dans des efpaces libres, & que les orbes folides ont été rejettés par les raifons les plus évidentes.

9. Je fçais qu'il y a quelques Métaphyficiens de
grande réputation, qui condamnent la notion d'Efpace abfolu, & qui accufent en cela les Mathématiciens de trop réalifer leurs idées; mais fi ces Philofophes faifoient plus d'attention aux Phénomenes du
mouvement, ils verroient combien leur reproche eft
mal fondé. Nous fçavons tous par l'obfervation de la
Nature qu'il y a du mouvement, qu'un corps en mou-
ment perfévere dans cet état, jufqu'à ce que par l'action ou l'influence de quelque puiffance, il foit obligé
de le changer : que ce n'eft pas dans le mouvement
relatif ou apparent, qu'il perfévere en conféquence de fon inertie, mais dans le mouvement réel &
abfolu. Ainfi le mouvement diurne apparent des
Aftres cefferoit, fans que la moindre force agît fur
eux, fi le mouvement de la Terre venoit à s'arrêter; &
fi le mouvement apparent d'un Aftre étoit détruit par un
mouvement contraire qui lui fût imprimé, les autres
corps céleftes paroîtroient toujours perfévérer dans
leur courfe; la force centrifuge à l'Equateur fubfifteroit
encore, avec la figure fphéroïdale de l'Océan ; Phénomenes qui font les conféquences du mouvement
réel de la Terre fur fon axe. Ceux qui ne font pas bien
inftruits de la Théorie du mouvement, conviennent
plus aifément, qu'un corps en repos y perfévere en
conféquence de fa nature paffive, ou de fon inertie,
qu'ils n'accordent qu'un corps en mouvement, continue de fe mouvoir: mais cette perfévérance d'un
corps dans un état de repos, ne peut avoir lieu que relativement à l'efpace abfolu, & même n'eft intelligible qu'en l'admettant. Lorfqu'une Toupie tourne fur un
petit pivot, fon mouvement circulaire continue pen-

dant long-tems, tandis qu'un corps placé fur fa furface, n'y refte pas, mais s'échappe auffi-tôt. Tant qu'un Vaiffeau continue de fe mouvoir, un corps pofé fur le Tillac y refte à fa place, comme fi tout étoit en repos; mais lorfque le mouvement du Vaiffeau vient à ceffer, le corps s'échappe dans la direction de fon premier mouvement; car en conféquence de fon inertie, il tend à perféverer, non dans fon état de repos fur le Vaiffeau, mais dans fon état de mouvement ou de repos refpectivement à l'efpace abfolu. Il feroit aifé de s'étendre fur ce fujet, & de faire voir qu'on ne peut expliquer les Phénomenes de la Nature, fans convenir d'une diftinction réelle entre le mouvement vrai, & le mouvement apparent, & entre l'efpace abfolu & relatif. Quoique puiffent prétendre ces Philofophes, nous n'avons pas d'idée plus claire que celle de l'Efpace; & fi quelques-unes de nos recherches fur cette matiere, donnent lieu à des difputes embarraffantes, nous fçavons qu'il en peut naître de même fur toutes les recherches que nous faifons dans la Nature; nous devons tâcher d'en acquérir des connoiffances auffi claires & auffi bien fondées qu'il eft poffible, quoique nous prétendrions en vain les rendre complettes & parfaites, comme nous l'avons remarqué dans le premier Livre.

10. Le Corps étant diftingué de l'Efpace par fa force d'inertie ou fa réfiftance, nous fentons évidemment que tout Efpace n'eft pas également plein de matiere; & il réfulte des obfervations Philofophiques, que la matiere folide dans les corps les plus denfes, n'a que très peu de proportion à tout leur volume. Les rayons de Lumiere trouvent un paffage au travers d'un globe de verre en toutes directions, ce qui fait voir la grande rareté du globe, autant que la fubtilité de la Lumiere. On doit dire la même chofe des Ecoulemens magnetiques & électriques, & de la matiere fubtile qui pénetre les pores des corps avec une grande liberté dans

les expériences Chymiques. Quant à ces fluides, que les Philofophes ont inventé pour remplir les pores des corps, afin d'exclure le vuide de l'Univers, nous avons fait quelques obfervations à leur fujet, dans le premier Livre, & nous aurons occafion, dans la fuite, de faire voir combien ils font incapables de fervir à l'explication des Phénomenes, dont on prétendoit qu'ils étoient la caufe.

11. L'Efpace & le Tems fervent à fe mefurer réciproquement par le mouvement ; le tems s'écoule & fe perd continuellement; mais l'efpace parcouru par le mouvement, en conferve la repréfentation. Lorfque des parties égales d'efpace, font parcourues dans des parties égales de tems, alors le mouvement eft uniforme, & la viteffe eft conftante ou invariable durant le mouvement. Lorfque les parties d'efpace, parcourues dans des parties égales fucceffives de tems, augmentent continuellement, le mouvement eft accéleré ; & lorfque ces parties d'efpace diminuent conftamment, le mouvement eft retardé. En général, la viteffe du mouvement eft toujours mefurée par l'efpace, qui feroit parcouru par ce mouvement continué uniformement pendant un tems donné. Il eft clair que l'efpace parcouru par un mouvement uniforme eft en raifon compofée du tems & de la viteffe du mouvement : mais en général que AB, (*Planch. I. Fig. I.*) la bafe d'une figure, repréfente le tems d'un mouvement, & que l'ordonnée ou perpendiculaire PM, à un point quelconque P de la bafe, mefure la viteffe au terme correfpondant du tems (c'eft-à-dire l'efpace qui feroit parcouru par le mouvement continué uniformement depuis ce terme pendant un tems donné) alors l'aire de la figure ABD ainfi formée mefurera l'efpace parcouru par le mouvement dans le tems repréfenté par la bafe AB. Ainfi un Parallelogramme rectangle fert

à mesurer l'espace parcouru par un mouvement uniforme, le tems étant représenté par la base, & la vitesse constante du mouvement par la perpendiculaire.
L'Espace parcouru par un mouvement qui est uniformément accéléré (dont la vitesse augmente comme
le tems , c'est-à-dire reçoit des augmentations égales
dans chaques parties égales successives de tems,) est
représenté par un triangle ; le tems étant représenté par
la base , & la vitesse accélérée par la perpendiculaire
qui augmente dans la même proportion que la base.
Comme le triangle est la moitié d'un Parallelogramme de
même base & de même hauteur, l'espace parcouru par un
mouvement uniformement accéléré durant un tems quelconque dès le commencement du mouvement, est la moitié de celui qui auroit été parcouru si le mouvement eut été
uniforme, & si la vitesse eut été la même que celle qui est
acquise à la fin de ce tems. Les triangles semblables étant
comme les quarrés de leurs côtés homologues, les espaces parcourus par un mouvement uniformement accéléré
dont ces triangles sont la mesure, sont comme les
quarrés des vitesses acquises à la fin de ces tems. Les
espaces parcourus par des mouvemens uniformement
retardés se mesurent de la même maniere ; on doit seulement prendre les tems & les vitesses dans un ordre
contraire jusqu'à l'extinction du mouvement. Dans d'autres cas les espaces sont mesurés par des aires curvilignes. Et parce qu'il y a des aires dont les ordonnées diminuent de telle maniere que quoique la figure soit
prolongée à l'infini , l'aire n'augmente pas jusqu'à un
certain espace fini, il paroît que les vitesses d'un mouvement retardé peuvent diminuer de même, ensorte
que quoique le mouvement fut continué durant un
tems infini , cependant l'espace parcouru n'excederoit
pas certaine ligne donnée. Par exemple , si la vitesse
durant la premiere heure étoit double de ce qu'elle est
dans la seconde heure , & que celle-ci fut réduite à sa

moitié dans la troifieme , & ainfi de fuite continuellement , alors l'efpace parcouru par ce mouvement, quoique continué pendant le plus grand nombre de fiecles ne deviendroit jamais le double de la ligne parcourue dans la premiere heure.

12. La quantité de mouvement dans un corps étant
la fomme des mouvemens de fes parties , eft en raifon compofée de fa quantité de matiere & de la viteffe du mouvement. Si le corps A d'une quantité de
matiere repréfentée par 2 , fe meut avec une viteffe
repréfentée par 5 , & le corps B repréfenté par 3 avec
une viteffe comme 4 ; alors la quantité de mouvement
de A fera à la quantité de mouvement de B en raifon
compofée de 2 à 3 & de 5 à 4 , c'eft-à-dire comme
2×5 à 3×4 ou comme 10 à 12. Il paroît que c'eft
fans fondement qu'on voudroit faire une diftinction
entre la quantité de mouvement & la force d'un corps
en mouvement ; puifque toute la puiffance ou l'activité
d'un corps ne dépend que de fon mouvement. Nous ne
devons pas cependant attendre que tous les effets du
mouvement des corps foient proportionels à la quantité de mouvement, à moins qu'on ait égard au tems &
à la direction dans laquelle, ce mouvement agit fuivant
les vrais principes de Méchanique. Un corps en conféquence de fon mouvement uniforme parcourt un certain efpace dans un certain tems ; mais il n'y a point d'efpace fi grand qu'il ne puiffe parcourir fi le tems n'étoit pas
limité. Lorfqu'un corps agit fur un autre corps , l'effet
eft très-different fuivant la direction dans laquelle il agit.
On verra plus particulierement dans le Chapitre fuivant
de quelle néceffité il eft d'avoir égard à toutes ces chofes
en déterminant les effets du mouvement & de l'action
des corps.

13. Lorfqu'un corps tend à fe mouvoir , mais qu'il
en eft empêché par quelque obftacle , cette tendance
eft appellée preffion. On ne doit pas plus la compa-

rer avec un corps en mouvement qu'une ligne avec le Rectangle qu'elle a produit. De cette espece est la gravité d'un corps qui est arrêté & qui presse sur une table, ou celle de l'eau sur le fonds d'un vase, ou de l'air sur les voiles d'un Vaisseau. Lorsque l'obstacle est ôté l'action continuelle de la pression produit du mouvement dans le corps pendant un certain tems fini; ainsi la Gravité accélere le mouvement des corps qui tombent en agissant sans cesse sur eux. Lorsqu'il y a un orifice ouvert dans le fonds d'un vase, la pression du fluide accélere le mouvement de l'eau qui sort & dans un tems extrêmement petit porte la vitesse à son plus haut point. Lorsque le vent agit sur les voiles d'un Vaisseau, il accélere son mouvement pour quelque tems jusqu'à ce que la résistance de l'eau (qui augmente à proportion de la vitesse du Vaisseau) contrebalance l'action du Vent, après quoi son mouvement devient uniforme. Dans ces exemples & tous autres semblables, le mouvement commence d'un point de repos, & c'est en conséquence de l'action continuelle de la puissance ou pression, que la vitesse acquise dans un tems fini, est finie. Si nous supposions que chaque action de la puissance produisît une augmentation finie de vitesse, le mouvement acquis dans le moindre tems fini seroit infini, ou surpasseroit toute vitesse assignable, comme nous l'avons démontré ailleurs (a).

14. La Gravité est celle de toutes ces puissances ou pressions qui est la plus connue. Tous les corps descendant avec une vitesse égale dans le vuide, la Gravité des corps doit être proportionnelle à leur quantité de Matiere, & ne dépend pas ne la figure ou de la contexture de leurs parties, mais seulement de leur matiere solide. Cela est évident par les expériences du mouvement des Pendules faites avec la plus grande exactitude. Car lorsque les longueurs des Pendules sont

(a) Voyez le Traité des Fluxions. §. 44.

égales

égales,des corps de volumes très-differens & de diverse
contexture au-dedans & au-dehors font, dans des tems
exactement égaux , leurs vibrations dans des arcs égaux,
marchant toûjours enfemble , & acquerant des viteffes
égales dans les points correfpondants de ces arcs, à
moins que la réfiftance de l'air n'agiffe inégalement fur
eux. On a toûjours mefuré pour les ufages communs
de la vie , la quantité de matiere des corps par leurs
poids , quoique l'influence de l'air foit variable dans fes
differens états , & rende cette mefure quelque peu fau-
tive dans les chofes de grande conféquence. Quoique
la gravité des corps provienne réellement de leur gravitation vers les différentes parties de la Terre (comme il paroîtra dans la fuite), cependant parce que
cette puiffance agit de tous côtés , & que fa direction eft à peu près vers le centre de la Terre , on
l'appelle à caufe de cela force centripete. Nous verrons dans la fuite qu'il y a des forces centripetes femblables qui tendent au Soleil & aux Planetes. Ces forces font de trois fortes : la force *abfolue* qui eft mefurée par le mouvement qu'elle produiroit dans un corps
donné, à une diftance donnée. Par exemple , la force
centripete abfolue tendant vers le Soleil eft à celle qui
tend vers la Terre , comme le mouvement qui feroit
produit par la force qui tend vers le Soleil , dans un
corps donné, à une diftance donnée hors du corps du
Soleil , eft au mouvement qui feroit produit par la
force qui tend vers la Terre , dans un corps égal, à égale diftance de ce Globe. De même que pour déterminer les forces de deux Aimans on doit comparer leurs
effets à des diftances égales; ainfi lorfque nous comparons
les forces abfolues qui tendent à des corps placés au centre , la comparaifon ne peut être jufte, à moins qu'elle
ne foit entre des effets produits lorfque les circonftances
font égales. La feconde forte de force centripete eft la
force *accélératrice* , qui fe mefure par la viteffe qu'elle

P

produit dans un tems donné, & qui eſt différente à
différentes diſtances du même corps central, mante à
ne dépend pas de la quantité de matiere du corps qui
gravite, étant égale dans toutes ſortes de corps à diſtances égales du centre. La troiſieme eſpece eſt le poids
ou la force *motrice*, qui ſe meſure par la quantité de
mouvement produit dans un corps peſant dans un tems
donné, & elle diffère de la force accélératrice comme
le mouvement diffère de la viteſſe.

15. Le pouvoir de la Gravité nous étant ſi bien connu, lorſque nous faiſons des recherches ſur d'autres
puiſſances, nous tâchons de les comparer avec celle
de la Gravité & de déterminer leur proportion. Nous
trouvons une grande variété de puiſſances qui lui ſont
analogues dans la Nature; comme celle qui fait raſſem-
bler en gouttes les particules des fluides; celle par laquelle les parties des corps durs adhérent enſemble;
celle qui fait que les rayons de lumiere en entrant
dans l'Eau ou dans le Verre, ou dans tout autre milieu
d'une plus grande force refraɛtive, ſont conſtamment
rompus en approchant de la perpendiculaire, & que
lorſqu'ils tombent avec une ſuffiſante obliquité ſur la
ſurface poſtérieure du Verre, ils ſont tous refléchis, quoiqu'il n'y ait au delà du Verre aucun milieu ſenſible qui
puiſſe produire cet effet; de la même maniere qu'un
corps peſant jetté obliquement en haut, décrit une
courbe & retombe de nouveau ſur la Terre par ſa gravité. Ces puiſſances & pluſieurs autres ſemblables dans
la Nature ont une analogie avec la Gravité; mais elles
s'étendent à de moindres diſtances & obſervent des
loix un peu différentes. On a trouvé beaucoup de difficulté à les expliquer méchaniquement. Dans ce deſſein quelques-uns ont imaginé certains écoulemens qui
s'échappent des corps, ou des atmoſpheres qui les environnent: d'autres ont inventé des Tourbillons; mais
toutes leurs entrepriſes ont eu juſqu'ici fort peu de ſuc-

ces. Il est de la derniere évidence que de telles puissances ont lieu dans la Nature , & contribuent à produire ses principaux Phénomenes : mais leurs causes
sont très-obscures , & presque impénétrables pour nous.
Dans tous les cas où des corps paroissent agir les uns
sur les autres, quoiqu'éloignés , & tendre réciproquement à s'approcher sans aucune cause apparente qui
les pousse, cette force a été communement appellée
attraction, & ce terme est souvent employé par M. le
Chevalier Newton. Mais il a eu soin d'avertir qu'il ne
prétendoit pas en faisant usage de ce terme déterminer la nature de la puissance , ou la maniere dont elle
agit , & même il assure ou insinue toujours qu'un corps
ne peut agir sur un autre qui est éloigné que par l'intervention d'autres corps. Il est de la derniere importance en Philosophie d'établir un petit nombre de puissances générales dans la Nature , avec une évidence incontestable, de déterminer leurs loix , & d'en tirer les
conséquences, quelques obscures que puissent être les
causes de ces puissances ; & c'est ce que M. Newton
a fait avec un grand succès.

16. Mais quelque commode que soit le terme d'Attraction pour éviter une circonlocution inutile & ennuyeuse,
cependant parce que quelques scholastiques s'en étoient
servis pour voiler leur ignorance , les adversaires de
M. le Chevalier Newton ont pris le prétexte injuste de
l'usage qu'il fait de ce terme, pour déprécier sa doctrine,
& même la tourner en ridicule, malgré toutes les précautions qu'il a prises à ce sujet. Ils nous convainquent
par là qu'ils ne l'ont pas entendue cette Doctrine ,
ou qu'ils ne l'ont pas examinée avec impartialité &
avec toute l'attention nécessaire. M. Leibnitz employa ce terme dans le même sens que le Chevalier
Newton, avant qu'il se rangea parmi ses adversaires; &
on le trouve souvent dans les Ecrits des Philosophes
les plus exacts, qui s'en sont toujours servis, sans même

se précautionner, comme lui, contre l'abus qu'on en pourroit faire. Un terme de l'art a souvent été mis en usage avec trop de succès par des personnes adroites, pour embarrasser leurs adversaires, tromper ceux qui ne sont pas sur leurs gardes & les dégoûter de s'appliquer à la recherche de la vérité ; mais cette mauvaise foi est indigne des Philosophes. Il n'a paru aucun Ecrivain contre le Chevalier Newton qui n'ait insisté fort au long sur cet argument, quoique si mal fondé ; & quelquefois ils y ont ajoûté tous les ornemens que l'esprit ou l'humeur pouvoit leur fournir ; mais si le Lecteur prend la peine de comparer leurs descriptions avec la propre exposition de M. le Chevalier Newton, il s'appercevra bientôt combien peu ils l'ont entendu, & que le résultat de tout leur art & toute leur science n'aboutit qu'à faire voir, qu'ils sont capables de mettre au jour l'ouvrage de leur propre imagination. Peut-être que quelques ignorans se sont imaginés que les corps pouvoient s'attirer les uns les autres, par quelque charme ou quelque vertu inconnue, sans être poussés par d'autres corps qui agissent sur eux, ou par aucune puissance de quelque espece qu'elle soit : & d'autres peuvent avoir pensé qu'une tendance mutuelle étoit essentielle à la Matiere, quoique cela soit directement contraire à l'inertie des corps dont nous avons parlé ci-devant. Mais sûrement on n'a aucune raison d'attribuer de telles opinions à M. le Chevalier Newton, il s'est clairement expliqué qu'il pensoit que ces puissances venoient de l'impulsion d'un milieu subtil étheré qui est répandu dans l'Univers & qui pénétre les pores des corps grossiers. Il paroît par ses lettres à M. Boyle (a) que c'étoit son opinion depuis long-tems, & que s'il ne l'avoit pas plûtôt rendue publique, c'étoit seulement parce qu'il ne se trouvoit pas en état par l'expérience & l'observation, de défi-

(a) Voyez la vie de M. Boyle ion complette de ses Oeuvres, mise à la tête de la derniere édi-

nir ce milieu d'une maniere satisfaisante , & d'exposer sa maniere d'opérer en produisant les principaux
Phénomenes de la Nature. Ceux qui s'imaginent
qu'il n'a fait qu'introduire une nouvelle phrase ou deux
en Philosophie , sans lui avoir procuré aucun avantage
réel , seront aisément convaincus de leur erreur , s'ils
veulent bien seulement considérer, avec quelle évidence il a résolu, par ces puissances, le principal Phénomene du système du Monde ; commenr il a calculé la
quantité de Matiere & la densité du Soleil & dé-
de plusieurs des Planetes ; comment il est parvenu à
terminer le mouvement des nœuds de la Lune à
très-peu de chose près, en raisonnant conséquemment à
sa cause, enfin comment il a expliqué plusieurs de ses
irrégularités & les autres mouvemens du système de
l'Univers. Mais nous avons peut-être trop insisté là-
dessus : car de même qu'aucun Philosophe ne fait scru-
pule de dire que l'Aiman attire le fer & que les corps
électriques , lorsque leur vertu est excitée par le frottement, attirent les corps légers ; on doit au moins accorder comme une expression exacte, ou même plus
incontestable , que la Terre attire les corps pesants ,
puisqu'ils descendent tous vers ce Globe avec des forces proportionnées à leur quantité de Matiere à distances égales : & cette puissance s'étend à toutes distances variant suivant une certaine Loi connue.

CHAPITRE II.

Des Loix du Mouvement & de leurs Corollaires généraux.

1. LA premiere loi du mouvement eft , qu'un
« corps perfévere toujours dans fon état de re-
« pos , ou de mouvement uniforme , en droite ligne ,
« jufqu'à ce que quelque caufe externe vienne à le
« changer. » Les obfervations les plus communes , &
la nature paffive de la Matiere , nous perfuadent aifément qu'un corps de lui-même perfévere dans fon
état de repos : mais qu'il perfifte pareillement de lui-
même dans fon état de mouvement , auffi-bien que
dans celui de repos , c'eft ce qui n'eft pas fi évident , &
même , qui pendant quelque tems , n'a pas été compris par les Philofophes mêmes , lorfqu'ils deman-
doient la caufe de la continuation du Mouvement ;
il eft cependant aifé de voir que cette derniere loi de la
Nature eft auffi générale & auffi conftante que la premiere. Tous les mouvemens que nous produifons ici
fur la Terre , languiffent bientôt , & s'évanoüiffent à
la fin ; d'où on a pris cette idée vulgaire , qu'en général le mouvement diminue , & tend toujours au repos. Mais ce n'eft que l'effet des differentes réfiftances ,
que les corps y rencontrent dans leur mouvement , particulierement du frottement qu'ils éprouvent fur les
autres corps dans leur progreffion , qui eft la principale caufe de la deftruction de leur mouvement. Car ,
lorfque par quelque méchanifme , ce frottement eft
fort diminué , il arrive toujours que le mouvement
continue long-tems. Ainfi lorfque le frottement de
l'Axe eft diminué par les *Roues à frottement* qui lui font

appliquées & qui tournent avec lui, la grande Roue continue quelquefois de faire ses révolutions, pendant une demie heure. Et lorsqu'une Toupie de cuivre se meut sur un très-petit pivot qui tourne sur un verre plan, elle persévere dans un mouvement égal, pendant un grand nombre de minutes. Un pendule suspendu d'une maniere avantageuse, fera de même ses vibrations fort long-tems, malgré la résistance de l'air. Il paroît par ces observations, que si le frottement & les autres résistances, pouvoient être totalement détruits, le mouvement seroit perpétuel. Mais ce qui met cette vérité dans un plus grand jour, c'est qu'un corps placé sur le Tillac d'un Vaisseau, y reste en repos, tant que le mouvement du Vaisseau est uniforme & constant; & il en est de même d'un corps qui est emporté dans quelqu'espace, qui a lui-même un mouvement uniforme en ligne droite. Car si un corps en mouvement tendoit au repos, celui qui seroit placé sur le Tillac d'un Vaisseau, devroit se retirer vers le Gouvernail; ce qui paroîtroit aussi surprenant, lorsque le mouvement du Vaisseau est uniforme & constant, que si le corps se mouvoit de lui-même vers le Gouvernail, lorsque le Vaisseau est en repos. C'est pour cette raison que le mouvement de la Terre sur son axe, n'a point d'effet sur le mouvement des corps à la surface de ce Globe; que le mouvement d'un Vaisseau emporté par le courant, est insensible à ceux qui sont dans ce Vaisseau, à moins qu'ils n'ayent occasion de le découvrir par les objets qu'ils sçavent être fixes comme les rivages & le fonds de la Mer, ou par des observations Astronomiques; & que les mouvemens des Planetes & des Cometes dans les espaces libres des Cieux, n'exigent point de nouvelles impulsions pour se perpétuer.

2. C'est une partie de la même loi, qu'un corps ne change jamais la direction de son mouvement de lui-même, mais seulement par quelqu'influence externe; & il suit aussi évidemment de la nature passive des

corps qu'ils ne changent jamais leur viteſſe d'eux-mêmes. Comme le corps n'a pas la puiſſance de ſe mouvoir de lui - même, s'il devoit changer ſa direction, comment pourroit-il ſe déterminer à une direction, plutôt qu'à une autre? Cette partie de la loi eſt pareillement confirmée par l'expérience conſtante. Si ſur un plan poli on jette un Globe d'une contexture uniforme, il avance toujours en ligne droite, ſans décliner d'aucun côté, juſqu'à ce que ſon mouvement ſoit détruit par le frottement du plan, & par la réſiſtance de l'Air. Il eſt vrai que dans certains cas, une boule avance ſur un Billard d'abord en ligne droite, enſuite elle retourne un peu d'elle-même en arriere, ſuivant la même ligne droite; mais cela vient du mouvement de la boule ſur ſon axe, qui ſe fait dans une direction contraire à celle de ſon mouvement progreſſif ſur la table; ce qui fait tourner la boule en arriere, lorſque le mouvement progreſſif eſt détruit par le frottement, juſqu'à ce que ce mouvement ſur ſon axe, ſoit pareillement éteint par le même frottement. Lorſqu'on jette une boule en l'air, ſa gravité lui fait à la vérité décrire une courbe dans ſon mouvement, mais elle continue de ſe mouvoir dans le plan de ſa premiere direction perpendiculaire à l'horiſon, ſans quitter abſolument ce plan, à moins que dans quelques cas, lorſqu'à cauſe de ſon mouvement ſur ſon axe, la réaction de l'air l'en fait un peu écarter. Si les corps changeoient la direction de leur mouvement d'eux-mêmes, ils ne pourroient perſévérer en repos, dans un eſpace qui eſt emporté uniformément en avant dans une ligne droite, comme on obſerve toujours qu'ils le font. De même donc qu'un corps eſt paſſif, en recevant ſon mouvement, & la direction de ſon mouvement, ainſi il y perſévere ſans aucun changement, juſqu'à ce que quelque cauſe externe agiſſe ſur lui. Cette Loi eſt maintenant reçûe généralement comme étant de la derniere

évidence ;

évidence ; mais elle n'a pas été entendue clairement, même dans le tems de Kepler, comme on le voit par l'expofition que nous avons donnée de fa doctrine dans le premier Livre. Il paroît par cette Loi, pourquoi nous ne recherchons pas en Philofophie, la caufe de la continuation du mouvement des corps, ou de leur mouvement uniforme en ligne droite. Mais fi un mouvement commence, ou fi un mouvement déja produit eft accéleré ou retardé, ou bien fi la direction du mouvement eft changée, il eft du devoir d'un Philofophe, de rechercher la puiffance ou la caufe qui a produit ce changement ; le principal objet de la Philofophie, comme le remarque M. le Chevalier Newton, eft de découvrir les puiffances qui produifent tous les mouvemens donnés, ou lorfque les puiffances font données, de rechercher les mouvemens qui font produits.

3. La feconde Loi générale du Mouvement, eft « que le changement de mouvement eft proportionnel « à la force imprimée, & qu'il eft produit dans la ligne « droite, fuivant laquelle cette force agit. » Ainfi lorfqu'un mouvement eft accéléré, comme celui d'un corps pefant, defcendant dans la ligne verticale, l'accélération eft proportionnelle à la puiffance qui agit fur le corps. Si un corps defcend le long d'un Plan incliné, l'accélération du mouvement le long du Plan, eft proportionnelle, non à la force totale de la Gravité, mais à cette partie feulement qui agit dans la direction du Plan, comme il paroîtra plus clairement, lorfque nous traiterons de la réfolution du Mouvement. Lorfqu'un Fluide agit fur un corps, comme l'Eau fur les Aubes d'une roue de Moulin, ou le vent fur les Voiles d'un Vaiffeau, & fur les Aîles d'un Moulin à vent, l'accélération du mouvement n'eft pas proportionnelle à ou te la force de ces Fluides ; mais à cette partie feulement qui preffe fur les Aubes ou les Voiles, qui dépend

Q

de l'excès de la viteffe du Fluide, fur celle que les Aubes
ou les Voiles avoient déja acquife: car fi la viteffe du Fluide
étoit feulement égale à la viteffe des Aubes, ou des Voiles,
il les fuivroit exactement dans leur mouvement, mais
il n'auroit pas le pouvoir de le retarder ou de l'accélérer.

Il eft en même-tems de la plus grande importance,
d'avoir égard à la direction, dans laquelle la force eft
imprimée, afin de déterminer le changement de mouvement qu'elle produit. On fe tromperoit beaucoup,
fi on fuppofoit que l'accélération du mouvement d'un
Vaiffeau, dans la direction où il avance, eft proportionnelle à la force imprimée, lorfqu'elle agit obliquement fur la Voile, ou lorfque la pofition de la Voile
eft oblique à la direction, dans laquelle le Vaiffeau fe
meut. Le changement de fon mouvement doit être
d'abord eftimé dans la direction de la force imprimée;
& de-là par une jufte application des principes Méchaniques & Géométriques, on doit déduire le changement du mouvement du Vaiffeau dans fa propre
direction. Lorfque la Gravité ou une force centripete,
agit fur un corps qui fe meut dans une direction oblique à la ligne droite tirée de ce corps au centre, le
changement de fon mouvement, n'eft pas proportionnel à toute la force centripete qui agit fur lui,
mais à cette partie feulement, qui après une exacte
décompofition de la force, fe trouve agir dans la direction de fon mouvement. Il paroît par ces exemples,
combien ces Loix générales font d'un ufage étendu
dans la doctrine du Mouvement.

4. La troifieme Loi générale du Mouvement, eft
« que l'action & la réaction, font égales dans des di-
« rections oppofées, & doivent être toujours eftimées
« dans la même ligne droite. » Le Corps non-feulement
ne change jamais fon état de lui-même, mais il réfifte par
fon inertie à toute action, qui tend à produire quelqu'altération dans fon mouvement. Lorfque deux

Corps fe rencontrent , chacun s'efforce de perfévérer dans fon état , & réfifte à tout changement; & parce que celui qui eft produit dans l'un des deux , peut être également mefuré par l'action , qu'il exerce fur l'autre, ou par la réfiftance qu'il en éprouve, il fuit que les changemens produits dans les mouvemens de chacun d'eux font égaux , mais qu'ils fe font en directions contraires. L'un n'acquiert aucune force nouvelle , que celle que l'autre perd dans la même direction; & ce dernier ne perd aucune force , que celle que l'autre acquiert : d'où il fuit que quoique par leur choc , le mouvement paffe de l'un à l'autre , cependant la fomme de leurs mouvemens , eftimés dans une direction donnée , eft toujours la même , & qu'elle eft inaltérable par leurs actions mutuelles l'un fur l'autre. En prenant cette fomme , les mouvemens qui ont des directions contraires , doivent être repréfentés par des fignes contraires : un mouvement vers l'Orient, eft contraire à un mouvement vers l'Occident; enforte que fi l'on cherche la fomme des mouvemens qui ont une direction Occidentale , on doit confidérer comme négatif, un mouvement vers l'Orient, ou le fouftraire des précédens. Ainfi cette Loi fert à rendre la premiere plus générale , & à l'étendre à un nombre de corps quelconque; car comme par la premiere Loi , un corps perfévere dans fon état de repos, ou de mouvement uniforme en ligne droite, jufqu'à ce qu'il foit affecté de quelque caufe externe; ainfi il fuit de cette Loi « que « la fomme des mouvemens d'un nombre de corps « indéterminé , eftimés dans une direction donnée, « perfévere la même dans leurs actions ou leurs chocs « mutuels , jufqu'à ce que quelqu'influence externe « vienne à les déranger. »

5. La vérité de cette troifieme Loi, paroît par un grand nombre d'expériences , dans les chocs des corps de toute efpece. Mais des Philofophes ingénieux , fem-

Q ij

blent s'être trompés dans la fignification qu'ils lui ont attribuée en plufieurs occafions; & il eft néceffaire de nous précautionner contre cette erreur. Ceux qui foutiennent la nouvelle opinion fur la force des Corps, les mefurant par la raifon compofée de la quantité de Matiere & du quarré de la Viteffe, trouverent impoffible d'expliquer les actions & les chocs des Corps d'une dureté parfaite, privés de toute élafticité, d'une maniere compatible avec cette doctrine. C'eft pourquoi, afin de fe tirer de cet embarras, quelques-uns prétendirent qu'il étoit abfolument impoffible, que de femblables Corps puffent exifter, fondés fur des raifons dont nous avons fait voir la foibleffe dans le premier Livre; tandis que d'autres fe contenterent d'obferver, qu'ils ne connoiffoient dans la Nature aucun Corps de cette efpece, & jugerent que c'étoit une excufe fuffifante, pour ne point expliquer leurs chocs; quoiqu'en même-tems ils s'étendiffent fort au long fur les Corps d'une élafticité parfaite, dont on ne peut trouver aucun dans la Nature. Nous avons beaucoup plus de raifon de conclure qu'il y a des Corps d'une dureté parfaite, que d'une parfaite élafticité, parce que nous devons néceffairement fuppofer que les dernieres parties élémentaires des Corps privés de tous pores, ou les Atômes font parfaitement durs & infléxibles, enforte qu'ils ne cédent pas dans les actions ou les chocs ordinaires des Corps. Mais après tout cet art employé à la défenfe de leur opinion favorite, la difficulté reparut de nouveau dans l'explication du choc des Corps mous; & il fallut recourir à quelque nouvelle invention pour accorder les Phénomenes avec leur doctrine. Car fi un Corps mou avec la viteffe u, frappe un autre Corps mou égal & en repos, ils s'avanceront comme en une feule maffe avec la viteffe $\frac{1}{2}u$ divifant également entre eux le mouvement du premier Corps, en conféquence de la troifiéme Loi générale du Mouvement. Suivant la nouvelle opinion, la force du premier Corps avant le choc étoit uu; la force de chacun d'eux après le choc est $\frac{1}{2}u \times \frac{1}{2}u$ ou $\frac{1}{4}uu$, & la somme de de leurs forces est $\frac{1}{2}uu$; ensorte que la somme des Forces après le choc n'est que la moitié de ce qu'elle étoit avant le choc, tandis que la quantité de Mouvement est toûjours la même sans aucun changement. Maintenant la difficulté étoit de rendre raison de la perte de la moitié de la force du premier Corps dans le choc: dans cette vûe ils avancerent sans aucune autre preuve cette nouvelle doctrine, que lorsque les parties des Corps mous cedent sans se rétablir, étant privés d'élasticité, il se perd une certaine quantité de force dans la compression de leurs parties par le choc, tandis que nous ne connoissons dans un Corps d'autre façon de perdre sa force qu'en la communiquant à un autre. Les parties des Corps mous sont à la vérité mues hors de leur place dans le choc, & il y a quelque mouvement de perdu dans le premier Corps, qui est communiqué de cette maniere aux parties du second; mais ces parties ne peuvent perdre ce mouvement autrement qu'en le communiquant à d'autres parties ou en l'ajoûtant à celui du Corps entier: ensorte qu'il n'y a point de juste raison de supposer qu'il y ait aucun Mouvement ou aucune force perdue dans l'applatissement ou l'enfoncement des Corps mous dans leurs chocs; & cette doctrine nouvelle n'est absolument inventée que pour servir à leurs vûes particulieres.

6. Le plus sçavant & le plus habile défenseur de cette opinion, paroît s'être grandement trompé sur cette troisiéme Loi du Mouvement, lorsqu'il nous dit que la conservation de la somme des Mouvemens absolus des Corps dans leurs chocs, est une conséquence si immédiate de l'égalité de l'action & de la réaction, qu'on ne feroit que la rendre plus obscure si on cherchoit à la prouver; l'augmentationou la diminution de la force de l'un,

dit-il, étant la conféquence néceffaire de la diminution ou de l'augmentation de la force de l'autre. Maintenant il eft clair que cette troifiéme Loi du Mouvement eft générale, s'étendant à toutes fortes de Corps : il eft très-connu que lorfque des Corps mous fe rencontrent dans des directions oppofées, la fomme de leurs Mouve-mens abfolus ou de leurs forces eft diminuée ; & lorf-que les Corps font égaux & leurs viteffes pareillement égales, elle eft totalement détruite par leur choc. Ce n'eft pas la fomme des mouvemens abfolus ou des for-ces des Corps, mais celle des mouvemens qui fe font dans une direction donnée, qui eft inaltérable dans leurs chocs, en conféquence de cette troifieme Loi du Mouvement & la confervation de la fomme des forces abfolues d'aucune forte de corps n'en peut être regardée comme une conféquence immédiate. Au con-traire la fomme des mouvemens abfolus des Corps même parfaitement élaftiques eft quelquefois augmen-tée & dans d'autres cas diminuée par leurs chocs ; enforte qu'il faudroit prouver que la fomme de leurs Forces abfolues (de quelque maniere qu'elles foient me-furées) fe conferve inaltérable dans leurs chocs ; parti-culierement puifque cette fomme, fuivant fa propre doctrine, fubit une variété infinie de changemens, du-rant le peu de tems dans lequel les Corps agiffent l'un fur l'autre, tandis que les parties cedent d'abord & en-fuite fe rétabliffent à leurs premieres fituations.

7. Les mêmes Philofophes entendent mal cette troi-fiéme Loi ou fa partie la plus effentielle, lorfqu'ils me-furent l'action & la réaction fuivant différentes lignes droites. Dans un fameux argument dont ils fe fervent pour appuyer leur nouvelle doctrine fur les forces des Corps, & qui eft tant vanté par ceux qui la foûtiennent, ils font voir qu'un Corps avec une viteffe comme 2, eft capable de bander ou de furmonter la réfiftance de quatre refforts, dont un feul eft équivalent à la for-

ce du même Corps qui auroit une viteſſe comme 1,
d'où ils inferent que dans le premier cas la force eſt
quadruple, quoique la viteſſe ſoit ſeulement double de
ce qu'elle eſt dans le dernier cas. De même parce
qu'un corps qui ſe meut avec une viteſſe proportionnelle à la diagonale d'un Rectangle eſt capable de contrebalancer la Réſiſtance de deux reſſorts proportionnels
aux côtés du même Rectangle, ils concluent que la
force d'un Corps qui ſe meut avec une viteſſe comme
la diagonale, eſt égale à la ſomme des forces de deux
Corps dont les viteſſes ſont proportionnelles aux côtés
du rectangle; & parce que le quarré de la diagonale
eſt égale à la ſomme des quarrés des deux côtés, ils
inférent delà que les forces des corps égaux ſont comme les quarrés de leurs viteſſes. Mais dans tous ces
raiſonnemens (qui ſont les plus plauſibles qui ayent été
faits en faveur de leur nouvelle doctrine & les plus
propres à ſéduire les Lecteurs) ils ne conſiderent pas
que la force que perd un Corps en agiſſant ſur un autre n'eſt pas égale à celle qu'il produit ou détruit dans
cet autre eſtimée dans toute direction à volonté, mais
dans celle ſeulement ſuivant laquelle le premier Corps
agit, & qu'un corps en conſéquence de ſon inertie
non-ſeulement réſiſte à toute altération dans ſa quantité de mouvement, mais auſſi à tout changement dans
la direction de ſon mouvement. Si une Planete fait ſa
révolution dans un cercle, ſa gravité vers le centre n'eſt
employée durant toute la révolution qu'à changer la
direction de ſon mouvement ſans produire aucune augmentation ou diminution du mouvement même; mais
toutes ces choſes paroîtront dans un plus grand jour
après que nous aurons traité de la compoſition & de
la réſolution du Mouvement : nous obſerverons ſeulement ici que pour défendre leur doctrine favorite, ils
embrouillent la Théorie du Mouvement qui eſt auſſi
belle qu'elle eſt claire & ſimple, en négligeant le tems

dans quelques circonstances, & dans d'autres en confondant les directions dans lesquelles les Corps agissent les uns sur les autres ou sur des ressorts ; tandis que toutes les conséquences importantes qu'ils prétendent tirer de cette doctrine suivent plus naturellement & de la seule maniere satisfaisante des Loix du Mouvemement entendues & appliquées comme il faut.

8. Le premier Corollaire que tire M. Newton des Loix du Mouvement est, que lorsque deux forces agissent en même tems sur un Corps elles lui font parcourir la diagonale, par le mouvement qui résulte de leur composition, dans le même tems qu'il parcourroit les côtés du Parallelograme, si ces forces agissoient séparement. Qu'un corps A (*Fig.* 2.) ait un mouvement dans la direction AB, représenté par la ligne droite AB, qu'en même tems un autre mouvement lui soit communiqué dans la direction AD, représenté par la ligne droite AD ; finissez le Parallelogramme ABCD ; & le Corps avancera suivant la diagonale AC, & la parcourera dans le même tems qu'il auroit parcouru le côté AB par le premier mouvement, ou le côté AD par le second. Pour entendre la démonstration que donne M. Newton de ce Corollaire, il faut d'abord poser ce Principe évident que lorsqu'une puissance parallele à une ligne droite, dont la position est donnée, agit sur un Corps, elle n'a aucun pouvoir pour le faire approcher ou éloigner de cette ligne droite ; mais son effet seulement consiste à le mouvoir dans une ligne parallele à cette droite : comme il paroît par la seconde Loi du Mouvement. C'est pourquoi AD étant parallele à BC, le mouvement dans la direction AD ne peut faire avancer ni retarder l'approche du corps A vers la ligne BC ; par conséquent il arrivera à cette ligne BC dans le même tems que s'il n'y eut eu que le premier mouvement AB imprimé sur lui. De même parce que AB est parallele à DC, le mouvement AB n'agit pas en avan-

çant

çant où retardant l'approche du corps A vers la ligne
DC; par conséquent il arrivera à cette ligne DC dans
le même tems que si le mouvement AD eut été seul
imprimé sur lui. Le corps A arrivera donc aux deux lignes BC & DC dans le même tems que par le premier mouvement seul il auroit parcouru AB, ou que
par le second il auroit parcouru AD. Mais il ne peut arriver aux deux lignes BC & DC autrement qu'en par-
venant à leur interséction C; donc lorsqu'un Corps reçoit tout à la fois les deux mouvemens AB & AD, il se
meut de A en C, & parcourt la diagonale AC dans le
même tems que par ces mouvemens agissant séparement, il auroit parcouru les côtés AB & AD.

9. Ce Corollaire étant d'un usage très-étendu, il est
à propos de l'éclaircir encore davantage. Supposons
(Fig. 3.) que l'espace EFGH soit emporté uniformément en avant dans la diréction AB & avec une vitesse représentée par AB; qu'un mouvement dans la diréction AD & mesuré par la ligne droite AD, soit imprimé sur le corps A dans l'espace EFGH. Le corps A
paroîtra à ceux qui sont dans cet espace se mouvoir
dans la ligne droite AD; mais son mouvement réel &
absolu sera dans la diagonale AC du Parallelograme
ABCD; & il parcourra AC dans le même tems que
l'espace ou quelqu'un de ses points sera emporté par
son mouvement uniforme suivant une ligne droite égale à AB, ou que le corps A par son mouvement à travers l'espace parcourra AD. Car il est évident que la ligne AD en conséquence du mouvement de l'espace
est emportée dans la situation BC & le point D en C,
ensorte que le corps A se meut réellement suivant la
diagonale AC.

10. L'inverse de ce Corollaire est que le mouvement
dans la diagonale AC peut être résolu en deux mouvemens suivant la diréction des côtés du Parallelograme AB & AD. Car il est évident que si (Fig. 4.) on

R

prend AK égale à AD avec une direction opposée, & si on finit le Parallelograme AKBC, la ligne droite AB sera la diagonale de ce Parallelograme ; par conséquent, par les deux derniers Articles, le mouvement AC combiné avec le mouvement AK égal & opposé au mouvement AD produit le mouvement AB, c'est-à-dire si du mouvement AC dans la diagonale, vous retranchez le mouvement AD suivant l'un des côtés, il restera le mouvement AB dans la direction de l'autre côté du Parallelograme ABCD.

11. Cette doctrine recevra un plus grand éclaircissement en décomposant chacun des Mouvemens AB & AD en deux Mouvemens, l'un dans la direction de la diagonale AC & l'autre dans celle qui lui est perpendiculaire ; (*Fig.* 5.) c'est-à-dire en décomposant le Mouvement AB en ces deux Mouvemens AM & AN, & le Mouvement AD en AK & AL. Car les triangles ADK & BCM étant égaux & semblables, DK est égale à BM ou AL à AN ; ensorte que les Mouvemens AL & AN étant égaux & opposés, ils détruisent mutuellement leur effet : & comme c'est un Principe évident & général que le Mouvement d'un corps en ligne droite n'est point affecté par deux puissances ou par deux Mouvemens égaux, qui agissent dans des directions perpendiculaires à cette ligne & qui sont opposés l'un à l'autre, on voit pourquoi le corps A est déterminé à se mouvoir dans la diagonale AC ; & parce que AK est égale à MC on apperçoit comment les mouvemens qui restent AM & AK sont accumulés dans la direction AC ; ensorte qu'ils produisent un mouvement mesuré par AC. Il paroît aussi pourquoi le mouvement absolu se perd dans la composition du Mouvement ; car les parties des Mouvemens AB & AD qui sont représentées par AN & AL, étant égales & opposées, détruisent réciproquement leur effet, & les autres parties AM & AK restent seules dans la direction du Mouvement composé AC : tandis qu'au contraire dans la résolution

du Mouvement, la quantité du Mouvement abfolu eft augmentée, la fomme des Mouvemens AB & AD, ou BC étant plus grande que le Mouvement AC, mais la fomme des Mouvemens eftimés dans une direction donnée, n'eft nullement affectée par la compofition ou la réfolution du Mouvement, ou par aucunes actions ou influences des Corps les uns fur les autres égales & réciproques, & qui ont des directions oppofées.

Car fuppofons que (*Fig.* 6.) les Mouvemens doivent être eftimés dans la direction AP, que CP, BR, DQ foient perpendiculaires à cette direction dans les points P, R & Q; alors les Mouvemens AC, AB, AD réduits à la direction AP devront être eftimés par AP, AR & AQ refpectivement, les parties qui font perpendiculaires à AP n'ayant aucun effet dans cette direction. Que AP rencontre BC en S; alors à caufe que RP eft à SP, comme BC (ou AD) eft à CS, c'eft-à-dire comme AQ à SP, il fuit que AQ eft égale à RP & que AR + AQ eft égale à AP; c'eft-à-dire que la fomme des Mouvemens AB & AD, réduits à une direction donnée AP, eft égale au Mouvement compofé AC réduit à la même direction. D'où il eft évident qu'en général lorfque plufieurs Mouvemens font compofés enfemble ou font réfolus fuivant ce Corollaire, la fomme de leurs Mouvemens perfifte invariablement la même, jufqu'à ce que quelque caufe externe agiffe fur eux.

12. L'utilité du même Corollaire a porté les Auteurs à inventer d'autres démonftrations afin de le rendre encore plus évident. Nous ajoûterons feulement un exemple d'un cas très-fimple, lorfque les Mouvemens AB & AD font égaux & que l'angle BAD eft un angle droit; dans ce cas ABCD (*Fig.* 7. & 8.) eft un quarré, & la diagonale AC coupe en deux également l'angle BAD; & parce que les Puiffances & les Mouvemens de AD & AB font égaux, & qu'il n'y a point de raifon pourquoi la direction de la Puiffance ou du Mouvement

composé inclineroit à l'un de ces deux côtés plutôt qu'à
l'autre, il est évident que sa direction doit être dans la
diagonale AC; & que la Puissance ou le Mouvement
composé est mesuré par AC, comme on va le voir.
S'il n'étoit pas mesuré par AC, supposons d'abord qu'il
fut mesuré par une ligne droite AE moindre que AC;
tirez BD coupant à AC en K, sur AC prenez AM plus
grande que AK dans la même proportion que AC est
plus grande que AE; par le point M tirez la ligne droite
FG parallele à BD, rencontrant AD en G, & AB en
F; finissez les Parallelogrammes AMGH & AMFN:
alors parce que ces Parallelogrammes sont quarrés aussi
bien que ABCD & que AD est à AG comme AK est à
AM, c'est-à-dire comme AE à AC; & AB à AF dans
la même proportion, & parce que AE est supposée
être la Puissance ou le Mouvement composé de AB
& AD, il suit que la Puissance ou le Mouvement AD
peut être supposé composé des Mouvemens ou Puissances AM & AH, & AB de AM & AN. Mais AH
& AN agissant également avec des directions opposées,
détruisent réciproquement leur effet; ensorte qu'il s'en
suivroit que les Puissances ou les Mouvemens restans
AM + AM (c'est-à-dire 2AM) qui sont réunis dans la
direction de la diagonale AC, seroient égaux à AE,
ce qui est absurde; car AM est plus grande que AK
par la construction, & 2AM plus grande que 2AK ou
AC, qui est supposée plus grande que AE. On fait voir
de la même maniere (*Fig.* 8.) que la Puissance ou le
Mouvement composé dans la diagonale AC, n'est pas
mesuré par une ligne droite plus grande que AC; il est
donc mesuré précisément par la diagonale AC elle-
même.

13. On juge de l'état d'un nombre de corps quelconque, quant au mouvement & au repos par celui de
leur centre de Gravité, de la maniere la plus simple &
la plus convenable. Dans un Corps régulier d'une con-

texture homogene, le centre de Gravité est le même
que le centre de figure ; & en général, c'est ce point
d'un corps pesant, lequel étant soutenu, le Corps l'est
aussi lui-même. Dans deux Corps égaux il est dans un
point d'une ligne droite qui joint leurs centres, à égale
distance de l'un & l'autre : lorsque les Corps sont inégaux,
il est plus près du plus grand corps à proportion que ce
dernier surpasse l'autre en grandeur, ou les distances de
ce point à leurs centres sont réciproquement comme
les Corps. Que A (*Fig. 9.*) soit plus grand que B, tirez
AB sur laquelle prenez le point C, ensorte que CA soit
à CB, comme le corps B est au corps A, ou que
A × CA soit égal à B × CB, alors C est le centre de
de Gravité des corps A & B ; & nous ferons voir dans
la suite que si A & B étoient joints par une verge in-
fléxible AB exemte de gravité, & le point C soutenu,
alors les Corps A & B seroient en équilibre. Si on cherchoit le centre de gravité de trois corps, il faudroit
d'abord trouver C le centre de gravité de A & B, &
supposant qu'un corps égal à la somme de A & de B
fut placé à ce point C, cherchez G son centre de gravité
& du corps D ; alors G sera le centre de gravité des
trois Corps A, B & D : on détermine de la même maniere le centre de gravité d'un nombre de Corps quelconque.

14. La somme des produits formés de la multiplication
des corps par leurs distances respectives d'une ligne droite,
ou d'un plan, dont la position est donnée, est égale au
produit de la somme des corps multipliés par la distance où est leur centre de gravité de la même ligne droite, ou du même plan, lorsque tous les corps sont du
même côté de cette ligne : mais lorsque quelques-uns
d'eux sont du côté opposé, leurs produits multipliés par
leurs distances respectives de cette ligne doivent être
considérés comme négatifs ou être soustraits. Que IL
(*Fig. 10.*) soit la ligne droite dont la position est don-

née , C le centre de gravité des corps A & B, $A a$,
$B b$, $C c$ des perpendiculaires à IL aux points a, b, c alors
si les corps A & B font du même côté de IL , nous
trouverons $A \times A a + B \times B b = \overline{A + B} \times C c$. Car tirant par le point C la ligne droite MN parallele à IL ,
rencontrant $A a$ en M & $B b$ en N , nous avons A à B
comme BC est à AC, par la propriété du centre de gravité, & par conféquent A à B , comme BN à AM , ou
$A \times AM = B \times BN$; mais $A \times A a + B \times B b = A \times C c$
$+ A \times AM + B \times C c - B \times BN = A \times C c + B \times C c =$
$\overline{A + B} \times C c$.

Lorfque (*Fig.* 11.) B est de l'autre côté de la ligne droite
IL , & C du même côté que A , alors $A \times A a - B \times B b$
$= A \times C c + A \times AM - B \times BN + B \times C c = \overline{A + B} \times C c$:
& lorfque la fomme des produits des corps d'un côté
de IL , multipliés par leurs diftances de cette ligne , eft
égale à la fomme des produits des corps , multipliés par
leurs diftances de l'autre côté de IL , alors $C c$ s'évanouit , ou le centre commun de gravité de tous les
corps tombe fur cette ligne droite IL.

15. Suppofons maintenant que les corps A & B
s'avancent fur les lignes droites AD & BE , (*Fig.* 12.)
& que lorfqu'ils arrivent en D & en E leur centre de
gravité foit en G : que $D d$, $E e$, $G g$ foient perpendiculaires à IL en d, e, g ; que DM, EN & GK paralleles à IL , rencontrent $A a$, $B b$, $C c$, refpectivement,
aux points M , N , K. Par le dernier Article $A \times D d$
$+ B \times E e = \overline{A + B} \times G g$; & rétranchant cette équa-
tion de celle de l'Article précédent, à fçavoir $A \times A a$
$+ B \times B b = \overline{A + B} \times C c$, alors $A \times AM + B \times BN =$
$= \overline{A + B} \times CK$. En procédant de la même maniere ,
on trouvera que $A \times DM + B \times EN = \overline{A + B} \times GK$.
Les mouvemens de A & de B étant fuppofés unifor-

mes, les lignes droites AM & BN augmenteront uniformément; enforte qu'elles deviendront doubles dans
un tems double : par conféquent CK augmentera auffi
uniformément, ou dans la même proportion que le
tems. Et parce que DM & EN augmentent uniformément, il s'enfuit que GK augmente auffi uniformément ; & que CK eft à KG en raifon conftante de
A × AM + B × BN à A × DM + B × EN. D'où il paroît
que lorfqu'un nombre de corps quelconque fe meuvent
en ligne droite avec des mouvemens uniformes, leur centre commun de gravité fe meut pareillement en ligne
droite d'un mouvement uniforme ; & que la fomme
de leurs mouvemens eftimés dans une direction donnée, eft précifement la même que fi tous les corps en
une feule maffe, étoient emportés fuivant la direction
& le mouvement de leur centre commun de gravité.
Parce que la fomme des Mouvemens des corps eftimés
dans une direction donnée, perfifte invariablement la
même dans leurs chocs fans être affectée par leurs actions les uns fur les autres, lorfqu'elles font égales &
mutuelles & qu'elles ont des directions contraires ; il
fuit que l'état de leur centre de gravité n'eft nullement
affecté par leurs chocs, ou par aucunes actions femblables,
& qu'il perfévere dans fon état de repos & de mouvement uniforme, de la même maniere que par la premiere Loi du Mouvement, tout Corps perfévere dans fon
état jufqu'à ce que quelque caufe externe le dérange.
Ces propofitions répandent beaucoup de lumiere fur la
Théorie du Mouvement & nous mettent en état de
juger des mouvemens d'un fyftême de corps prefque
avec la même facilité que de ceux d'un feul corps.

16. Les mouvemens & les actions des Corps les uns
fur les autres dans un Efpace qui eft emporté uniformément en avant font les mêmes que fi cet Efpace
étoit en repos; & les Puiffances ou les Mouvemens qui
agiffent fur tous les corps, & qui leur impriment des

viteffes égales dans la même ligne droite ou dans des parallèles, n'ont aucun effet fur leurs actions mutuelles ou leurs mouvemens refpectifs. Ainfi le mouvement des corps s'exécute dans un Vaiffeau qui eft emporté en avant conftamment & uniformément comme fi le Vaiffeau étoit en repos. Lorfqu'une Flotte eft emportée d'un mouvement uniforme, les mouvemens rélatifs des Vaiffeaux ne font point alterés par le courant, mais ils font les mêmes que fi la Mer étoit en repos. Le Mouvement de la Terre & de l'Atmofphere autour de fon axe, n'a aucun effet fur les actions des Corps & fur les agens qui font à fa furface, qu'autant qu'il n'eft pas uniforme & ne fe fait pas en ligne droite. En général les actions des Corps les uns fur les autres ne dépendent pas de leur Mouvement abfolu mais du rélatif, qui eft la différence de leurs Mouvemens abfolus lorfqu'ils ont la même direction, & leur fomme lorfqu'ils font mus dans des directions oppofées.

17. Aucun Principe n'étant plus univerfellement accordé que celui-là, ou plus évidemment fondé fur l'expérience commune, nous en avons déduit l'argument fuivant contre la nouvelle Doctrine fur les forces des Corps en mouvement, dans une Piece qui remporta le Prix de l'Académie Royale des Sciences de Paris en 1724; nous le rapporterons ici de nouveau à caufe de fa clarté & de fa fimplicité. Que A & B (*Fig.* 13.) foient deux Corps égaux féparés l'un de l'autre par des refforts interpofés entr'eux (ou de toute autre maniere équivalente) dans un Efpace EFGH, qui s'avance en même tems uniformément dans la direction BA, fuivant laquelle les refforts agîffent avec une viteffe comme 1; & fuppofons que les refforts impriment à des Corps égaux A & B des viteffes égales dans des directions oppofées qui foient chacune comme 1. Alors la viteffe abfolue de A qui étoit comme 1 fera maintenant comme 2, & fuivant la nouvelle Doctrine fa force comme 4: au lieu que la viteffe

teſſe abſolue & la force de B qui étoit comme 1 ſera pour lors détruite ; enſorte que l'action des reſſorts ajoûte à A une force comme 3 , & retranche du
Corps B ſon égal une force comme 1 ſeulement ; cependant il ſemble que les actions des reſſorts ſur ces
Corps égaux doivent être égales ; (& M. Bernouilli
avoue expreſſement que cela doit être ainſi) : c'eſt-à-
dire des actions égales des mêmes reſſorts ſur des Corps
égaux produiroient des effets très-inégaux , l'un étant
triple de l'autre ſuivant la nouvelle Doctrine ; on pourroit à peine avancer une choſe plus abſurde dans la Philoſophie ou la Méchanique. En général ſi m repréſente
la viteſſe de l'Eſpace EFGH dans la direction BA , n la
viteſſe ajoûtée à celle de A & ſouſtraite de celle de B
par l'action des reſſorts , alors les viteſſes abſolues de A
& de B feront repréſentées par $m + n$ & $m - n$ reſpectivement , la force ajoûtée à A par les reſſorts ſera $2 mn$
$+ nn$, & la force retranchée de B ſera $2 mn - nn$ qui
différent de $2 nn$. De plus on convient que les actions
des Corps les uns ſur les autres font les mêmes dans un
Eſpace qui s'avance d'un Mouvement uniforme , que
ſi cet Eſpace étoit en repos : mais ſi l'Eſpace EFGH
étoit en repos , on convient que les forces communiquées par les reſſorts aux corps A & B feroient égales ;
& ſuivant la nouvelle Doctrine la force de chacun eut
été repréſentée par nn ; au lieu que la force communiquée à A par les reſſorts dans l'Eſpace EFGH eſt repréſentée par $2 mn + nn$ & la force retranchée de B ſera $2 mn - nn$. Ces raiſonnemens font ſimples & évidens
& paroiſſent les plus convenables au ſujet dont il s'agit.
Ceux qui ſoutiennent la nouvelle Doctrine peuvent définir la force de façon que la diſpute ne paroiſſe rouler
que ſur les mots ; mais comme les termes d'action &
de force ont entr'eux une liaiſon très-intime , c'eſt ſu-
rement vouloir mettre de la confuſion dans les notions
que nous avons & dans nos expreſſions , que de ſoûtenir que des actions égales engendrent ou produiſent des

S

forces inégales dans le même tems ; mais ce qui fait voir
évidemment que les Auteurs partifans de cette nouvelle
opinion n'ont pas entendu ce qu'ils enfeignoïent, c'eft
qu'ils nous difent que la quantité de force abfolue eft
inaltérable par le choc des Corps, & que cela fuit fi
évidemment de l'égalité de l'action & de la réaction
qu'on ne feroit que le rendre plus obfcur en voulant le
démontrer. Car il paroît delà qu'ils entendent que des
changemens égaux font produits dans les forces des
Corps, en conféquence de l'égalité de l'action & de la
réaction ; & cependant il eft évident parce que nous
avons démontré que les changemens produits dans les
forces des Corps font très-inégaux fuivant cette nouvelle Doctrine, quoique l'action & la réaction qui les
produifent foient égales. Il femble que ce fut par une
méprife que M. Leibnitz fe trouva le premier engagé
à foutenir cette nouvelle Doctrine en 1686 ; & de même quelques-uns de fes Difciples paroiffent l'avoir adoptée témérairement fans avoir fait attention aux conféquences.

18. Dans la Théorie du Mouvement entendue comme il faut, les mêmes Loix qui fervent à comparer,
compofer ou réfoudre les Mouvemens, font également
obfervées par les Preffions ; c'eft-à-dire les Puiffances
qui engendrent le Mouvement ou qui tendent à le produire : car les forces ne font autre chofe que les fommes de ces Preffions accumulées dans les Corps, en
conféquence de l'action continuée des Puiffances pendant
un tems fini ; & les Preffions font confidérées comme des
forces infiniment petites, ou comme les élémens dont les
forces font produites ; cette Théorie du Mouvement reçoit un nouveau luftre & une nouvelle évidence de
ce que les mêmes Loix font obfervées par les Preffions
& les Mouvemens. Lorfqu'une force eft produite dans
un Corps par la réunion d'autres forces ou impulfions,
celle qui eft produite dans quelque direction, doit être
égale à la fomme de celles qui font toutes employées

& confommées, dans cette direction, en la produifant;
& fi la force eft produite par une action continuelle
fucceffive, le Mouvement produit doit être égal à la
fomme des Preffions employées à le produire. De même fi le Mouvement eft détruit par la réfiftance de
quelque Puiffance oppofée, il doit être égal à la fomme de toutes les actions qui le détruifent entierement.
D'un autre côté l'intenfité de la Puiffance, qui produit
le mouvement dans un Corps, eft proportionnelle à
l'augmentation de la force qu'elle engendre dans un
tems donné, & l'intenfité de la Puiffance qui réfifte ou
détruit le mouvement, eft mefurée par la diminution de la force produite dans un tems donné; puifque l'augmentation du mouvement dans le premier
cas & fa diminution dans le fecond, font les effets complets de la puiffance, qui eft fuppofée d'une
nature à fe renouveller à chaque inftant, & à faire agir
toute fon influence tout à la fois. En général l'intenfité de quelque Puiffance qui produit ou détruit le
mouvement eft plus grande, à proportion que le changement de viteffe, produit dans la la direction de cette Puiffance, eft plus grand, & que le tems dans lequel ce changement eft produit, eft moindre, fi l'intenfité de la Puiffance perfifte uniforme durant ce tems:
mais fi la Puiffance varie, fon intenfité à un terme donné du tems, doit être mefurée par le changement de
viteffe qui auroit été produit, dans un tems donné, par
la Puiffance continuée uniformément pendant ce tems.

19. La Preffion ou la Puiffance qui produit le mouvement dans un Corps, eft en raifon compofée de la quantité de matiere contenue dans le Corps, & de la
viteffe qu'elle lui imprimeroit dans un tems donné,
fi elle étoit continuée uniforme pendant ce tems; &
ces Preffions font toujours égales dans deux Corps,
lorfque leurs quantités de Matiere font réciproque-
mentcomme ces viteffes, c'eft-à-dire, lorfque l'in-

tenfité de la Puiffance qui agit fur le plus grand Corps
A , eft moindre que l'intenfité de celle qui agit fur le
plus petit Corps B , dans la même proportion que B
eft moindre que A. Si deux corps tirés ou pouffés par
de telles Puiffances, dans des directions oppofées,
font en contact, aucune des Puiffances ne prévaudra,
& il n'y aura point de Mouvement produit. Pareillement , fi deux Corps qui fe meuvent avec des viteffes
réciproquement proportionnelles à leurs quantités de
Matiere , fe rencontrent avec des directions oppofées,
leurs Mouvemens fe détruiront l'un l'autre , fi ce font
des corps mous; ou s'ils font fi parfaitement durs, que
leurs parties foient abfolument inflexibles, ils s'arrê-
teront tous deux après le choc; mais s'ils ont quelqu'élafticité , ils rejailliront avec des mouvemens
égaux. Ainfi il y a une harmonie parfaite entre les Loix
des Preffions ou des Puiffances,& celles des mouvemens
ou des forces produites par ces Puiffances; comme en
général il doit y avoir une analogie entre les Puiffances , qui produifent quelqu'effet , & les effets eux-
mêmes qui font produits. Mais cette harmonie eft entierement perdue quant aux forces des corps, fuivant
la nouvelle Doctrine; car fuivant cette opinion, lorfque la viteffe eft finie, quelque petite qu'elle foit, la
force fe mefure par le quarré de la viteffe. Mais lorfque la viteffe eft infiniment petite (ainfi que le prétendent les Partifans de la nouvelle Doctrine) en conféquence de la premiere impulfion de la Puiffance
qui produit le Mouvement, la force eft fimplement
comme la viteffe; & nous ne pouvons nous empêcher de remarquer que ce changement foudain de la
Loi, ne paroît pas être compatible avec le principe favorit de *continuité* , foûtenu avec tant de zele par les
mêmes Philofophes. Suivant la même opinion , les
forces qui fe contrebalancent réciproquement, avec
des directions oppofées , & qui détruifent leurs effets

mutuels, peuvent être inégales en quelque raison donnée ; & lorsque les Corps se rencontrent avec des forces égales dans des directions opposées, ils ne se soûtiennent pas pour cela mutuellement, mais celui qui
a la plus grande vitesse, l'emporte sur l'autre. Que V
désigne la vitesse de A, & v la vitesse de B ; alors A × V
exprimera le mouvement ou la force de A, & B × v le
mouvement ou la force de B ; ensorte que ces mouvemens sont égaux, lorsque A×V = B×v, c'est-à-dire,
lorsque V est à v, comme B est à A : & c'est le cas
dans lequel l'expérience constante nous apprend que
les Mouvemens se soûtiennent réciproquement,
pourvû que leurs directions soient opposées. Mais
suivant la nouvelle opinion la force de A est mesurée par A × VV, & la force de B par B × vv qui
sont l'une à l'autre dans la même proportion que
V est à v, dans le cas présent, parce que nous supposons A × V = B × v. Ces forces donc, suivant la nouvelle Doctrine, sont si éloignées d'être égales, que la
force de A est moindre que celle de B, à proportion
que V est moindre que v, ou B moindre que A ; ensorte que, suivant cette opinion, une force pourra soûtenir, ou même surmonter une force 1000 fois plus
grande qu'elle, ou qui la surpasse en une proportion assignable quelconque. Suivant la même doctrine, les
forces de A & de B sont égales, lorsque A × VV =
B × vv, c'est-à-dire par exemple, lorsque A étant quadruple de B, la vitesse de B est double de la vitesse
de A ; dans lequel cas la quantité de Mouvement,
ou le moment de A est double de celui de B ; & le
mouvement de A se trouve par l'expérience plus que
suffisant, pour soûtenir le mouvement de B. Les Partisans de la nouvelle opinion, ont pris beaucoup de
peine, pour tâcher de concilier leur Théorie avec l'Expérience ; mais si le Lecteur prend la peine d'examiner leurs raisonnemens, il verra combien ils sont peu

satisfaisans , & leurs efforts infructueux.

20. Que les Corps A & B (*Fig.* 14.) en s'approchant l'un de l'autre, compriment des ressorts égaux &
semblables , placés entr'eux , jusqu'à ce que par la
réaction de ces ressorts, leurs mouvemens soient détruits. M: Bernouilli avoue expressément que les actions des ressorts sur ces Corps , sont constamment égales entr'elles , & cependant il soûtient qu'elles détruisent une force en B plus grande que la force de A ,
dans la même proportion que le Corps A, est plus
grand que B , ou (C étant le centre de gravité de A
& de B) que CB est plus grand que CA. Il soûtient
donc que des pressions ou actions de ressorts égales ,
produisent dans le même-tems , des forces qui peuvent être inégales en toute raison assignable ; ce qui
répugne aux notions les plus évidentes que nous sommes capables de former de l'action & de la force , &
ne sert qu'à introduire des façons de parler mystérieu-
ses ou obscures dans la Théorie du Mouvement, sans
aucune nécessité. Si nous supposons que le Corps A
comprime les ressorts de A en C , alors le corps B
comprimera tous les ressorts de B en C, dans le même degré & dans le même tems ; & de-là il infere que
la force de A est à la force de B, dans la même proportion que le nombre des ressorts de C en A, au
nombre de ressorts de C en B. Mais puisque le mouvement, la force, ou l'effet de quelqu'espece qu'il
soit, produit ou détruit dans A ou B, dépend de l'action immédiate qui produit l'effet , & en dépend uniquement; & puisque dans ce cas les actions des ressorts sur les Corps A & B , sont celles qui détruisent
leurs mouvemens ; enfin puisque M. Bernouilli convient que les actions des ressorts sur ces corps sont
égales; n'est-il pas évident que les forces, détruites
par ces ressorts dans le même-tems, doivent être égales?
Et n'est-il pas aussi manifeste , que les forces qui sont

produites ou détruites dans les Corps, doivent être me-
furées par les efforts, avec lefquels les reſſorts agiſſent
für les Corps, en produiſant cet effet, & non pas par
le nombre des reſſorts? C'eſt le dernier reſſort ſeulement, qui eſt en contact avec le Corps, qui agit ſur lui,
les autres ne ſervant qu'à le ſoûtenir dans ſon action;
en ſorte que tout le changement produit dans le Corps,
de quelque nom qu'il ſoit appellé, doit être déterminé
par l'action de ce dernier reſſort ſeulement, & ce n'eſt
qu'à lui ſeul qu'on doit avoir égard dans le calcul, en
raiſonnant juſte. S'il eut défini la force par le nombre
de reſſort s égaux & ſemblables, qui, par un degré
donné d'expanſion ou de compreſſion, la produiſent
ou la détruiſent; ces expreſſions nouvelles & confuſes,
auroient trouvé de juſtes oppoſitions, comme abſolument impropres, & ne tendant qu'à embrouiller &
obſcurcir la Théorie du Mouvement, qui étoit auparavant très-claire & très-évidente : mais alors cette diſpute n'eût eu principalement rapport qu'aux mots &
aux termes de l'Art, & les erreurs dérivées de leur
Doctrine, n'euſſent pas été ſi dangereuſes. Mais il
n'adopte point cette définition de la force.

21. Lorſqu'un Corps deſcend par ſa gravité, le mouvement produit peut-être conſidéré comme la ſomme
des impulſions uniformes & continuelles accumulées
dans le Corps, durant le tems de ſa chute. Et lorſqu'un Corps eſt jetté perpendiculairement en haut,
ſon mouvement peut être conſidéré comme équivalent à la ſomme des impulſions de la même Puiſſance, juſqu'à ce qu'elles le détruiſent. Lorſque le Corps
eſt jetté en haut avec une viteſſe double, ces impulſions uniformes doivent continuer durant un tems
double, pour pouvoir détruire le mouvement du corps;
& de-là il ſuit, qu'un Corps jetté avec une viteſſe double, & montant pendant un tems double, doit s'élever à
une hauteur quadruple, avant que ſon mouvement

foit épuifé. Mais cela prouve qu'un Corps avec une viteffe double, fe meut avec une force double, puifqu'elle eft produite ou détruite par la même Puiffance uniforme, continuée pendant un tems double, & non pas avec une force quadruple, quoiqu'il s'éleve à une hauteur quadruple. Ce fut cependant, fur cet Argument, que M. Leibnitz fonda d'abord cette Doctrine; & les preuves qui depuis ont été tirées des enfoncemens produits dans des fubftances molles, par des Corps qui y tombent, font du même genre & de la même force. On ne doit pas mefurer les caufes par tous les effets qu'elles produifent, pris fans aucun choix ou jugement, & fans avoir égard aux circonftances. Les Mouvemens & les forces ne doivent pas être mefurés par les effets produits, fans égard aux tems & aux directions de ces Mouvemens, fuivant les principes de Géométrie & de Méchanique. En Géométrie nous jugeons des Touts, en comparant leurs parties ou les Elemens dont ils font produits, & en Méchanique, nous ne pouvons avoir de meilleure Méthode de juger des Mouvemens ou des forces, que par les Puiffances qui les produifent. Le Mouvement, ou la force d'un corps, a une analogie beaucoup plus fimple & plus claire, avec la Puiffance qui le produit, qu'avec l'Efpace qu'il parcourt dans la terre glaife, ou tout autre milieu réfiftant.

22. Le principe, que la caufe doit être mefurée par fon effet, eft un de ceux qui feroit le plus propre à nous induire en erreur, en Métaphyfique, & en Phyfique, fi on l'appliquoit d'une manière vague & confufe, fans les précautions fuffifantes. Ceux qui foutiennent la nouvelle opinion, ou du moins quelquesuns d'eux, définiffent la force, cette Puiffance d'agir, dans un Corps, qui doit être mefurée par fon effet total, jufqu'à ce que fon mouvement foit détruit. Cette Définition eft auffi adoptée par quelques Philofophes,

qui

qui voudroient repréfenter cette difpute, comme rou-
lant uniquement fur les mots. Mais les mêmes Auteurs nous difent pareillement que la force eft proportionnelle aux nombres de refforts qu'elle peut bander
avant que d'être détruite ; & ils l'avancent fans preuve,
comme une Définition ou un Axiome. S'ils fe conten-
toient de cette derniere opinion feulement, nous ac-
corderions que la difpute feroit de peu d'importance,
fi ce n'eft que ces libertés tendroient à confondre les
notions que nous avons de l'action & du mouvement
des Corps, comme il a été remarqué ci-deffus. Mais
tandis qu'ils prétendent que la force, définie comme
il leur plaît, doit être confidérée comme la caufe des
effets produits par le Mouvement, & qu'elle doit être
mefurée par ces effets, la difpute ne paroît plus confifter fimplement en mots. M. le Chevalier Newton,
dans fa feconde Loi du Mouvement, nous fait voir
que la force imprimée, étant confidérée comme la
caufe, le changement de mouvement qu'elle produit,
eft l'effet qui mefure la caufe, & non pas l'Efpace parcouru contre l'action d'une Gravité uniforme, ni les
enfoncemens produits par le Corps tombant dans la
terre glaife. Cette Loi du Mouvement eft le plus fûr
guide que nous puiffions fuivre, en déterminant les
effets par leurs caufes, ou réciproquement les caufes
par leurs effets.

23. L'harmonie qui eft entre les Loix des Preffions
ou Puiffances, qui produifent le Mouvement, paroît
dans un plus grand jour lorfqu'on confidere leur compofition, & leur réfolution. Les Puiffances agiffant
dans les directions AB & AD, (*Fig. 4.*) proportionnelles à ces lignes droites, fe combinent en une Puiffance qui agit dans la direction de la diagonale AC,
& qui fe mefure par AC. Parce que AC eft moindre
que AB+AD, la Puiffance compofée de AB & de
AD, eft toujours moindre que ces Puiffances elles-

T

mêmes; on le démontre aisément, en résolvant la puissance AB en AM & AN, (*Fig.* 5.) & la puissance AD en AK & AL; dont AN & AL sont égales & opposées, & détruisent mutuellement leur effet, en sorte qu'il reste AM+AK, ou AC, pour la mesure de cette Puissance composée. Les Partisans de la nouvelle Doctrine, conviennent avec nous de ces principes sur les Puissances & les Pressions; mais ils raisonnent d'une maniere toute différente dans la composition & la résolution des Forces. Lorsque l'angle BAD est droit, la force composée est égale à la somme des forces AB & AD, suivant eux; & il n'y a aucune force perdue, malgré les directions opposées des forces AL & AN; quoiqu'il ne soit pas aisé de concevoir pourquoi cet effet n'auroit pas lieu dans la composition des forces, aussi-bien que dans celle des Puissances ou Pressions. Lorsque l'angle BAD (*Fig.* 15.) est aigu, le quarré de la diagonale AC, excédant la somme des quarrés de AD & DC (*Euclid.* 12. 2.) ou de AD & AB, les deux forces dans les directions AD & AB doivent composer, suivant la nouvelle Doctrine, une force AC plus grande que leur somme. Maintenant cela paroît directement contradictoire au principe Métaphysique, sur lequel ils insistent tant, que l'effet est proportionnel à la cause qui le produit; car dans ce cas, l'effet est plus grand que la cause; il semble que cela est aussi absurde en Méchanique, que si on prétendoit en Géométrie, que deux quantités réunies, produisent une quantité plus grande que leur somme. Lorsqu'on leur a fait cette objection, ils y ont donné une réponse (*a*) qui mérite d'être rapportée comme un exemple de leur façon de résoudre les difficultés : ils disent seulement, « qu'il ne suit aucune absurdité « de la nouvelle opinion, qui, en mesurant les forces,

(a) Voyez Desaguliers *Cours de*   la note qui est au bas de la page 72.
Philosophie expérimentale, vol. 2. à   en Anglois.

« non par les *momens*, mais par les quarrés des vitesses,
« conclud que dans le cas où l'angle DAB est aigu, le
« quarré de AC (qui est la force compofée) est plus
« grand que les quarrés de AB & de AD, la fomme de
« ce qu'ils appellent les forces compofantes. »

24. Pour ajouter encore plus d'éclaircissement, fuppofons que le corps élastique A (*Fig.* 16.) reçoive fa
force, dans la direction AB, du corps élastique égal H, &
fa force, dans la direction AD, du Corps élastique égal G,
en même-tems. Suivant les Défenseurs de la nouvelle
Doctrine, les forces de H & de G font communiquées au corps A, par des degrés infiniment petits,
ou par une fuccession non interrompue de Pressions,
& la force totale communiquée à A, est la fomme
des effets de ces Pressions. Maintenant la Pression ou
la force infiniment petite, imprimée à chaque instant
fur A, est moindre que la fomme des Pressions produites en cet instant par H & par G, à proportion que
AC, est moindre que AB+AD, comme on l'accorde
de part & d'autre. Donc la fomme de toutes les Preffions, ou la force imprimée fur A, doit être moindre
que la fomme de toutes les Pressions, ou que celle des
forces produites par H & par G, dans la même proportion de AC à AB+AD ; c'est-à-dire, les forces de
A, H, G, doivent être comme les lignes AC, AB,
& AD, & non pas comme leurs quarrés. Il n'est pas
possible de concevoir, que tandis que la force de A
est produite par la collection des pressions, ou des
forces infiniment petites, qu'il reçoit à chaque instant
des actions de H & de G, & que chacune de ces preffions, ou forces infiniment petites, est moindre que la
fomme des actions de H & de G qui les produifent, la force totale de A excédât cependant la fomme de toutes les actions ou forces de H & de G.
Je parle ici de forces infiniment petites, pour me
prêter autant qu'il est possible, au style des Partifans

de la nouvelle opinion. Ils ne donnent (*a*) à cela d'autres réponſes, ſi non que ce que nous appellons Forces, doit être appellée *Momens*. Mais ils ne prétendent pas expliquer comment les forces infiniment petites, imprimées ſur le corps A, dans la direction AC, viennent à produire une force finie, beaucoup plus grande que leur ſomme totale ; ou comment l'effet ſeroit ſi éloigné d'être proportionnel à la cauſe ; principe Métaphyſique qu'ils ſemblent adopter ou rejetter, ſuivant qu'ils y trouvent leur avantage. Si nous ſuppoſons que l'angle BAD ſoit infiniment aigu, les mêmes forces, ſuivant la nouvelle opinion, produiront une force en A, qui excédera leur ſomme, autant que le quarré de AB+AD, excéde la ſomme des quarrés de AB & de AD; en ſorte que ſi AD eſt égale à AB, elles produiront alors en A, une force double de leur ſomme ; car dans ce cas, le quarré de AB+AD, ſera égal au quarré de 2AB, c'eſt-à-dire à 4AB² ; quoique les deux forces égales qui ſont ſuppoſées la produire, priſes enſemble, ne valent que 2AB², ſuivant leur propre calcul, enſorte que dans cette ſuppoſition, une cauſe produit un effet de même eſpece double d'elle-même. On a répondu (*b*) à cela que, ſuivant la nouvelle opinion, un double *Moment* peut produire un effet quadruple, ſi la viteſſe eſt double. Mais ſûrement l'Auteur qui a donné cette réponſe, n'a pas fait attention à l'objection ; car ce que nous avons prouvé, n'eſt pas qu'un Moment double produit un effet quadruple, mais qu'une force double ſuivant leur propre notion & leur calcul, produit une force quadruple, ſuivant le même calcul. Et en vérité le réſultat des réponſes qu'ils ont faites aux abſurdités déduites de leur opinion favorite, revient à ceci, que ce ne ſont pas des abſurdités, parce que leur nouvelle doctrine oblige de les admettre.

(*a*) Ibib pag. 73 , dans la derniere note.
(*b*) Ibid. pag 74. dans les notes.

25. La réfolution des Puiffances ou Preffions, eft une conféquence néceffaire de leur compofition. Comme il fe perd du Mouvement dans la compofition, il s'en acquiert auffi néceffairement dans la réfolution du Mouvement ; & comme on accorde cela des mouvemens & des Puiffances qui les produifent, il ne peut y avoir de bonnes raifons , pour ne pas l'accorder des effets de ces Puiffances , ou de la force de Corps. Les mêmes raifons qui prouvent une augmentation dans le premier cas , prouvent avec la même évidence , qu'on doit auffi convenir d'une augmentation dans le fecond. Qu'un corps C (*Fig.* 17.) qui fe meut dans la direction DC, diagonale du Parallelogramme CLDK , frappe le Corps égal A obliquement , enforte qu'il le pouffe dans la direction CA continuation de CK , & en même-tems le Corps égal B ; dans la direction CB continuation de CL ; le corps A avancera dans la ligne droite CA , le corps B dans la direction CB , continuation de CL , & C leur ayant communiqué toute fa force s'arrêtera. On ne fera pas étonné que les mouvemens & les forces de A & de B excédent le mouvement ou la force de C , fi on confidere que C communique le mouvement entier ou la force CK au Corps A , & le mouvement entier ou la force CL à B , que la réfiftance ou inertie de A réagiffant fur C , non dans la direction de fon mouvement CD , mais dans la direction CK qui lui eft oblique , le mouvement abfolu ou la force de C, dans la direction DC, n'eft pas autant diminuée par cette réaction , que fi elle étoit directement oppofée au mouvement de C ; car aucune Puiffance ou réfiftance , ne peut produire un effet fi grand dans toute autre direction , que dans celle dans laquelle elle agit. De la même maniere, la réaction de B , détruit le mouvement ou la force LC dans le corps C, dans la direction fuivant laquelle B réagit ; mais non pas un mou-

vèment ou une force fi confidérable dans la direction
DC, à laquelle fa réaction eft oblique : & ainfi il paroît que le mouvement ou la force de C, dans la direction DC, doit néceffairement être moindre que la
fomme des mouvemens ou des forces des corps A &
B, dans leurs directions refpectives. Si on objectoit
que dans ce cas le mouvement de C, dans la direction DC, eft la caufe des mouvemens de A & de
B, dans les directions CA & CB, en forte qu'une
caufe produit des effets, dont la fomme eft plus grande
qu'elle même : Pour répondre à cela, nous avons déja
obfervé, que comme on l'accorde de part & d'autre,
des mouvemens & des preffions, il ne peut être abfurde de l'accorder auffi des forces, mais que cela
doit y avoir lieu pour les mêmes raifons. De plus,
nous devons obferver qu'en conféquence de l'inertie du Corps, il réfifte non-feulement à tout changement de fon mouvement, mais auffi à tout changement dans la direction de ce Mouvement ; & que
lorfque l'action des Corps l'un fur l'autre, n'eft pas en
ligne droite, on doit avoir égard aux effets produits
par ces deux réfiftances. Suppofons que le corps C
frappe d'abord A, alors la réaction de A a un effet
double ; elle retranche une partie du mouvement ou
de la force de C, & en même-tems elle produit un
changement dans la direction de C ; & la réaction
de A, (qui eft égale au mouvement ou à la force
qu'il reçoit) ne doit pas être eftimée par un de ces effets feulement, mais par tous les deux conjointement.
Après que le Corps C a frappé A, il avance dans la
ligne droite CB, avec un mouvement ou une force,
comme CL, & heurtant directement contre B, il
communique tout fon mouvement ou fa force à B,
qui réagit directement contre lui. Nous avons fuppofé
les Corps C, A & B parfaitement élaftiques, pour
nous conformer aux fuppofitions de nos Adverfaires,

quelques-uns defquels fe reftraignent dans leurs recherches, à cette feule efpece de Corps.

26. Si on fubftitue des refforts à la place des Corps
A & B, & que leurs réfiftances foient mefurées par
CK & CL, il paroîtra de la même maniere, que les
réfiftances de ces refforts ne font pas les vraies mefures de la force du Corps C, mais que prifes enfemble, elles la doivent excéder; car le reffort A agit au
defavantage du mouvement ou de la force de C. Il a
tout fon effet dans la direction CK, dans laquelle il
réfifte; mais fon effet n'eft pas fi grand dans la direction
CD, qui eft oblique à celle dans laquelle il agit. Si
le reffort A agiffoit avec le même avantage que B,
ils produiroient enfemble un plus grand effet, que
dans la fituation où ils font dans la figure; & par conféquent, les plus grandes réfiftances qu'ils font capables d'oppofer, prifes enfemble, doivent excéder la
force du Corps C. Ainfi il paroît que cet Argument
confirme notre Doctrine, au lieu de la renverfer, &
que ceux qui l'ont avancé, fuppofoient que ces forces
étoient égales, qui fuivant les principes connus de
Méchanique font fort inégales. Si l'on demandoit ce que
devient l'excès de la force du reffort A, fur ce qui
eft détruit de la force de C? On répondroit qu'il n'eft
pas fans fon effet; car la direction du Corps eft changée de la ligne DC, dans la ligne droite CB; & aucun Principe foit en Métaphyfique, foit en Méchanique, ne nous apprend que cet effet doive être négligé,
en comparant dans ce cas la caufe & les effets. Au
contraire, on peut donner plufieurs exemples où une
force eft employée à produire un changement dans
la direction du Mouvement d'un Corps feulement, fans
l'accélérer ou le retarder. La force qui fuffit pour
élever un Corps perpendiculairement à l'Horizon, à
une diftance double du centre de la Terre, eft égale
à celle qui, imprimée dans une direction horizonta-

le, l'emporteroit continuellement dans un cercle autour
de la Terre, en faifant abftraction de la réfiftance
de l'air ; comme il paroît par la Théorie de la Gravité ;
& cependant la premiere ne furmonteroit que pour
un certain tems, la réfiftance qui provient de la gravité du Corps, au lieu que l'autre furmonteroit cette
réfiftance pour toujours, fans aucune diminution de
Mouvement. Dans le premier cas, la gravité du Corps
agiroit directement contre fa force ; dans le fecond,
elle agiroit dans une ligne perpendiculaire à la direction de fon Mouvement : dans la premiere fuppofition, l'action de la Gravité eft entierement employée
à détruire la force du Corps ; dans la derniere, à changer feulement fa direction. Les Argumens, en faveur
de la nouvelle opinion, tirés de la réfolution du Mouvement, paroiffent à la premiere vûe les plus plau-
fibles qui ayent été faits à ce fujet ; mais les Obfervations que nous avons préfentées, convaincront un
Lecteur impartial, qu'au lieu de détruire la Doctrine
commune, ils ne font que la confirmer. De même
que dans d'autres exemples, les Partifans de M. Leibnitz, négligent la confidération du tems, en raifon-
nant fur la force des Corps ; ainfi nous trouvons ici
qu'ils n'ont pas eu égard, comme ils le devoient, aux
directions des Mouvemens & des forces, en eftimant
& comparant leurs effets ; cependant ces directions ne
font pas, en Méchanique, de moindre importance que
les Mouvemens ou les forces mêmes.

27. Nous avons fort infifté fur ces Obfervations,
parce qu'elles mettent la Théorie du Mouvement dans
un jour très-clair. Les difputes fur les Propofitions élémentaires d'une Science, nous procurent fouvent cet
avantage, qu'on les examine avec plus de foin, & que
lorfqu'on les trouve juftes, on les éclaircit, & on ne
les entend que mieux, pour avoir été difputées. Nous
ne pouvons cependant abandonner ce fujet, fans rap-

porter

porter une Expérience faite par l'ingénieux & exact M. Graham à qui les Sciences Méchaniques sont si redevables. Il prépara un Pendule qui avoit une cavité capable de recevoir un autre Corps d'un poids égal, au plus bas point de sa vibration ; & lorsque le Corps y fut placé, il trouva que la vitesse de cette masse double étoit précisement la moitié de celle que le Pendule avoit auparavant ; d'où il paroît que la même force produit dans une quantité double de Matiere la moitié seulement de la vitesse ; ce qui est conforme à la doctrine commune, mais qui répugne directement à la nouvelle, sur les forces des Corps en Mouvement. PlusieursSçavans ont écrit des dissertationsingénieusescontre cette nouvelle Doctrine, auxquelles nous renvoyons le Lecteur qui souhaite de voir cette matiere traitée plus au long (a). On prétend que cette Doctrine nous met en état de résoudre des Problêmes d'une maniere fort aisée, qui sans cela sont d'une grande difficulté ; mais en rejettant les Corps durs & infléxibles, on a plus perdu que gagné à cet égard, comme nous l'avons fait voir ailleurs, & comme il paroîtra dans la suite, lorsque nous viendrons à déterminer plus particuliérement les effets du choc des Corps.

28. C'est parce que l'action & la réaction sont toujours égales, que les actions mutuelles des Corps n'ont point d'effet sur le Mouvement du centre commun de Gravité du Systême auquel ils appartiennent. S'il y avoit une action dans un Systême de Corps qui n'eut pas une réaction contraire & égale correspondante, elle changeroit l'état du centre de Gravité du Systême & troubleroit son mouvement: & réciproquement, si on accorde que l'état du centre de Gravité d'un Systême n'est pas dérangé par les actions des Corps les uns sur les au-

---

(a) Comme une Piece de l'Illustre M. DE MAIRAN dans les Mémoires de l'Académie Royale des Sciences 1728. Différentes Dissertations du Docteur Jurin, Transactions Philosophiques, &c.

tres qui font fes parties, nous conclurons que leurs actions font mutuelles, égales, & dans des directions contraires. On trouvera donc qu'il eft conforme au cours des chofes & à l'expérience continuelle, que la troifiéme Loi du Mouvement foit étendue généralement à toutes les fortes de Puiffances qui ont lieu dans la Nature; celles d'*Attraction* & de *Répulfion* auffi bien que les autres, (& que ce n'eft pas une fuppofition introduite arbitrairement par le Chevalier Newton;) puifqu'on voit que ces Puiffances ne dépendent pas moins des Corps qui *attirent* ou *repouffent* que de ceux qui font *attirés* ou *répouffés*. Nous trouvons que l'Aiman attire le Fer, & que le Fer attire l'Aiman avec une force égale: & parce qu'ils s'attirent l'un l'autre également, ils reftent en repos lorfqu'ils viennent au contact. Si une montagne par fa gravité preffoit fur la Terre, & que la Terre ne réagit pas également fur la montagne; alors celle-ci emporteroit néceffairement la Terre devant elle par fa Preffion, avec un mouvement accéléré à l'infini. On doit dire la même chofe d'une pierre, ou de la moindre partie de la Terre auffi bien que d'une montagne. Les corps agiffent fur la Lumiere à proportion de leur denfité, *cœteris partibus*, en la rompant lorfqu'elle les pénétre, & réciproquement la Lumiere agit fur les Corps en les échauffant & mettant leurs parties en mouvement. Cette égalité d'action & de réaction a lieu fi généralement, que lorfqu'un nouveau Mouvement eft produit par quelque Puiffance ou quelque agent dans la Nature, il y a toûjours un mouvement correfpondant égal & oppofé produit par fa réaction en même tems, ou quelque mouvement égal dans la même direction détruit. Lorfqu'un Corps eft lancé par une Machine, la Machine réagit avec une force égale fur la Terre & fur l'Air. Si cette Loi n'étoit pas obfervée, l'état du centre de Gravité de la Terre feroit dérangé par toute action ou impulfion de chaque Puiffance qui agiroit fur ce Globe ; mais à raifon de cette Loi , l'état du centre de gravité de la Terre & le cours général des chofes font confervés indépendants de tous les Mouvemens qui peuvent être produits à la furface, près de la furface , ou dans les entrailles de la Terre. Par la même loi , l'état des Syftêmes particuliers des Planetes , & le repos du Syftême général perfeverent fans que les actions des agens quels qu'ils foient y puiffent caufer aucun dérangement. Nous devons donc convenir que dans les Puiffances attractives & répulfives qui ont lieu dans la Nature , de quelque forte de caufe qu'elles puiffent provenir, l'action & la réaction font toujours égales ; & puifque cette Loi a lieu dans toutes fortes de Mouvemens caufés par l'impufion , nous ferions fort furpris fi nous trouvions des Philofophes qui expliquent les Puiffances par l'impulfion, portés à la revoquer en doute. Cette Loi eft également obfervée même dans les mouvemens produits par des agens volontaires & intelligens : car quoique le Principe de Mouvement foit dans ces agens au-deffus du Méchanifme , cependant les inftrumens dont ils font obligés de fe fervir dans leurs actions , lui font autant foumis que cette Loi l'exige. Lorfqu'une perfonne lance une pierre , par exemple , en l'air, elle réagit en même tems fur la Terre avec une force égale , & par là le centre de gravité de la Terre & de la pierre perfévere dans le même état qu'auparavant. La néceffité de cette Loi pour conferver la régularité & l'uniformité de la Nature , méritoit bien l'attention de ceux qui ont donné des Traités fi complets & fi utiles fur les caufes finales, s'ils l'avoient remarquée.

CHAPITRE III.
Des Puiſſances Méchaniques.

1. LA connoiſſance de la Méchanique eſt une de ces choſes qui contribuent le plus à diſtinguer les Nations civiliſées des Barbares. C'eſt d'elle que les ouvrages de l'Art tirent leur principale beauté & leur mérite ; ſans ſon ſecours nous ne pourrions faire que très-peu de progrès dans la connoiſſance des ouvrages de la Nature. C'eſt cette Science qui nous apprend à retirer le plus grand avantage des Puiſſances ou des Forces qui exiſtent dans la Nature , & à rendre utiles aux differens deſſeins de la vie les mouvemens des Elémens , l'Eau , l'Air & le Feu , lorſque l'induſtrie & les matériaux pour les inſtrumens néceſſaires ne manquent pas. Quelque foible que paroiſſe la force de l'homme deſtitué de cet Art, il n'y a preſque aucune entrepriſe qui ſoit au-deſſus de lui lorſqu'il en eſt ſecouru. C'eſt une Science ſuſceptible de l'évidence la plus rigoureuſe, & qu'il eſt de la derniere importance d'établir ſur les vrais Principes , & de cultiver avec le plus grand ſoin.

M. le Chevalier Newton la diſtingue en Méchanique *pratique* & Méchanique *rationnelle* ; la premiere traite des Puiſſances méchaniques à ſçavoir du *Levier*, de l'*Axe* & de la *Roue* , de la *Poulie* , du *Coin*, de la *Vis* , du *Plan incliné* & de leurs différentes combinaiſons. Les Méchaniques rationelles renferment toute la Théorie du Mouvement; & enſeignent lorſque les Puiſſances ou les Forces ſont données , comment on doit déterminer les Mouvemens qu'elles produiſent , & réciproquement lorſque les Phénomenes des Mouvemens ſont donnés, comment on doit rechercher les Puiſſances ou les Forces dont ils ſont les effets. Ainſi il paroît que toute la Philoſophie

naturelle après la defcription des Phénomenes de la
Nature n'eft prefque qu'une jufte application des Méchaniques rationelles à ces Phénomenes ; en remontant
de ces derniers aux Puiffances qui opérent dans la Nature, nous procédons par analyfe ; & en déduifant les
Phénomenes des Puiffances ou des caufes qui les produifent, nous employons la Méthode de Synthefe.
Mais dans l'un & l'autre cas pour procéder avec certitude, & faire les plus grands progrès, il eft néceffaire
d'établir auparavant avec toute la clarté poffible les
Principes de cet Art comme les fondemens de tout
l'ouvrage, nous avons déja examiné l'inertie ou la nature paffive du Corps, fuivant laquelle il perfévere dans
fon état de mouvement ou de repos, reçoit auffi du
mouvement à proportion de la force imprimée, & réfifte à raifon de la réfiftance qu'il éprouve lui-même. C'eft
le réfultat des trois Loix générales du Mouvement defquelles avec leurs Corollaires généraux démontrés dans
le dernier Chapitre, nous allons maintenant déduire les
Principes de Méchanique. De même que ces Loix &
& leurs Corollaires ont lieu, quoique les caufes du
Mouvement, la nature de la force imprimée ou de la
réfiftance nous foient inconnues, ou du moins nous paroiffent fort obfcures ; ainfi l'obfcurité de la nature &
de la caufe de la Puiffance qui produit les mouvemens,
ne nous empêche pas de découvrir fes effets en Méchanique avec une évidence fuffifante, pourvû que
nous puiffions foumettre fon action à une jufte mefure :
& nous fçavons en effet que des perfonnes qui ne fe font
pas donné la peine de rechercher la caufe de la Gravité, ont cependant inventé d'excellens moyens pour
lever des Poids & furmonter leurs réfiftances.

2. En traitant des Machines méchaniques nous confidérerons toujours le *Poids* qui doit être élevé, la *Puiffance* par laquelle il eft élevé & l'*Inftrument* ou la Machine qui doit fervir à cet effet. Il y a deux Problêmes

V iij

principaux qui doivent être réfolus en traitant de chacune de ces Machines. Le premier eft « de déterminer » la proportion que la Puiffance ou le Poids doivent » avoir entre eux, afin qu'ils puiffent fe foutenir exac- » tement l'un l'autre, ou être en équilibre. » Le fecond » eft « de déterminer qu'elle doit être la proportion de la » Puiffance & du Poids entre eux, afin qu'ils puiffent » produire *le plus grand effet poffible, dans un tems donné.* « Tous ceux qui ont écrit de la Méchanique traitent du premier de ces Problêmes; mais il y en a peu qui ayent parlé du fecond, quoique dans la pratique il ne foit pas moins utile que l'autre. Quant au premier il y a une regle générale uniforme qui a lieu dans toutes les Puiffances, qui eft fondée fur les Loix du Mouvement, & fait une autre preuve de la beauté & de l'harmonie qui réfultent de la fimplicité de la Théorie du Mouvement expofée dans le dernier Chapitre. Suppofons que la Machine foit en mouvement, on réduit d'abord les viteffes de la Puiffance & du Poids aux directions refpectives dans lefquelles elles agiffent, & on voit quelle eft la proportion de ces viteffes; alors fi la Puiffance eft au Poids comme la viteffe du Poids eft à la viteffe de la Puiffance, ou ce qui revient au même, fi la Puiffance multipliée par fa viteffe donne le même produit que le Poids multiplié par fa viteffe, c'eft le cas dans lequel la Puiffance & le Poids fe foûtiennent mutuellement en équilibre; enforte que l'un ne l'emporteroit pas fur l'autre fi la Machine étoit en repos; & fi elle fe trouvoit en mouvement, elle continueroit de fe mouvoir uniformément, fi ce n'étoient le frottement de fes parties & plufieurs autres réfiftances. Ce Principe à une parfaite analogie à celui par lequel nous avons déterminé en général (*Chap.* 2. §. 19) l'égalité des mouvemens ou des forces des Corps. Car comme les mouvemens des Corps font égaux & détruifent réciproquement leurs effets, fi leurs directions font contraires, lorfque le

premier eſt au ſecond comme la viteſſe du ſecond eſt à
la viteſſe du premier, la plus grande viteſſe du plus petit Corps compenſant exactement ſa quantité moindre
de Matiere; de même les actions des Puiſſances & des
Poids ſont égales & détruiſent mutuellement leurs effets ſur la Machine, lorſque la Puiſſance eſt au Poids
comme la viteſſe du Poids eſt à la viteſſe de la Puiſſance. Mais quoiqu'il ſoit utile & ſatisfaiſant d'obſerver
avec quelle uniformité ce Principe a lieu dans les Machines de toute eſpece partout où il y a équilibre; cependant il ne ſeroit pas juſte de ſe repoſer de l'évidence d'une Doctrine ſi importante ſur une preuve pareille. C'eſt pourquoi nous démontrerons la Loi de l'équi-
bre dans le *Levier*, qui eſt le fondement de toutes les
autres propoſitions de ce genre en Méchanique, par
une nouvelle Méthode qui nous paroît fondée ſur les
Principes les plus clairs & les plus évidens : nous y join-
drons la démonſtration que M. le Chevalier Newton a donnée de la même Loi, & celle qui eſt attribuée à Archimede.

3. En premier lieu il eſt évident, que ſi des Puiſſances égales agiſſent à des diſtances égales de differens
côtés du point d'appui, ou du centre du mouvement,
avec des directions oppoſées & paralleles l'une à l'autre,
elles auront le même effet. Ainſi AB (*Fig. 18.*) étant
diviſée en deux parties égales au point C, ſi une Puiſſance A agit ſur le Levier dans la direction AF, &
qu'une Puiſſance égale B agiſſe auſſi ſur ce Levier dans
une direction oppoſée & parallele BE, alors les effets
de ces Puiſſances pour mouvoir le Levier autour du
centre C ſeront préciſément égaux; enſorte que l'une
pourra toujours être ſubſtituée à la place de l'autre. Il
eſt encore certain que la Gravité étant ſuppoſée agir en
lignes paralleles, ſi le point d'appui C (*Fig. 19. Nº. 1.*)
eſt entre les Corps A & B, il doit ſoûtenir la ſomme
de leurs Poids; parce que le Levier étant chargé de ces
Poids ſeroit obligé de céder ſi le point d'appui ne ſoûte-

noit pas leur fomme; mais que lorfque les Puiffances A &
B font du même côté du point d'appui C (*Fig.* 19. N°.
2.) dans lequel cas l'une comme A doit tirer en haut,
tandis que l'autre B tire vers le bas enforte qu'il y ait
équilibre, il eft feulement chargé de la différence des Puiffances A & B. L'un de ces cas fuit toujours de l'autre
fi nous confiderons que l'équilibre ayant lieu, une des
trois Puiffances qui agiffent en A, B & C, peut être
confidérée comme celle du point d'appui, & les deux
autres comme s'efforçant de mouvoir le Levier autour
d'elle ; de ces Principes nous déduifons la Loi de l'équilibre dans le Levier de la maniere fuivante.

4. Suppofant d'abord deux Puiffances égales A & B
(*Fig.* 20.) agiffant dans des directions AF & BH, pour
élever un Corps C, fur le Levier AB, placé en C à égale diftance de ces Puiffances ; il eft évident que dans
ce cas chacune d'elles foûtient la moitié du Poids C,
en le divifant également entre elles. Imaginons maintenant que la Puiffance A foit ôtée & que l'extrémité
A du Levier, au lieu de repofer fur elle, foit foutenue par
un point d'appui en A ; il eft évident que la Puiffance
B & le point d'appui A foutiennent comme auparavant
chacun la moitié du Poids C, le point d'appui A agiffant maintenant à tous égards comme la Puiffance en
A auparavant ; & l'équilibre continuant, il paroît que
dans ce cas une Puiffance B égale à la moitié du poids C
le foutient & le contrebalance, lorfque la diftance de
C au point d'appui A eft la moitié de la diftance de B
au même point A ; c'eft-à-dire lorfque B eft à C comme CA à BA, ou $B \times BA = C \times CA$. Par cette fimple
preuve nous voyons que les Puiffances agiffent fur un
Levier non par leur force abfolue feulement, mais que
leur effet dépend néceffairement de la diftance du point
où elles agiffent au point d'appui, ou au centre du mouvement ; & particuliérement qu'une Puiffance en contrebalance une double qui agit à la moitié de fa diftance
du

point d'appui du même côté de ce point avec une direction opposée.

Le cas où les deux Puiſſances agiſſent de differens
côtés du point d'appui ſuit du précédent par les Principes établis dans le dernier Article. Car que BH &
CG (*Fig.* 21.) repréſentent les directions & les forces
avec leſquelles les Puiſſances A & B agiſſent ſur le Levier ; ſur BA prolongée, prenez AE égale à AC, ou
$\frac{1}{2}$ AB, & au lieu de la Puiſſance CG ſubſtituez une
Puiſſance égale EK en E, avec une direction oppoſée,
& par le premier de ces Principes, cette Puiſſance EK
aura le même effet que CG, ſeulement le point d'appui, ou le centre du mouvement A ſoutiendra alors la
ſomme des forces EK & BH, pár le ſecond Principe
du dernier Article ; mais l'équilibre entre les Puiſſances BH & EK continuera comme il étoit auparavant
entre BH & CG ; enſorte que les Puiſſances BH &
EK ſeront en équilibre lorſque la Puiſſance BH ſera
la moitié de EK, & que la diſtance de EK au point
d'appui A ſera la moitié de la diſtance de BH au même point A ; c'eſt-à-dire lorſque la Puiſſance en B ſera
à la Puiſſance en E comme AE à AB ou B × BA =
E × EA. Dans ce cas le point d'appui A étant chargé
des deux Puiſſances B & E qui agiſſent avec la même
direction, ſa réaction doit être égale à leur ſomme EK +
BH = 3 BH, & dans la direction oppoſée AF. Au lieu
de cette réaction ſubſtituons maintenant (*Fig.* 22.) une
Puiſſance AF en A égale au triple de BH, & au lieu de
la Puiſſance EK, ſubſtituons un point d'appui en E ſoutenant cette extrémité du Levier BE ; & puiſque l'équilibre continue comme auparavant, il ſuit que le point
d'appui ou le centre du mouvement étant en E, la
Puiſſance BH ſoutient la Puiſſance AF qui eſt triple de
BH, lorſque la diſtance de BH au point d'appui eſt triple de la diſtance de la Puiſſance AF au même point,
c'eſt-à-dire lorſque BH × BE = AF × AE.

X

Si nous supposons que la Puissance EK reste, (*Fig.* 23.) mais que l'extrémité B du Levier EB repose sur un point d'appui , alors les Puissances AF & EK se soutiendront & se contrebalanceront l'une l'autre, le point d'appui en B étant maintenant à la place de la Puissance BH; en ce cas AF $=$ 3 BH , & EK $=$ 2 BH ; ensorte que AF sera à EK comme 3 à 2 ; & les distances EB & AB étant dans la même proportion , il paroît que lorsque deux Puissances dans la proportion de 3 à 2 agissent sur un Levier , du même côté du point d'appui ou du centre du mouvement, avec des directions opposées, à des distances en proportion de 2 à 3 , elles se soutiennent mutuellement. Nous avons donc démontré que lorsque les Puissances sont en proportion soit de 2 à 1 , ou de 3 à 1 , ou de 3 à 2 , & que les distances du point de leur application au centre du mouvement sont en raison réciproque , alors ces Puissances se contrebalancent l'une l'autre ou sont en équilibre.

5. Sur BE prolongée (*Fig.* 24 *N°* 1.) prenez EL $=$ EA ; & au lieu de la Puissance BF substituez une Puissance LM $=$ AF , mais avec une direction contraire ; cette Puissance LM aura le même effet pour mouvoir le Levier autour du centre du mouvement E qu'avoit AF par le premier Principe au 5. 3. par conséquent elle sera en équilibre avec la Puissance BH comme AF l'étoit. Donc lorsque deux Puissances LM & BH en proportion de 3 à 1 , agissent sur un Levier, avec la même direction , elles sont en équilibre ; si leurs distances au centre du mouvement LE & EB sont en raison de 1 à 3 , c'est-à-dire lorsque LM $\times$ LE $=$ BH $\times$ BE. Dans ce cas les Puissances LM & BH agissant avec la même direction , le point d'appui E doit soutenir leur somme LM $+$ BH $=$ 4 BH , par le second Principe du 5. 3. Donc une Puissance comme L , comme 3 , & une Puissance agissant en B avec la même direction que L, sont soutenues par une Puissance agissant en E

avec une direction contraire, comme 4. D'où il suit
qu'en substituant au lieu de la Puissance LM un point
d'appui en L, une Puissance en B comme 1 soutient une Puissance en E comme 4, agissant avec
une direction contraire, lorsque BL : EL :: 4 : 1; c'est-
à-dire lorsque les Puissances sont réciproquement comme leurs distances du point d'appui, ou du centre
du mouvement. En substituant le point d'appui en B
au lieu de la Puissance BH, il paroît qu'une Puissance
LM en L, comme 3, soutient une Puissance agissant
avec une direction opposée en E comme 4, lorsque
leurs distances LB & EB au point d'appui B, sont entre-elles comme 4 à 3, ou lorsque LM × LB = EK
× EB. En prenant sur LB prolongée e = BE (*Fig. 24.*
N°. 2.) & au lieu de la Puissance en E, substituant une
Puissance égale en e avec une direction contraire, il
suit du premier Principe du §. 3 qu'une Puissance en
L comme 3 soutient une Puissance agissant en e, avec la
même direction, comme 4, lorsque la distance LB est
à la distance eB comme 4 à 3. Dans ce cas le point d'appui en B soutient la somme des Puissances agissant en L
& e, c'est-à-dire une Puissance égale à sept fois BH.
D'où il suit qu'en substituant un point d'appui en L ou
e à la place des Puissances qui y agissent une Puissance
en e comme 4 soutient une Puissance en B comme 7,
autour du centre du mouvement L, lorsque leurs distances au point d'appui eL & BL sont entre-elles comme 7 à 4 : & qu'une Puissance en L comme 3 soutient la
Puissance en B comme 7, lorsque leurs distances au point
d'appui Le & Be sont en raison de 7 à 3.

6. En procédant de cette maniere on voit que lorsque les Puissances sont entre-elles comme nombre à
nombre, & que leurs distances au centre du mouvement sont en raison inverse des mêmes nombres, alors
ces Puissances se soutiennent l'une l'autre ou sont en
équilibre. D'où il est aisé de faire voir en général que
lorsque les Puissances sont entre-elles en quelque rai-

son quoiqu'incommenfurable , & les diftances du point
de leur application au centre du mouvement dans la même raifon inverfe, alors elles font en équilibre; parce que
la raifon des quantités incommenfurables peut toujours
être limitée , jufqu'à un certain dégré d'exactitude à volonté , entre une plus grande & une plus petite raifon
de nombre à nombre. Et je regarde cette preuve comme la plus naturelle & la plus directe de la Loi d'équilibre dans le Levier , propofition fondamentale de la
Méchanique.

   7. Lorfque le centre du mouvement C eft entre les
Corps A & B , c'eft le même point qui eft appellé leur
centre de gravité , Chap. 2. §. 13 ; d'où il fuit que lorfque deux Corps font fuppofés joints par une verge in-
fléxible exemte de gravité, fi le centre de gravité eft
appuyé les Corps feront auffi foutenus.

   Si deux Puiffances ou Poids B & D (*Planch. II. Fig.*
25.) agiffent fur un Levier aux diftances BC & DC du
centre du mouvement, les forces avec lefquelles elles
agiffent fur le Levier feront dans la même proportion
que $B \times BC$ à $D \times DC$; c'eft-à-dire en raifon compofée
de la raifon des Puiffances, ou des Poids, & de celle de
leurs diftances au centre du mouvement. Car l'effort de
B eft foutenu par A , fi $A \times AC = B \times BC$; & l'effort
de la Puiffance D eft foutenu par K appliqué à la diftance CA , fi $K \times AC = D \times DC$; mais les efforts des
Puiffances ou des Poids B & D fur le Levier font entre
eux en même raifon que les Puiffances A & K , qui ,
appliquées à la même diftance CA du centre du mouvement , les foutiennent , ou comme $A \times AC$ eft à K
$\times AC$, & par conféquent comme $B \times BC$ à $D \times DC$.
Il arrive delà qu'un nombre de Puiffances agiffant fur
un Levier, fi la fomme des produits formés de la multiplication de chaque Puiffance par fa diftance refpective au centre du mouvement d'un côté du point d'appui , eft égale à la fomme des produits qui réfultent de

la multiplication de chaque Puiſſance de l'autre côté du point d'appui par ſa diſtance reſpective à ce même point, alors ces Puiſſances ſe ſoutiennent mutuellement, où le Levier eſt en équilibre. Mais parce que nous avons démontré au §. 13. Chap. 2. le centre du mouvement eſt préciſement dans ce cas au même point que le centre de gravité. Donc ſi un nombre quelconque de Puiſſances ou de Poids agiſſent ſur un Levier, & leur centre de gravité étant déterminé par la conſtruction comme on l'a enſeigné dans cet Article, ſi le point d'appui eſt appliqué à ce centre, le Levier ſera en équilibre. De même ſi pluſieurs Puiſſances ou Poids ſont appliqués ſur un plan qui repoſe ſur une ligne droite donnée IL (_Fig._ 26.) & que le centre de gravité de toutes les Puiſſances ou des Poids tombe ſur cette ligne, le plan ſera en équilibre. Car par cet Article, les ſommes des produits formés de la multiplication de chaque Puiſſance par ſa diſtance reſpective à l'axe du mouvement étant égales des differens côtés de cet axe, leurs efforts pour mouvoir le plan doivent être égaux & contraires, & détruire mutuellement leurs effets. Donc de même que l'état de tout Syſtême de Corps, quant au mouvement & au repos dépend du mouvement ou du repos du point appellé le centre de gravité, ſuivant ce qui a été démontré ci-deſſus dans le dernier Chapitre; ainſi c'eſt une autre propriété remarquable de ce point que ſi les Corps ſont joints enſemble par des lignes infléxibles exemtes de gravité, ce point étant ſoutenu tous les Corps le ſeront auſſi & reſteront en équilibre.

8. Lorſque des Puiſſances B & D (_Fig._ 25. 26.) agiſ-ſent ſur un Levier, s'efforçant de le mouvoir autour du centre du mouvement C, ou lorſqu'elles agiſſent ſur un plan en tâchant de le tourner autour de l'axe du mouvement IL, leur effet eſt le même que ſi une Puiſſan-ce ou un Poids égal à leur ſomme étoit ſubſtitué à leur place au centre de gravité N. Car par le §. 14. Chap. 2.

$B \times BC + D \times DC = \overline{B + D} \times NC$; ou fi Bb, Dd, Nn font perpendiculaires à IL, aux points b, d, n, alors par le même Article $B \times Bb + D \times Dd = \overline{B + D} \times Nn$. Si G le centre de gravité de toutes les Puissances ou de tous les Poids qui agissent sur le Levier, se trouve d'un côté de C centre du mouvement, ou si le centre de gravité de toutes les Puissances qui agissent sur le plan, est d'un côté de l'axe IL ; alors ce côté l'emportera, & il en seroit de même que si au lieu de ces Puissances, on en avoit substitué une autre égale à leur somme au centre commun de gravité. Car on a fait voir que $B \times BC + D \times DC - A \times AC = \overline{A + B + D} \times GC$, lorsque la Puissance A agit d'un côté, & les Puissances B & D de l'autre. Donc comme lorsque le tre de gravité des Puissances repose sur le centre du mouvemement, le tout est en équilibre, & le point d'appui C soutient une force égale à leur somme ; de même lorsque le centre de gravité n'est pas soutenu par le point d'appui, mais qu'il se trouve à côté, c'est ce même côté qui l'emporte, & il arrive la même chose que si toutes les Puissances ou les Poids étoient rassemblés à ce centre. L'Analogie entre ces Théorêmes statiques & ceux de la Théorie du Mouvement au sujet de ce centre exposés dans le dernier Chapitre, mérite notre attention, & met dans un plus grand jour la simplicité de cette Doctrine & l'harmonie de toutes ses parties.

9. M. le Chevalier Newton démontre la proposition fondamentale sur le Levier par la résolution du mouvement. Que C (*Fig.* 27.) soit le centre du mouvement dans le Levier KL ; que A & B soient deux Puissances appliquées en K & L, agissant dans les directions KA & LB. Du centre du mouvement soient tirées CM & CN perpendiculaires à ces directions en M & N ; que CM soit supposée moindre que CN, & du centre C, à la distance CN, soit décrit le cercle NHD, ren-

contrant KA en D. Que la Puiſſance A ſoit repréſentée par DA , & qu'elle ſoit reſolue en la Puiſſance DG agiſſant dans la direction CD, & la Puiſſance DF
perpendiculaire à CD , finiſſant le Parallelogramme
AFDG. La Puiſſance DG agiſſant dans la direction CD
du centre du cercle, ou de la Roue DHN, verſa circonférence n'a aucun effet pour le tourner autour du
centre, de D vers H , & tend ſeulement à le tirer hors
de ce centre. Il n'y a que la partie DF qui s'efforce de
mouvoir la Roue de D vers H & N , & qui eſt totalement employée à cet effort. La Puiſſance B peut être
conçue appliquée en N auſſi bien qu'en L , & totalement employée à s'efforcer de tourner la Roue dans un
ſens contraire de N vers H & D. Si donc la Puiſſance
B eſt égale à cette partie de A qui eſt repréſentée par
DF , ces efforts étant égaux & oppoſés doivent détruire mutuellement leur effet; c'eſt-à-dire lorſque la Puiſſance B eſt à la Puiſſance A , comme DF eſt à DA ,
ou à cauſe de la ſimilitude des triangles AFD & DMC,
comme CM à CD, ou comme CM à CN , alors les
Puiſſances doivent être en équilibre ; elles ſe contrebalancent toujours l'une & l'autre lorſqu'elles ſont en raiſon inverſe des diſtances de leurs directions au centre
du mouvement, ou lorſque le produit d'une Puiſſance
multipliée par la diſtance de ſa direction au centre, eſt
égal au produit de la Puiſſance, placée de l'autre côté,
multipliée pareillement par ſa diſtance au même centre
du mouvement.

10. La démonſtration communément attribuée à
Archimede eſt fondée ſur ce Principe , que lorſqu'un
Corps cylindrique ou priſmatique eſt appliqué ſur un
Levier il a le même effet que ſi tout ſon Poids étoit
réuni & appliqué au point du milieu de ſon axe. Que
AB (Fig. 28.) ſoit un Cylindre d'une contexture uniforme,
C ſon point du milieu; il eſt manifeſte que ſi le point
C eſt appuyé les moitiés égales du Cylindre CA &

CB fe contrebalanceront autour du point C & le Corps
reftera en équilibre. Que le Cylindre AB foit divifé en
parties inégales AD & DB ; divifez en deux également
AD en E & DB en F ; alors une Puiffance appliquée
en E égale au Poids de la partie AD , avec une direction contraire, la foutiendra ; & une Puiffance appliquée
en F égale au Poids de la partie DB , avec une direction contraire, foutiendra auffi cette partie : enforte que
ces deux Puiffances agiffant en E & en F , refpectivement égales aux Poids de AD & DB , ont précifement
le même effet qu'un point d'appui en C, foutenant tout le
Cylindre AB , & peuvent être confidérées comme en
équilibre avec une Puiffance agiffant en C égale à tout
le Poids du Cylindre. Mais la diftance $CE = CA -$
$AE = \frac{1}{2} AB - \frac{1}{2} AD = \frac{1}{2} DB$, & pareillement la
diftance $CF = CB - BF = \frac{1}{2} AB - \frac{1}{2} DB = \frac{1}{2} AD$;
par conféquent CE eft à CF comme DB à AD ; c'eft-
à-dire comme la Puiffance appliquée en F à la Puiffance appliquée en E , ces Puiffances étant en équilibre
avec le Poids de tout le Cylindre appliqué en C. D'où
il paroît que les Puiffances appliquées en E & F, qui font
entre-elles en proportion de CF à CE , fe foutiennent
l'une l'autre autour du centre C.

11. Qu'on fuppofe que le Levier AB (*Fig. 29.*) avec
les Poids A & B tourne autour du centre C ; les Corps
A & B décriront des arcs femblables A*a* & B*b* , & A*a*
fera à B*b* , comme CA eft à CB, ou comme B eft à A ;
par conféquent $A \times Aa = B \times Bb$; c'eft-à-dire les *mo-*
mens , ou quantités de mouvement de A & de B feront
égaux , & confidérant l'un d'eux comme la Puiffance
& l'autre comme le Poids , la Puiffance fera au Poids ,
comme la viteffe du Poids à la viteffe de la Puiffance.
Donc dans ce Levier comme dans les Machines méchaniques , lorfqu'une petite Puiffance éleve un grand
Poids , la viteffe de la Puiffance eft beaucoup plus grande que la viteffe du Poids , & ce qui eft gagné en for-

ce

ce est dit pour cela perdu en tems. Pareillement lorfque plufieurs Puiffances font fuppofées agir fur le Levier, & qu'il eft mû autour de leur centre commun de
gravité C, les fommes des momens des différens côtés
de C font égales.

12. Le Levier eft communément diftingué en trois
efpeces. Dans la premiere le centre du mouvement eft
entre la Puiffance & le Poids. Dans la feconde le Poids
eft entre le centre du mouvement & la Puiffance. Dans
la troifieme la Puiffance eft appliquée entre le Poids &
le centre du mouvement. Dans cette derniere efpece
la Puiffance doit excéder le Poids, à proportion que fa
diftance au centre du mouvement eft moindre que la
diftance du Poids à ce même centre. Mais comme les
deux premieres fervent à produire un Mouvement lent
par un vîte ; de même la derniere fert à produire un
mouvement vîte du Poids par un mouvement lent de
la Puiffance. C'eft par cette efpece de Levier que les
Mouvemens mufculaires des Animaux s'exécutent ; les
mufcles ayant leurs infertions beaucoup plus près du
centre du mouvement que le point où le centre de
gravité du Poids qui doit être élevé eft appliqué ; enforte que la Puiffance du mufcle eft beaucoup plus
grande que le Poids qu'elle peut foutenir. Quoique cela puiffe d'abord paroître un défavantage pour les Animaux, parce que par là leur force eft diminuée ; c'eft
cependant l'effet d'un excellent Méchanifme : car fi
dans ce cas la Puiffance étoit appliquée à une plus grande diftance que le Poids, la figure des Animaux feroit
non-feulement difforme & incommode, mais même
elle ne feroit pas propre au mouvement ; comme Bo-
relli l'a démontré dans fon Traité *de Motu Animalium.*

13. Lorfque les deux bras d'un Levier ne font pas en
ligne droite, mais qu'ils forment quelque angle invariable en C (*Fig.* 30.) la Loi de l'équilibre eft la même
que dans le premier cas ; c'eft-à-dire fi la Puiffance P

Y

est appliquée en B au bras CB , & que le Poids W agisse par le moyen de la Poulie M dans la direction AM perpendiculaire au bras CA , la Puissance & le Poids se soutiendront en équilibre, si P est à W comme CA à CB, ou $P \times CB = W \times CA$. Si plusieurs Puissances agissent sur le bras CA , trouvés leur centre de gravité A sur le bras CA par §. 13. Chap. 2. & supposez que toutes les Puissances y soient réunies, alors si la Puissance P est à leur somme comme CA à CB elle les contrebalancera. La somme des Puissances étant supposée donnée, il est évident que plus leur centre de gravité A est éloigné du centre du mouvement C, plus grande sera la résistance qu'elles opposeront à la Puissance P, qui aura besoin d'une plus grande force pour les surmonter. De-là Galilée conclud avec justice que les os des Animaux sont plus forts en ce qu'ils sont creux, leur Poids étant donné ; ou si le bras CBF représente leur longueur , le cercle CHD une Section perpendiculaire à la longueur, P une Puissance qui tend à les rompre appliquée à quelque point de leur longueur; alors la force de toutes leurs fibres longitudinales par laquelle l'adhésion des parties est conservée , peut être conçue réunie en A le centre du cercle CHD qui est le centre commun de gravité de ces forces, si la Section est un cercle ou un anneau ; mais il est clair que l'aire de la Section ou le nombre des fibres étant donné , la distance CA est plus grande lorsque la Section est un anneau, que lorsque c'est un cercle sans aucune cavité ; par conséquent la Puissance avec laquelle les parties font unies & résistent à P qui s'efforce de les séparer est plus grande dans la même proportion. Par la même raison les Tiges de bled , les Plumes d'Oiseaux & les pointes creuses résistent plus aux accidens qui tendent à les rompre que si elles étoient du même Poids & de la même longueur, mais solides sans aucune cavité. En cela l'Art ne fait donc qu'imiter la sagesse de la Nature.

14. Le même Auteur obferve que dans les Corps femblables, foit Machines ou Animaux, les plus grands font plus expofés aux accidens que les plus petits, & ont une force rélative moindre ; c'eft-à-dire que les plus grands n'ont pas une force proportionée à leur grandeur. Une grande colomne par exemple eft en beaucoup plus grand danger d'être rompue en tombant qu'une petite qui lui feroit femblable ; un homme eft plus expofé aux accidens de cette efpece qu'un enfant ; un Infecte peut porter un Poids plufieurs fois plus confidérable que lui-même, au lieu qu'un grand Animal comme un cheval peut à peine porter une charge égale à fon propre Poids. Pour expliquer ce fait il fuffira de faire voir que dans les Corps fimilaires de même contexture, la force qui tend à les rompre ou à les rendre fujets aux accidens nuifibles, augmente dans les plus grands Corps en plus grande raifon que la force qui tend à les mainte-nir entiers, ou à les munir contre ces accidens. Suppofons que des poutres fimilaires ABDE, FGHK, (*Fig.* 31.) de figure cylindrique ou prifmatique foient fixées dans un mur immobile IL ; & faifons pour le préfent abftrac-tion de toute autre force qui puiffe tendre à les rom-pre, à l'exception de leur propre Poids. Divifez AB en deux également en C & FG en M, & leurs Poids pourront être conçus réunis aux points C & M qui font directement fous leurs centres de gravité. Pour la plus grande facilité du calcul, fuppofons AB = 2FG, & par conféquent le Poids de la poutre ABDE fera huit fois plus grand que le Poids de la poutre fimilaire FGHK ; le Poids de la premiere étant conçu raffemblé en C, celui de la derniere en M, & la diftance AC étant double de FM ; il fuit que la force qui tend à rompre la premiere en A étant huit fois plus grande que celle qui tend à rompre la derniere en F, & en même tems agiffant à une diftance double, fon effort pour ces deux raifons doit être feize fois plus grand que celui de la

derniere. Maintenant afin de comparer les forces qui
tendent à conferver ces poutres dans leur entier & fixées dans le mur, que ARE foit la Section de la plus
grande poutre & FSK celle de la plus petite, perpendiculaires à leurs longueurs aux points A & F : divifez
AE en deux parties égales en p & FK en q; alors le
nombre des fibres longitudinales dont l'adhéfion caufe
la réfiftance de ces poutres à leur rupture, ou plutôt la
quantité de cette adhéfion dans la plus grande poutre
fera à la quantité d'adhéfion dans la plus petite, comme l'aire de la Section ARE eft à l'aire de la Section
FSK, c'eft-à-dire dans le cas préfent, (à caufe de la fimilitude des figures) comme le quarré de AE au quarré de FK, ou comme 4 à 1. Mais l'adhéfion des parties qui font en contact entre-elles dans la Section ARE
peut être conçue raffembleé en p leur centre de gravité; & l'adhéfion des parties en contact entre-elles dans
la Section FSK doit être conçue comme réunie en q
par la même raifon. L'adhéfion donc qui tend à conferver la grande poutre en fon entier eft quadruple de
celle qui tend à conferver la plus petite entiere, & en
même tems elle doit être conçue comme agiffant à une
diftance double du centre du mouvement, parce que
$Ap = 2Fq$, enforte que l'effort qui tend à empêcher
la grande poutre d'être rompue eft huit fois plus grand
que celui qui tend à conferver la petite en fon entier.
Nous avons donc trouvé que l'effort qui tend à rompre la plus grande poutre en A, eft feize fois plus grand
que celui qui tend à rompre la plus petite en F;
mais que la force qui d'un autre côté tend à conferver
l'adhéfion des parties de la grande poutre, n'eft que
huit fois plus grande que celle qui tend à conferver
l'adhéfion dans la petite poutre. En général il paroîtra
aifément de la même maniere que les efforts tendant
à détruire l'adhéfion des poutres, qui ne font que l'effet
de leur propre gravité, augmentent en raifon quadru-

plée de leurs longueurs, mais que les efforts oppofés
tendant à conferver leur adhéfion, augmentent feulement en raifon triplée des mêmes longueurs. D'où il
fuit que les grandes poutres doivent être en plus grand
danger d'être rompues, que les petites qui leur font
femblables ; & que quoiqu'une petite poutre puiffe être
ferme & folide, cependant une plus grande qui lui fera femblable pourra être faite fi longue qu'elle fe rom-
pra néceffairement par fon propre Poids. De-là Galilée
conclud.avec raifon que ce qui paroît très-folide & qui
réuffit parfaitement dans les modeles peut être très-foi-
ble ou même tomber en pieces par fon feul Poids,
lorfqu'il vient à être exécuté en grand fuivant le mo-
dele.

15. Des mêmes principes ce célébre Auteur infere
qu'il y a des limites néceffaires dans les Ouvrages de la
Nature & de l'Art qu'ils ne peuvent furpaffer en grandeur. Si les arbres étoient d'un volume énorme, leurs
branches tomberoient par leur propre Poids. Les grands
Animaux n'ont pas une force proportionnée à leur volume, & s'il y avoit des Animaux terreftres beaucoup
plus gros que ceux que nous connoiffons, ils pourroient
à peine fe mouvoir, & feroient continuellement expofés aux accidens les plus dangereux. Il n'en eft pas
à la vérité de même des Animaux de la Mer, parce que la gravité de l'Eau les foutient confidérablement, & en effet nous en connoiffons dont le volume
furpaffe prodigieufement celui des Animaux terreftres
les plus grands. On ne doit rien conclure contre cette
Doctrine de ce qu'on a trouvé des os qui ont été fuppofés avoir appartenu à des Géants d'une grandeur immenfe, tels que les fquelettes dont parlent Strabon &
Pline, le premier defquels étoit haut de 60 coudées,
& le fecond de 46 ; car les Naturaliftes ont déterminé
par de juftes raifons que dans quelques cas ces os
avoient appartenus à des Elephans, & que les plus

monſtrueux étoient des os de Baleines qui avoient été
tranſportés aux lieux où on les a trouvés par les révolutions que la Nature a éprouvées dans des tems fort
éloignés de nous. Il faut cependant avouer qu'on ne
donne pas de bonnes raiſons pourquoi il ne peut y avoir
eu des hommes qui euſſent ſurpaſſé de pluſieurs pieds
en hauteur les hommes les plus grands que nous ayons
vûs. Le Lecteur trouvera une diſſertation curieuſe & utile ſur ce ſujet par le célébre M. Hans Sloane dans les
Tranſactions Philoſophiques, ou dans les *Mémoires de
l'Académie Royale des Sciences* 1727. Si dans les autres
Planetes la même Loi de cohéſion & les autres attractions ont lieu, comme ſur la Terre, il peut être utile
que la Gravité près de leurs ſurfaces ne ſoit pas fort différente de celle qui eſt près de la ſurface de la Terre. M.
Newton avoit peut être cela en vûe, lorſqu'il inſinue
que ce n'étoit pas ſans deſſein que les Gravités ſur les
ſurfaces des Planetes differoient beaucoup moins l'une
de l'autre qu'on ne l'auroit d'abord attendu des attractions de Corps d'une grandenr ſi inégale.

16. Il ſuit du §. 14. qu'afin de rendre les Corps, les
Machines ou les Animaux d'une force rélative égale,
les plus grands doivent avoir une groſſeur proportionnée. Ainſi afin que le plus grand Cylindre ABDE puiſſe être auſſi ſolide & auſſi propre à réſiſter aux accidens
que le plus petit Cylindre FGHK, la Section ARE &
ſon diametre AE doivent être augmentés juſqu'à ce que
l'effort produit par l'adhéſion des parties ait une auſſi
grande proportion à l'effort qui tend à ſurmonter cette
adhéſion, dans le grand Cylindre que dans le petit. Ce
ſentiment nous étant ſuggeré par une expérience continuelle, nous joignons naturellement l'idée de plus
grande force avec la groſſeur, & l'idée d'agilité avec la
délicateſſe. En Architecture où l'apparence de ſolidité
n'eſt pas moins recherchée que la fermeté & la force
réelles, on y a particulierement égard afin de ſatisfaire

un œil & un goût judicieux ; les differens ordres des colomnes fervant à repréfenter divers dégrés de force. Mais par le même principe, fi nous fuppofions les Animaux très-gros à proportion de leur grandeur, il s'enfuivroit néceffairement une pefanteur & un engourdiffement qui les rendroient inutiles eux-mêmes & défaagréables à la vûe. En cela comme dans tous les autres cas, on doit fe conformer à ce qui plaît généralement à ceux dont le goût n'eft pas corrompu par l'éducation, ou par des contes merveilleux lorfque leur fentiment paroît fondé fur des principes puifés dans la Nature ; quoique véritablement la force de l'habitude eft fi forte, & fes effets fur nos idées font fi vifs & fi foudains, qu'il eft fouvent très-difficile de découvrir par la refléxion les raifons de ce qui nous plaît.

17. Nous avons infifté fi longtems fur le Levier, afin d'être courts en traitant des autres Puiffances méchaniques. La *Balance* commune eft un Levier qui a deux bras égaux AG & GB (*Fig.* 32.) avec le centre du mouvement C communement placé directement fur G. Si le centre du mouvement étoit en G des Poids égaux fufpendus en A & en B, fe foutiendroient mutuellement dans toute pofition du Levier AB ; mais lorfque le centre du mouvement eft au-deffus de G, ils fe foutiennent feulement lorfque le Levier AB eft parallele à l'Horifon ; & lorfque le Poids en A n'eft qu'un peu plus grand que le Poids en B, les extrémités A & B defcendent & montent alternativement jufqu'à ce que leur centre de gravité *g* fe place dans la ligne verticale CG, où ils fe foutiennent réciproquement parce que leur centre de gravité eft foutenu par C. La Balance eft fauffe lorfque les bras AG & GB font inégaux ; & l'exactitude de cet inftrument confifte principalement à rendre le frottement, au centre du mouvement C, auffi petit qu'il eft poffible.

18. L'*Axe* & la *Roue* ont beaucoup d'Analogie avec

le Levier ; la Puiffance eft appliquée à la circonférence
de la Roue , & le Poids eft élevé par une corde qui fe
roule (tandis que la Machine tourne) autour de l'Axe.
La Puiffance peut être conçue comme appliquée à l'extrêmité du bras d'un Levier égal au rayon de la Roue ,
& le Poids comme appliqué à l'extrêmité d'un Levier égal au rayon de l'Axe ; feulement ces bras ne fe
rencontrent pas à un centre de mouvement comme
dans le Levier, & au lieu de centre nous avons un
Axe du mouvement, à fçavoir l'Axe de toute la Machine. Mais comme céla ne peut faire de différence ,
il fuit que la Puiffance & le Poids font en équilibre
lorfqu'ils font l'un à l'autre en raifon inverfe des diftances de leurs directions à l'Axe de la Machine ; ou lorfque la Puiffance eft au Poids, comme le rayon du Cylindre eft au rayon de la Roue , la Puiffance étant fuppofée agir dans une direction perpendiculaire à ce rayon : mais fi la Puiffance agit obliquement au rayon,
il faut fubftituer une perpendiculaire tirée de l'Axe fur
la direction de la Puiffance, à la place du rayon. Ainfi
fi ABDE (*Fig.* 33.) repréfente le rouleau cylindrique,
HPN la Roue , LM l'Axe ou la ligne droite fur laquelle toute la Machine tourne , Q le point de la furface
du Cylindre où le Poids W eft appliqué, P le point où
la Puiffance eft appliquée, KQ le rayon du Cylindre ,
CP le rayon de la Roue; alors fi la Puiffance P agit
dans une direction perpendiculaire à CP , la Puiffance
& le Poids fe foutiendront réciproquement lorfque P
fera à W comme KQ à CP ou CH : mais fi la Puiffance agit dans quelque autre direction PR , qu'on tire
CR perpendiculaire de C centre de la Roue fur cette
direction ; alors F & W feront en équilibre lorfque P
fera à W comme KQ à CR , parce que dans ce cas
une Puiffance P a le même effet que fi elle étoit appliquée au point R de fa direction , agiffant dans une ligne droite perpendiculaire à CR.

19. La fimple *Poulie* fert feulement à changer la di-rection de la Puiffance ou du mouvement, fans caufer aucun avantage, ni aucun défavantage à l'exception de celui qui réfulte du frottement. Que M (*Fig.* 34.) re-préfente une fimple Poulie, PNW la corde qui paffe fur la Poulie de la Puiffance P au Poids W : il eft évident que fi P & W étoient égaux ils fe foutiendroient com-me s'ils étoient fufpendus aux diftances égales MA & MB du centre du Levier AB. Mais fi outre la Poulie fixe M, il y a (*Fig.* 35.) une autre Poulie mobile L, à laquelle le Poids W foit fixé, & que la corde qui de la Puiffance P paffe fur la Poulie fixe M, & fous la Pou-lie mobile L, foit fixée en E, alors il eft évident que la Puiffance P ne foutient que la moitié du Poids W, parce que la corde KN en foutient feulement la moi-tié, l'autre étant foutenue par la corde KE.

Il y a une analogie manifefte entre ce cas des Pou-lies, & celui dans lequel une Puiffance foutient un Poids double dont la diftance au centre du mouvement n'eft que la moitié de la fienne du même côté de ce centre. Car fi AB eft le diametre de la Poulie L, aux extrêmités duquel les cordes paralleles AE & BN tou-chent cette même Poulie, la Puiffance P peut être conçue appliquée en B, le Poids W en L & le cen-tre du mouvement en A. Si nous fuppofons que la Puiffance P & le Poids W fe meuvent, comme P eft égal à la moitié de W, ainfi la viteffe de W eft la moi-tié de la viteffe de P, ou P multipliée par fa viteffe donne un produit égal à W auffi multiplié par fa vi-teffe; car pour que le Poids W foit élevé d'un pouce, chacune des parties de la corde EK & KN doit être accourcie d'un pouce; & la Puiffance P qui tire toute la corde de E par K en N, doit defcendre de deux pouces. On appliquera un raifonnement femblable à toutes les combinaifons des Poulies.

20. Lorfqu'un Poids W (*Fig.* 36.) defcend le long

d'un *Plan incliné* AC, une partie de sa gravité est soutenue par la réaction du Plan, & la partie restante produit son mouvement le long du Plan. Que AB soit la hauteur du Plan, BC la base, & la gravité du Poids W, étant représentée par la ligne verticale WM, que cette Puissance soit résolue en la Puissance WN perpendiculaire au Plan, & WQ qui lui soit parallele. La premiere WN est détruite par la réaction du Plan, & la derniere WQ est celle qui produit le mouvement du Corps le long de ce Plan. Parce que les triangles WQM & ABC sont semblables, WQ est à WM comme AB est à AC; & la force avec laquelle un Corps descend le long du Plan est à sa gravité comme la hauteur de ce Plan est à sa longueur; par conséquent une force agissant sur le Corps W avec la direction QW parallele au Plan AC le soutiendra, si elle est à tout le Poids du Corps comme AB est à AC.

21. Que ABC (*Fig.* 37.) représente un *Coin* enfoncé dans la fente EDF, dont DE & DF sont les côtés, & si nous supposons que ces côtés DE & DF réagissent sur le Coin avec des directions perpendiculaires à DE & DF, que la ligne horizontale EF rencontre DF en F; alors lorsque la force qui enfonce le coin supposée perpendiculaire à l'Horizon, est en équilibre avec les résistances des côtés de la fente DE & DF, ces trois Puissances sont dans la même proportion que les trois lignes droites EF, DE & DF. Car il suit de la composition du mouvement que lorsque trois Puissances sont en équilibre entre elles, elles sont dans la même proportion que les trois côtés d'un triangle paralleles à leurs directions respectives, & par conséquent comme les trois côtés d'un triangle perpendiculaires à leurs directions; ce dernier triangle étant évidemment semblable au premier. Mais EF est perpendiculaire à la direction dans laquelle le Poids du Coin, ou la Puissance qui l'enfonce est supposé agir, & DE, DF sont per-

pendiculaires aux directions dans lesquelles leurs résistances sont supposées agir, par conséquent la Puissance qui pousse le Coin & ces résistances sont dans la
même proportion que EF, DE & DF. Si on fait d'autres suppositions sur les résistances des côtés de la fente
DE & DF, les proportions des Puissances seront déterminées par le même principe.

22. Lorsqu'un point se meut le long d'un Cylindre
avec un mouvement uniforme sur sa surface courbe,
tandis que la ligne qu'il parcourt est elle-même emportée d'un mouvement uniforme autour de l'axe du
Cylindre, il résulte de ce mouvement composé une ligne qu'on appelle une Spirale. Lorsque cette ligne est
élevée sur la surface externe du Cylindre, on lui donne
le nom de *Vis extérieure*; mais si la même ligne est en-
foncée dans l'intérieur du Cylindre, on l'appelle *Vis
intérieure* ou *Ecrou*. Lorsqu'on fait tourner une de ces
Vis autour de l'autre, on doit en fixer une, elles forment alors une Machine de grande force pour presser
les Corps ou les mettre en mouvement. Si une Puis-
sauce P (*Fig.* 38.) tourne l'une des deux Vis avec une
direction parallele à la Base, elle soutiendra le Poids W,
qui doit être élevé, si elle est à W dans la même proportion que la distance entre deux Spirales les plus
proches est à la circonférence du cercle décrit par
la Puissance P; parce que tandis que la Puissance
fait une révolution complette, la Vis avance de la
distance de deux Spirales situées l'une près de l'autre; & la vitesse de la Puissance est à la vitesse du Poids
comme la circonférence décrite par P est à cette distance. On trouvera la même chose en considérant la Vis
comme un Plan incliné roulé autour d'un Cylindre.
Dans cette Machine le frottement est très-grand. De
ces Machines simples on en forme de composées par plusieurs combinaisons, qui servent à différens usages: &
dans lesquelles les mêmes Loix générales ont lieu par

ticulierement celle qui est exposée au §. 2 : Que la Puissance & le Poids se soutiennent réciproquement lorsqu'ils sont en raison inverse des vitesses qu'ils auroient
dans les directions dans lesquelles ils agissent, s'ils
étoient mis en mouvement. Par là le fameux Problême est résolu où il s'agit de mouvoir un Poids donné par une Puissance donnée, pourvû que la résistance
causée par le frottement puisse être surmontée. Comme il est d'une très-grande importance de diminuer ce
frottement, on a imaginé différens Méchanismes pour
parvenir à ce dessein. Dans les Roues des différentes
especes de voitures, on a transporté le frottement de
la circonférence de la Roue (où il agiroit si la Roue ne
tournoit pas) à la circonférence de l'Essieu ; & par
conséquent on a diminué le frottement en raison du
rayon de l'Essieu au rayon de la Roue ; ainsi en ce cas
on diminue toujours le frottement en diminuant le diametre de l'Essieu ou en augmentant celui de la Roue.
Le frottement est pareillement diminué en faisant appuyer l'Essieu d'une Machine sur des circonférences de
Roues qui tournent avec lui, au lieu de reposer dans
des cavités fixes qui causent beaucoup de frottement : car par ce Méchanisme on transporte le frottement des circonférences de ces Roues à leurs Pi-
vots ; & on peut toujours diminuer de plus en plus
le frottement en faisant porter les Essieux de ces
Roues sur d'autres Roues qui tournent avec eux. Il est
à peine possible de donner des Regles générales & exactes sur le frottement, puisqu'il dépend de la structure
des Corps, de la forme de leurs parties prominentes,
de leurs cavités, de leur dureté, de leur élasticité, de
leur cohérence & de plusieurs autres circonstances.
Quelques Physiciens ont fait le frottement sur un Plan
horizontal égal au tiers du Poids, mais d'autres ont
trouvé qu'on ne devoit l'estimer que le quart, & quelquefois seulement $\frac{1}{6}$ ou $\frac{1}{7}$ du Poids. Des Auteurs ré-

cens nous ont dit que le frottement ne dépendoit pas de la surface du Corps, mais seulement de son Poids; on n'a pas trouvé non plus que cela fut exactement vrai. Dans les petites vitesses le frottement est à-peu-près en même raison que les vitesses: mais dans les plus grandes vitesses le frottement augmente en plus grande proportion, soit que les Corps soient secs ou frottés d'huile.

24. Le second Problême général en Méchanique dont nous avons parlé ci-dessus, est de déterminer la proportion que la Puissance & le Poids doivent avoir entre eux, afin que lorsque la Puissance l'emporte & que la Machine est en Mouvement, elle puisse produire le plus grand effet possible dans un tems donné. Il est évident que c'est une recherche de la derniere importance, quoique peu de Méchaniciens y ayent fait attention. Lorsque la Puissance est seulement un peu plus grande que celle qui suffiroit pour soutenir le Poids le mouvement est trop lent; & quoique dans ce cas on éleve un plus grand Poids, cela ne suffit pas pour compenser la perte du tems. Lorsque le Poids est beaucoup plus petit que celui que la Puissance est en état de soûtenir, il est élevé en moins de tems; & il peut se faire que cela ne soit pas suffisant pour compenser la perte qui vient de la petitesse du Poids. On doit donc déterminer dans quel cas le produit du Poids multiplié par sa vitesse est le plus grand possible; car ce produit mesure l'effet de la Machine dans un tems donné, & cet effet est plus grand à proportion que le Poids élevé est plus grand, & qu'il est élevé avec plus de vitesse. Nous rapporterons donc quelques exemples de ce genre qui peuvent être démontrés par la Géométrie commune élémentaire; souhaitant qu'on fasse de plus grands progrès dans cette partie si utile des Méchaniques.

25. Lorsque la Puissance l'emporte, & que la Machine commence à se mouvoir, le Mouvement du

Poids eſt d'abord accéléré par dégrés. L'action de la
Puiſſance étant ſuppoſée invariable, ſon influence ſur
le Mouvement du Poids diminue à meſure que la viteſſe du Poids augmente. Ainſi l'action d'un Courant
d'Eau ou d'Air ſur une Roue doit être eſtimée ſeulement par l'excès de la viteſſe du Fluide ſur la viteſſe
qu'à déja acquiſe la partie de la Machine qu'il frappe,
ou par leur viteſſe reſpective. D'un autre côté le Poids
du Corps qui doit être élevé & le frottement tendent à retarder le Mouvement de la Machine ; & lorſque ces forces, c'eſt-à-dire, celles qui tendent à l'accélérer & celles qui tendent à le retarder deviennent
égales, la Machine perſiſte alors dans le Mouvement
uniforme qu'elle a acquis.

Que AB (*Fig. 39.*) repréſente la viteſſe du Courant,
AC la viteſſe de la Partie de la Machine qu'il frappe,
lorſque le Mouvement de la Machine devient uniforme ; & CB repréſentera leur viteſſe reſpective de laquelle l'effet de la Machine dépend. On ſçait que l'action d'un Fluide ſur un Plan donné eſt comme le quarré de cette viteſſe reſpective; par conſéquent le Poids
élevé par la Machine lorſque ſon Mouvement devient
uniforme étant égal à cette action eſt pareillement comme le quarré de CB. Que ce quarré ſoit multiplié par
AC, viteſſe de la partie de la Machine pouſſée par
le Fluide, & l'effet de la Machine dans un tems donné ſera proportionel à $AC \times CB^2 =$ (ſuppoſant CB diviſée en deux également en D) $AC \times 2CD \times 2DB =$
$4AC \times CD \times DB$, par conſéquent l'effet de la Machine
eſt le plus grand qui ſoit poſſible, lorſque le produit de
de AC, CD & DB eſt le plus grand. Mais il eſt aiſé
de voir que ce produit eſt le plus grand, lorſque les
parties AC, CD & DB ſont égales, car ſi vous décrivez un demi-cercle ſur AD, & que la perpendiculaire
CE rencontre le cercle en E, alors $AC \times CD = CE^2$,
& ce produit eſt le plus grand lorſque C eſt le centre

du cercle ; enforte qu'afin que AC × CD × DB foit le produit le plus grand poffible , AD doit être divifée en deux également au point C , & CB ayant été divifée en deux également en D , il fuit que AC , CD , DB doivent être égales ; ou que AC viteffe de la partie de la Machine pouffée par le Courant ne doit être qu'un tiers de AB viteffe du Courant. Dans ce cas lorfque (faifant abftraction du frottement) la Machine agit avec le plus grand avantage, le Poids qu'elle éleve eft au Poids qui foutiendroit précifément la force du Courant, comme le quarré de CB , viteffe relative de la Machine & du Courant, au quarré de AB qui feroit la viteffe relative, fi la Machine étoit en repos; c'eft-à-dire comme 2 × 2 à 3 × 3 ou 4 à 9. Donc afin que la Machine puiffe avoir le plus grand effet poffible, elle ne doit pas être plus chargée que du $\frac{5}{9}$ du Poids qui eft précifément en état de foutenir les efforts du Courant. Le Lecteur trouvera ce fujet traité plus au long dans mon Traité des Fluxions §. 908.

26. Pour donner un autre exemple, fuppofons qu'un Poids donné P (*Fig.* 40.) defcendant par fa gravité dans la ligne verticale , éleve un plus grand Poids W pareillement donné , par la corde PMW (qui paffe fur la Poulie fixe M) le long du Plan incliné BD , dont la hauteur BA eft donnée , & qu'on demande de trouver la pofition de ce Plan le long duquel W doit être élevé dans le moins de tems poffible, de la ligne horizontale AD en B. Que BC foit le Plan fur lequel W étant pofé feroit exactement foutenu par P , & par le §. 20. de ce Chapitre, P feroit à W comme AB, eft à BC ; mais W eft à la force avec laquelle il tend à defcendre le long du Plan BD comme BD à AB, par le même article ; par conféquent le Poids P eft à cette force comme BD à BC. Donc l'excès de P fur cette force (lequel excès eft la Puiffance qui accélére les mouvemens de P & de W) eft à P comme BD — BC eft à BD ,

ou, prenant BH fur BC égale à BD, comme CH à BD. Mais on fçait que les Efpaces parcourus par des Mouvemens uniformement accélérés font en raifon compofée des forces qui les produifent & des quarrés des tems; ou que le quarré du tems eft directement comme l'Efpace parcouru dans ce tems, & réciproquement comme la force; par conféquent le quarré du tems dans lequel BD eft parcouru par W, fera directement comme BD, & réciproquement $\frac{CH}{BD}$, & il fera le moindre poffible lorfque $\frac{BD^2}{CH}$ eft un *Minimum*, c'eft-à-dire lorfque $\frac{BC^2}{CH} + CH + 2BC$, (ou parce que 2BC eft invariable) lorfque $\frac{BC^2}{CH} + CH$ eft un *Minimum*. Maintenant comme la fomme de deux quantités étant donnée, leur produit eft un *Maximum*, lorfqu'elles font égales entre-elles; de même il eft évident que lorfque leur produit eft donné, leur fomme doit être un *Minimum* fi elles font égales. Enforte qu'il fuit que de même que dans la derniere Section, le Rectangle ou le produit des deux parties égales AC & CD étoit CE²; ainfi le Rectangle ou le produit de deux parties inégales quelconques qui compofent la ligne AD, eft moindre que CE², & AD eft la plus petite fomme de deux quantités, dont le produit eft égal à CE². Mais le produit de $\frac{BC^2}{CH}$ & CH eft BC² & par conféquent donné. Donc la fomme de $\frac{BC^2}{CH}$ & CH eft la moindre lorfque ces parties font égales, c'eft-à-dire lorfque CH eft égale à BC, ou BD égale à 2BC. Il paroît donc que lorfque la Puiffance P & le Poids W font donnés & que W doit être élevé fur un Plan incliné du niveau du point donné A au point donné B, dans le moindre tems poffible, nous devons d'abord trouver le Plan BC fur lequel W feroit foutenu par P, & prendre le Plan BD

BD dont la longueur est double de celle du Plan BC;
ou nous devons faire usage du Plan BD sur lequel un
Poids double de W seroit soutenu par la Puissance P.

27. Qu'un Fluide qui se meut avec la vitesse & la direction AC (*Fig.* 41.) frappe le Plan CE, & supposons
que ce Plan se meuve parallele à lui-même dans la direction CB perpendiculaire à CA, ou qu'il ne puisse se
mouvoir dans aucune autre direction; alors qu'on demande de trouver la position la plus avantageuse du
Plan CE, afin qu'il reçoive la plus grande impulsion
de l'action de ce Fluide. Que AP soit perpendiculaire
à CE en P, tirez AK parallele à CB, & que PK lui
soit perpendiculaire en K, & AK mesurera la force
avec laquelle chaque partie du Fluide pousse le Plan
EC dans la direction CB. Car la force de chacune de
ces parties étant représentée par AC, que cette force
soit résolue en AQ parallele à EC, & AP qui lui est
perpendiculaire; il paroîtra ainsi qu'il n'y a que AP
qui ait quelque effet sur le Plan CE. Que cette force
soit résolue en la force AL perpendiculaire à CB, &
la force AK qui lui est parallele; alors il est évident que
la premiere AL n'a aucun effet pour mouvoir le Plan
dans la direction CB; ensorte que la derniere AK seulement mesure l'effort avec lequel la partie du Fluide
augmente le Mouvement du Plan CE dans la direction CB. Que EM & EN soient perpendiculaires à CA
& CB, en M & en N; & le nombre des parties qui se
meuvent dans les directions paralleles à AC, & qui
tombent sur le Plan CE sera comme EM. Donc l'effort du Fluide sur CE étant comme la force de chaque partie & comme le nombre de ces parties, sera
comme AK × EM; ou à cause que AK est à AP(=EM)
comme EN à CE comme $\frac{EM^2 \times EN}{CE}$; ensorte que CE
étant donnée, le Problême se réduit à ceci: trouver
le cas où EM^2 × EN est le produit le plus grand possible.

A a

Mais parce que la fomme de EM^2 & de EN^2 ($= CM^2$) eft donnée, étant toujours égale à CE^2, il fuit que $EN^2 \times EM^4$ eft le le plus grand produit poffible, lorfque $EN^2 = \frac{1}{3} CE^2$; de la même maniere qu'on a démontré au §. 25., que lorfque la fomme de AC & CB étoit donnée, $AC \times CB^2$ étoit le plus grand produit lorfque $AC = \frac{1}{3} AB$. Mais lorfque $EN^2 \times EM^4$ eft le plus grand produit poffible, fa racine quarrée $EN \times EM^2$ eft auffi néceffairement la plus grande poffible. Donc l'action du Fluide fur le Plan CE dans la direction CB eft la plus grande lorfque $EN^2 = \frac{1}{3} CE^2$, & par conféquent $EM^2 = \frac{2}{3} CE^2$; c'eft-à-dire lorfque EM finus de l'angle ACE, dans lequel le Courant frappe le Plan, eft au rayon, comme $\sqrt{2}$ à $\sqrt{3}$; dans lequel cas, il paroît aifément par les Tables Trigonometriques, que cet angle eft de $54^\circ. 44'$.

28. On peut réfoudre differens Problêmes utiles en Méchanique, par ce qui a été démontré dans le dernier Article. Si nous repréfentons la viteffe du Vent par AC, une Section de l'Aîle du Moulin à Vent perpendiculaire à fa longueur par CE; comme il fuit de la nature de la Machine que fon Axe doit être tourné directement du côté du Vent, & que l'Aîle ne peut fe mouvoir que dans une direction perpendiculaire à l'Axe, il paroît que, lorfque le Mouvement commence, le Vent aura la plus grande Force pour accélérer ce Mouvement lorfque l'Angle ACE, dans lequel le Vent frappe l'Aîle, eft de 54° $44'$. De la même maniere fi CB repréfente la direction du Mouvement d'un Vaiffeau ou la pofition de fa Quille, faifant abftraction de fon Mouvement de côté, & AC la direction du Vent perpendiculaire à celle du mouvement du Vaiffeau, alors la pofition la plus avantageufe de la Voile CE pour accélérer fon mouvement dans la direction CB, eft lorfque l'Angle ACE dans lequel le Vent frappe la Voile, eft de 54° $44'$. On détermine de même

la meilleure position du Gouvernail, afin qu'il puisse avoir le plus grand effet pour faire tourner le Vaisseau, & dans une Lettre * au Sçavant Martin FOLKES, Ecuyer, Président de la Société Royale, j'ai fait voir combien cet Angle entre dans la détermination de la Figure du Rhombe qui forme les bases des Cellules où les Abeilles déposent leur miel, de la maniere la plus économique.

29. Mais on doit observer avec soin que lorsque le sinus de l'Angle ACE est au rayon comme $\sqrt{2}$ à $\sqrt{3}$, ou ce qui est la même chose, lorsque sa Tangente est au rayon comme la diagonale d'un quarré à son côté, c'est l'angle le plus avantageux seulement au commencement du mouvement de la Machine ; ensorte que les Aîles d'un Moulin à Vent commun doivent être situées de façon que le Vent les frappe dans un plus grand Angle que celui de 54°. 44'. Car nous avons démontré ailleurs que lorsque quelque partie de la Machine a acquis la vitesse c, l'effort du Vent sur cette partie sera le plus grand lorsque la Tangente de l'angle dans lequel le Vent la frappe est au rayon non pas comme $\sqrt{2}$ à 1, mais comme $\sqrt{2 + 9\frac{cc}{4aa}} + \frac{3c}{2a}$ à 1, la vitesse du Vent étant représentée par a. Si par exemple $c = \frac{1}{3}a$ alors la Tangente de l'Angle ACE doit être double du rayon, c'est-à-dire, l'Angle ACE doit être de 63°. 26'. Si $c = a$, alors ACE doit être de 74°. 19'. Cette Observation est de grande importance, parce que dans cette Machine les vitesses des parties de l'Aîle éloignée de l'Axe ont une proportion considérable à la vitesse du Vent, & quelquefois même lui sont égales ; & de plus parce qu'un sçavant Auteur, M. Daniel Bernouilli a tiré une conclusion opposée de ses calculs dans son *Hydrodynamique* en prenant un *Minimum* pour un *Maximum*, où il conclud que l'Angle dans lequel le Vent frappe le Volant doit diminuer comme la distance de l'axe du

* Transactions Philosophiques. N. 471.

Mouvement augmente, que si $c = a$ le Vent devoit le frapper dans un Angle de 45°, & que si le Volant étoit dans un Plan, il devoit être incliné au Vent dans un angle d'environ 50°, en prenant un terme moyen; nous avons expliqué ailleurs * comment il tomba dans ces méprises. De même quoique l'Angle ACE de 54° 44' soit le plus avantageux au commencement du Mouvement lorsque le Vaisseau est à la Voile avec un Vent de côté, cependant on devroit le rendre plus grand dans la suite à mesure que le Mouvement augmente. En général que Aa parallele à CB soit à AC, comme la vitesse que la Machine a déja acquise dans la direction CB est à celle du Courant; sur AC prolongée prenez AD à AC comme 4 à 3, tirez DG parallele à CB, & décrivez du centre C avec le rayon Ca un cercle qui rencontre DG en g, & le Plan CE sera dans la situation la plus avantageuse pour accélérer le Mouvement de la Machine, lorsqu'il divise en deux également l'angle aCg. On suppose généralement qu'un Vent direct favorise toujours plus le mouvement du Vaisseau, la Voile étant perpendiculaire au Vent, qu'aucun Vent de côté; & cette opinion a été soutenue dans differens Traités ingénieux qui ont nouvellement paru; mais pour prévenir les erreurs, nous sommes obligés d'observer que le contraire a été démontré dans notre Traité des Fluxions §. 919; où on trouvera d'autres exemples de ce second Problême général de Méchanique auxquels nous renvoyons.

30. Les Puissances méchaniques suivant leur diverse structure servent à differens desseins; c'est à l'habile Méchanicien à les choisir ou à les combiner de la maniere la plus propre à produire l'effet requis par la puissance dont il peut disposer, & avec la moindre dépense possible. Le Levier peut être employé lorsqu'on a besoin de n'élever les Poids que fort peu, à moins que la

* Traité des Fluxions, §. 914.

Machine elle-même ne foit en mouvement, comme
par exemple, pour tirer des pierres hors de leurs lits
dans les carrieres, mais l'Axe & la Roue ferviront pour
élever des Poids des lieux les plus profonds. Les Pou-
lies étant aifées à tranfporter fur les Vaiffeaux, y font
pour cela fort employées. Le Coin eft excellent pou-
féparer les parties des Corps; & la Vis pour les comr
primer ou les refferrer enfemble, & même fon grand
frottement eft quelquefois utile pour conferver l'effet
qu'elle a déja produit. La force de la Machine & de
fes parties doit être proportionnée aux effets qu'elle eft
deftinée à produire. Comme nous avons trouvé que
lorfque le centre du Mouvement eft fitué entre la Puiffance & le Poids, il foutient la fomme de leurs efforts,
il fuit delà qu'on ne doit pas employer une petite Balance pour pefer de grands Poids, car ils dérangeroient
fa ftructure & la rendroit incapable de fervir à cet ufage avec exactitude. Les grandes Machines ne font pas
propres non plus à produire de petits effets : on doit
laiffer le détail de ces fortes de chofes à un Méchanicien habile & expérimenté.

31. Mais nous avons fouvent d'autres objets en vûe
dans la Méchanique que d'élever des Poids & de furmonter des réfiftances. Produire un Mouvement régulier qui puiffe fervir à mefurer le tems auffi exactement
qu'il eft poffible, c'eft un des Problemes les plus importans de cette Science, & qu'on a réfolu avec fuccès jufqu'ici en adaptant des pendules aux Horloges;
quoiqu'on ait inventé plufieurs moyens ingénieux de
corriger les irégularités de ces Mouvemens caufées par
les refforts. Plufieurs perfonnes ont fait tous leurs efforts
pour trouver un Mouvement perpétuel, mais fans fuccès; & il y a lieu de penfer fuivant les principes de Méchanique qu'un tel Mouvement eft impoffible. Dans
plufieurs cas lorfque les Corps agiffent les uns fur les
autres, il y a un gain de mouvement abfolu, mais ce

gain eſt toujours égal dans des directions oppoſées, &
la quantité de mouvement direct n'eſt jamais augmentée. Pour produire un mouvement perpetuel, il eſt néceſſaire qu'un nombre de Corps déterminé ſe meuvent
continuellement dans un certain Eſpace & d'une certaine
maniere, & pour cela il doit y avoir une ſuite d'actions
qui ſe ſuccédent ſans ceſſe comme dans un cercle, afin
de rendre le mouvement continuel ; enſorte que toute
action par laquelle la quantité de force abſolue eſt augmentée (& il y en a de pluſieurs ſortes) a une action
oppoſée correſpondante qui détruit ce gain de force,
& en rétablit la quantité à ſon premier état. Ainſi il n'y
aura jamais par ces actions aucun gain de force directe
pour ſurmonter le frottement & la réſiſtance du milieu ;
mais chaque Mouvement ſera détruit peu-à-peu par
ces réſiſtances, & à la fin les mouvemens produits
par toutes ces actions languiront & ceſſeront entierement.

32. Pour mettre cette vérité encore dans un plus
grand jour, nous obſerverons qu'on convient que par
la réſolution de la force il y a un gain ou une augmentation de quantité abſolue de forces, ainſi les forces AB &
AD (Pl. I. Fig. 2.) priſes enſemble ſurpaſſent la force AC
qui cependant eſt réſolue en ces deux forces, mais on ne
peut par aucune Machine que ce ſoit réſoudre le Mouvement à l'infini ; ceux qu'on a réſolus doivent être de
nouveau compoſés pour faire un mouvement continuel,
& le gain acquis par la réſolution ſera de nouveau perdu par la compoſition. De même maniere ſi vous
ſuppoſez A & B (Fig. 42.) parfaitement élaſtiques, &
que le moindre Corps A frappe B en repos, il y aura
une augmentation de la quantité abſolue de force, parce que A rejaillira ; mais ſi vous les ſuppoſez tous deux
tourner autour d'un centre C, après le Choc, enſorte
qu'ils ſe rencontrent de nouveau en a & b, cette augmentation de force ſera perdue & leur mouvement réduit à ſa premiere quantité. Un pareil

de force qui se perd ensuite dans les actions des Corps
ne peut donc jamais produire un Mouvement perpetuel. Il y a encore plusieurs autres manieres de gagner
de la force absolue ; mais puisqu'il y a toujours un gain
égal dans des directions opposées, & qu'il n'y a aucune augmentation acquise dans la même direction, dans le
cercle d'actions nécessaires pour produire un mouvement
perpetuel, ce gain sera aussi-tôt perdu, & ne servira
pas à la dépense nécessaire de force employée à surmonter le frottement & la résistance du milieu.

33. Nous devons donc observer que quoiqu'on put
démontrer que dans un nombre infini de Corps ou
dans une Machine infinie, il pourroit y avoir perpetuel-
lement un gain de force & un mouvement continué à
l'infini, il ne s'ensuit pas de-là qu'un mouvement perpetuel puisse être produit. Celui qui fut proposé par M.
Leibnitz au Mois d'Août 1690, dans les Actes de
Leipsick, comme une conséquence de l'estimation commune des forces des Corps en mouvement, est de ce
genre, & pour cette raison & plusieurs autres il doit
être rejetté. Il est cependant nécessaire d'ajoûter que
quoiqu'à plusieurs égards, il paroisse préférable de
mesurer les forces aussi bien que les mouvemens des
Corps par leurs vitesses & non pas par les quarrés de
leurs vitesses ; cependant pour donner une plus grande vitesse à un Corps, la Puissance ou la cause qui doit
la produire doit augmenter en plus grande proportion
que cette vitesse ; parce que l'action de la Puissance sur le Corps, dépend seulement de leur mouvement rélatif ; ensorte que l'action totale de la Puissance n'est pas employée à produire du mouvement dans
le Corps, mais une partie considérable de cette action
sert à soutenir la Puissance, afin de la mettre en état
de suivre le Corps & d'agir sur lui. Ainsi toute l'action
du Vent n'est pas employée à accélérer le mouvement
du Vaisseau, mais seulement l'excès de sa vitesse sur

celle de la Voile contre laquelle il agit, étant réduite
l'une & l'autre à la même direction. Lorsque le Mouvement eft produit dans un Corps par des refforts, il
n'y a que le dernier qui agit fur le Corps par le contact, & les autres fervent feulement à le foûtenir dans
fon action ; enforte qu'il faut un plus grand nombre de
refforts pour accélérer la viteffe d'un Corps qu'en raifon de l'augmentation de cette viteffe. Une Puiffance double, comme celle de la Gravité, produira
un mouvement double en même tems, & un mouvement double dans un Corps élaftique peut produire un double mouvement dans un autre Corps de
la même efpece. Mais deux impulfions fucceffives égales agiffant fur le même Corps ne produiront pas un
mouvement double de celui qui feroit produit par la
premiere impulfion; parce que la feconde impulfion
a néceffairement un effet moindre fur le Corps qui
eft déja en mouvement que la premiere qui agiffoit
fur lui lorfqu'il étoit en repos. De même s'il y a une
troifiéme & quatriéme impulfion, la troifiéme aura un
effet moindre que la feconde & la quatriéme moindre
que la troifiéme. De-là il paroît quelle réponfe nous
devons faire à l'argument fpécieux dont on s'eft fervi
pour démontrer la poffibilité du Mouvement perpetuel.

Que la hauteur AB (*Planch. III. Fig.* 43.) foit divifée en quatre parties égales AC, CD, DE, EB : fuppofons que le Corps A acquiert par la defcente AC une
viteffe comme 1, & que ce mouvement par quelque
moyen foit tranfmis à un Corps égal B; alors que le
Corps A par une defcente égale CD, acquiere un autre mouvement comme 1, qui fera tranfmis pareillement au même Corps B, lequel de cette maniere eft fuppofé acquérir un mouvement comme 2, fuffifante pour
le faire monter de B en A ; & parce qu'il refte encore
les mouvemens que A acquiert par les defcentes DE
& EB, qui peuvent être en état de tenir une Machine

ne mouvement, tandis que B & A montent& defcendent alternativement, on conclud de-là que de cette
manière il peut être acquis un gain de force fuffifant pour
produire un mouvement perpetuel. Mais il paroît par
ce qui a été démontré qu'un mouvement comme 2 ne
peut être produit en B par les deux impulfions fucceffives tranfmifes de A, chacune defquelles eft comme 1.

Quelques Auteurs ont propofé des projets pour
produire un mouvement perpetuel dans le deffein
de les refuter ; mais ne donnant pas de bonnes réponfes ils ont plutôt confirmé les ignorans dans leurs
efpérances mal-fondées. Nous en avons un exemple
dans la *Magie. Mathématique du Docteur Wilkin, Livre
II. Chap. XIII.* Un Aiman en A (*Fig.* 44.) eft fuppofé
avoir une force fuffifante pour élever un Corps pefant
le long du Plan FA de F en B, d'où le Corps eft fuppofé defcendre par fa Gravité le long de la courbe BEF
jufqu'à ce qu'il retourne à fa première place FF; enforte qu'il s'élève ainfi le long du Plan A, & defcende
le long de la courbe BEF continuellement. Mais fuppofons que BZE foit une furface fur laquelle un Corps
étant placé, fa Gravité & l'attraction de l'Aiman fe con-
trebalanceroient, cette furface rencontrera BEF à quelque point E entre A & F, & le Corps s'arrêtera en defcendant le long de AEF au point E.

CHAPITRE IV.

Du Choc des Corps.

1. QUoique les Loix du Mouvement & les Principes de Méchanique soient suffisamment expliqués & démontrés dans les Chapitres précédens, il est à propos avant que nous procédions à des sujets plus rélevés, de considérer les Mouvemens les plus simples & les plus communs avec les Phénomenes qui en dépendent. Ces Loix & ces Principes recevront delà une nouvelle lumiere, & on se convaincra de l'exactitude de nos Méthodes de raisonner en conséquence de ces mêmes Principes. Les Mouvemens dont nous devons parler sont ceux qui sont produits par les Corps en se heurtant les uns les autres; nous avons occasion de les observer souvent, & il dépend de nous de les répéter par différentes expériences. C'est toujours en commençant par les Phénomenes les plus simples que nous pouvons analyser les Loix de la Nature avec la plus grande certitude; de ceux-là nous nous élevons ensuite à d'autres beaucoup plus compliqués: mais il seroit absolument contraire aux régles de la bonne Méthode de commencer par ces derniers. Il seroit ridicule, par exemple, si on vouloit parler ou donner une vraie notion de l'inertie des Corps, de commencer par des expériences chymiques sur la fermentation, les dissolutions des Corps par les Menstrues, les Phénomenes de la Putréfaction & autres d'un genre plus compliqué. Si nous commencions à fixer notre attention sur ces Phénomenes, nous serions portés à attribuer aux Corps une activité qui répugne réellement à leur nature. C'est par des observations & des expériences sur les Corps

fenfibles & groffiers que nous devons acquérir la connoiffance des premiers Principes de cette Science. La
Doctrine du Choc des Corps étoit très-évidente & très-
claire, & déduite d'une maniere fatisfaifante des Loix
du Mouvement avant que quelques Auteurs de ces
derniers tems fe fuffent efforcés de l'obfcurcir, en y introduifant des notions obfcures, en faveur de leur nouvelle Doctrine fur l'eftimation des forces des Corps en
mouvement;mais nous n'aurons aucun égard à ces inno-
vations, & nous tâcherons de déduire cette Doctrine
d'une maniere claire & fatisfaifante des Principes établis & éclaircis dans le fecond Chapitre.

2. Les Corps ont été communément diftingués en
trois efpeces: on appelle parfaitement Durs ceux dont
les parties ne cédent point dans leurs Chocs, mais font
abfolument infléxibles, & c'eft de cette nature qu'on
fuppofe être les élémens des Corps ou les Atômes. On
appelle *Mous* ceux dont les parties cédent dans leurs
Chocs, mais ne fe rétabliffent pas à leurs premieres fituations. On donne le nom d'*Elaftiques* à ceux qui cédent dans leurs Chocs, mais qui fe rétabliffent enfuite
à leur premier état : & on les appelle parfaitement élaftiques, lorfqu'ils fe rétabliffent avec la même force avec
laquelle ils font comprimés. Les actions des Corps parfaitement durs & infléxibles les uns fur les autres font
confommées dans un moment : & comme il n'y a aucun reffort, ni aucune force pour les féparer, ils fe
joignent après le Choc comme s'ils ne formoient qu'un
feul Corps. Mais lorfqu'une Puiffance ou une Force agit
fur un Corps élaftique, fes parties cédent d'abord, & fe
rétabliffent enfuite peu-à-peu à leurs premieres fituations.
Il y a un tems requis pour cela qui doit être diftingué
en deux périodes; la premiere eft le tems durant lequel
les parties cédent & font comprimées de plus en plus;
l'autre eft celui où elles fe rétabliffent à leur premier
état. Lorfque deux Corps fphériques élaftiques fe ren-

contrent, ils se touchent d'abord en un point; mais leur contact augmente par degrés à mesure que les parties qui se touchent & se pressent mutuellement viennent à céder, jusqu'à leur plus grande compression : & ensuite ces parties se rétablissent à leurs premieres situations par les mêmes degrés, quoique dans un ordre contraire. Les actions des Corps élastiques peuvent être expliquées en imaginant des ressorts KL placés entre les Corps durs A & B (*Fig.* 14.); car les ressorts doivent avoir le même effet dans ce cas, que l'élasticité des parties des Corps. Si A se meut vers B comprime les ressorts, & par leur médiation agit sur B, les ressorts seront de plus en plus comprimés, jusqu'à ce que les deux Corps ayent des vitesses égales dans la même direction, & alors, aucune force n'agissant sur les ressorts, ils auront la liberté de commencer à se détendre, ce qu'ils feront par les mêmes degrés qu'ils ont été comprimés dans un ordre contraire : & c'est là la seconde période de l'action des Corps l'un sur l'autre. Dans la premiere action des Corps élastiques ou des Corps agissant par l'intervention des ressorts, les mêmes effets sont produits que s'ils étoient parfaitement durs. A la fin de cette période la vitesse respective des Corps est détruite, & dans l'instant où elle cesse la seconde commence, leurs vitesses dans la même direction étant alors égales. Dans cette seconde période de l'action des Corps, si l'élasticité est parfaite, les ressorts se détendant avec la même force avec laquelle ils étoient comprimés, les Corps doivent se séparer avec une vitesse respective égale à celle qu'ils avoient avant leur Choc, & quelque mouvement qui ait été ajoûté à chacun d'eux ou qui en ait été retranché dans la premiere période, ils en perdront ou en recevront autant dans la même direction durant la seconde période ; ensorte qu'il y aura deux fois autant de force perdue, ou deux fois autant de gagnée par l'un & l'autre de ces Corps, que s'ils euffent été parfaitement durs.

3. Les effets produits dans la premiere période de l'action des Corps qui ont une élafticité imparfaite font les mêmes que fi les Corps étoient parfaitement élaftiques; mais parce que leurs parties fe rétabliffent à leurs premieres fituations avec une force moindre que celle qui les avoient déplacées, il y a moins de force gagnée ou perdue dans la feconde période que dans la premiere. Il y a cependant une proportion conftante obfervée entre ce qui eft perdu ou gagné dans ces deux périodes dans la même forte de Corps; enforte qu'il y a un rapport conftant entre leurs viteffes refpectives avant & après le Choc. Dans le Verre, par exemple, on trouve que cette proportion eft comme de 16 à 15.

4. Dans les Corps mous, dont les parties cédent & ne fe rétabliffent point du tout à leurs premieres fituations, l'action doit être la même que dans la premiere période des Corps parfaitement élaftiques & de ceux qui font d'une dureté parfaite. Leur viteffe refpective eft détruite par le Choc, l'inertie ou la réfiftance des parties ayant le même effet dans ce cas que leur reffort dans l'autre. Après le Choc ils vont enfemble comme une feule maffe, n'y ayant point de reffort pour les féparer. Parce que les parties cédent dans leurs Chocs, quelques Philofophes ont imaginé qu'il devoit y avoir de la force perdue en produifant cet effet; mais il n'y a point de mouvement communiqué à quelque partie qui puiffe le perdre fans le communiquer à d'autres. Un Corps qui fe meut dans un Fluide ne perd aucune force que celle qu'il communique aux parties du Fluide; & celui qui agit fur un Corps mou, ne peut perdre d'autre force que celle qu'il communiquera aux parties de ce Corps, laquelle fera par conféquent réunie à la force du tout. Les parties font à la vérité mues hors de leurs premieres places, mais cela ne peut produire aucune perte de force; car il eft évident que fi A fe meut

& frappe B (*Fig.* 45.) & le pousse au point *b* où il frappe C, ensorte qu'il reste lui-même à ce point *b*, toute la force que A avoit d'abord doit toujours se trouver en A ou en C, & il ne peut y avoir de force perdue ou consumée à transporter B de sa premiere place B à sa derniere *b*, puisque A n'a perdu que la force qu'il a donné à B, & que B ne peut avoir perdu que celle qu'il a communiquée à C. Il ne peut pas y avoir plus de force perdue dans ce cas, que si B avoit frappé C dans sa premiere place B, & il n'y auroit pas plus de force perdue en B mû deux ou trois fois aussi loin avant de frapper C. De même lorsqu'un Corps agit sur un autre qui est mou, & déplace ses parties, la force que le premier Corps perd est employé à la vérité à mouvoir ces parties qui acquierent tout ce qu'il perd, & ne perdent rien de la force qu'elles ont ainsi acquise qu'en la communiquant à d'autres parties ; il n'importe pas à combien de distance elles soient mues de leurs places, mais quelle est la force qui leur est communiquée qu'il n'est pas possible de concevoir qu'elles puissent perdre par leurs simples déplacemens, sans agir sur d'autres parties.

5. On trouvera toujours ce principe vrai, quoique l'on suppose que les parties du Corps mou soient unies entre-elles avec un certain degré de force. On peut encore rendre ce cas plus clair, en supposant les parties B, C & D, (*fig.* 46.) cohérentes par un Ressort d'un certain degré de force, & que A poussant C, change la situation de ces parties entre-elles. Dans ce cas A ne perdra aucune force qui ne soit entierement communiquée à C, mais quelque partie par la médiation du ressort, doit être imprimée sur B & D, & tout ce que A perd, & n'est pas donné à C, doit être communiqué à B & D, si nous supposons le ressort infiniment délié, ou si nous faisons abstraction de son inertie, & que nous comptions toute la force dans la même di-

rection. Il eſt vrai que le reſſort ſera tendu par la force,
qui eſt d'abord imprimée ſur C; mais comme C ne
peut perdre que ce qui eſt reçû par B & D, il ne peut
y avoir de force perdue par cette cauſe; & ſi le reſſort
venoit à ſe rompre, il s'enſuivroit ſeulement qu'il n'y
auroit plus, après cela, de force communiquée de C
à B & à D. De l'égalité de l'action & de la réaction,
il ſuit que le reſſort agit également ſur C & B, & ſur
C & D; enſorte qu'il ajoûte autant de force à B & D,
qu'il en prend de C; & comme ce principe eſt toujours
vrai, il doit auſſi avoir lieu, dans l'inſtant que le reſſort
ſe rompt comme auparavant: la cohéſion des parties,
ne peut donc être la cauſe d'aucune perte de force,
ayant égard à toutes celles qui ſont affectées dans le
Choc; & il paroît que c'eſt ſans fondement, qu'on ſup-
poſeroit qu'il y eut d'autre force conſumée, en faiſant
céder les parties des Corps mous, que celle qui eſt
raſſemblée dans la maſſe totale du Corps, tandis que
ſes parties continuent d'être unies toutes enſembles.

6. Ces obſervations étant faites, ſoient ſuppoſés
d'abord les Corps A & B (*Fig.* 47. privés d'élaſticité,
que C, ſoit leur centre de gravité, & que AD & BD
repréſentent leurs viteſſes avant le Choc. Alors ſuppoſant que le Choc ſoit direct, ils avanceront enſemble
après le coup, comme s'ils ne formoient qu'une ſeule
maſſe, & leur centre de gravité étant emporté avec
eux, leur viteſſe commune ſera la même que celle de
ce centre, qui (par le § 15 Chap. 2.) eſt la même
avant & après le Choc. Mais tandis que les Corps parcourent AD & BD avant le Choc, leur centre de
gravité ſe meut de C en D, lieu où ils ſe rencontrent, ou célui où l'un attrape l'autre; donc la viteſſe
commune de A & de B après le Choc, eſt meſurée
par CD, leurs viteſſes avant le Choc, étant repréſentées par AD & BD reſpectivement. La ligne droite
CD marque la direction, auſſi-bien que la viteſſe de

leurs mouvemens après le Choc; car elle eſt toujours dans la direction de C à D. Si D tombe ſur C, alors CD s'évanouit, & leurs mouvemens ſont détruits par le Choc. Cette propoſition ſert à déterminer les cas où les Corps ſont ou parfaitement durs, ou parfaitement mous.

7. Mais ſi les Corps ſont parfaitement élaſtiques, prenez CE égale à CD, dans une direction oppoſée; & les viteſſes de A & de B après le Choc, avec leurs directions, ſeront repréſentées par EA & EB reſpectivement. Car le changement produit dans leurs mouvemens par le Choc, étant, dans ce cas, double de ce qu'il étoit dans le précédent, par le § 2, & la différence de AD & CD (changement produit dans la viteſſe de A dans le premier cas) étant égale à la différence de CD, ou CE, & EA, il ſuit que la viteſſe de A après le Choc, eſt meſurée par EA; & la différence de EB & CD, ou CE, c'eſt-à-dire CB, étant égale à la différence de CD & BD, il ſuit que EB eſt la viteſſe de B après le Choc. Si B étoit en repos avant le Choc, que AB repréſente la viteſſe de A, prenez CE égale & oppoſée à CB, & EA, EB, repréſenteront les viteſſes de A & de B, après le Choc : dans lequel cas la viteſſe de A avant le Choc, eſt à la viteſſe de B après le Choc, comme AB à EB ou 2CB ; c'eſt-à-dire, comme la moitié de AB à CB, & par conſéquent, (par la propriété du centre de gravité) comme la moitié de la ſomme des Corps A & B eſt à A.

On peut déduire immédiatement de ce Théorême, tous les cas relatifs au mouvement des Corps qui ont une élaſticité parfaite. Par exemple, ſi les Corps A & B ſont égaux, alors CA=CB, & puiſque CE=CD, il ſuit que EA=BD & EB=AD ; c'eſt-à-dire, que les Corps ſont échange de leurs viteſſes par le Choc.

8. Mais ſi l'élaſticité des Corps eſt imparfaite, prenez CE (*Fig.* 48. *n.* 1.) égale & oppoſée à CD, mais

Ca

Ca moindre que CA, & Cb moindre que CB, dans
la même proportion que leur élasticité est moindre
qu'une élasticité parfaite ; & les lignes droites Ea &
Eb représenteront leurs vitesses après le Choc, par le § 3 ,
parce que si nous distinguons le tems dans lequel les
Corps agissent l'un sur l'autre en deux périodes, comme
dans cet article, l'effet produit dans la seconde période,
sera moindre que l'effet produit dans la premiere, en
cette raison donnée. Dans ce cas, leur vitesse respective après le Choc, est représentée par ab, & elle est à
leur vitesse respective avant le Choc, comme ab à
AB. Le Chevalier Newton a trouvé que dans le Verre
cette raison étoit comme de 15 à 16, ainsi que nous
l'avons observé ci-dessus ; par conséquent, en déterminant l'effet de leurs Chocs, nous devons prendre
$Ca = \frac{15}{16} CA$, & $Cb = \frac{15}{16} CB$.

9. Si le Mouvement est communiqué de cette maniere du Corps A à une suite de Corps dans une progression Géométrique, alors la vitesse, communiquée
successivement à ces Corps, sera pareillement, dans
une progression Géométrique ; & si A & B sont les deux
premiers Corps, la raison commune des vitesses sera celle
de la moitié de la somme de A & B au corps A ; c'est-
à-dire, si les Corps A & B sont représentés par les lignes droites oa & ob (Fig. 48 n. 2.) & si ab est divisée
en deux également en e, la raison commune de deux
vitesses consécutives quelconques dans la progression,
sera celle de oe à oa ; & si n représente le nombre des
Corps, sans y comprendre le premier A, la vitesse du
dernier sera à la vitesse du premier, comme la Puissance de oa dont l'exposant est n à la même Puissance
de oe.

10. Trois Corps étant représentés par oa, ob & od,
prenez of à od comme oa est à ob ; alors supposant que
le Mouvement commence du premier oa (qui étoit
supposé frapper ob en repos, & ob ensuite frapper od

C c

aussi en repos) la vitesse communiquée de cette maniere au troisieme , sera à la vitesse du premier, comme *oa* est à la quatrieme partie de la somme de *oa* , *ob* , *of* & *od*. Car la vitesse du premier *oa* est à la vitesse du second *ob* , comme la somme de *oa* & *ob* à 2*oa*; la vitesse de *ob* est à celle de *od*, comme la somme de *ob* & *od* à 2*ob* ; par conséquent la vitesse du premier *oa* est à la vitesse du troisieme *od* , en raison composée de *oa* ⊣ *ob* à 2*oa*, & de *ob* ⊣ *od* à 2*ob*, c'est-à-dire (puisque *oa* , *ob* , *of* , *od* , sont proportionnelles , ensorte que *oa* est à *ob* , comme *oa* ⊣ *of* à *ob* ⊣ *od* , & *oa* ⊣ *ob* à *ob* , comme la somme de *oa* , *ob* , *of* , *od* & à *ob* ⊣ *od*) comme la somme de *oa* , *ob* , *of* & *od*, est à 4*oa*. De-là la vitesse de *oa* étant donnée , la vitesse communiquée à *od* est réciproquement comme la somme de *oa* , *ob* , *of* & *od*, & elle est la plus grande , lorsque cette somme est la plus petite , c'est-à-dire, si *oa* & *od* sont donnés , lorsque *ob* & *of* , se confondent l'un avec l'autre & avec *ok* moyen proportionnel entre *oa* & *od*. Donc la vitesse communiquée à *od* est la plus grande lorsque *ob* , le Corps interposé entre *oa* & *od* , est moyen proportionnel entre eux. Ce Théorême est un de ceux de M. Huyghens ; d'où il suit que plus il y a de tels moyens proportionnels géometriques interposés entre *oa* & *od*, plus grande est la vitesse communiquée à *od*. Il y a cependant une limite que la vitesse communiquée à *od* ne peut jamais atteindre , (les Corps *oa* , *od* & la vitesse de *oa* avant le Choc , étant donnés) mais dont elle approche continuellement à mesure que le nombre de ces Corps interposés entre *oa* & *od* est augmenté. Et cette limite est une vitesse qui est à celle du premier *oa* avant le Choc en raison soudoublée de *oa* à *od* ; comme nous l'avons démontré dans nos Fluxions , §. 514.

11. Les mêmes principes serviront à déterminer les effets des Chocs , lorsqu'un Corps frappe un nombre

quelconque de Corps tout à la fois dans toutes directions quelles qu'elles foient. Que les Corps foient
d'abord parfaitement durs & privés d'élafticité, & que
le Corps C (*Fig.* 49.) fe mouvant dans la direction CD
avec une viteffe repréfentée par CD, frappe tout à la
fois les Corps A, B, E, &c. qui font fuppofés en repos avant le Choc, dans les directions CF, CH, CK,
&c. dans le même Plan que CD, & que D*a*, D*b* &
D*e* foient perpendiculaires à CF, CH, CK en *a*, *b*,
& *e* refpectivement. Déterminez le point P où le centre commun de gravité des Corps C, A, B, E fe trouveroit, fi leurs centres étoient placés aux points *c*, *a*,
b, *e*, &c. refpectivement, (par le §. 13. Chap. 2.); tirez
DP, & CL parallele à DP fera la direction du Corps C
après le Choc. Que PR perpendiculaire à DP rencontre CD en R, & que DL perpendiculaire à CD rencontre CL en L; alors fi CL eft divifée en G, enforte
que CG foient à CL en raifon compofée de celle de CD
à CR & de celle du Corps C à la fomme de tous les
Corps, la viteffe de C après le Choc fera repréfentée
par CG; c'eft-à-dire la viteffe de C après le Choc fera
à celle qu'il avoit auparavant comme CG eft à CD.
Que G*f*, G*h* & G*k* foient refpectivement perpendiculaires fur CF, CH & CK en *f*, *h*, & *k*, & les viteffes de A, B
& E après le Choc, feront repréfentées par C*f*, C*h* & C*k*.

Mais fi nous fuppofons les Corps parfaitement élaftiques ou que les viteffes refpectives, avant & après le
Choc, foit toujours égales, lorfqu'elles font mefurées
fur la même ligne droite; prolongez DG jufqu'à ce que
D*g* foit égale à 2DG, tirez C*g* & le Corps C parcourra C*g* après le Choc, dans le même tems qu'il auroit
parcouru une ligne droite égale à CD avant le Choc.
On détermine les mouvemens de la même maniere,
lorfque l'élafticité eft imparfaite, fi la viteffe refpective
après le Choc eft toujours en raifon donnée à la viteffe
refpective avant le Choc dans la même ligne droite.

C c ij

M. Bernouilli n'a réfolu qu'un cas très-limité de ce Problême dans fon Effai fur le Mouvement, *Paris*, 1726 ; car il fuppofe les Corps parfaitement élaftiques, & que, pour chaque Corps d'un côté de la ligne de direction CD, il y a toujours un Corps égal de l'autre côté, qui eft pouffé dans une ligne droite formant un anglé égal avec CD ; enforte que le Corps C fe meut avec la même direction après le Choc qu'auparavant. Il déduit la folution de ce cas particulier (qu'il repréfente comme une matiere de grande difficulté, & qu'il vante beaucoup comme le fruit de la nouvelle Doctrine fur les forces des Corps) de ce Principe » que la » fomme des Corps multipliés par les quarrés de leurs » viteffes eft la même avant & après le Choc ; » Principe, cependant qu'il n'a jamais démontré ; car il ne peut être confideré comme une conféquence immédiate de l'égalité de l'action & de la réaction, comme il l'a conclu trop légérement, ainfi que nous l'avons fait voir ci-deffus. Mais la folution de ces Problêmes & de plufieurs autres femblables fe déduit d'une maniere aifée, naturelle & générale des Loix concernant la fomme des Mouvemens d'un Syftême de Corps eftimés dans une direction donnée, & le Mouvement de leur centre de gravité qui n'eft jamais affecté par le Choc.

12. Les mêmes chofes étant fuppofées qu'au §. 7. parce que $CE = CD$ (*Fig.* 47.) il fuit que $AD^2 - AE^2 = 4CE \times CA$; & que $EB^2 - BD^2 = 4CE \times CB$. Mais $A \times 4CE \times CA = B \times 4CE \times CB$ par la propriété du centre de gravité C : donc $A \times AD^2 - A \times AE^2 = B \times EB^2 - B \times BD^2$, ou $A \times AD^2 + B \times BD^2 = A \times AE^2 + B \times EB^2$; c'eft-à-dire lorfque les Corps font parfaitement élaftiques, la fomme formée de la multiplication de chacun d'eux par le quarré de fa viteffe, eft la même après le Choc qu'elle étoit auparavant. Les mêmes fuppofitions étant actuellement faites que dans le dernier Article, que DQ, *gq*, *fm*, *hn*, *kr*, foient perpendiculaires à CG

en Q , q , m , n & r ; alors les Rectangles formés par
Cm & CG , Cn & CG , Cr & CG feront refpectivement égaux aux quarrés de Cf, Ch & Ck.
Si les Corps C , A , B , E font fuppofés fans élafticité,
leurs viteffes après le Choc feront repréfentées par CG,
Cf, Ch & Ck , la viteffe de C avant le Choc étant repréfentée par CD, parce que dans ce cas, il n'y a point
de viteffe relative produite par le Choc dans leurs directions refpectives ; & la fomme de A × Cm , B × Cn,
E × Cr eft égale à C × GQ , parce que la fomme des
mouvemens qui feroient communiqués à A , B & E
dans la direction CG , eft égale au mouvement que C
perdroit dans la même direction par le §.4.Chap II. donc
la fomme de A × Cf^2 , B × Ch^2 , E × Ck^2 eft égale à C ×
CG × GQ , & fi nous y ajoûtons C × CG^2 , la fomme
de tous les Corps multipliés par les quarrés de leurs viteffes fera dans ce cas C × CG × CQ ; mais lorfque les
Corps font fuppofés parfaitement élaftiques , les viteffes
de A , B & E doivent être repréfentées par 2Cf, 2Ch
& 2Ck refpectivement ; la fomme de A × 4Cf^2 , B ×
4Ch^2 & E 4Ck^2 eft égale à C × 4CG × GQ , ou ($Elem.$
8. 2.) C × CQ^2 — C × Cq^2 ; à quoi fi nous ajoûtons
C × Cg^2 (ou C × Cq^2 + C × DQ^2) la fomme totale des
produits , lorfque chaque Corps eft multiplié par le quarré de fa viteffe fera égale à C × CD^2 , & par conféquent
la même avant & après le Choc. Lors donc que les
Corps font fans élafticité , cette fomme eft moindre
après le Choc qu'auparavant en raifon de CG × CQ à
CD^2 , ou de CG à CL , L étant le point où LD perpendiculaire à CD rencontre CG. Et lorfque les Corps
A , B , E fe meuvent avant le Choc , dans des directions différentes de celles dans lefquelles C agit fur eux,
on trouvera toujours la propofition vraie , en décompo-
fant leurs mouvemens en ceux qui font dans ces directions (qui feu's font affectés par le Choc) & ceux qui
leur font perpendiculaires ($Elem.$ 47. 1.) Cette propofi-

tion a également lieu lorfque des Corps d'une élafticité parfaite frappent quelque obftacle immobile, auffi bien que lorfqu'ils fe frappent l'un l'autre, ou enfin lorfqu'ils font obligés par quelque Puiffance ou réfiftance de fe mouvoir dans des directions différentes de celles où ils agiffent les uns fur les autres. Mais il eft manifefte qu'on ne doit pas la regarder comme un Principe général ou une Loi du mouvement, puifqu'elle n'a lieu que dans les Chocs d'une feule efpece de Corps. Les folutions de quelques Problêmes qui en ont été déduites peuvent être tirées d'un maniere générale & directe des principes clairs dont on convient univerfellement, en déterminant d'abord les mouvemens des Corps durs qui font fuppofés fans élafticité, & delà déduifant les folutions des autres cas, lorfque les viteffes relatives avant & après le Choc font égales ou en quelque raifon donnée.

13. Ce qui vient d'être démontré dans le dernier Article nous conduit au principe qui a été appellé par M. Huyghens *la confervation de la force afcendante, confervatio vis afcendentis*. C'eft une chofe très-connue, & qui a été démontrée au §. 11. Chap. I. que les hauteurs auxquelles les Corps s'élevent contre la réfiftance directe d'une Gravité uniforme font comme les quarrés des viteffes avec lefquelles ils commencent à monter. Nous avons trouvé dans le dernier Article que la fomme des produits, lorfque les Corps font multipliés par les quarrés de leurs viteffes, eft la même après le Choc qu'elle étoit auparavant, pourvû que les Corps foient parfaitement élaftiques. Si donc nous fuppofons que le mouvement des Corps fe faffe en haut dans des lignes verticales, la fomme des produits, lorfque chaque Corps eft multiplié par la hauteur à laquelle il monteroit, eft la même après le Choc qu'auparavant; mais par la propriété du centre de Gravité §. 15. Chap. II. la fomme des produits des Corps multipliés par ces hauteurs eft égale au produit de la fomme des Corps

multipliés par la hauteur à laquelle leur centre de gravité s'éleveroit. Donc lorfque les mouvemens des Corps font fuppofés dirigés en haut dans des lignes verticales, avant ou après leurs Chocs, leur centre commun de Gravité s'élevera toujours à la même hauteur ; & c'eft ce que M. Huyghens a voulu faire remarquer lorfqu'il nous dit que la force *afcendante* de tout Syftême de Corps n'eft pas affectée par leurs Chocs ou leurs actions mutuelles, pourvû qu'ils foient parfaitement élaftiques ; car fi ce font des Corps mous, ou qui ayent une élafticité imparfaite (ce qui véritablement eft le cas de tous les Corps que nous pouvons examiner) alors il eft évident que par ces Chocs leurs mouvemens feront fouvent diminués & quelquefois totalement détruits ; enforte que le centre de Gravité s'élevera néceffairement à une hauteur moindre après le Choc qu'auparavant, fi les mouvemens des Corps font fuppofés dirigés en haut dans lignes verticales.

14. Lorfque des Corps font mus par leur Gravité & agiffent en même tems l'un fur l'autre, on trouvera toujours que la fomme des produits qui réfultent de la multiplication de chaque Corps par le quarré de la viteffe qu'il a acquife, eft égale à la différence de la fomme des produits des Corps qui defcendent multipliés par les quarrés des viteffes qu'ils auroient acquifes par les mêmes defcentes, s'ils fuffent tombés librement fans agir les uns fur les autres, & de la fomme des produits des Corps qui montent multipliés par les quarrés des viteffes refpectives qu'ils auroient acquifes en tombant librement des hauteurs refpectives auxquelles ils fe font élevés ; pourvû que l'élafticité des Corps foit parfaite, ou fi elle eft imparfaite qu'il n'y ait pas de Choc ou de communication fubite de mouvement d'un Corps à l'autre. Car fi les viteffes relatives dans leurs directions refpectives font moindres immédiatement après cette action qu'auparavant, dans ces cas la fom-

me des produits des Corps multipliés par les quarrés de leurs vitesses fera moindre qu'elle n'eut été s'ils étoient descendus librement des mêmes hauteurs respectives ; & s'ils sont supposés monter avec leurs vitesses respectives à un tems quelconque , & que leurs mouvemens ne soient retardés que par leur Gravité, le centre commun de Gravité ne montera pas à la même hauteur dont il étoit descendu ; comme nous l'avons fait voir fort au long dans notre Traité des Fluxions du §. 521 à 533.

15. Le vrai principe général à ce sujet est que lorsqu'un nombre de Corps mus par leur gravité ont des liaisons entre eux de quelque maniere , ensorte qu'ils agissent les uns sur les autres tandis qu'ils se meuvent , on trouvera toujours que l'ascension de leur centre de gravité dans leurs vibrations ou révolutions , égale sa descente ou qu'elle est moindre , mais elle ne l'excéde jamais : & de ce Principe on déduit certainement l'impossibilité d'un mouvement perpetuel. Car il paroît que dans ces vibrations & révolutions , les ascensions successives du centre de Gravité doivent continuellement diminuer en conséquence du Frottement des parties des Corps & de la résistance du milieu ; puisque l'ascension du centre de Gravité n'étant jamais plus grande que la descente (quoiqu'elle soit souvent moindre ,) il ne peut y avoir aucun gain de force pour surmonter ces résistances. Tout mouvement donc doit diminuer & languir peu à peu dans nos Machines méchaniques , à moins qu'il ne reçoive de nouvelles influences de la Puissance qui l'a produit.

16. Il est très-certain que lorsqu'on a égard au défaut d'élasticité des Corps, au Frottement & à la résistance du milieu , ces conclusions sont parfaitement conformes à l'expérience , & servent à confirmer les Loix générales du Mouvement avec leurs Corollaires & nos méthodes de raisonner en conséquence.

CHAPITRE

CHAPITRE V.

Du Mouvement des Projectiles dans le vuide ; de la Cycloïde & du Mouvement du Pendule dans cette Courbe. *

LEMME I.

SUppofons le Mouvement d'un Corps uniformement accéléré ; que le tems foit repréfenté par la ligne droite AM (*Planch. IV. Fig.* 1.) & une partie de ce tems par AK, tirez MN, KL perpendiculaires à AM en M & K, & AN qui les coupent en N & L : alors les viteffes acquifes dans les tems AM, AK depuis le commencement du mouvement, feront comme les perpendiculaires MN, KL, mais les Efpaces parcourus dans ces tems feront comme les Aires AMN, AKL.

Cette Propofition a été démontrée ailleurs, mais nous ajouterons ici la preuve qu'on en donne communément par la méthode des Indivifibles.

Puifque le mouvement du Corps eft fuppofé uniformement accéléré, c'eft-à-dire, recevoir des augmentations égales de viteffe dans des tems égaux, les viteffes acquifes feront toujours proportionnelles aux tems : enforte que fi MN repréfente la viteffe acquife dans le tems AM, il fuit, à caufe que AM : AK :: MN : KL, que KL repréfentera la viteffe acquife dans le tems AK. De la même maniere les viteffes acqui-

Dd

fes dans les tems AB , AC, AD, &c. feront repréfentées par les perpendiculaires BE , CF , DG , &c.
refpectivement.

L'Efpace parcouru par un mouvement uniforme, eft
comme le Rectangle formé par les lignes droites qui repréfentent la viteffe & le tems : par conféquent les Efpaces parcourus dans les tems AB , BC , CD , DH ,
&c. avec les viteffes BE , CF , DG , HI , &c.
font comme les Rectangles AE , BF, CG, DI, &c.
& les Efpaces parcourus dans tout le tems AK , comme la fomme de ces Rectangles. Pour que le Mouvement puiffe être uniformement & continuellement accéléré , fuppofons le nombre des Parties AB, BC,
CD, &c. qui font des divifions de la ligne AK , augmenté à l'infini , & la fomme des Rectangles AE , BF ,
CG , &c. deviendra égale au Triangle AKL. Donc
dans un mouvement uniformement accéléré , les Efpaces parcourus dans les tems AK & AM , depuis
le commencement du mouvement, font comme les
Aires AKL , AMN.

Coroll. I. L'Efpace parcouru par un mouvement uniformement accéléré, dans un tems donné , eft la moitié de l'Efpace qu'il auroit parcouru dans le même-tems,
par un mouvement uniforme avec la viteffe acquife à
la fin de ce tems.

L'Efpace parcouru par un mouvement uniformement accéléré , dans le tems AK , eft repréfenté par
le Triangle AKL ; l'Efpace qui feroit parcouru par un
mouvement uniforme , dans le même-tems, avec
la viteffe KL , eft repréfenté par le Rectangle formé de
AK & KL ; mais le Triangle AKL eft la moitié de ce
Rectangle ; & la Propofition eft évidente.

Coroll. II. Les Efpaces parcourus par un mouvement
uniformement accéléré , font comme les quarrés des
tems depuis le commencement du mouvement ; car
ces Efpaces font comme les Triangles femblables AKL,

AMN, dont les côtés homologues AK & AM représentent les tems. Par la même raison, les Espaces sont aussi comme les quarrés des vitesses (KL, MN) acquises à la fin de ces Espaces.

Coroll. III. Si la force accélératrice est supposée être plus grande ou plus petite en quelque raison donnée, les vitesses produites par cette force, dans un tems donné, feront augmentées ou diminuées dans la même raison. Et dans des tems donnés, la vitesse engendrée par cette force, fera à celle que la précédente a produite, en raison composée des forces & des tems.

Coroll. IV. La chute des Corps pesans, soit perpendiculaire, ou le long des Plans inclinés, étant un mouvement uniformement accéléré, le Lemme précédent & ses Corrollaires, peuvent lui être appliqués.

LEMME II.

Si deux Corps pesants (*Fig. 2.*) tombent du point de repos C, sur la ligne horisontale AB, l'un dans la ligne verticale CE, & l'autre le long du plan incliné CA ; le tems de la descente de C en B, sera au tems de la descente de C en A, comme CB à CA, & les vitesses acquises en B & en A, feront égales.

Car que la Force de la Gravité, par laquelle le Corps descend dans la ligne verticale CB, soit représentée par CB, & résolue en deux forces BD perpendiculaire à CA & CD ; l'autre Corps fera poussé le long du plan incliné par CD seulement. Par conséquent, les forces accélératrices, les Corps qui font descendre dans la verticale CB, & le long du Plan incliné CA, font représentées par CB & CD. Les Espaces parcourus dans des tems égaux, par l'action uniforme de quelques forces, font en même raison que ces forces : donc le Corps tombera de C en B, & de

C en D, dans des tems égaux. Mais le tems de la defcente de C en D, eft au tems de la defcente de C en A;
(par le *Cor.* 2 & 4. *Lem.* 1.) en raifon foudoublée de CD à
CA, c'eft-à-dire, (à caufe que CD, CB, CA, font en
proportion continuelle) en raifon de CD à CB, ou de
CB à CA.

De plus, les viteffes acquifes dans les chutes font
en raifon compofée des forces qui les produifent &
des tems dans lefquels elles ont été acquifes, (*Corol.*
3. *Lem.* 1.) c'eft-à-dire, dans le cas préfent, en raifon
compofée de CA à CB, & de CB à CA; laquelle
raifon compofée, eft celle d'égalité.

LEMME III.

Sur le même Plan horizontal, foit élevé un autre
Plan *ca*, dont l'élévation foit *c*B; de C tirez CI, parallele à *ca*, rencontrant BA en I, & de B la ligne B*d*,
perpendiculaire à CI. Alors CB repréfentant, comme
auparavant, la force conftante de la Gravité, CD C*d*
repréfenteront les forces accélératrices le long des
Plans CA, & (CI ou) *ca*; & leur raifon étant compofée de celles de CD à CB, & de CB à C*d*, c'eft-à-
dire, de CB à CA, & de (CI à CB ou de) *ca* à *c*B; il fuit
que ces forces accélératrices, font directement comme
les élévations des Plans CB & *c*B, & réciproquement
comme leurs longueurs CA & *ca*.

Coroll. I. Compofons maintenant ces trois raifons;
celle de CA à CB, de √CB à √*c*B, & de *c*B à *ca*,
leur fomme donnera la raifon des tems des chutes, fuivant CA & *ca*, qui eft la raifon directe des longueurs
CA, *ca*, & l'inverfe foudoublée des élévations CB,
ou *c*B.

Coroll. II. Les viteffes acquifes étant comme les forces
accélératrices, & les tems dans lefquels elles agiffent;
compofés la raifon de celles que nous avons trouvées

aux *Lemme* & *Corollaire* précédens, & il résultera celle des vitesses, à sçavoir, la raison directe soudoublée des élévations CB, *c*B.

Coroll. III. De-là on conclud pareillement, que si (*Fig. 3.*) un Corps tombe du point de repos C en A, sur la ligne horizontale AB, le long d'un nombre de Plans quelconque CD, DE, EA, inclinés entre-eux, comme en D & E, la vitesse au point A sera la même, que si le Corps fut tombé dans la ligne verticale CB; en faisant abstraction cependant de la perte de vitesse qui résulte des impulsions du Corps en D & en E, sur les Plans contigus.

Que multipliant le nombre des Plans de C en A, jusqu'à ce que le Corps descende par une courbe, la vitesse en A sera précisément la même, que dans la chute perpendiculaire CB.

Et enfin, que si le Corps descend sur une suite de Plans *cd*, *de* &c. semblables & situés comme les précédens, ou sur deux arcs de courbe, semblables & semblablement situés, les vitesses seront comme les longueurs des Espaces parcourus, & les tems en raison soudoublée de ces longueurs, des hauteurs CB, *cb*, ou de deux côtés homologues de ces Figures.

Coroll. IV. Que AD (*Fig. 4.*) soient le diametre d'un Cercle touchant la ligne horizontale en A, CA *c*A, deux cordes quelconques tirées au point A. Alors si les Corps descendent par la force de la Gravité le long de ces cordes, les tems de descente seront égaux; & les vitesses seront proportionnelles aux cordes CA, *c*A.

Car joignant DC, D*c*, & faisant CE, *ce*, perpendiculaires au diametre; parce que les Triangles DCA, ECA sont semblables, comme aussi D*c*A, *ec*A, on démontre aisément que CA est à *c*A en raison soudoublée des élévations AE, A*e*: & cette raison composée avec la même, mais renversée, donne la raison d'égalité; qui, par le *Coroll.* 1. est celle des tems.

Et par le *Coroll.* 2. les viteſſes ſont en raiſon ſou-doublée de AE à A*e*, ou de celle de CA à *c*A.

I. *Du Mouvement des Projectiles.*

PROPOSITION PREMIERE.

La Ligne décrite par un Corps peſant jetté dans une direction qui ne ſoit pas perpendiculaire à l'Horiſon, eſt une Parabole.

Suppoſons un Corps jetté dans la direction AD, (*Fig.* 5.) avec la viteſſe qu'il auroit acquiſe en tombant de B en A, ce Corps par cette ſeule force, agiſſant ſur lui, parcourroit uniformément la ligne droite AD; & une partie de la ligne de direction, comme AH repréſentera le tems dans lequel elle ſeroit parcourue.

Suppoſons que la force de la Gravité agiſſant ſeule, eut emporté, dans le même tems, le Corps de A en P; finiſſez le Parallelogramme APMH, & à la fin du tems repréſenté par AH, le Corps ſe trouvera en M. Puiſque par le premier *Corollaire* du *Lemme* premier, le tems dans lequel le Corps tombe de B en A, eſt le même que celui dans lequel il parcourroit 2AB par un mouvement uniforme, avec une viteſſe égale à celle qui eſt acquiſe en A; donc ce tems ſera repréſenté par 2AB. Mais le tems dans lequel le Corps tomberoit de A en P, étant repréſenté par AH, il ſuit du ſecond *Corollaire* du même *Lemme*, que AP : AB :: AH² 4AB², & 4AB × AP = AH² = PM² : d'où il paroît que le point M eſt un point dans la Parabole, dont le Diametre eſt AP, & le ſommet A, le Parametre de ce Diametre étant égal à 4AB.

Coroll. I. Il eſt évident que la ligne AH eſt une Tangente à la Parabole en A, parce qu'elle eſt parallele à l'Ordonnée PM.

Coroll. II. Puisque 4AB est le Parametre du Diametre AP, il suit que les Parametres appartenant au sommet A du Diametre AP, sont toujours en raison doublée des vitesses de la Projection, l'Espace AB étant toujours comme le quarré de la vitesse acquise en tombant de B en A. Il suit aussi que le Parametre de AP est le même, lorsque la vitesse de la Projection est la même, quelque soit la direction AH du Projectile.

Coroll. III. Si de A comme centre on décrit le demi-cercle BQL, sa circonférence sera le lieu de tous les foyers des Paraboles, qui peuvent être décrites par un Projectile jetté de A, avec la vitesse qu'il pourroit acquérir, tombant de B en A: car, par une propriété connue de la Parabole, la distance du foyer au point A est toujours égale au $\frac{1}{4}$ du Parametre du Diametre, qui passe par A: c'est-à-dire, au $\frac{1}{4}$ de 4AB ou à AB elle-même; tous les foyers doivent donc se trouver dans le demi-cercle BQL.

Coroll. IV. De-là il est aisé de déterminer la Parabole décrite, lorsque la direction du Projectile est donnée; car on n'a qu'à tirer AF, ensorte que l'angle FAD soit égal à l'Angle donné DAB que la direction AD fait avec la perpendiculaire AB, & le point F où AF coupe le demi-cercle BQL sera le foyer cherché; & si vous tirez par F la ligne FN, parallele à AB, coupant la Directrice BE en N, elle sera l'Axe, & I, point du milieu entre F & N, sera le sommet de la Parabole, 4FI étant le Parametre de l'Axe.

Coroll. V. Si vous tirez une ligne par le sommet I, parallele à la Directrice, rencontrant AB en C, elle doit être divisée en deux également par la ligne de direction en D; & si vous tirez une ligne du foyer F en D, elle sera perpendiculaire à la Tangente, & passera par B si elle est prolongée, comme il paroît par les propriétés de la Parabole: & par conséquent un demi-cercle décrit sur AB, comme Diametre, passera tou-

jours par le point D, où la ligne de direction coupe
CI, tangente au fommet de la Parabole.

Définition. Si on tire une ligne par le point A, parallele à l'Horizon, coupant l'Axe en O, & la Parabole
en K, alors AK s'appelle l'Amplitude de la Parabole.

PROPOSITION II.

*L'Amplitude de toute Parabole eſt toujours égale à quatre
fois le Sinus du double de l'Angle que la Ligne de direction fait avec la Verticale, prenant la moitié de AB pour
rayon.*

Car AK = 2 AO = 2 CI = 4 CD; mais AK eſt l'Amplitude de la Parabole, & CD eſt le ſinus de l'Angle
DGB, qui eſt le double de BAD, ſi on prend GB
(= ½ AB) pour rayon.

Donc l'Amplitude de la Parabole eſt égale à quatre
fois le ſinus du double de l'Angle BAD, que la verticale fait avec la ligne de direction.

Coroll. I. La viteſſe de Projection étant donnée, les
Amplitudes ſont l'une à l'autre, comme les ſinus du
double des Angles d'inclinaiſon.

Coroll. II. Si l'Angle BAD n'excede pas 45°, alors il
eſt évident que plus cet Angle eſt aigu, plus l'Amplitude
AK ſera petite; puiſque le ſinus du double de cet Angle doit devenir moindre, & que l'Amplitude eſt égale
à quatre fois le ſinus.

Lorſque l'Angle BAD s'évanouit, alors la Parabole
AIK ſe confond avec la ligne droite AB; & le Pro-
jectile, au lieu de décrire une courbe, s'élevera en
B, & retombera au point A.

D'un autre côté, plus l'Angle BAD approche de
45°, plus la ligne CD, qui eſt le ſinus du double de
cet Angle, devient grande : & par conféquent l'Amplitude

plitude AK, qui eſt quadruple de ce ſinus, doit auſſi augmenter.

Coroll. III. Lorſque l'Angle BAD ſera de 45°, les points F & O tomberont ſur le point Q, où le demi-cercle BQL coupe la ligne horizontale AK; le ſinus CD du double de l'Angle BAD deviendra alors le ſinus de 90°, & par conſéquent ſera égal au rayon GA.

Mais puiſque le rayon eſt le plus grand ſinus, il eſt clair qu'alors l'Amplitude AK eſt la plus grande qui puiſſe être décrite par tout Projectile jetté de A, avec la viteſſe qu'il auroit acquiſe en tombant de B en A: & cette Amplitude la plus grande poſſible, eſt toûjours double de BA; car AK, dans ce cas, eſt égale à 4AG = 2AB. D'où il paroît que ſi l'on jette un Corps dans une direction qui faſſe un Angle de 45° avec l'Hori-ſon, il ſera emporté plus loin ſur la ligne horizontale, que ſi on le jettoit avec la même force dans toute autre direction.

Coroll. IV. Lorſque l'Angle BAD eſt plus grand que 45°, alors à proportion, qu'il approche d'un Angle droit, la Parabole devient ouverte de plus en plus; mais les Amplitudes AK diminuent, à meſure que l'Angle BAD augmente; car AK = 4CD, & CD doit dans ce cas, diminuer à proportion que BAD aug-mente.

Si des deux directions AD & A*d* l'élevation de l'une excede celle de 45° autant que l'élevation de l'autre eſt au deſſous, leurs Amplitudes ſeront égales; car les Sinus du double de ces Angles doivent être égaux, parce qu'ils ſont l'un à l'autre ſupplémens à deux Angles droits: mais les Amplitudes de la Parabole ſont toujours quadruples de ces Sinus, & par conſéquent doivent être auſſi égales entre-elles. Que les doubles de ces Angles ſoient ſupplémens l'un à l'autre, c'eſt ce qui paroît de la maniere ſuivante. Que leur différence de 45° ſoit appellée A, le plus grand ſera de 45° ±

A le plus petit 45°. — A leurs doubles feront 90° +
2A & 90° — 2A qui font fupplémens l'un à l'autre parce
ce qu'ils font enfemble 180°.

Corol. V. Lorfque l'Angle BAD devient un Angle
droit, alors AB eft l'Axe, & A le fommet de la Parabole, CD s'évanouit & AK devient = o.

Corol. VI. Lorfque l'Angle BAD deviendra plus grand
qu'un Angle droit, alors la Courbe décrite fera feulement une portion de la Parabole que nous avons confidérée dans les Corollaires précédens, mais fituée de l'autre côté de A.

Corol. VII. Si la viteffe avec laquelle le Projectile eft
jetté, & l'Angle d'élévation ou fon complement BAD
font donnés, on peut trouver l'Amplitude AK & la
hauteur de la Parabole décrite par cette projection. Car
voyant que l'Amplitude de 45° eft 2AB (qui eft la ligne
qui exprime toujours la viteffe, puifque c'eft en tombant le long de cette ligne qu'elle eft acquife) on peut
dire, comme le Rayon ou le Sinus de 90° eft au Sinus
du double de l'Angle BAD, ainfi 2AB eft à AK l'Amplitude cherchée (par le Corol. 1.) : l'Amplitude étant trouvée, on peut trouver la hauteur en difant, comme le
Rayon eft à la Tangente de l'Angle d'élévation, ainfi
CD (= $\frac{1}{4}$ AK) eft à AC la hauteur cherchée.

Corol. VIII. Si on a donné l'Amplitude AK & l'Angle
d'élévation DAK, on peut trouver la viteffe néceffaire pour décrire une Parabole qui aura cette Amplitude,
par cette proportion ; comme le Sinus du double de
l'Angle eft au Rayon, ainfi la moitié de l'Amplitude
donnée eft à AB, Efpace que le Corps doit parcourir
en tombant pour acquérir la viteffe néceffaire.

Corol. IX. Si la viteffe & l'Amplitude font données la
direction peut être trouvée par cette regle. Trouvez AB
hauteur dont le Corps doit tomber pour acquérir la viteffe donnée ; alors dites, comme le double de cette ligne eft à l'Amplitude donnée, ainfi le Rayon eft au Si-

nus du double de l'Angle d'élévation, & cet Angle ou son complément satisfera au Problème.

PROPOSITION III.

Un Projectile jetté dans la direction AE *(Fig. 6.) avec la vîtesse qu'il auroit acquise en tombant de* B *en* A, *frappera une ligne comme* AN *en* K, *ensorte que* AK *sera égale à* 4CD *: supposant* AG *perpendiculaire à la ligne* AN, *l'Angle* GBA = GAB, *& que le Cercle décrit de* G *comme centre avec le rayon* GA, *coupe la ligne de direction* AE *en* D, *enfin que* DC *soit parallele à* AN, *rencontrant* AB *en* C.

Car il est clair que l'Angle ADC (= DAK) = DBA, (*Euclid.* 32. 3.) & que par conséquent les Triangles ADC, ADB sont semblables ayant l'Angle en A commun, & l'Angle ADC = ABD ; donc AC : AD :: AD : AB & à cause des Triangles semblables ACD, PAK, comme AP : PK :: (par la propriété de la Parabole) PK : 4AB, donc AD = $\frac{1}{4}$ PK, & par conséquent CD = $\frac{1}{4}$ AK, où AK = 4CD.

Coroll. I. Tirez par le Point D une parallele à AB rencontrant le Cercle en *d* & tirez A*d*; alors le Projectile jetté dans la direction A*d* frappera la ligne AN au même Point K ; car CD = *cd.*

Coroll. II. Que HL parallele à AB touche le Cercle en H; alors AH sera la direction dans laquelle le Projectile sera emporté le plus loin sur la ligne AN; car lorsque D vient en H, CD est la plus grande qu'elle puisse être, & par conséquent AK (= 4CD) est alors la plus grande distance où le Projectile puisse être porté sur la ligne AN, par la vitesse acquise en tombant de B en A. Mais il est évident que l'Angle HAN = HBA = HAB, par conséquent la direction AH divise en deux également l'Angle BAN que la ligne AN fait avec la Verticale AB.

Coroll. III. Les lignes AD, A*d* font des Angles égaux

avec AH , l'Angle DAN eſt auſſi égal à *d*AB ; & lorſque ces Angles ſont égaux la diſtance AK eſt la même.

Corol. IV. Lorſque AK eſt donnée & qu'on cherche
la direction ; prenez AR = ¼ AK , & par le point R
tirez RD parallele à AB, rencontrant le Cercle ne D &
d ; alors tirez AD & A*d*, elles ſeront les directions.

II. *De la Cycloïde & du Mouvement du Pendule dans cette Courbe.*

Définitions. Si le Cercle CDH (*Fig.* 7.) roule ſur la
ligne droite AB , enſorte que toutes les parties de ſa
circonference lui ſoit appliquée ſucceſſivement , le Point
C qui touchoit la ligne AB en A décrira par un mouvement ainſi compoſé du Circulaire & du Rectiligne ,
une Courbe ACEB qu'on appelle la *Cycloïde.* La ligne
droite AB en eſt la *Baſe* ; la ligne EF perpendiculaire
à AB & qui la diviſe en deux également en F , eſt l'*Axe* ,
& le Point E le *Sommet* de la Cycloïde. Le Cercle
qui par ſa révolution décrit la courbe , eſt appellé le Cercle *générateur.* La ligne CK parallele à la baſe AB eſt
une *Ordonnée* à l'Axe , & une ligne rencontrant la Courbe dans un point , & qui prolongée ne tombe pas dans la
Courbe , eſt une *Tangente* de la Courbe à ce point.

PROPOSITION PREMIERE.

Sur l'Axe EF *décrivez le Cercle générateur* EGF *, rencontrant l'Ordonnée* CK *en* G *, & l'Ordonnée ſera égale à
la ſomme de l'Arc & de ſon Sinus droit* GK *; c'eſt-à-dire,*
CK = EG + GK.

Il eſt évident par la définition que la ligne AB eſt
égale à toute la circonférence du Cercle générateur , &
par conſéquent AF doit être égale à la demi-circonférence EGF. Il eſt auſſi manifeſte par la deſcription de

la Courbe, que l'Arc CD eſt égal à la ligne AD , &
par conſéquent l'Arc CH eſt égal à DF ou IK ou CG;
mais l'Arc CH eſt égal à l'Arc EG, donc CG eſt égale
à l'Arc EG, & l'Ordonnée CK (= CG + GK) doit
être égale à la ſomme de l'Arc EG & de la ligne droite GK.

PROPOSITION II.

La ligne CH *parallele à la Corde* EG , *eſt une Tangente à la Cycloïde en* C.

Tirez une Ordonnée ck très-proche de CK, rencontrant la Courbe en c, le Cercle en g & l'Axe en k : que Cu
& Gn paralleles à l'Axe, rencontrent l'Ordonnée ck en
u & en n, & de O centre du Cercle EGF, tirez le rayon
OG. Puiſque ck = Eg + gk, par conſéquent cu = Gg
+ gn; & ſi vous ſuppoſez l'Ordonnée ck approcher de
l'Ordonnée CK, & enfin ſe confondre avec elle, comme
Gg & Gn s'évanouiſſent, les Triangles Ggn & GOK deviennent ſemblables, de-là Gg : gn :: OG : OK, & Gg
+ gn : gn :: OG + OK (= FK) : OK ; mais Gn : gn ::
GK : OK, donc Gg + gn : Gn :: FK : GK :: GK : EK ;
par conſéquent cu : Cu :: GK : EK ; & ſi vous tirez la
Corde Cc, les Triangles Cuc, EGK ſeront ſemblables;
enſorte que la Corde Cc, dès que les Points C & c ſe
confondent, devient parallele à EG : donc la Tangente
de la Cycloïde en C eſt parallele à EG.

PROPOSITION III.

L'Arc de la Cycloïde EL *eſt double de la Corde* EM *de
l'Arc correſpondant du Cercle générateur* EMF.

Que KL & kS ſoient deux Ordonnées de la Cycloïde très-proches l'une de l'autre, rencontrant le Cercle

générateur en M & Q; prolongez la Corde EM juſqu'à ce qu'elle rencontre l'Ordonnée *k*S en P; que
Q*o* ſoit la perpendiculaire de Q ſur MP, alors tirez les
lignes EN & MN qui touchent le Cercle en E & M.

Puiſque les Triangles ENM, PQM ſont ſemblables, & que EN = NM, donc PQ eſt égale à QM;
& le Triangle PQM étant iſoſcele, la perpendiculaire
Q*o* diviſe en deux également la Baſe PM; enſorte que
MP eſt double de M*o* : mais par la derniere propoſition LS eſt parallele, & par conſéquent égale à MP,
& LS eſt égale à 2M*o* : la ligne LS eſt l'augmentation
de la Courbe EL produite dans le même tems que la
Corde EM augmente de M*o*, puiſque EQ eſt égale à
E*o*, lorſque les Points Q & M ſe confondent enſemble. Donc la Courbe augmente avec une viteſſe double de celle de l'augmentation de la Corde, & puiſqu'elles commencent en E à croître enſemble, l'Arc de
la Cycloïde EL ſera toujours double de la Corde EM.

Coroll. La demi-Cycloïde ELB eſt égale à deux fois
le Diametre du Cercle générateur EF; & toute la Cycloïde ACEB eſt quadruple du Diametre EF.

PROPOSITION IV.

Que ER *ſoit parallele à la Baſe* AB, & CR *parallele à
l'Axe de la Cycloïde; alors l'Eſpace* ECR, *terminé par l'Axe
de la Cycloïde* EC & *les lignes* ER & RC, *ſera égal à
l'Aire circulaire* EGK.

Tirez *cr* parallele à CR, & puiſque *cu* : C*u* :: GK :
EK; donc EK × *cu* = GK × C*u*, & par conſéquent R*r*
× CR = GK × KK*k* :: donc le petit Eſpace CR*rc* =
GK*kg*. Enſorte que les Aires ECR, EGK augmentent
également, & puiſqu'elles commencent à fluer enſem-
ble, elles doivent par conſéquent être égales.

Coroll. I. Que AT, perpendiculaire à la Baſe AB, rencontre ER en T , & l'Efpace ETACE fera égal au demi-Cercle EGF.

Corol. II. Puifque AF eft égale à la demi-circonféren-ce EGF , le Parallelogramme EFAT , étant le Rectangle du Diametre & de la demi-circonférence, fera égal à quatre fois le demi-Cercle EGF : & par conféquent l'Aire ECAFE fera égale à trois fois l'Aire du demi-Cercle générateur EGF.

Corol. III. Si vous tirez la ligne EA , l'Aire interceptée entre la Cycloïde ECA & la ligne droite EA fera égale au demi-Cercle EGF ; car l'Aire ECAFE eft égale à trois fois EGF ; & le Triangle EAF $=$ AF $\times \frac{1}{2}$ EF Rectangle du demi-Cercle & du rayon, & par confé-quent eft égal à 2EGF ; donc leur différence , l'Aire ECAE , eft égale à EGF.

PROPOSITION V.

Prenez E*b* $=$ OK , *tirez b*Z *parallele à la Bafe , ren-contrant le Cercle générateur en* X *& la Cycloïde en* Z , *& joignez* CZ, FX : *alors l'Aire* CZEC *fera égale à la fomme des Triangles* GFK *& b*FX.

Tirez Z*d* parallele à l'Axe EF, rencontrant ET pro-longée en *d*, & le Trapeze RCZ*d* fera égal à $\frac{1}{2}$CK$+\frac{1}{2}$Z*d* $\times$ R*d* $=$ (à caufe que Z*d* $=$ E*b* $=$ OK) $\frac{1}{2}$OE $\times$ R*d*. Mais R*d* $=$ RE $+$ E*d* $=$ CK $+$ *b*Z $=$ EG $+$ GK $+$ EX $+$ *b*X ; donc le Trapeze RCZ*d* eft égal à la fom-me des Rectangles de la moitié du rayon & des Arcs EG, EX ajoutés à leurs Sinus GK & *b*X ; mais l'Aire EGF, c'eft-à-dire le Triangle EGF & le Segment cou-pé par la Corde EG, eft égale au Rectangle formé par la moitié du rayon & la fomme de l'Arc EG & de fon Sinus droit GK ; & l'Aire EXF compofée du Secteur EOX & du Triangle XOF eft égale au Rectangle de la moitié du rayon & de la fomme de l'Arc EX & de fon Sinus droit bX, donc le Trapeze RCZd eft égal à la fomme des Aires EGF & EXF. Par la derniere propofition l'Aire ECR eft égale à EGK & EZd=EBX; du Trapeze RCZd retranchez les Aires ECR, EZd, & des Aires EGF, EXF retranchez les Aires EGK & EbX, & il reftera l'Aire CZEC égale à la fomme des Triangles GFK, bFX.

Corol. I. De-là il fuit qu'on peut affigner un nombre infini de Segmens de Cycloïde dont on trouvera la quadrature parfaite. Par exemple, fi l'Ordonnée CK eft fuppofée couper l'Axe au milieu du rayon OE, alors K & b fe confondent, l'Aire ECK devient en ce cas égale au Triangle GKF, & EbZ égale à FbX, & ces Triangles eux-mêmes deviennent égaux.

Corol. II. Suppofons maintenant que K tombe au centre O & C en i, alors parce que OK s'évanouit, Eb s'évanouit auffi, & l'Efpace CZEC devient dans ce cas ECiE, qui eft égal à $\frac{1}{4}$ OE^2, car dans ce cas le Triangle bFX s'évanouit.

PROPOSITION VI.

Que ATC (*Fig.* 8.) *foit une demi-Cycloïde ayant fa Bafe* EC *parallele à l'Horifon, & fon Sommet* A *tourné en bas : fuppofons un fil avec un Pendule de la longueur de la demi-Cycloïde, fufpendu en* C, *& appliqué à la demi-Cycloïde* CTA, *le Corps* P *par fa Gravité feparera peu-à-peu le fil de la demi-Cycloïde* CTA, *& décrira une demi-Cycloïde égale* APV, *ayant fon Sommet en* V, *& fon Axe perpendiculaire à l'Horifon.*

Sur l'Axe AE décrivez le demi-Cercle générateur AGE, tirez AB coupant la ligne verticale CV en D, & fur DV prife égale à AE décrivez le demi-Cercle DHV : alors puifque la demi-Cycloïde CTA eft égale à 2AE ou CV, (par le *Coroll.* de la *Prop. III.*)

le

le corps P arrivera en V lorfque le fil CTP fera dans une fituation verticale. Par T & P tirez TG & PH parallelles à AD rencontrant le demi-Cercle en G & H ; & puifque la partie droite du fil TP eft égale à la Courbe TA à laquelle elle étoit appliquée, donc TP = 2AG = 2TK, & par conféquent TK & KP font égales, & les Points G & H doivent être également diftans de la ligne AD : donc l'Arc AG fera égal à DH, & par conféquent l'Angle GAD = ADH : & les Cordes GA & DH font paralleles. Mais TP étant une Tangente à la Cycloïde en T eft parallele à GA, donc DKPH eft un Parallelograme & DK eft égale à PH. Mais l'Arc AG eft égal à GT par la *Prop. I.* & par conféquent l'Arc AG = AK ; & puifque AD = AGE, il fuit que DK ou PH = GE ou HV : & fi on prolonge PH jufqu'à ce qu'elle rencontre l'Axe en R, alors l'Ordonnée PR fera égale à la fomme de l'Arc HV & de fon Sinus droit HR, & par conféquent le Point P par la *Prop. I.* doit être dans une demi-Cycloïde dont le Cercle générateur eft DHV, fon Axe DV & fon Sommet V.

Corol. Si une autre demi-Cycloïde égale à CTA, comme C*t*B eft tournée dans un fens contraire, il eft clair que par le moyen de ces demi-Cycloïdes on pourra faire décrire à un Pendule dans fes Ofcillations la Cycloïde AVB.

PROPOSITION VII.

Que VL perpendiculaire à DV, foit égale à quelque Arc de la Cycloïde VML ; décrivez avec le rayon VL le demi-cercle LZl ; & fuppofant que le pendule commence une ofcillation du point L, la viteffe acquife en M, dans la Cycloïde, fera comme MX, l'ordonnée du Cercle au point correfpondant M dans la ligne droite VL : & la force par laquelle le mouvement du Pendule eft accéléré en M, eft comme l'Arc de la Cycloïde VM, qui refte à être parcouru.

Ff

Que LR , MS , foient perpendiculaires à l'Axe DV , rencontrant le cercle générateur en O & Q , & tirez les cordes VO , VQ : alors (*Coroll.* 3. *Lem.* 3.) la viteffe du Pendule en M , fera la même qui auroït été acquife par un Corps, tombant directement de R en S; & la viteffe acquife en V, fera la même qui eut été acquife par un Corps tombant directement de R en V; mais ces viteffes font l'une à l'autre, comme $\sqrt{RS}$ à $\sqrt{RV}$, par le *Coroll.* 2. *Lem.* 1. & puifque RV : SV :: VO² : VQ², & RV : RV — SV (=RS) :: VO² : VO² — VQ² :: VL² : VL² — VM² (à caufe que VL = 2VO & VM = 2VQ), il fuit que la viteffe du Pendule acquife en M eft à la viteffe acquife en V, comme $\sqrt{VL^2 - VM^2}$ à $\sqrt{VL^2}$ ou comme MX à VZ.

La force de la Gravité qui eft fuppofée invariable, agiffant dans la direction du Diametre DV, peut-être repréfentée par DV, & réfolue en deux forces DQ & VQ, dont la premiere DQ, parallele au fil *r*M, fert feulement à l'étendre, & ne contribue en rien à accélérer le mouvement du Pendule; il n'y a que la force repréfentée par la corde VQ, qui accélere le mouvement du Pendule le long de la Courbe M*m*, & elle eft toute employée à produire cet effet, la direction VQ étant parallele à la Tangente de la Cycloïde en M, par la *Prop.* II. Mais VM=2VQ par la *Prop.* III. par conféquent la force qui accélere le Pendule en M, eft comme l'Arc de la Courbe VM.

Coroll. Il eft évident par la démonftration, que la partie de la Gravité que le fil foutient en un point, comme M, eft au poids total du Pendule, comme la corde DQ au Diametre.

PROPOSITION VIII.

Suppofons que le cercle LZl foit parcouru par le Corps X avec un mouvement uniforme, par la vitefse que le Pendule a

acquife en V , *un arc de Cycloïde ; comme* MN , *fera parcouru par le Pendule , dans le même-tems que l'Arc de cercle* XY *par ce mouvement uniforme : prenez* VN , *fur la
ligne droite* VL , *égale à* VN *dans la Cycloïde , & tirez*
NY *parallele à* VZ *rencontrant le cercle en* Y.

Que *xm* foit une ordonnée très-proche de XM , & tirés X*r* parallele au Diametre L*l* , rencontrant *xm* en *r* ;
ainfi puifque les Triangles X*rx* & VXM, font femblables,
il fuit que X*x* : M*m* (= X*r*) :: VX : MX, c'eft-à-dire ,
comme la viteffe du Corps X eft à celle du Corps M :
& par conféquent les Efpaces X*x* & M*m* feront parcourus dans le même-tems par ces Corps, les tems étant
toujours égaux , lorfque les Efpaces font en même
raifon que les viteffes. De même les autres parties cor-
refpondantes des lignes MN & XY feront parcourues
dans le même-tems ; & par conféquent, tout l'Efpace
MN fera parcouru dans le même-tems que l'arc XY.

Coroll. Donc le Pendule ofcillera de L en V, en
même-tems que le Corps X parcourra le quart de cercle LZ.

PROPOSITION IX.

*Le tems d'une ofcillation complette dans la Cycloïde , eft
au tems dans lequel un Corps , tomberoit le long de l'Axe de
la Cycloïde* DV, *comme la circonférence du cercle à fon diametre.*

Le tems dans lequel la demi-circonférence LZ*l* eft
parcourue par le Corps X, eft au tems dans lequel le
rayon LV feroit parcouru avec la même viteffe, comme la circonférence d'un cercle à fon diamétre. Mais
le même tems dans lequel la demi-circonférence LZ*l*,
eft parcourue par le Corps X, eft égal au tems de l'ofcillation complette LVP dans la Cycloïde par le

Corollaire de la derniere Proposition. Le tems dans lequel un Corps tombe de O en V, le long de la corde OV, est égal au tems dans lequel LV (= 2OV) seroit parcouru par la vitesse acquise au point V, suivant le *Corol.* 1. *Lem.* 1. & *Corol.* 3. *Lem.* 3. & le tems de la chute, le long de la corde OV, est égal au tems de la chute, le long du diamétre DV, *Corol.* 4. *Lem.* 3. par conséquent, le tems dans lequel LV seroit parcouru avec une vitesse égale à celle du Corps X, est égal au tems de la chute, le long du diametre DV. Il s'ensuit donc que le tems de l'oscillation entiere LVP, est au tems de la chute, suivant le diamétre DV, comme la circonférence du cercle est à son diamétre.

Corol. I. De-là, les oscillations d'un Pendule dans la Cycloïde se font toutes dans des tems égaux ; car elles font toutes en même raison au tems dans lequel un Corps tombe suivant le diamétre DV. Si donc un Pendule oscille dans une Cycloïde, le tems de l'oscillation dans un Arc quelconque est égal au tems de l'oscillation dans le plus grand Arc BVA, & le tems dans le plus petit Arc est égal au tems dans le plus grand.

Corol. II. La Cycloïde peut-être considérée comme se confondant en V, avec un petit Arc de cercle décrit du centre C, passant par V ; & le tems dans un petit Arc d'un tel cercle, sera égal au tems dans la Cycloïde ; de-là on comprend pour quoi les tems dans de très-petits Arcs sont égaux, parce que ces petits Arcs, peuvent être considérés, comme des portions de Cycloïde, aussi-bien que de Cercle.

Corol. III. Le tems d'une oscillation complette, dans un petit Arc de cercle, est au tems dans lequel un Corps tomberoit suivant la moitié du rayon, comme la circonférence du cercle à son diamétre : & puisque ce dernier tems est la moitié de celui dans lequel un Corps tomberoit le long de tout le diametre, ou d'une corde quelconque, il suit que le tems d'une oscillation dans un

petit Arc, eſt au tems dans lequel un Corps tomberoit le long de ſa corde, comme le demi cercle eſt au
diamétre.

Suppoſons NV un petit Arc de cercle décrit du centre C; alors le tems dans l'Arc NV eſt ſi éloigné d'être
égal au tems dans la corde NV, même lorſqu'ils ſont
ſuppoſés s'évanouir, que la derniere raiſon de ces tems
eſt celle de la circonférence du cercle à quatre fois le
diamétre. C'eſt pourquoi on doit corriger une erreur
où ſont tombés differens Auteurs de Méchanique, qui
de l'égalité des Arcs & des cordes qui s'évanouiſſent,
en inférent témérairement que le tems de la chute
d'un Corps, ſuivant ces Arcs, eſt égal au tems de ſa
chute le long de leurs cordes.

Corol. IV. Les tems des oſcillations dans les Cycloïdes, ou dans de petits Arcs de cercle, ſont en raiſon
ſoudoublée de la longueur des Pendules. Car le tems
de l'oſcillation dans l'Arc LVP eſt en raiſon donnée
au tems de la chute, le long de DV, lequel tems eſt
en raiſon ſoudoublée de l'eſpace DV, ou de ſon double CV, la longueur du Pendule.

Corol. V. Mais ſi des forces accélératrices inégales,
agiſſent ſur les Corps qui oſcillent, alors les oſcillations
ſe feront dans des tems qui feront entre-eux en raiſon
compoſée de la ſoudoublée directe de la longueur des
Pendules, & de la ſoudoublée inverſe des forces accélératrices: parce que le tems de la chute, ſuivant DV,
eſt en raiſon ſoudoublée de l'Eſpace DV directement,
& de la force de la Gravité réciproquement; & le tems
des oſcillations, eſt en raiſon donnée à ce tems. D'où
il paroît, que ſi les oſcillations de Pendules inégaux ſe
font dans le même-tems, les gravités accélératrices de
ces Pendules doivent être comme leurs longueurs;
& ainſi nous concluons que la force de la Gravité
diminue à meſure qu'on avance vers l'Equateur;
puiſque nous trouvons que les Pendules à ſecon-

de font toujours plus courts à une moindre diftance de l'Equateur.

Corol. *VI.* Par cette Propofition, nous apprenons à connoître exactement quel Efpace un Corps qui tombe, parcourt dans un tems donné : car trouvant par expérience, quel Pendule ofcille dans ce tems, la moitié de la longueur du Pendule fera à l'Efpace cherché, en raifon doublée du diamétre à la circonférence ; parce que les Efpaces parcourus par un Corps tombant depuis le commencement de fon mouvement, font comme les quarrés des tems dans lefquels ils font parcourus, & la raifon des tems dans lefquels ces Efpaces font parcourus, eft celle du diamétre à la circonférence : De cette maniere, M. Huyghens démontre que les Corps qui tombent par leur Gravité feulement, parcourent 15 pieds & un pouce de Paris dans une feconde de tems.

Scholie. Afin qu'on puiffe comprendre comment un petit Arc n'eft pas parcouru dans le même-tems que fa corde, quoique lorfqu'il s'évanouit, il lui foit égal, nous ferons voir ici, que fi V*k* & N*k* font deux plans qui touchent l'Arc NV en V & N ; quoique la corde qui s'évanouit NV foit égale à la fomme de ces Tangentes V*k* & N*k*, cependant le tems dans la corde eft au tems dans ces Tangentes, comme 4 eft à 3.

Par le *Corol.* 1. *Lem.* 3. le tems dans N*k* eft au tems dans NV, comme N*k* à NV, ou comme 1 à 2. Mais *k*V étant horifontale, le mouvement en *k*V doit être uniforme, & elle fera parcourue par ce mouvement uniforme dans la moitié du tems que le Corps employe à tomber de N en *k* ; donc fi le tems dans lequel *k*V eft parcourue uniformément eft appellé T, le tems dans lequel N*k* eft parcourue, fera 2T, & le tems durant lequel la corde NV fera parcourue, fera 4T : & par conféquent le tems dans lequel un Corps tombera le long de deux Tangentes, eft au tems dans lequel il parcourroit la corde, comme 3 à 4.

Fin du fecond Livre.

DÉCOUVERTES
PHILOSPHIQUES
DE M. NEWTON.

✿✿✿✿✿✿✿✿✿✿✿✿✿✿✿✿✿✿✿✿✿✿✿✿

LIVRE TROISIEME.

La Gravité démontrée par l'Analyse.

CHAPITRE PREMIER.

De la Théorie de la Gravité telle qu'elle paroît avoir été connue avant M. le Chevalier NEWTON.

 **L**Es Expériences & les Observations suffisent seules pour nous rendre capables de faire de vastes collections d'Histoire naturelle ou de décrire les Phénomenes de la Nature. Les Principes de Géometrie & de Méchanique nous mettent en état de por-

ter l'Analyſe depuis les Phénomenes juſques aux Puiſſances & aux cauſes qui les produiſent : en procédant
ainſi avec précaution, nous ſommes certains de la ſolidité des fondemens , & que l'édifice qu'ils ſoutiennent ne court aucun riſque d'être renverſé. Les premieres connoiſſances que les Philoſophes eurent de la
Nature n'étoient pas plus parfaites que celles du vulgaire , ils les tenoient tous immédiatement des ſens.
Mais en comparant ces connoiſſances entre-elles en
examinant la Nature des Sens eux-mêmes, en les aidant,
ou même en découvrant les erreurs où ils pouvoient
nous induire , & faiſant une juſte application des Principes Géometriques & Méchaniques, le Syſtême de la
Nature devint bientôt fort different pour un Philoſophe de ce qu'il eſt aux yeux du vulgaire. D'abord la ſurface de la Terre paroît d'une étendue ſans bornes, tandis que tout le reſte de l'Univers , les Nuages, les Météores , la Lune , le Soleil, & tous les Aſtres paroiſſent
dans une ſurface concave courbée vers la Terre. Ce fut
l'opinion qui prévalut le plus communément ſur le Syſtême du Monde dans les premiers tems , l'imagination
des hommes étant préoccupée de ces préjugés, ils
croyoient avoir vû ou entendu des choſes abſolument
impoſſibles. Ainſi un Poëte chez les Romains repréſente leur armée étant alors en Portugal , c'eſt-à-dire aux
limites Occidentales du grand Continent , comme en-
tendant le Soleil entrer dans l'Océan avec une eſpece de ſifflement.

Audiit Herculeo ſtridentem gurgite Solem. Lucan.

Tandis que d'autres Voyageurs ont parlé d'une vaſte
cavité dans les parties les plus Orientales, d'où l'on enten-
doit ſortir le Soleil tous les matins avec un bruit inſuppor-
table. Les Philoſophes découvrirent bientôt que la Terre n'étoit pas d'une étendue ſans bornes , mais d'une
figure

figure Sphérique , & que les Météores, les Planetes
& les Étoiles n'étoient pas placés dans une même
furface concave, mais difperfés dans l'Efpace à des diftances très-différentes , que leurs grandeurs & leurs
mouvemens réels étoient fort differens des apparens ,
& qu'on ne devoit point en juger par ce qui paroît dans
un feul lieu , mais par des Obfervations faites en divers
points de vûe comparées enfemble fuivant les Principes
Géometriques.

2. Comme notre Analyfe du Syftême du Monde doit
être fondée fur les figures, les grandeurs & les mouvemens réels des Corps dont il eft compofé ; on aura un
excellent exemple de la Méthode de procéder par Analyfe & par Synthefe , fi nous faifons voir de quelle maniere nous fommes en état par les Phénomenes apparens de déduire les réels , fans la connoiffance defquels
nos recherches fur les Puiffances ou les caufes qui operent dans la Nature feroient douteufes , ou nous in-
duiroient en erreur. La connoiffance de la difpofition
& des mouvemens des Corps céleftes doit précéder
une recherche exacte de leurs caufes. L'une eft plus
aifée , l'autre eft plus difficile : la premiere preparera à
la feconde , & fervira à mettre le Lecteur au fait de
cette Méthode (la feule par laquelle on puiffe acquérir
de la certitude en cette Science) dans des cas aifés ,
avant qu'il procéde à ceux d'une Nature plus compli-
quée. Nous commencerons donc par l'exemple le plus
clair & le plus fimple en faifant voir en peu de mots
comment par les Phénomenes on parvient à découvrir
la véritable figure , la grandeur & les mouvemens réels
de la Terre , & comment ces Principes étant établis ,
on en déduit par la Synthefe des Phénomenes innombrables.

3. C'eft à la vûe que nous fommes redevables des
connoiffances que nous avons des parties éloignées du
Siftême du Monde ; car il n'y a que les objets qui font

G g

près de nous, qui tombent sous l'observation des autres
sens; mais celui-ci, tout admirable qu'il est, a ses imper-
fections. La Vision dépend de la peinture des objets externes, formée sur la Rétine & d'un jugement de notre Ame, acquis par l'habitude & l'expérience; ce jugement est si immédiatement uni avec la sensation, qu'il
est impossible, par un acte de la reflexion, de l'en séparer, ou lorsqu'il est faux, de le corriger tout-à-coup.
Si la Vision ne dépendoit que de cette peinture, alors
des représentations égales sur la Rétine, feroient naître
des idées de grandeurs égales des objets; & si le plus
petit Insecte étoit si près, qu'il pût couvrir une Montagne éloignée de lui, l'Insecte nous paroîtroit égal à la
Montagne. Mais nous avons acquis par l'habitude la
faculté de combiner l'opinion ou le préjugé, formé sur
la distance, avec la grandeur ou le volume apparent de
l'image représentée sur la Rétine, & cela avec une
promptitude de pensée inconcevable, ensorte que
l'idée que nous nous formons de sa grandeur, est le
résultat de l'un & de l'autre, faisant une compensation
pour la plus grande distance, conforme à la notion que
nous en avons conçue. De-là, il est aisé de voir à combien d'erreurs la Vision peut donner lieu; car comme
nous sommes sujets à nous tromper souvent dans la notion que nous avons de la distance, il doit en résulter
autant de fausses idées de la grandeur des objets. D'ailleurs, dans plusieurs cas, cette notion de la distance
est produite sans reflexion par la force de l'habitude; &
nous trouvons que l'effet de cette fausse idée, subsiste
même après que l'entendement est mieux instruit, &
que le jugement est réformé. Ainsi la Lune continue
de nous paroître plus grosse à l'Horizon qu'au Méridien,
même après que l'on nous a démontré que sa distance
est alors plus grande, ensorte qu'elle devroit réellement
paroître moindre. Parce que, suivant l'observation de
Kepler, les Cieux nous paroissent, non comme un

Dôme hémisphérique, mais comme un Segment de Sphére, moindre que l'Hémisphere ; nous sommes accoûtumés à attribuer une grandeur réelle, plus considérable aux objets vûs à une grande distance près de l'Horison, qu'à ceux d'une grandeur égale apparente, (ou qui ont des images égales sur la rétine) vûs dans une situation fort élevée au-dessus de l'Horizon ; & par-là, il explique ingénieusement, pourquoi la Lune nous paroît plus grosse à l'horison qu'au Méridien. Mais après que nous sommes mieux informés, & que nous connoissons que la grandeur apparente de la Lune est moindre à l'Horison, dans la même proportion que la distance est plus grande, nous ne nous contentons pas d'avoir égard à cela dans notre jugement ; mais entraînés par la force de l'habitude & de la coutume (a) nous attribuons à cette distance, beaucoup plus qu'il ne faudroit. L'effet de l'habitude sur l'Ame & sur ses opérations est un sujet qui mérite bien l'attention particuliere des Philosophes ; mais il n'est pas à propos d'y insister ici, de peur que nous ne paroissions mêler sans nécessité, ce qui est obscur & incertain, avec ce qui est clair & satisfaisant. Car l'Analyse que nous avons à exposer, ne dépend d'aucun principe disputé, mais de ceux de la Géométrie pratique, appliqués au Systême céleste.

4. L'Expérience nous a appris differens moyens de former un jugement sur les distances des objets, lorsqu'ils ne sont pas fort éloignés de nous ; comme par la différente disposition de nos yeux, lorsque nous regar-

---

(a) Peut-être que la surface concave du Ciel nous paroît comme un Segment moindre qu'un Hemisphere, parce que nous avons toujours été accoûtumés à voir de plus grandes distances le long de l'Horizon que dans la ligne verticale vers le Zenit. Mais quelque puisse être la raison de cette apparence (la supposant vraie) il sembleroit qu'une façon habituelle de penser le contraire devroit avoir quelque effet, & il y a des personnes qui observent réellement que la Lune ne leur paroît jamais si grosse à l'Horizon, qu'autre-fois lorsqu'elles étoient jeunes & que ses Mouvemens ne leur étoient pas connus.

dons avec les deux enfemble un objet qui eſt proche ;
car il eſt évident, que dans ce cas, nous devons tourner davantage les yeux l'un vers l'autre, afin de les diriger vers le même point de l'objet, que lorſqu'il eſt à
une plus grande diſtance. Nous apprenons de même,
bientôt par l'Expérience, que lorſque l'objet eſt très-
près, l'image en eſt obſcure & confuſe, & nous ſommes obligés de forcer nos yeux pour la rendre un peu
plus diſtincte. Nous éprouvons auſſi que l'image eſt plus
lumineuſe & plus brillante, lorſque l'objet eſt proche,
que lorſqu'il eſt éloigné. Mais le moyen le plus commun d'eſtimer la diſtance, c'eſt par les objets interpo-
ſés, ou lorſque l'objet que nous examinons eſt d'une
eſpece qui nous eſt très-familiere, par le volume qu'occupe ſon image dans la peinture formée ſur la Rétine.
C'eſt par ces méthodes, & peut-être par quelques autres, que nous ſommes capables de former quelque jugement de la diſtance des objets proches (a)

Mais lorſqu'ils ſont très-éloignés, & qu'il n'y a au-

(a) Un ſçavant Auteur * d'un caractere diſtingué commence un
Traité curieux ſur ce ſujet par cette
Obſervation : « Tout le Monde, je
« penſe, convient que la diſtance
» ne peut être vûe d'elle-même &
» immédiatement, car la diſtance
» étant une ligne dirigée par l'ex-
» trémité à l'œil, elle ne projette
» dans le fonds de l'œil, qu'un ſeul
» point qui perſiſte invariablement
» le même, ſoit que la diſtance
» ſoit plus longue ou plus courte. »
La diſtance dont il s'agit dans cette remarque, eſt la diſtance à l'œil,
& ce qu'on en dit ne peut être appliqué à la diſtance en général. La
diſtance de deux Aſtres eſt ſuſceptible des mêmes variétés que toute
autre quantité ou grandeur. Les
grandeurs viſibles ſont compoſées
de parties & elles peuvent être ré-
ſolues en ces parties auſſibien que

les grandeurs qui ſont l'objet du
tact ; & les proportions des premieres peuvent être aſſignées comme
celles des dernieres. Enſorte que cet
Auteur va trop loin, lorſqu'il nous
dit que les grandeurs viſibles ne
ne ſont pas plus l'objet de la Géometrie que les paroles, & lorſqu'il
conclud de la diſtance en général ce
qui ne peut ſe dire que de la diſtance
dirigée « par l'extrémité à l'œil » ;
il prétend démontrer » que les
» idées de l'Eſpace de l'Etendue &
» des choſes éloignées ne ſont pas
» à proprement parler l'objet de la
» vue, & qu'on ne peut pas plus en
» juger par l'œil que par l'oreille. »

* C'eſt ſans doute M. Berкley,
Evêque de Cloyne, qui a donné un
Traité d'Optique auſſi ſingulier,
mais auſſi ingénieux que ſes autres
Ouvrages.

cun objet entre-eux, tels que font les Corps céleftes, ces
méthodes nous trompent, les fens ne peuvent plus
fervir à comparer leurs diftances, & il eft impoffible de
déterminer qu'elles font les plus grandes ou les moindres, fans le fecours de la Géométrie, ou de quelque Art équivalent. Dans ces cas, donc, la vûe rapporte
tous les objets à une furface concave. Ainfi les Nuées,
les Météores, les Planetes, & tous les Aftres paroiffent
à la vûe, dans une même furface concave, quoiqu'il y
ait une très-grande variété dans leurs diftances réelles.
C'eft alors que la Géométrie Pratique nous prête un fecours fûr & néceffaire; par ce moyen, nous trouvons
bientôt que les Nuées, non-feulement font plus près
de nous que les Corps céleftes, qu'elles nous cachent
fouvent, mais que leur diftance n'eft que de quelques
milles; un leger changement de lieu en produifant un
très-grand dans leur fituation refpectivement à nous,
puifque celles que nous voyons dans un lieu, font differentes en fituation de celles qu'on voit en même-
tems, dans les lieux éloignés de celui où nous fommes.
Nous appercevons bientôt que la Lune eft à une diftance beaucoup plus grande, parce qu'elle eft vûe tout-
à-la-fois de la moitié de la Terre, & à peu près dans la
même direction, ou dans la même fituation parmi les
Etoiles fixes. Nous apprenons aifément que la Lune
eft à une moindre diftance de nous que le Soleil, parce
que fe trouvant entre nous & ce Globe, elle produit les
Éclipfes Solaires; & que Venus & Mercure font plus
près de nous dans leurs conjonctions inférieures que le
Soleil, parce qu'on les apperçoit comme des taches
obfcures fur fon difque. Si nos inftrumens étoient abfolument parfaits, & qu'il nous fut poffible de faire nos
obfervations avec la derniere exactitude, alors nous ferions affurés de la diftance précife de chaque Corps
célefte, & toute la difpofition du Syftême du Monde,
pourroit être exactement connue. Mais ce fujet étant

de la derniere importance dans notre Analyſe, il mérite un plus grand éclairciſſement.

5. Que A & C (*Pl. III. Fig.* 50.) repréſentent deux
Speƈtateurs, ou deux différentes ſtations du même Spectateur, D l'objet ou le Phénomêne dont on cherche
la diſtance. Cet objet paroît au Speƈtateur en A dans
la ligne droite ADF, & au Speƈtateur en C dans la ligne
droite CDE; l'Angle qu'elles forment ADC, fait voir
combien la poſition de l'objet D varie reſpeƈtivement
aux deux Speƈtateurs. Lorſque cet Angle eſt grand, la
diſtance AD n'a pas une grande proportion à AC; mais
cet Angle étant très-petit, comme lorſque l'objet eſt
éloigné de D en H, alors ſa diſtance de A doit être
beaucoup plus grande que AC, diſtance des deux Spectateurs, ou des deux ſtations; parce que AC eſt toujours
à AD, comme le ſinus de l'Angle ADC, eſt au ſinus
de ACD par la Trigonométrie commune. Ainſi lorſque AC eſt de quelques milles, & que D repréſente
un Nuage, l'Angle ADC ſe trouve très-conſidérable, &
de-là nous apprenons que ſa diſtance, n'eſt pas fort
grande. Si EDC repréſente la ligne droite dans laquelle le Soleil luit, alors C repréſentera l'ombre du
Nuage ſur le plan AC; & on pourra déterminer la proportion de AD à AC, par les obſervations faites à une
ſtation A. Mais quoique la ligne droite AC ſoit de pluſieurs centaines de milles, ſi H repréſente la Lune,
on trouve que l'Angle AHC eſt extrêmement petit, d'où
nous concluons que la diſtance de la Lune ne doit être
exprimée que par un très-grand nombre de milles.

6. Que C (*Fig.* 51.) repréſente le centre de la Terre, A un lieu quelconque ſur ſa ſurface, CA*e* la ligne
verticale de ce lieu, *d* un objet ou un Phénomêne au
Zénit, ADF une Tangente à la ſurface de la Terre en
A, qui eſt l'Horiſon ſenſible de ce lieu. Alors l'objet *d*
étant ſuppoſé répondre à l'Etoile fixe *e*, lorſqu'il eſt
dans la ligne verticale, pour un Speƈtateur placé en A

auſſi-bien qu'en C, il n'en eſt plus de même, lorſque
l'objet *d* vient à l'Horiſon en D. Car quoique le centre
C, l'objet D & l'Etoile E (abſtraction faite de leurs
mouvemens propres) ſoient toujours dans une ligne
droite, cependant D & E, ne ſont plus dans une même droite avec A, lieu du ſpectateur; mais tandis que
D paroît être en F, l'Etoile paroît toujours élevée au-
deſſus de l'Horiſon par l'arc EF, qui meſure l'Angle
EDF, ou ADC, dont le ſinus eſt au rayon, comme
CA demi diamétre de la Terre, eſt à CD, diſtance de
l'objet au centre de la Terre. Cet Angle ADC, eſt ce
qu'on appelle la Parallaxe horiſontale de l'objet ou du
Phénomène, & il fait voir ſous quel Angle le demi
diametre de la Terre CA paroîtroit, s'il étoit vû à la diſtance de l'objet CD; & trouver la Parallaxe horiſontale
de quelque objet, ce n'eſt autre choſe que déterminer
de quelle grandeur (ou ſous combien de minutes &
de ſecondes) paroîtroit le demi-diametre de la Terre,
vû depuis cet objet. Suppoſons un nombre d'objets
quelconque, dans la ligne droite AF, comme D, G,
H, & des Spectateurs à chacun d'eux, voyant le demi-
diametre de la Terre CA; il leur paroîtra ſous les Angles reſpectifs CDA, CGA, CHA, qui ſont les Parallaxes reſpectives de ces objets, & qui diminuent par
dégrés, à meſure que leurs diſtances augmentent. Nous
découvrons donc les diſtances de ces objets, en déterminant la grandeur apparente du diamétre de la Terre,
vû de ces mêmes objets: & il eſt évident que cette méthode eſt bien fondée, puiſqu'il eſt certain que les diſtances
auſquelles la Terre paroît grande à un Spectateur doivent être moindres, & que celles d'où la Terre lui paroît petite doivent être plus grandes. Ainſi la Terre
paroîtroit très-grande à un Spectateur qui ne ſeroit qu'à
la diſtance de quelques centaines de milles; à un Spectateur placé dans la Lune, le demi-diamétre de la Terre
paroîtroit ſous un Angle moindre qu'un dégré: on la

verroit depuis Venus, à peu près de la même groſſeur
que cette Planete nous paroît; & pour un Spectateur
auſſi éloigné que Jupiter ou Saturne, la Terre feroit
à peine viſible abſolument, à moins qu'il n'eût une
vûe plus perçante que la nôtre, où qu'il n'eût appellé
l'Art à ſon ſecours. Et comme la proportion de la diſtance où eſt le ſpectateur du centre de la Terre à ſon
demi-diamétre étant connue, on détermine aiſément
de quelle grandeur lui paroîtroit la Terre; ainſi réciproquement, lorſque nous avons découvert cette apparence, il eſt aiſé d'aſſigner la diſtance du Spectateur à
la Terre.

7. De cette maniere on porte la meſure de la Terre
juſqu'aux Cieux, & on compare les diſtances des Corps
céleſtes avec les demi-diamétres de la Terre, & ces
mêmes diſtances les unes avec les autres. Il eſt à propos
d'ajouter encore plus d'éclairciſſement à ce ſujet, qui
eſt de grande importance en Aſtronomie, Science qui
nous fait acquérir des connoiſſances de la Nature ſi
nobles & ſi étendues. Imaginons un ſpectateur en A,
voyant un Eſpace immenſe autour de lui, tandis qu'une
ligne droite DL, perpendiculaire à AD, & égale au
demi-diamétre de la Terre, ſe meut ſur la ligne droite
AF, depuis la moindre diſtance juſqu'à la plus grande;
alors la Parallaxe, appartenant à une diſtance quelconque, n'eſt autre choſe que l'Angle ſous lequel le demi-
diamétre de la Terre paroît à cette diſtance au Spectateur placé en A. Ainſi les Parallaxes appartenant aux
differentes diſtances AD, AG, AH, &c. ſont les Angles reſpectifs DAL, GAM, HAN, &c. qui meſurent
la grandeur apparente du demi-diamétre de la Terre vû
à ces diſtances par un Spectateur en A. Si nous ſuppoſons que ce demi-diamétre s'éloigne à l'infini, ces grandeurs apparentes diminueront par degrés, à peu près
dans la même proportion que la diſtance augmentera.
Les Parallaxes diminuent dans la même raiſon, & une
échelle

échelle de l'une des diminutions ferviroit également pour l'autre. Il eft clair que du moment que quelqu'objet s'éloigne de la ligne verticale, il paroît au Spectateur en A abbaiffé vers l'Horizon, & fa dépreffion lui paroît plus grande à proportion qu'il en eft plus près. Le vrai lieu de l'objet D eft en E, où il feroit vû du centre C; mais fon lieu apparent à un Spectateur en A eft en F, & fon abbaiffement ou fa Parallaxe eft mefuré par l'Arc EF, ou par l'Angle EDF, égal à ADC. Maintenant pour trouver cet abbaiffement, il fuffit de faire attention à l'Etoile fixe E, qui n'a point de Parallaxe fenfible, & qui étoit fuppofée en conjonction avec l'objet dans la ligne verticale A *de*; car l'abbaiffement de l'objet D fous l'étoile E, vû de A, donne la parallaxe. Par de femblables procédés on a trouvé à l'aide des obfervations Aftronomiques, que la diftance moyenne de la Lune au centre de la Terre, eft d'environ 60 demi-diamétres de ce Globe.

8. On connoît plus aifément la figure d'un Corps, lorfqu'on peut le voir à de grandes diftances, que lorfqu'il eft vû de près, parce que le Corps étant éloigné, l'œil en embraffe une partie confidérable tout-à-la-fois, d'où il eft plus aifé de déterminer la figure du tout; au lieu que lorfqu'il eft vû à de petites diftances, les moindres irrégularités fur fa furface ont un trop grand effet fur la vûe, & font propres à nous induire en erreur fur le jugement que nous portons du tout. Il eft aifé de voir par exemple, que le Soleil & la Lune font d'une Figure Sphérique, parce que dans toutes pofitions, ils nous paroiffent conftamment terminés par un cercle, propriété qui n'appartient qu'à la Sphere ou au Globe. Mais nous ne découvrons pas fi facilement la Figure de la Terre, parce que la plus grande partie que nous puiffions en appercevoir, du fommet des plus hautes montagnes, n'a qu'une très-petite proportion à la Surface totale; & fa Courbure ou fa Sphéricité, eft à peine fenfible dans

H h

ces aspects. Cependant nous avons des preuves incontestables que la Terre est ronde, quoiqu'elle ne soit pas exactement sphérique. Nous sommes certains que les sections Méridiennes de la Terre, ou les sections par ses Poles, sont circulaires, parce que à mesure que nous avançons vers le Midi, les Etoiles Septentrionales s'abbaissent, & les Méridionales s'élevent, à peu près dans un cours régulier; ensorte qu'un dégré d'abbaissement des premieres ou d'élévation des dernieres, correspond toujours à 60 Milles Italiques ou Géographiques sur le Méridien; d'où nous concluons qu'une Section Méridienne de la Terre, est un cercle, dont un degré est de 60 Milles, & que toute la circonférence est de 60×360, ou 21600, des mêmes Milles. A l'Equateur, les deux Poles sont dans l'Horizon, à proportion que nous nous éloignons vers le Nord, le Pole boréal s'éleve jusqu'à ce que nous arrivions au Pole de la Terre où le Pole céleste est dans le Zénit; & en général, l'élévation du Pole augmente par dégrés, & exactement dans la même proportion que la distance de l'Equateur. On voit que l'Equateur & ses Paralleles, sont circulaires, par la progression réguliere que la Lumiere fait chaque jour de l'Orient à l'Occident, sur leur surface. Le Soleil arrive au Méridien des lieux, qui sont plus Orientaux, plutôt qu'au Méridien de ceux qui sont situés vers l'Occident, à proportion de la distance de ces Méridiens, mesurée sur l'Equateur. La Figure Sphérique de la Terre, paroît de même par le Nivellement, où on trouve qu'il est nécessaire d'avoir égard à la différence entre le niveau apparent & vrai; le premier étant un plan qui touche la surface de la Terre, le dernier la surface sphérique elle-même, qui se trouve sous le plan qui la touche.

9. Mais nous avons la preuve la plus claire & la plus simple de la Sphéricité de la Terre, par l'ombre qu'elle projette sur la Lune dans les Eclipses Lunaires. Car

cette ombre étant toujours terminée par un Arc de cercle, il s'enfuit que la Terre qui la projette, eft d'une
Figure Sphérique. S'il y avoit quelqu'angle remarquable, ou quelque protubérance irréguliere très-confidé-
rable fur la Terre, elle fe manifefteroit dans quelques
circonftances par fon ombre. Les montagnes font à la
vérité des irrégularités fur la furface de la Terre; mais
elles ont fi peu de proportion à la grandeur de fon volume, qu'elles ne font aucunemeent fenfibles dans l'ombre de ce Globe. Il y a pareillement une élévation graduelle du rivage de la Mer, vers le milieu des grands
Continens; comme en Europe des rivages de l'Océan,
de la Méditerranée & du Pont Euxin vers la Suiffe;
mais cette élévation graduelle eft fi petite, qu'elle n'a
que fort peu d'effet fur la Figure de la Terre. Si elle
étoit confidérable, elle porteroit trop haut dans l'Atmofphere, les parties du milieu des Continens; mais
elle eft fuffifante pour donner cours aux Rivieres, & pour
conferver l'admirable circulation de l'Eau, fi néceffaire
à ce Globe : l'étendue des grands Continens a été probablement ainfi formée dans la vûe de procurer cet
avantage. Enfin, par tout ce que nous venons de
dire, il paroît évidemment que la Terre eft d'une Figure Sphérique, quoiqu'elle ne foit pas un Globe exact, &
fi elle étoit vûe d'une certaine diftance, elle nous paroîtroit comme le Soleil ou la Lune, c'eft-à-dire, toujours terminée par une figure circulaire, à moins que
cette diftance ne fut affez grande pour la faire ref-
fembler à Venus ou à Mars; lorfqu'en conféquence de
la contraction du diamétre apparent, toute la Surface
paroîtroit refferrée en un point, & les Alpes, les Py-
renées, & même la longue chaîne des Cordelieres,
ne refléchiroient pas affez de rayons pour être apperçues.
A des diftances fi immenfes, fa Figure ne pourroit être dif-
tinguée par la vûe, à moins qu'elle ne fut aidée d'un
Télefcope, ou de quelqu'inftrument équivalent.

H h ij

10. L'Océan qui couvre une grande partie de la Surface de la Terre, est plus exactement sphérique que les parties solides; & il est manifeste que cela vient de la gravitation de ses parties vers la Terre, qui agit dans des lignes droites perpendiculaires à sa Surface. Car si sa direction formoit un Angle aigu avec la Surface, le Fluide se mouvroit nécessairement de ce côté, & ne seroit pas en équilibre, jusqu'à ce que la direction de la gravité devint perpendiculaire à la Surface de toutes parts, ensorte qu'elle ne déterminât le Fluide à se mouvoir d'aucun côté. Les perpendiculaires à une surface Sphérique, se rencontrent toutes au centre de la Sphere; donc, puisque la Terre est à peu près une Sphere, la direction de la Gravité est à peu près vers son centre; non qu'il y ait réellement quelque vertu ou quelque charme, dans le point appellé le Centre, qui attire les Corps, mais parce que c'est l'effet de la Gravitation des Corps vers toutes les parties dont la Terre est composée, comme il paroîtra plus particulierement dans la suite. La Gravité ne suit pas quelque direction fixe & déterminée, comme le vulgaire est porté à se l'imaginer, & il n'est besoin, ni de colomnes ni d'instrumens de quelqu'espece qu'ils soient pour soutenir la Terre; cette direction étant toujours en embas, qui tend vers le centre de la Terre, ou pour parler plus exactement, qui est perpendiculaire à la surface du Fluide, sur le côté concave; & celle qui est perpendiculaire à la surface sur le côté convexe, tend toujours vers le haut. Si la Terre étoit toute fluide, sa surface totale seroit de niveau, aucune partie n'auroit de la prééminence sur le reste à cet égard, & les Corps seroient soutenus par ce Globe, également tout au tour de sa Surface avec une fermeté & une sûreté égales. Ainsi il n'y a aucune difficulté à concevoir, qu'il y ait des Antipodes; & il paroît également absurde, de croire que les Corps tomberoient de quelqu'autre partie de la Terre, qu'il le

feroit de s'imaginer, que du lieu que nous habitons, ils puffent s'élever en l'Air.

11. Ce principe de la Gravité s'étend à tous les Corps, qui environnent la Terre. Car la Gravité de l'Air étant démontrée d'une façon inconteftable, par les fameufes expériences de Galilée & de Torricelli, & plufieurs autres du même genre, il paroît évidemment que tous les Corps terreftres quels qu'ils foient, font péfans ou gravitent vers la Terre, & que la legéreté apparente de quelques-uns d'eux, ne vient que de la plus grande gravité de l'Air environnant, qui fait qu'ils s'élévent en haut, par la même raifon que le Liege s'eleve dans l'Eau, & le Plomb dans le Vif-argent; ou bien ils ne doivent leur élévation, qu'à quelque milieu renfermé dans leurs parties. On doit principalement regarder la Gravité des Corps terreftes comme univerfelle, parce que, par les expériences les plus exactes, on a toujours trouvé qu'elle obferve la même proportion que leurs quantités de Matiere, & qu'elle ne dépend pas de la figure, ou du volume des Corps, ou de la contexture de leurs parties, mais qu'elle eft toujours proportion-nelle à leur quantité de Matiere, & n'eft mefurée que par-là, faifant abftraction de l'influence du milieu dans lequel ils nagent. Car la Gravité produit toujours la mê-me viteffe, dans les Corps de toutes efpeces, dans le même-tems, & par conféquent, elle doit agir également fur des portions égales de Matiere, & fur d'au-tres plus grandes avec une force proportionnellement plus grande. La direction de cette Puiffance, eft à peu près vers le centre de la Terre ; car à préfent, nous fai-fons abftraction de la différence de fa Figure, de celle d'une Sphere parfaite, caufée par fon mouvement uni-forme fur fon Axe. La force de cette Puiffance eft telle qu'elle emporte tous les Corps en embas, avec une vi-teffe de 15 $\frac{1}{12}$ pieds mefure de Paris, dans une feconde de tems, ainfi qu'il réfulte de plufieurs expériences

exactes; chaque Corps parcourroit précisément autant d'Espace, s'il descendoit librement dans une perpendiculaire à l'Horizon, & n'éprouvoit point de résistance de l'Air ou de tout autre milieu environnant. Lorsqu'un Corps est jetté dans une ligne droite, qui n'est pas perpendiculaire à l'Horizon, il se meut dans une courbe, mais de sorte qu'il tombe toujours sous le point, qui dans la ligne de projection est directement au-dessus de lui, autant qu'il seroit tombé en descendant librement suivant la perpendiculaire, dans le même tems; pourvû que nous supposions la Gravité agir dans des lignes parallèles, ainsi qu'on avoit coutume de le faire avant que M. le Chevalier Newton eut trouvé nécessaire de considérer son action plus exactement; & cette supposition peut-être admise, sans aucune erreur sensible, dans tous les mouvemens que nos machines sont capables de produire.

12. La Figure sphérique de la Terre avec la direction & la force de la Gravité, étant découverte par cette Analyse, on peut en déduire par la Méthode de Synthese une grande variété de Phénomenes. Toute la doctrine de la Sphere peut être expliquée par la Figure de la Terre, soit dans le Système de Pythagore, ou dans celui de Ptolomée. Comme le Soleil paroît parcourir tout le cercle de 360 degrés dans 24 heures, ainsi dans une heure il paroît parcourir 15 dégrés, & un dégré en quatre minutes de tems, sur l'Equateur ou ses Parallèles. De-là la distance du Méridien à deux lieux mesurée sur l'Equateur, ou leur différence de Longitude étant connue, il est aisé de calculer combien les heures à un lieu précèdent les mêmes heures à l'autre, en comptant 4 minutes de tems pour chaque dégré de cette distance; & réciproquement la différence du tems étant donnée, on trouve la différence de Longitude, en comptant un degré pour quatre minutes de tems, & à proportion, dans des diffé-

rences plus grandes ou plus petites. Il est évident que
les heures du jour, qui sont succeffives dans un lieu
quelconque, exiftent toutes enfemble, lorfqu'on à
égard au Globe entier; enforte qu'on ne peut affigner
aucune heure du jour qu'on ne puiffe pareillement affigner un Méridien où il eft cette même heure, au tems
marqué. L'Horifon fenfible de quelque lieu eft un Plan
perpendiculaire à la ligne verticale de ce lieu, & qui y
touche la furface de la Terre. L'Horizon rationel eft
un Plan parallele au précédent qui paffe par le centre
de la Terre, dont les Poles font le *Zenit* & le *Nadir*,
de la même maniere que les Poles Boréal & Auftral
du Monde font les Poles de l'Equateur. Les Phénomenes particuliers des lieux dépendent de la pofition
de l'Horizon refpectivement aux Cercles du mouvement diurne apparent du Soleil & des Aftres. L'Horizon d'un lieu à l'Equateur paffe par les Poles, & divi-
fe également l'Equateur & fes Paralleles; de-là les jours
& les nuits font toujours égaux dans ces lieux, & chacun des Aftres fait la moitié de fa révolution au deffus
de l'Horizon & l'autre moitié au-deffous. Les Cercles du mouvement diurne font tous perpendiculaires
à cet Horizon, & pour cela on dit que ces Habitans
font dans la Sphere droite. Lorfque le Soleil fe meut
dans l'Equateur il s'éleve directement de leur Horizon au
Zenit, & alors il defcend de nouveau directement à ce
même Horizon; dans d'autres cas après s'être élevé perpendiculairement, il s'en va obliquement dans fon parallele vers le Nord ou vers le Midi, fuivant la faifon de
de l'Année, ce qui doit leur procurer un grand foula-
gement en ce que la chaleur eft par-là confidérablement diminuée. Aux Poles l'Horizon fe confond
avec l'Equateur; enforte que l'Hémifphere célefte Boréal doit être toujours vu du Pole Boréal, étant au-
deffus de cet Horizon, tandis qu'il n'y aucune partie
de l'Hémifphere Auftral qui y foit vifible, puif-

qu'il est toujours au-deſſous de l'Horizon. Les Cercles du mouvement diurne étant paralleles à l'Equateur, & par conſéquent à leur Horizon, le Soleil & les Aſtres leur paroiſſent ſe mouvoir dans des paralleles à cet Horizon; les Etoiles fixes ne ſe levent & ne ſe couchent jamais, & le Soleil ſe leve à l'Equinoxe du Printems & ſe couche à celui d'Automne; enſorte qu'ils jouiſſent du jour la moitié de l'année, & en ſont privés l'autre moitié; c'eſt ce qu'on appelle être ſous la Sphere parallele. Dans les lieux intermédiaires, les Cercles du Mouvement diurne ſont obliques à l'Horizon, un Pole eſt toujours élevé au-deſſus de ce Cercle de la hauteur d'un Arc égal à la Latitude du lieu, & l'autre Pole eſt abbaiſſé au-deſſous d'un Arc égal. Tous les Aſtres dont la diſtance du Pole élevé n'excedent pas la Latitude du lieu ſont conſtamment au-deſſus de l'Horizon, & ceux qui ſont à la même diſtance de l'autre Pole reſtent au-deſſous & ne deviennent jamais viſibles pour eux. L'Equateur & l'Horizon étant de grands Cercles ſe diviſent l'un l'autre également, dela les jours ſont égaux aux nuits par tout, lorſque le Soleil parcourt l'Equateur céleſte. Mais lorſque le Soleil eſt du même côté du Pole élevé, il y a une plus grande portion de ſon Parallele au-deſſus de l'Horizon qu'au-deſſous, & par conſéquent les jours ſont plus longs que les nuits: & lorſque le Soleil eſt de l'autre côté de l'Equateur il y a une plus grande portion de ſon Parallele diurne au-deſſous de l'Horizon qu'au-deſſus; d'où il ſuit que les nuits ſont plus longues que les jours. On dit de ceux qui habitent ces Climats qu'ils ſont ſous la Sphére oblique. Dans tous ces differens lieux, le tems dans lequel on a le jour, (c'eſt-à-dire où le centre du Soleil eſt au-deſſus de l'Horizon) eſt égal au tems dans lequel on a la nuit, (ou auquel le centre du Soleil eſt ſous l'Horizon,) en conſidérant l'Année entiere, abſrraction faite des effets de la Réfraction & de la figure

Elliptique

Elliptique de l'Orbite de la Terre, auxquels on n'a pas
égard dans la Doctrine de la Sphere. Mais ces tems
égaux sont distribués avec une grande variété, sous l'Equateur on a 12 heures de jour & 12 heures de nuit qui
se succédent perpétuellement. Sous les Poles on a le jour
tout à la fois sans interruption & la nuit de même,
la durée de chacun étant de la moitié de l'Année. Dans
les lieux intermédiaires la longueur des jours dans
une saison est compensée par la longueur des nuits dans
l'autre. Sous les Cercles Polaires le Soleil tourne continuellement pendant quelques jours, ou quelques semaines, au-dessus de l'Horizon ; mais dans la saison
opposée de l'Année, il reste aussi long-tems au-dessous.
Ainsi l'égalité des tems du jour & de la nuit persiste,
lorsque nous faisons abstraction du Diametre sensible du
Soleil, des effets de la Réfraction & du Crépuscule, & de
la figure Elliptique de l'Orbite de la Terre ; mais en
conséquence de toutes ces choses le tems dans lequel
on a le jour, excéde considérablement la durée de la
nuit, particuliérement dans l'Hémisphere Boréal. L'Amplitude du Soleil ou sa situation sur l'Horizon, a aussi
de grandes variétés qui se déduisent aisément des mêmes Principes. Elle est moindre sous l'Equateur, où elle
se trouve de 23° 29' de chaque côté des points de l'Orient
& de l'Occident, vers le Nord ou vers le Midy. A la
Latitude de 56°, elle est d'environ 45° de chaque côté des mêmes points, & l'Arc compris entre les Points
les plus Septentrionaux ou Méridionaux où il se couche & se leve, est d'environ un quart de Cercle. Sous les
Cercles Polaires son Amplitude est tout le demi-Cercle du Nord ou Sud. Un Cercle perpendiculaire au Méridien & à l'Horizon est appellé le premier vertical, &
comme c'est un grand Cercle, il coupe l'Equateur également, & tous les lieux qui sont situés sous lui sont au
vrai point de l'Orient ou de l'Occident pour nous : on
explique par-là un grand nombre de Paradoxes Géo-

graphiques. La Gnomonique est déduite des mêmes
Principes. L'espece de Cadran la plus simple est un
Equinoxial où l'ombre est reçue sur un Plan parallele
aux Cercles du Mouvement diurne du Soleil, & elle
est projettée par un style, ou une ligne droite, perpendiculaire à ces Plans. Comme le Soleil parcourt des
Arcs égaux sur le Cercle parallele à ce Plan dans des
tems égaux, le Mouvement de l'ombre dans ce Cadran
sera pareillement uniforme, ensorte que les intervalles
entre les heures doivent être égaux; ce qui se fait par
conséquent en divisant le Cercle en 24 parties égales.
La construction des autres Cadrans se déduit aisément
de ce que nous venons de dire, mais notre dessein
nous oblige de passer très-légérement sur ces sortes de
choses. Nous avons un exemple remarquable des charmes attachés à la vérité, en observant cette étonnante
variété de Phénomenes qui suivent d'un si petit nombre
de Principes tels que la Figure Sphérique de la Terre,
son mouvement diurne & l'obliquité de son Axe, lorsque nous examinons la Terre depuis la Zone Torride
jusqu'à la Zone Glaciale, ou depuis l'Equateur jusqu'aux Poles, & que nous faisons attention aux Phénomenes de la Chaleur & du Froid, aussi-bien qu'à ceux
du jour & de la nuit & des mouvemens apparens des
Astres. Une si grande diversité de Phénomenes qui résulte de deux Principes d'une nature si simple, est pour
l'entendement le sujet d'une spéculation curieuse, aussi-bien qu'elle remplit l'imagination d'agréables idées,
& sert à faire connoître la merveilleuse fertilité dont la
Nature est capable dans ses productions; ensorte que
sur le Globe Terrestre nous avons quelque image ou
quelque représentation, dans les Climats de l'Equateur
aux Poles, de cette grande variété qu'on peut supposer
avoir lieu dans le Systême Solaire, depuis Mercure la
la plus près & la plus échauffée des Planetes, jusqu'à
Saturne la plus éloignée & celle qui reçoit le moins
de chaleur.

13. Quoique la Doctrine de la Sphere puisse être expliquée par le Systême de Ptolomée, aussi-bien que par celui de Copernic ou de Pythagore, en supposant le *Premier Mobile* pénétrer tout l'Univers, à l'exception seulement de la Terre & ce qui en dépend, & l'emporter chaque jour autour de l'Axe de la Terre; cependant cette Hypothese paroît si absurde à toute personne judicieuse, & qui ne s'est pas laissée entraîner par les préjugés des sens ou par les dogmes de la superstition, qu'elle est maintenant presque universellement rejettée. Les Mouvemens des Cometes exécutés avec tant de liberté dans les Espaces célestes nous font voir que les Orbes solides sont imaginaires, & qu'il ne peut y avoir un Moteur universel qui emporte tout l'Univers avec lui le long de ces Orbes; & il n'y a aucun Axe sur lequel on puisse supposer que tourne cette immense Machine. La vitesse prodigieuse qui, suivant cette Doctrine, doit être attribuée aux Etoiles fixes les plus éloignées, ne peut que révolter ceux qui ont quelque juste notion de la vaste étendue de l'Univers. Attribuer à la Terre une prééminence si extraordinaire à laquelle elle ne paroît avoir aucun droit, c'est une partialité indigne des Philosophes; d'autant plus que nous voyons que la plus grande partie des Corps célestes, le Soleil lui-même, tournent sur leurs Axes, ce qui nous induiroit, si nous étions sur la surface de quelqu'un d'eux, à attribuer à celui-là seul la même prééminence & à le placer au centre du Monde. Mais outre ces Observations & plusieurs autres qu'on pourroit faire, le retardement des Pendules portés sous l'Equateur & l'augmentation des dégrés du Méridien de-là jusqu'aux Poles, démontrent une Force Centrifuge plus grande sous l'Equateur, & diminuant par degrés vers chaque Pole où elle s'évanouit. Maintenant cette Force Centrifuge est une preuve évidente de la Révolution diurne de la Terre sur son Axe; par conséquent en traitant des Corps célestes, nous ferons en-

tiérement abstraction des Mouvemens diurnes & apparens des Planetes, comme appartenant seulement à la Terre. Ainsi notre Analyse des causes qui produisent les Mouvemens célestes, se trouve fondée sur l'état réel des choses, & non pas sur des apparences trompeuses.

14. La Doctrine de la Sphere se déduit avec facilité de ces mouvemens vrais, une moitié de la Terre est illuminée par le Soleil en tout tems, & l'autre est toûjours privée de sa lumiere. Le terme de la lumiere & de l'obscurité est un grand Cercle de la Terre. Il est jour dans un lieu lorsqu'il fait sa Révolution dans la partie illuminée, mais il est nuit lorsqu'il se meut dans la partie cachée aux rayons du Soleil. Le Mouvement diurne se fait d'Occident en Orient, & le Soleil se leve pour quelque lieu lorsque ce dernier arrive au Cercle qui termine la lumiere & l'obscurité du côté de l'Occident, & il se couche lorsque ce lieu arrive au même Cercle du côté de l'Orient. Le Point où une ligne droite joignant les centres du Soleil & de la Terre coupe la surface de cette derniere, est celui qui a le Soleil au sommet ou Zenit, & c'est le Pole ou le point du milieu du Disque illuminé. Le Cercle décrit par le Mouvement annuel de la Terre ou par le Mouvement apparent du Soleil est l'Ecliptique, & parce que l'Axe de la Terre est oblique au Plan de ce Cercle, il coupe l'Equateur (dans un Angle de $23^{\circ}29'$,) & les deux points d'intersection sont appellés les Points Equinoxiaux, dans lesquels le Soleil paroît lorsque l'Axe de la Terre est perpendiculaire à la ligne droite tirée de son centre à celui du Soleil. On appelle Points des Solstices ceux qui sont à la distance de 90° des précédens, & où le Soleil se trouve lorsqu'il décline le plus vers les Poles. L'Equateur étant un grand Cercle, divisé en deux également par celui qui termine la lumiere & l'obscurité, la durée du jour sous l'Equateur est par conséquent toujours

égale à celle de la nuit. Il eſt évident que lorſque le Soleil paroît du côté du Nord de l'Equateur, le Pole Septentrional doit être dans l'Hemiſphere illuminé ; enſorte qu'on y jouira du jour depuis l'Equinoxe du Printems
juſqu'à celui d'Automne, mais qu'on y ſera privé de
la lumiere du Soleil depuis l'Equinoxe d'Automne juſqu'à celui du Printems ; & ce ſera le contraire pour le
Pole Méridional. Un lieu, ſitué du même côté de l'Equateur que celui où le Soleil eſt au Zénit, a une plus grande
partie du Parallele à l'Equateur qu'il parcourt, dans l'Hé-
miſphere illuminé que dans l'autre ; enſorte que le jour
y ſera plus long que la nuit : mais c'eſt le contraire
lorſque le lieu eſt du côté oppoſé de l'Equateur, & la
nuit doit être alors plus longue que le jour. On peut
déduire de la même maniere tous les autres Phénomenes de la Doctrine de la Sphere des Mouvemens
vrais qui s'exécutent dans le Syſtême du Monde.

13. Nous avons donné une Expoſition ſommaire
de ce qui étoit connu ſur la Gravité des Corps terreſtres,
avant Mr. le Chevalier Newton. Comme la Figure de
la Terre eſt dûe à ce Principe, il eſt très-raiſonnable
de ſuppoſer, ainſi que Copernic l'a obſervé avec juſtice (a), que c'eſt par un ſemblable Principe, qui doit
avoir lieu dans le Soleil & les Planetes, que leurs
figures ſe conſervent dans leurs differens mouvemens.
On a tenté pluſieurs entrepriſes, & imaginé des Syſtêmes pour expliquer la nature de cette Puiſſance &
de ſa cauſe, mais ſans aucun ſuccès. Deſcartes la dé-
duiſit de la Force Centrifuge de ſa Matiere ſubtile, qui
faiſoit ſa révolution ſur l'Axe de la Terre ; & cette explication a déja été réfutée (b). D'autres l'ont conſidérée comme une ſorte de Magnétiſme ; mais les Puiſſances de la Gravité & du Magnétiſme different conſidérablement dans les circonſtances les plus eſſentielles.
Quelques-uns ont eu recours à la preſſion de l'Atmoſ-

(b) Voyez Liv. I, Chap. III. § 2.   (a) Voyez Liv. I, Chap. 4. §. 4.

phere; quoique l'Air ſoit ſi éloigné de produire la Gravité, qu'il diminue conſtamment du Poids des Corps. Mais tout ce que nous avons beſoin de conclure ici, c'eſt, que cette Puiſſance s'étend univerſellement à toutes ſortes de Corps ſenſibles, à la ſurface, ou près de la ſurface de la Terre, & qu'elle a ces deux propriétés remarquables; premierement, qu'elle eſt proportionnelle à la quantité de Matiere contenue dans les Corps; ſecondement, qu'elle agit ſans ceſſe, & avec la même force ſur un Corps qui eſt déja en mouvement, que ſur un autre qui eſt en repos. Cette derniere propriété ſe manifeſte, en ce qu'elle produit des accélérations égales en tems égaux dans les Corps qui tombent. Ces deux propriétés la diſtinguent des cauſes qui ſont entierement méchaniques, qui agiſſent à proportion de la ſurface, ou du volume des Corps, & qui produiſent une moindre accélération dans un Corps qui eſt déja en mouvement, dans la direction ſuivant laquelle la cauſe agit, que ſur un Corps en repos, dans le même tems. Tout ce que nous obſervons ici concernant la Gravité, nous ne le faiſons pas dans la vûe de rien déterminer ſur ſa cauſe, mais ſeulement pour frayer le chemin à ce qui va ſuivre ſur l'univerſalité de ce Principe.

CHAPITRE II.

La Lune est un Corps pesant, & gravite vers la Terre de la même maniere que les Corps Terrestres.

1. M Le Chevalier Newton considérant que la Puissance de la Gravité agit également sur toute Matiere à la surface, ou près de la surface, de la Terre ; qu'elle n'est pas sensiblement moindre sur le sommet des plus hautes Montagnes, qu'elle affecte l'Air , & s'éleve jusqu'aux dernieres limites de l'Atmosphere, & enfin qu'elle ne pouvoit être l'effet de l'influence de quelque matiere terrestre sensible ; il ne pût se persuader qu'elle fut interrompue tout-à-coup , mais fondé sur toutes ces raisons , il pensa que ce devoit être un Principe plus général qui s'étendît jusqu'aux Cieux ; ensorte que la Lune qui est beaucoup plus proche de nous que tous les autres Corps du Systême céleste, en devoit être affectée. Les découvertes modernes ont suffisamment fait voir l'absurdité de l'opinion de ceux qui ont enseigné que les Corps célestes étoient composés de quelque substance inexplicable, essentiellement différente de celle de notre Terre : les Philosophes ne firent plus cette distinction, qui n'étoit fondée que sur la superstition & les préjugés vulgaires. On convint que la Terre étoit du nombre des Planetes, & celles-ci furent regardées comme semblables à notre Terre. Pour rendre cette ressemblance complette , notre Auteur a démontré qu'elles étoient composées de la même substance pesante, gravitante, dont notre Terre est formée.

2. Les effets de la Puissance de la Gravité sur les

Corps terreſtres, peuvent être réduits à trois claſſes: *Premierement*, un Corps en repos, ſoutenu par la Terre, ou ſuſpendu par une corde, ou qui de quelque façon que ce ce ſoit ſe trouve arrêté, s'efforce cependant toujours de ſe mouvoir, en conſéquence de ſa Gravité qui en ce cas eſt meſurée par la preſſion du Corps en repos, ſur l'obſtacle qui s'oppoſe à ſon Mouvement. *Secondement*, lorſqu'un Corps deſcend dans la Ligne verticale, ſon mouvement eſt continuellement accéléré, en conſéquence de la Gravité qui agit ſans ceſſe ſur lui; ou s'il eſt jetté en haut dans la même ligne droite, ſon mouvement eſt retardé en conſéquence de l'action continuelle de la même Puiſſance ſur lui, dans une direction contraire; & dans ces cas, la force de la Gravité eſt meſurée par l'accélération ou le retardement du Mouvement, produit dans un tems donné par la Puiſſance continuée uniformément pendant ce tems: mais ſi le Corps deſcend ou monte le long d'un Plan incliné, ou ſe meut dans un Milieu réſiſtant, alors en meſurant cette Puiſſance, on doit avoir égard aux Principes de Méchanique expoſés dans le Livre précedent. *Troiſiemement*, lorſqu'un Corps eſt projetté dans quelque direction différente de la Ligne verticale, la direction de ſon mouvement varie continuellement, & il décrit une Courbe en conſéquence de l'action non-interrompue de la Gravité qui, dans ces cas, eſt meſurée par la Courbure de la ligne décrite par le Corps; car la Puiſſance eſt toujours plus grande, *cæteris paribus*, à proportion qu'elle fait plus écarter le Corps de la Tangente, ou de la Direction dans laquelle il étoit jetté. Tous les differens effets de la Gravité ſe font conſtamment obſerver près de la ſurface de la Terre; car la même Puiſſance qui rend les Corps peſans, tandis qu'ils ſont en repos, les accélerent lorſqu'ils deſcendent perpendiculairement, & les fait mouvoir dans une Courbe lorſqu'ils ſont jettés dans quelqu'autre direction que celle

de

de la Gravité. Mais nous ne pouvons juger des Puissances qui agissent sur les Corps célestes, que par les effets de la dernière espèce : nous voyons les Corps près de la Terre, tomber vers elle; mais ce seroit une preuve de la Gravité de la Lune, qui ne pourroit avoir lieu, que l'état présent des choses ne fût renversé. Lorsqu'un Corps est jetté en l'air, nous ne voyons pas qu'il tombe dans la perpendiculaire vers la Terre, mais il descend en s'éloignant à chaque instant de la Tangente à la Courbe, c'est-à-dire de la direction, dans laquelle il se seroit mû, si sa Gravité n'eût pas agi à ce moment; & nous avons cette preuve de la Gravité de la Lune: car quoique nous ne la voyons pas tomber directement sur la Terre, dans une Ligne droite, cependant nous observons qu'elle descend chaque instant vers la Terre, en s'écartant de la ligne droite qui étoit la direction de son mouvement au commencement de cet instant; & ce n'est pas là moins évidemment une preuve de l'action de la Gravité sur elle, ou de quelqu'autre Puissance semblable, que le seroit sa descente en ligne droite, si elle pouvoit tomber librement vers la Terre.

3. Si nous avions des machines d'une force suffisante, on pourroit par ce moyen jetter les Corps, de sorte qu'ils seroient non-seulement emportés fort loin, sans retomber vers la Terre, mais de plus, qu'ils parcourroient un quart d'un de ses grands Cercles, ou même, abstraction faite des effets de la résistance de l'Air, qu'ils feroient tout le tour de la Terre, sans la toucher, & qu'après être revenus à leur première place, ils recommenceroient une nouvelle révolution avec la même force qu'ils avoient d'abord reçue de la Machine, que celle-ci seroit suivie d'une troisieme, & qu'ils tourneroient ainsi, comme une Lune ou un Satellite, continuellement autour de la Terre. Si on pouvoit réussir à produire cet effet près de la surface de la Terre, on le pourroit aussi plus haut dans l'Air, ou même dans

K k

un lieu auſſi élevé que la Lune, s'il étoit poſſible d'y tranſporter la Machine, ou une Puiſſance équivalente, & de l'y faire agir. En augmentant la force de la Puiſ-ſance, un Corps proportionnellement plus grand, pour-roit être ainſi jetté; & par une Puiſſance ſuffiſamment grande, un Corps peſant qui ne ſeroit pas inférieur à la Lune pourroit être d'abord mis en mouvement, & ſa Gravité l'empêchant conſtamment de ſe mouvoir en ligne droite, il tourneroit continuellement autour de la Terre. Ainſi M. le Chevalier Newton vit que le Mouvement curviligne de la Lune dans ſon Orbite & de tout Projectile à la ſurface de la Terre, étoient des Phénomenes du même genre, & pouvoient être expli-qués par le même Principe étendu de la Terre juſqu'à la Lune; & que cette Planete étoit ſeulement un plus grand Projectile qui avoit reçû ſon mouvement, dès l'origine du Monde, du Tout-Puiſſant Auteur de l'Univers.

4. Mais pour rendre ce qui vient d'être avancé en-tiérement évident, il étoit néceſſaire de démontrer que les Puiſſances qui agiſſent ſur la Lune & ſur les Projectiles près de la Terre, & qui les font mouvoir dans une ligne Courbe, étoient dirigées au même cen-tre, & convenoient dans la quantité de leur Force, auſſi-bien que dans leur direction. Tout ce que nous con-noiſſons de la Force, a rapport à ſa direction & à ſa quantité; & une conformité conſtante à ces deux égards, eſt un fondement ſuffiſant pour conclure que ce ſont les mêmes Phénomenes, ou de ſemblables dé-rivés de la même cauſe, ou dont les cauſes ſont de la même eſpéce. On a démontré dans le dernier Chapitre, que la Gravité des Corps peſants eſt dirigée vers le cen-tre de la Terre; & il paroît par les obſervations des Aſtronomes, que la Puiſſance qui agit ſur la Lune, changeant conſtamment la direction de ſon mouvement en une Courbe, eſt dirigée vers le même centre: car

ils trouvent que la Lune ne décrit pas un Cercle exact autour de la Terre, mais une Ellipse ou une Ovale, & qu'elle approche de ce Globe & ensuite s'en éloigne, dans chaque révolution, mais ensorte que son mouvement est accéléré, tandis qu'elle s'approche du centre de la Terre, & retardé lorsqu'elle s'en éloigne; ce qui indique qu'elle est assujettie à l'action d'une Puissance, dirigée exactement ou à peu près vers le centre du Globe terrestre.

5. Pour que cela paroisse plus clairement, supposons qu'un Corps soit jetté dans quelque Ligne droite, & si aucune Force nouvelle n'agit sur lui, il s'avancera alors dans cette Ligne, parcourant des Espaces égaux dans des tems égaux, par la premiere loi du mouvement; & si on imagine un Rayon tiré toûjours du Corps à quelque point fixe qui ne soit pas dans la Ligne de son mouvement, tandis que ce Corps parcourt des Espaces égaux en tems égaux, ce Rayon décrira des Espaces triangulaires égaux (a) dans des tems égaux; parce que ces Triangles décrits par le Rayon en tems égaux, auront des Bases égales sur la ligne de Projection & un sommet commun à ce point fixe. Supposons ensuite qu'une Force dirigée au même point fixe, agisse sur le Corps, il sera alors emporté hors de la premiere Ligne de son mouvement dans une nouvelle direction; mais l'Aire ou l'Espace décrit par le Rayon, tiré toûjours du

(a) Tout ce raisonnement ne suppose qu'une proposition très-connue » que les Triangles sur » la même Base, ou sur des Bases » égales, qui ont la même hauteur » sont égaux entre-eux; » d'où l'on tire aisément. 1. Que tandis qu'un Corps par un Mouvement uniforme se meut dans la ligne AF (Fig. 52.) & parcourt les parties égales AB, BC dans des tems égaux, les Triangles décrits par un Rayon tiré toujours du Corps au point donné S, à sçavoir ASB, BSC, doivent être égaux, parce que leurs Bases AB, BC sont égales & qu'ils ont leur Sommet commun en S. 2. Supposons qu'une Force agisse sur le Corps en B, dirigée vers S, qui l'emporteroit en E, si elle agissoit seule sur le Corps, dans le même tems dans lequel, par son Mou-

Corps à ce point fixe, fera égal à l'Espace qui auroit été décrit par le Rayon dans le même-tems, si une telle force n'eût pas agi fur le Corps; car ces Espaces font des Triangles qui ont la même bafe (c'est-à-dire, la premiere distance du Corps à ce point fixe) & qui font entre les mêmes Lignes parallèles. La Puissance donc, dirigée vers le point donné, n'a point d'effet fur la grandeur de l'Aire ou de l'Espace décrit par le Rayon, qui est fuppofé toujours tiré du Corps à ce point; elle peut accélérer ou retarder le mouvement de ce Corps, mais elle n'affecte pas l'Aire. Par conféquent, le Rayon continuera toujours de décrire les mêmes Espaces dans des tems égaux, au tour du point donné, comme il auroit fait, si aucune force nouvelle n'eût agi fur le Corps, & qu'il lui eût été libre d'avancer uniformément dans la ligne de Projection.

6. Comme une Impulfion vers le point donné, n'a point d'effet fur l'Aire ou l'Espace, décrit par le Rayon tiré toujours du Corps à ce point, ainfi un nombre d'Impulfions fucceffives, dirigées au même point, ne peuvent avoir d'effet fur cette Aire, enforte qu'elles augmentent ou diminuent le tems où elle fera décrite; & fi on fuppofe que la Puiffance dirigée à ce point, agiffe continuellement, elle fera mouvoir le Corps dans une Courbe, & pourra accélérer ou retarder fa vitesse, mais non pas affecter l'Aire décrite dans un tems donné par le Rayon fuppofé tiré toujours du Corps au Point donné;

vement uniforme, il parcourroit BC, alors il parcourra BD diagonale du Parallelogramme BEDC dans le même tems, & le Rayon tiré du Corps au point S décrira le Triangle BSD égal à BSC, parce qu'ils font fur la même Bafe BS, & entre les parallèles BS, CD; c'est-à-dire l'Efpace décrit alors par le Rayon est égal à l'Efpace qu'il auroit décrit, fi aucune Force nouvelle n'eut agi fur le Corps B: d'où il paroît que l'Efpace décrit par le Rayon n'est ni augmenté ni diminué par aucune action du Corps dirigé vers S, & par conféquent le Rayon tiré du Corps au point S continuera toujours de décrire des Efpaces égaux dans des tems égaux, fi aucune Force nouvelle n'agit fur le Corps que celle qui est dirigée vers S.

elle fera par conféquent toujours d'une quantité invariable, égale à celle qui auroit été parcourue dans le
même tems, fi le Corps eût avancé uniformément en
Ligne droite, depuis le commencement du mouvement.

7. L'inverfe de ce Théorême nous apprend, que
l'augmentation égale des Aires décrites par un Rayon
tiré toujours d'un Corps à un Point donné, eft une
preuve que la Puiffance qui agit fur le Corps & qui
le fait mouvoir dans une Courbe, eft dirigée à ce Point.
Il eft aifé de voir, que fi cette Puiffance étoit dirigée
à l'un des côtes de ce Point (a), elle augmenteroit ou
diminueroit l'Aire décrite par le Rayon tiré du Corps
au Point; enforte que fi des Aires égales continuent
d'être décrites dans des tems égaux, autour de ce
point, nous pouvons être affurés que la Puiffance eft
dirigée à ce même Point. Si un Corps parcouroit un
Cercle d'un mouvement égal, enforte qu'il parcourut
des Arcs égaux dans des tems égaux, les Aires décrites
dans des tems égaux par un Rayon tiré du Corps au
centre du Cercle feroient égales, & il eft clair que la
Force qui détermine le Corps à fe mouvoir dans une
Courbe, doit tendre à ce centre; car fi elle étoit dirigée à quelqu'autre Point, le Corps feroit accéléré dans
fon mouvement, à mefure qu'il approcheroit de ce
Point, & retardé à proportion qu'il s'en éloigneroit.
Nous nous fommes fort étendus fur l'explication de
cette Propofition, parce qu'elle eft de très-grande conféquence dans cette Philofophie.

De-là nous apprenons que la Force qui retient la
Lune dans fon Orbite eft dirigée au centre de la Terre,
parce qu'elle décrit, par un Rayon tiré au centre de ce

(a) Si une nouvelle force agiffoit
fur le Corps en B, qui fut dirigée
à côté de S, le Corps, au lieu de fe
trouver dans la ligne CD, ou paf-
feroit cette ligne, dans le même
tems, ou bien ne l'atteindroit pas, &
l'Aire décrite par le Rayon tiré du
Point S feroit ou plus grande ou
moindre que BSC.

Globe , des Efpaces égaux en tems égaux, étant accélérée dans fon mouvement, à proportion qu'elle approche de la Terre, & retardée à mefure qu'elle s'en éloigne. Nous verrons dans la fuite, qu'une petite inégalité
dans ces Efpaces , ne fert qu'à confirmer la Philofophie
de notre Auteur.

8. Il y a donc une Puiffance qui agit fur la Lune,
femblable à la Gravité, dirigée au centre de la Terre ;
& comme cette Puiffance l'oblige de quitter à chaque
inftant la direction de fon mouvement en tendant vers
la Terre ; ainfi fi fon Mouvement Projectile étoit
détruit , la même Puiffance la feroit tomber fur la Terre dans une Ligne droite : & parce que cette Puiffance
agit fans ceffe , en changeant la direction de fon mouvement en une Courbe, elle la feroit par conféquent
defcendre vers la Terre, avec un mouvement accéléré , comme celui des Corps pefants dans leur chute.
Il refte feulement à faire voir que la Puiffance qui agit
fur la Lune convient avec la Gravité dans la quantité de fa Force, auffi-bien qu'à tous autres égards. Mais
avant de les comparer , nous devons obferver, que la
Puiffance qui agit fur la Lune n'eft pas la même à toutes diftances de la Terre, mais qu'elle eft toujours plus
grande , lorfqu'elle en eft plus proche : afin de s'en
convaincre , il fuffit d'obferver , que pour changer la
direction du mouvement d'un Corps en une Courbe ,
lorfqu'il fe meut avec une plus grande viteffe , il faut
une Puiffance plus grande que lorfqu'il décrit la même Courbe avec une viteffe moindre, Quoique cela
foit affez clair , on l'entendra encore mieux de cette
façon : imaginons une Tangente (*Fig.* 53.) tirée à
l'extrémité d'un petit Arc parcouru par le Corps, &
comme c'eft la Ligne que ce Corps auroit fuivie, fi aucune Puiffance nouvelle n'eût agi fur lui, l'effet de cette
Puiffance eft eftimé par l'abbaiffement de l'autre extrémité de l'Arc fous cette Tangente : maintenant il

eſt évident que dans des Arcs de même Courbure, plus l'Arc eſt grand, plus l'une de ſes extrémités doit s'écarter de la Tangente tirée à l'autre extrémité; & par conſéquent, lorſqu'un Corps parcourt un plus grand Arc, il doit être aſſujetti à l'action d'une plus grande Puiſſance que lorſqu'il parcourt un Arc moindre dans le même-tems. Maintenant à proportion que la Lune s'approche de la Terre, ſon mouvement eſt accéléré, & ſa viteſſe eſt la plus grande à ſa moindre diſtance & la plus petite à ſa diſtance la plus grande, & les Arcs qu'elle parcourt à ſa plus grande & ſa moindre diſtances ont la même Courbure; donc la Force qui agit ſur elle à ſa moindre diſtance, lorſque ſon mouvement eſt le plus vîte, doit être plus grande.

9. Il ne ſera pas difficile de voir, ſuivant quelle Loi cette Puiſſance varie, à ſa plus grande & ſa moindre diſtances de la Terre. Pour la découvrir plus aiſément prenons un cas ſimple, & ſuppoſons que ſa moindre diſtance ſoit la moitié de ſa plus grande. Si cela étoit vrai, la Lune ſe mouvroit avec une viteſſe double à ſa moindre diſtance, afin que l'Aire décrite par un Rayon, tiré d'elle à la Terre, pût être égale à l'Aire décrite par un ſemblable Rayon dans le même tems, à ſa plus grande diſtance; enſorte qu'elle parcourroit à ſa moindre diſtance un Arc dans une minute, égal à celui qu'elle parcourroit en deux minutes à ſa plus grande diſtance, & tomberoit autant au-deſſous de la Tangente au commencement de l'Arc, en une minute, dans la partie inférieure de ſon Orbite, ou au Périgée, qu'en deux minutes dans la partie ſupérieure, ou ſon Apogée. Si donc ſon mouvement Projectile étoit détruit à ſa moindre diſtance, elle tomberoit autant vers la Terre en une minute, qu'en deux minutes, ſi ſon mouvement Projectile étoit détruit à ſa plus grande diſtance. Mais les Eſpaces parcourus par un Corps peſant dans ſa deſcente, ſont comme les quarrés des tems par le Livre II.

Chap. 1. § 11. & un Corps parcourt dans sa chute un Espace quadruple dans un tems double ; ensorte qu la Lune descendant librement à sa plus grande distance, parcourroit un Espace quatre fois plus grand en deux minutes, qu'en une minute. Par conséquent, elle parcourroit dans sa chute quatre fois autant d'Espace en une minute à sa moindre distance, qu'à sa plus grande distance dans le même-tems. Mais les Forces avec lesquelles les Corps pesants descendent, sont en même raison que les Espaces parcourus en conséquence de ces Forces, dans de petites parties de tems égales ; par conséquent, la Puissance qui agit à la moindre distance est quadruple de celle qui agit à la plus grande, lorsque la derniere est supposée être le double de la premiere, ou les Forces sont comme 4 à 1, lorsque les distances sont comme à 1 à 2. Nous trouvons donc que la Force qui agit sur la Lune, & qui la fait mouvoir dans une Orbite curviligne, augmente à proportion que la distance au centre de la Terre diminue, ensorte qu'elle est quadruple à la moitié de la distance. On fait voir de la même maniere, que si sa moindre distance étoit seulement la troisieme partie de sa plus grande, sa vitesse seroit triple à la moindre distance, afin de conserver l'égalité des Aires décrites par un Rayon tiré de cette Planete au centre de la Terre ; & que la Puissance qui agiroit sur elle auroit le même effet en une minute à cette moindre distance, qu'en trois minutes à sa plus grande ; ensorte que si elle pouvoit descendre librement de chaque distance, elle parcourroit un Espace neuf fois plus grand à sa moindre distance qu'à sa plus grande dans le même-tems ; par conséquent, la Puissance elle-même, qui produit sa descente, seroit neuf fois plus grande à la troisieme partie de la distance, ou les distances étant comme 1 à 3, la force de la Gravité à ces distances, seroit comme 9 à 1, c'est-à-dire, réciproquement comme les quarrés des distances. Il paroît

de

de la même maniere, que lorfque la plus grande & la moindre diſtances ſont ſuppoſées être en raiſon quelconque d'un nombre plus grand à un nombre plus petit, les viteſſes de la Planete qui fait ſa révolution ſont en raiſon inverſe des mêmes nombres; & que les Puiſſances qui lui font décrire une Courbe ſont en raiſon inverſe des quarrés de ces nombres.

10. En général, que T (*Fig. 53.*) repréſente le centre de la Terre, ALP l'Orbite elliptique de la Lune, A l'Apogée, P le Périgée, AH & PK les Tangentes à ces points, AM & PN de petits Arcs parcourus par la Lune en tems égaux à ces diſtances, MH, NK les ſoutendantes des Angles de contact, terminées par les Tangentes en H & en K : alors MH & NK ſeront égales aux Eſpaces qui ſeroient parcourus par la Lune, ſi elle pouvoit tomber librement des points reſpectifs A & P, en tems égaux; & feront entre-elles dans la même proportion que les Puiſſances qui agiſſent ſur la Lune, & qui fléchiſſent en ce point la direction de ſon mouvement en une Courbe. Que A*m* ſoit priſe égale à PN, & que *mh*, parallele à AP, rencontre la Tangente au point A en *h*; alors parce que la courbure de l'Ellipſe eſt la même en A qu'en P, *mh* eſt égale à KN; & ſi la Lune pouvoit tomber librement, des points P & A vers la Terre, ſa Gravité auroit un plus grand effet en P qu'en A en tems égaux, à proportion que *mh* eſt plus grande que MH. Mais *mh* eſt l'Eſpace que la Lune parcourroit librement par ſa Gravité en A, dans le tems auquel A*h* ſeroit parcouru par ſon mouvement Projectile en A; & MH eſt l'Eſpace ſuivant lequel elle deſcendroit librement par ſa Gravité en A, dans le tems auquel AH ſeroit parcouru par ſon mouvement Projectile; & ces Eſpaces étant comme les quarrés des tems, il ſuit que *mh* eſt à MH, comme le quarré de A*h* au quarré de AH, ou à cauſe de l'égalité des Aires TAH, TPK, comme le quarré de TP au quarré de

TA. Donc la Gravité en P est à la Gravité en A, comme le quarré de TA au quarré de TP ; c'est-à-dire, la Gravité de la Lune vers la Terre augmente dans la même proportion que le quarré de la distance au centre de la Terre diminue. M. le Chevalier Newton démontre l'universalité de cette Loi, à toutes les distances de cette Planete, par la direction de la Puissance qui agit sur elle , & par la nature de l'Ellipse, courbe qu'elle décrit dans sa révolution ; & il suit des propriétés de cette Courbe, que si on prend de petits Arcs parcourus par la Lune en tems égaux, l'extrémité d'un Arc quelconque s'abbaisse d'autant plus vers la Terre, au-dessous de sa Tangente à l'autre extrémité, que le quarré de la distance au Foyer est moindre ; d'où il suit que la Puissance qui est proportionnelle à cet Espace, observe la même raison.

11. L'Orbite de la Lune, suivant les observations des Astronomes, ne differe pas beaucoup d'un Cercle dont le Rayon est égal à soixante fois le demi-diametre de la Terre ; & la circonférence de son Orbite est par conséquent environ soixante. fois la circonférence d'un grand Cercle de la Terre qui a été trouvée, par les Mathématiciens François de 123249600 pieds de Paris. On déduit de-là facilement la circonférence de l'Orbite de la Lune; & puisqu'elle finit sa révolution en 27 jours, 7 heures & 43 minutes, il est aisé de calculer quel Arc elle parcourt dans une minute. Maintenant il s'agit de chercher la quantité de l'abbaissement d'une extrémité de cet Arc au-dessous d'une Tangente tirée à l'autre extrémité; & comme la Géométrie nous apprend que cet Espace est à peu près un troisieme proportionnel au diamétre de son Orbite, & à l'Arc qu'elle parcourt dans une minute, on trouvera par un calcul aisé qu'il est de $15\frac{1}{12}$ pieds de Paris. Cet Espace est parcouru en conséquence de sa Gravité vers la Terre, laquelle, par conséquent, est une Puissance qui, à la dis-

tance de soixante demi diamétres de la Terre, est capable de la faire descendre en parcourant dans une minute $15\frac{1}{12}$ pieds de Paris. Cette Puissance augmente à proportion que la Lune approche de la Terre : pour connoître qu'elle seroit sa force à la surface de ce Globe, supposons qu'elle descende si bas dans son Orbite qu'à sa moindre distance elle passe par la surface de la Terre. Elle s'approcheroit alors soixante fois plus du centre de ce Globe & se mouvroit avec une vitesse soixante fois plus grande, afin que les Aires décrites en tems égaux, par une ligne tirée de cette Planete au centre de la Terre, pussent persister toujours égales. La Lune donc passant par la surface de la Terre, à sa moindre distance, parcourroit un Arc dans une seconde de tems (qui est la soixantieme partie d'une minute) égal à celui qu'elle parcourt dans une minute à sa distance moyenne actuelle, & s'écarteroit autant de la Tangente, au commencement de cet Arc dans une seconde, qu'elle s'en écarte à sa distance moyenne dans une minute ; c'est-à-dire, elle parcourroit près de la surface de la Terre $15\frac{1}{12}$ pieds de Paris en une seconde de tems. Maintenant c'est exactement le même Espace que parcourent les Corps pesants, en descendant par leur Gravité, près de la surface de la Terre, comme nous l'avons observé ci-dessus, fondés sur l'expérience. La Lune donc descendroit à la surface de la Terre avec la même vitesse, & à tous égards de la même maniere que les Corps pesants tombent vers la Terre ; & la Puissance qui agit sur la Lune, convenant en direction & en force avec la Gravité des Corps pesants, & agissant sans cesse à chaque moment, ainsi que leur Gravité, ces deux Puissances doivent être l'une & l'autre de même espece, & procéder de la même cause.

12. On peut aussi faire le calcul de cette maniere, la distance moyenne de la Lune au centre de la Terre, étant soixante fois la distance des Corps pesants, situés

à la furface de ce Globe, & fa Gravité augmentant à proportion que le quarré de fa diftance au centre de la Terre diminue, elle feroit 60×60 fois, ou 3600 fois plus grande, près de la furface de la Terre, qu'à fa diftance moyenne actuelle, & par conféquent, elle lui feroit parcourir 60×60×15$\frac{1}{12}$ pieds de Paris, dans une minute près de la furface de la Terre. Mais la même Puiffance lui feroit parcourir un Efpace 60×60 fois moindre dans une feconde, que dans une minute, fuivant ce qui a été fouvent obfervé de la defcente des Corps pefants; & par conféquent, la Lune dans une feconde de tems, parcourroit en defcendant par fa Gravité, près de la furface de la Terre, 15$\frac{1}{12}$ pieds de Paris; Gravité qui eft exactement la même que celle des Corps terreftres.

13. Ainfi M. le Chevalier Newton a démontré que la Puiffance de la Gravité s'étend à la Lune, que cette Planete eft pefante, comme une expérience conftante nous apprend que le font tous les Corps appartenans à la Terre & que la Lune eft retenue dans fon Orbite, par la même caufe qui fait décrire une Courbe dans l'Air à une pierre, à un boulet, ou à tout autre Projectile. Si la Lune, ou quelqu'une de fes parties, étoit tranfportée à la Terre, & jettée dans la même ligne & avec la même viteffe, qu'un Corps terreftre, elle fe mouvroit dans la même Courbe; & fi quelque Corps étoit porté de notre Terre à la diftance de la Lune, & jetté dans la même direction & avec la même viteffe que la Lune fe meut, il parcourroit la même Orbite que la Lune, & avec la même viteffe. Ainfi la Lune eft un Projectile, & le mouvement de tout Projectile eft une image du mouvement d'un Satellitte ou de la Lune. Ces Phénomenes font fi femblables en tout, qu'il eft évident qu'ils doivent procéder de la même caufe.

CHAPITRE III.

Du Système Solaire : & des Parallaxes des Planetes & des Etoiles fixes.

1. **A**Près avoir montré que la Gravité s'étend de la furface de la Terre à la Lune, & à toutes diftances en haut, diminuant régulierement comme le quarré de ces diftances augmente, notre Auteur ne s'arrêta pas là : comme chaque Découverte confidérable dans la Nature ouvre communément une nouvelle Scene, ainfi celle dont nous venons de parler étoit trop importante pour refter ftérile eutre les mains d'un Philofophe, tel que M. le Chevalier Newton. La Gravité de la Lune le conduifit à la Gravitation uniververfelle de la Matiere, & une explication fi heureufe de fon Mouvement lui fit déduire du même Principe celle de tous les Mouvemens Curvilignes du Syf-tême Solaire. La Terre ne peut être confidérée comme le centre du Mouvement d'aucun Corps célefte à l'exception de la Lune ; mais dans la vafte étendue du Syftême Solaire celui qu'elles forment enfemble n'eft que d'un ordre fubalterne. Les Planetes inférieures, *Mercure & Venus* ne renferment pas la Terre dans leurs Orbites, mais elles font manifeftement leurs Révolutions autour du Soleil; car quelquefois elles font plus éloignées de nous que le Soleil, & en d'autres tems elles paffent entre ce Globe & nous; mais on ne les voit jamais oppofées au Soleil, ou elles n'en paroiffent jamais éloignées au de-là d'un certain Arc qu'on appelle leur plus grande Elongation. Les Planetes fupé-rieures *Mars, Jupiter & Saturne* fe meuvent dans des

Orbites qui à la vérité renferment la Terre ; mais il
paroît par leurs mouvemens, qui, vûs de ce Globe,
font fujets à beaucoup d'irrégularités, qu'on ne doit pas
regarder la Terre comme le centre de leurs Orbites.
Quelquefois elles paroiffent s'avancer dans ces Orbes
d'Occident en Orient, quelquefois elles femblent fta-
tionaires ou fans mouvement, & dans d'autres tems
elles paroiffent rétrogrades ou retourner d'Orient en
Occident : & ces irrégularités, quoique différentes en
diverfes Planetes, font exactement telles dans chacune
d'elles qu'elles nous paroîtroient en conféquence du
mouvement de la Terre dans fon Orbite.

2. Les Mouvemens de toutes les Planetes autour du
Soleil font conftans & réguliers. Elles fe meuvent toutes autour du Soleil d'Occident en Orient, prefque
dans le même Plan, dans des Orbites Elliptiques qui
ont le Soleil à l'un des Foyers, mais dont quelques-
unes approchent fort du Cercle. Mercure occupe le lieu
le plus bas, & fe mouvant avec plus de viteffe & dans
un Orbite moindre que celle de toutes les autres Planetes, il finit fa Révolution en deux mois & vingt-huit
jours. La Planete de Venus, que nous appellons quelquefois l'Etoile du Soir, quelquefois l'Etoile du Matin
felon qu'elle nous paroît à l'Orient ou à l'Occident du
Soleil & par conféquent qu'elle fe couche plus tard ou
fe leve plûtôt, eft après Mercure dans le Syftême du
Monde, & fait fa Révolution en fept mois & quinze
jours. Au-deffus de ces Planetes fe trouve enfuite la
Terre qui, avec fon Satellite la Lune, fait fa Révolution
dans l'Efpace d'un an. Mars eft au-deffus de la Terre,
& il eft le premier qui la renferme auffi-bien que le Soleil
dans fon Orbite, qu'il parcourt dans l'efpace d'un an dix
mois & vingt-deux jours. Plus haut & à une grande diftance eft fitué Jupiter qui fait fa Révolution avec fes
quatre Satellites en onze ans, dix mois & quinze jours.
Enfin la derniere de toutes les Planetes eft Saturne qui,

avec cinq Satellites & un anneau qui lui eſt particulier , ſe meut dans une vaſte Orbite , du mouvement le plus lent, & finit ſa Période en vingt-neuf ans , cinq mois & vingt jours.

3. Suppoſons la diſtance moyenne de la Terre au Soleil diviſée en 100 parties égales, alors les diſtances moyennes de Mercure , Venus, Mars, Jupiter & Saturne au Soleil feront à peu-près de 38 , 72 , 152, 520 & 954 de ces parties, reſpectivement. Ou ſi on veut les avoir avec plus d'exactitude , que la diſtance moyenne de la Terre ſoit repréſentée par 100000, & les diſtances de ces différentes Planetes feront exprimées par les nombres 38710 , 72333 , 152369 , 520096 , 954006 , reſpectivement.

Les diſtances de Mercure & de Venus ſe déterminent par leurs plus grandes Elongations du Soleil. Que S , (Fig. 54.) repréſente le Soleil, T la Terre, & ſuppoſant que AVB l'Orbite de Venus ſoit parfaitement circulaire, tirez TV Tangente : alors V repréſentera le lieu de Venus où ſon Elongation du Soleil eſt la plus grande , & le Triangle SVT ayant un Angle droit en V, il ſuit que ST , diſtance de la Terre au Soleil , eſt à SV, diſtance de Venus au Soleil , comme le Rayon eſt au Sinus de l'Angle STV ſa plus grande Elongation du Soleil. De cette maniere les diſtances des Planetes inférieures ſe comparent avec la diſtance de la Terre au Soleil. On détermine les diſtances des Planetes ſupérieures par leurs rétrogradations & dans celles qui ont des Satellites par les Eclipſes de ces Satellites. Par exemple , que I (Fig. 55.) repréſente la Planete de Jupiter , & ſi la ligne droite SI, joignant ſon centre & celui du Soleil, eſt prolongée en M , alors IM ſera l'Axe de ſon ombre , dont la poſition eſt déterminée par les Eclipſes des Satellites & fait voir le lieu Héliocentrique de Jupiter, c'eſt-à-dire celui qu'il paroît occuper, vû du Soleil. Prolongez la ligne TI, qui joint

les centres de la Terre & de Jupiter en N, & N repréfentera le lieu Géocentrique de Jupiter, c'eſt-à-dire
le lieu où il paroît lorſqu'il eſt vû de la Terre. La différence de ces lieux donne l'Angle NIM ou TIS : on
trouve aiſément par l'Obſervation l'Angle ITS, Elongation de Jupiter au Soleil telle qu'on la voit de la Terre en T ; par conſéquent tous les Angles du Triangle TIS ſont connus, avec la proportion de ſes côtés,
qui eſt la même que celle des Sinus de ces Angles ;
& ainſi la raiſon de SI, diſtance de Jupiter au Soleil,
à ST, diſtance de la Terre au Soleil, eſt découverte.
L'Angle TIS eſt celui ſous lequel ST, demi-Diametre de l'Orbite de la Terre, paroîtroit, s'il étoit vû de
I, ou l'Elongation de la Terre au Soleil telle qu'elle
paroîtroit à un Spectateur en Jupiter.

4. Dans le premier Chapitre de ce Livre nous avons
expliqué fort au long comment on découvre les diſtances des Corps céleſtes parce qu'on appelle la Parallaxe
diurne, c'eſt-à-dire l'Angle ſous lequel le demi-Diamétre de la Terre paroîtroit à ces diſtances. Par cette Méthode la diſtance de la Lune à la Terre ſe compare
avec ſon demi-Diametre. Lorſque Venus & Mars ſont
à leurs moindres diſtances de la Terre, on ſe ſert pareillement de la Parallaxe pour eſtimer ces diſtances.
Mais dans la plûpart des autres cas, les diſtances des
Corps céleſtes ſont ſi grandes & le demi-Diametre de
la Terre eſt en ſi petite proportion avec elles, que
l'Angle ſons lequel il paroîtroit, vû à de ſi énormes
diſtances, ne peut être découvert par nos inſtrumens
avec quelque exactitude ; c'eſt pourquoi les Aſtronomes ont été obligés d'avoir recours à d'autres inventions. La Méthode propoſée par Ariſtarque pour déterminer la diſtance du Soleil, en obſervant le tems auquel le Diſque de la Lune paroît être à moitié illuminé par ce Globe, peut être conſidérée comme une ten-
tative de ſubſtituer le demi-Diametre de l'Orbite de la
Lune

Lune au lieu du demi-Diametre de la Terre. Que S &
T (*Fig. 56.*) repréfentent le Soleil & la Terre, L le lieu
de la Lune lorſque TL eſt perpendiculaire à SL, auquel tems ſon Diſque nous doit paroître diviſé en deux
également par le Cercle qui termine la lumiere & l'ombre ſur ſa Surface; & il eſt évident, que TS, diſtance de la
Terre au Soleil, eſt alors à TL, diſtance de la Lune à la
Terre, comme le Rayon au Sinus de l'Angle LST, complement de l'Angle STL qui eſt l'Elongation de la Lune
au Soleil en ce tems. Mais cette Méthode, quoique très-
ingénieuſe, n'a pas eu de ſuccès; les Aſtronomes trouvant
impraticable de déterminer le tems de cette diviſion en
deux parties égales du Diſque de la Lune avec une
exactitude ſuffiſante pour ce deſſein. Nous apprenons
cependant par-là que la diſtance du Soleil eſt beaucoup
plus grande que celle de la Lune : car il eſt évident que
plus l'Angle STL approche d'un Angle droit, plus la
diſtance ST doit être grande à proportion de TL, &
que ſi cette diſtance ST étoit infinie, STL ſeroit alors
un Angle droit. Maintenant les Aſtronomes trouvent
qu'il eſt très-difficile de découvrir quelque différence
entre l'Angle STL & un Angle droit, ou entre le tems
auquel le Diſque de la Lune paroît diviſé en deux également & la quadrature; d'où il ſuit que ST eſt beaucoup
plus grande que TL.

5. Les Aſtronomes voyant que la Parallaxe diurne
ne pouvoit ſervir à déterminer ou comparer les plus
grandes diſtances dans les Eſpaces céleſtes, le demi-
diamétre de la Terre étant une baſe trop petite pour
cet effet, on eut recours à ce qu'ils appellent la Parallaxe annuelle. Au lieu, donc, du demi-diamétre de la
Terre, ils ſubſtituerent le demi-diamétre de l'Orbite
décrite par la Terre annuellement au tour du Soleil,
ou au lieu de deux ſtations, ou de deux Spectateurs,
dont l'un étoit ſuppoſé à la ſurface & l'autre au centre de la Terre, ils en ſubſtituerent deux autres, l'un
à la Terre & l'autre au Soleil. De cette maniere, ils

eurent une bafe qui a une proportion confidérable à
toutes diftances dans le Syftême Solaire, & avec laquelle ils étoient en état de les comparer par des obfervations exactes. Comme, dans le premier cas, ils
comparoient les diftances dans les Cieux avec le demi-
diamétre de la Terre, en trouvant fous quel Angle il
paroîtroit à ces diftances, de même ils comparent, dans
ce cas, les diftances immenfes des Planetes au Soleil
avec le demi-diamétre de l'Orbite de la Terre, en trouvant fous quel Angle le demi-diamétre paroît à ces
diftances. Cet Angle eft plus grand à la diftance de
Mars qu'à celle de Jupiter, & dans cette derniere
Planete, il eft plus grand qu'à la diftance de Saturne,
diminuant toujours à mefure que la diftance augmente,
jufqu'à ce qu'il devienne à la fin trop petit, pour être
diftingué avec le fecours des inftrumens les plus exacts
que nous ayons. Que I (*Fig. 55.*) repréfente quelque
objet éloigné dans le Syftême célefte, A le point où la
Terre paffe entre le Soleil S & cet objet I, IT une
Tangente du point I à l'Orbite de la Terre fuppofée
circulaire : & la Terre étant en A, l'objet I paroîtra
au même lieu vû de la Terre & du Soleil ; mais
lorfque la Terre fera en T, fi nous fuppofons I
fans mouvement, il paroîtra de la Terre dans la
ligne droite TI & avoir rétrogradé de l'Arc qui mefure l'Angle TIS, le même que le demi-diamétre
de l'Orbite de la Terre ST foutend en I; & cet Angle
étant déterminé par l'obfervation, fon Sinus fera au
Rayon, comme ST à SI: c'eft-à-dire, comme la diftance de la Terre au Soleil, eft à la diftance de l'objet I au Soleil; proportion donc qu'il eft aifé de calculer par la Trigonométrie. Lorfque l'objet I à un mouvement propre, on doit avoir égard à ce mouvement,
après qu'il a été déterminé par l'Obfervation.

Les apparences, dans ce cas, peuvent être expliquées
de la maniere fuivante. Que SI prolongée rencontre
en M la Sphere où les Etoiles fixes paroiffent difpofées,

que les deux Tangentes TI & tI, rencontrent la même Sphere en N & n, & suppofant que l'objet I fafle des vibrations continuelles entre N & n, comme un Pendule, imaginez cet Arc Nn lui-même emporté le long de l'Arc DME, avec le mouvement propre & la direction de l'objet I. Si I repréfente une Planete, l'Arc Nn qui mefure l'Angle NIn, ou TIt, fera voir combien la Planete eft rétrograde, la moitié duquel Angle eft SIT : cet Angle étant connu, on trouve comme ci-deffus la proportion de SI à ST.

6. Nous attribuons le mouvement annuel à la Terre & non pas au Soleil, felon le Syftême de Pythagore renouvellé par Copernic, pour plufieurs raifons, & nous en avons rapporté quelques-unes en peu de mots au § 1 & 2. En comparant les tems périodiques des Planetes principales & leurs diftances au Soleil, & en comparant les tems périodiques des Satellites, qui font leurs révolutions autour de Jupiter & de Saturne, avec leurs diftances refpectives de leurs Planetes principales, il paroît que c'eft une Loi générale dans le Syftême Solaire, que lorfque differens Corps font leurs révolutions autour d'un Centre, les quarrés des tems périodiques augmentent en même raifon que les Cubes des diftances à ce centre ; c'eft-à-dire, les tems périodiques augmentent en plus grande proportion que les diftances, & non pas en fi grande raifon que les quarrés de ces diftances, mais exactement comme la Puiffance de la diftance dont l'expofant eft $1\frac{1}{2}$, ou comme le nombre qui eft moyen proportionnel entre celui qui repréfente la diftance & fon quarré. La Terre eft le Centre du mouvement de la Lune dans tous les Syftêmes. Si le Soleil faifoit pareillement fa révolution autour de la Terre, on s'attendroit que la même Loi générale auroit lieu dans leurs tems périodiques & leurs diftances comparés enfemble, ou que le quarré de 27 jours, 7 heures 43' feroit au quarré de 365 jours,

6 heures 9', comme le Cube de la distance de la Lune à la Terre est au Cube de la distance du Soleil à ce même Globe : d'où il est aisé de calculer que la distance du Soleil, devroit être un peu plus que $5\frac{1}{3}$ fois plus grande que la distance de la Lune; au lieu qu'il est évident par la petitesse de la Parallaxe diurne du Soleil, que sa distance est plusieurs centaines de fois plus grande que la distance de la Lune à la Terre. Mais si, avec Copernic, nous supposons que la Terre fasse sa révolution autour du Soleil, dans une Orbite placée entre celles de Venus & de Mars, on trouvera que cette Loi a lieu entre les tems périodiques & les distances de la Terre & de chacune des Planetes au Soleil comparés ensemble; & l'harmonie du Systême se trouvera parfaite. Les rétrogradations & stations des Planetes & toutes leurs irrégularités apparentes dans leurs Mouvemens & leurs distances à la Terre, nous fournissent un grand nombre d'argumens contre le Systême de Ptolomée, suivant lequel ces Phénomenes sont expliqués par une quantité d'Orbes solides & d'Epicycles embarrassés entre-eux, d'une maniere peu digne de la noble simplicité & de la beauté de la Nature.

On doit pareillement observer que ces inégalités sont différentes dans diverses Planetes, mais dans chacune en particulier elles sont telles qu'elles doivent résulter du Mouvement annuel de la Terre. Les argumens tirés de la grandeur du Soleil, & de l'extrême utilité dont il est à tous les Corps du Systême du Monde, qui semblent lui donner le droit d'être placé au centre, sont trop évidens pour qu'il soit nécessaire d'y insister. La Terre & les Planetes font leurs Révolutions au tour du Soleil, afin de jouir des avantages de sa lumiere & de sa chaleur; mais il ne paroît pas qu'il y ait aucune raison, pour quoi le Soleil & les Planetes feroient leurs Révolutions autour de la Terre.

7. Il n'y a qu'un argument contre le mouvement

annuel de la Terre , qui mérite quelque attention , fçavoir, le défaut d'une Parallaxe annuelle dans les Etoiles fixes. Que TA*t* (*Fig.* 57) repréfente l'Orbite de la
Terre autour du Soleil S , TX l'Axe de la Terre , & *t*x,
parallele à TX , repréfentera la pofition du même Axe,
au point oppofé *t*. Suppofons que TX foit dirigée vers
l'Etoile P; alors il eft évident que l'Axe de la Terre
ne fera pas dirigé à la même Etoile , lorfqu'il vient à
la fituation *t*x; mais il formera un Angle *x*t*P avec la
Ligne *t*P joignant la Terre & l'Etoile , égal à l'Angle
*t*PT , fous lequel le diamétre T*t* de l'Orbite de la
Terre paroît à un Spectateur, qui le voit de l'Etoile P.
On pourroit donc s'attendre , qu'en obfervant l'Etoile
fixe P de différentes parties de l'Orbite de la Terre T , *t*,
(qui peuvent être confidérées comme deux Stations dans
ce Problême, le plus fublime de tous ceux qu'on puiffe
propofer dans la Géométrie pratique) nous devrions
être en état de juger par fes differentes apparences à ces
Stations , de l'Angle TP*t* , & par conféquent , de la
proportion de TP diftance de l'Etoile à T*t* le diametre de l'Orbite de la Terre , ou le double de la diftance du Soleil. Cependant il eft certain que les Af-
ronomes n'ont pû jufqu'ici découvrir aucune différence
dans les fituations apparentes des Etoiles fixes, par ra-
port à l'Axe de la Terre , ou l'une refpectivement à l'autre , qui pût fe déduire du mouvement de la Terre :
quoique, depuis le retabliffement de la Doctrine de Pythagore , ils fe foient donnés beaucoup de peine pour
examiner cette Matiere. En réponfe à cette Objection ,
on a obfervé que la diftance des Etoiles fixes eft fi
grande, que le diamétre de l'Orbite de la Terre n'a
aucun rapport fenfible avec elle ; enforte que l'Angle
TP*t*, ne peut être découvert par nos inftrumens les
plus exacts. Cette diftance immenfe des Etoiles fixes
n'a pas été avancée par les Coperniciens comme une
hypothefe , fimplement dans la vûe de réfoudre cette

Objection ; car de même qu'ils ont eu raison de suppofer les Etoiles fixes, femblables à notre Soleil, ils furent fondés à conclure que leur diftance eft extrêmement grande, puifqu'elles nous paroiffent avec une lumiere fi foible, & d'un diametre qui n'eft pas fenfible, même dans les plus grands Télefcopes. Si nous fuppofions la diftance où nous fommes d'une Etoile fixe divifée en 300. parties égales, & qu'un fpectateur après avoir paffé 299 des ces parties, la vit depuis la derniere divifion, ou à $\frac{1}{300}$ partie de toute la diftance ; l'Etoile à la vérité lui paroîtroit plus brillante, mais non pas augmentée fenfiblement en diametre, parce qu'il la verroit de la même grandeur à cette diftance, qu'avec un Télefcope qui groffit 300 fois. On s'apperçoit de même de la diftance immenfe des Etoiles fixes, en ce que la Lune ou quelqu'autre Planete venant à les cacher à notre vûe, elle le fait dans un inftant, elles difparoiffent tout-à-coup & non par degrés, comme les Planetes les plus éloignées, lorfqu'elles font cachées par celles qui font plus près. En raffemblant ces Obfervations, on trouve qu'elles viennent à l'appui l'une l'autre, & confirment plûtôt le Mouvement de la Terre qu'elles ne le combattent. La diftance immenfe des Etoiles fixes, qui réfulte de ces Obfervations prifes collectivement, ajoute encore à l'évidence du Syftême de Copernic ; parce que, plus les Etoiles font éloignées, plus il doit paroître abfurde de fuppofer un Efpace auffi immenfe tourner autour de notre Terre, point prefque infenfible, qui, vûe des Planetes voifines, ne paroît que comme une petite étincelle de lumiere ; dans d'autres plus éloignées, elle eft à peine connue, & à quelques-unes des Etoiles fixes elle n'eft pas vifible, ni même tout le Syftême Solaire dont elle fait partie. Comment peut-on s'imaginer que ces Corps immenfes, plongés fi profondément dans l'abyme de l'Efpace, puiffent décrire cha-

que jour des Orbites aussi vastes autour d'un Globe si
petit; particulierement si on considere qu'il est très-probable que quelques-unes des Etoiles fixes, sont placées à une distance immense aude-là des autres, & que
tout le Système des Etoiles qu'on peut appercevoir dans
une nuit claire, ne forme qu'un petit coin du Système
de l'Univers.

8. Mais de plus, nous devons une importante découverte à la diligence & à l'exactitude des Astrono-
mer de nos jours, qui confirme le Mouvement de la
Terre autour du Soleil, & qui sert à résoudre cette Objection, la seule qu'on puisse faire contre ce Système.
Le fameux M. Graham a imaginé & exécuté avec une
exactitude surprenante un instrument dont on trouvera
une description dans l'excellent Traité d'Optique du
Docteur Smith, auquel nous renvoyons le Lecteur.
Mrs. Molineux, Bradley & Graham, ayant placé cet
instrument dans la Ligne verticale, observerent pendant
plusieurs années, une Etoile dans la constellation du
Dragon qui passoit près du Zénit, dans la vûe de découvrir sa Parallaxe. Ils s'apperçurent bien-tôt que
l'Etoile ne paroissoit pas toujours au même lieu dans
l'instrument, mais que sa distance du Zénit varioit,
& que la différence de ces lieux apparens équivaloit à
21 ou 22 secondes. Cette Etoile est près du Pole de
l'Ecliptique. Ils firent de semblables Observations sur
d'autres Etoiles, & ils leur trouverent de même un
mouvement apparent, proportionnel à la latitude de
l'Etoile. Ce Mouvement n'étoit point absolument tel
qu'on auroit dû l'attendre en tant que l'effet d'une Parallaxe; & il se passa quelque-tems avant qu'on découvrit
aucun moyen d'expliquer ce nouveau Phénomene :
Mais enfin M. Bradley résolut toute cette variété d'une
maniere satisfaisante, par le Mouvement de la Lumiere
& celui de la Terre combinés ensemble.

Que AD (*Fig.* 58.) représente une petite portion

de l'Orbite de la Terre, CD un rayon de Lumiere qui
part de l'Etoile avec la Direction CD ; si la Terre
étoit en repos, le Télescope seroit dirigé à l'Etoile, en
le plaçant dans une Ligne droite AE parallele à DC.
Que AD soit à DC, comme la vitesse de la Terre
dans son Orbite à la vitesse de la Lumiere ; il est manifeste que le Télescope doit être alors placé dans la
situation AC, afin que le Rayon de Lumiere puisse suivre la Direction de son Axe, & qu'après être entré par
le milieu du Verre objectif en C, il puisse sortir au milieu du Verre oculaire en A ; parce que, tandis que le
Rayon parcourt la Ligne droite CD, le Point A est
emporté en avant en D, & le Télescope en se mouvant parallelement à lui-même est porté dans la situation Dc. Mais le lieu apparent de l'Etoile est déterminé
par la position du Télescope, & par conséquent l'Etoile
sera vûe dans la Ligne droite AC & non dans sa
vraie situation AE. Ainsi une Etoile au Pole de l'Ecliptique paroîtra avoir sa Latitude diminuée de l'Angle
EAC ou ACD, qui se trouvera excéder 20 secondes,
si la vitesse de la Lumiere est à la vitesse de la Terre
comme 8000 est à 1. Cette Etoile décrira en apparence un petit cercle autour du Pole de l'Ecliptique,
qui en sera éloigné d'environ 20 secondes. En d'autres
cas, l'Etoile paroîtra décrire une petite Ellipse dont le
centre sera au vrai lieu de l'Etoile (c'est-à-dire se lieu
de l'Etoile où elle paroîtroit si la Terre étoit en repos)
son Axe transverse parallele à l'Ecliptique, & son second
Axe perpendiculaire à ce Cercle : le premier desquels
donne sa plus grande Aberration en Longitude, & le
dernier sa plus grande Aberration en Latitude. Si l'Etoile se trouve dans le Plan de l'Ecliptique, l'Aberration
n'est alors qu'en Longitude. Dans ce cas, si les Rayons
partis de l'Etoile touchent l'Orbite de la Terre en G &
en H & lui sont perpendiculaires en A & en B, le Mouvement de la Terre en G & en H étant dans la direction

du

du Rayon, l'Etoile paroîtra dans fon vrai lieu, & il n'y aura point d'Aberration à ces points; mais l'Aberration en Longitude fera la plus grande en A & en B. M. Bradley a expliqué de cette maniere toutes les apparences des Etoiles qu'il a obfervées avec M. Molineux, & quoiqu'il n'ait découvert aucune Parallaxe, il en a tiré un nouvel argument en faveur du Mouvement de la Terre, par une fuite d'Obfervations faites fur diverfes Etoiles en differens lieux. Il s'eft trouvé fondé à conclure delà que la Parallaxe des Etoiles fixes peut à peine excéder une feconde; d'où il fuit que leur diftance doit être 400,000 fois plus grande que celle du Soleil. Après avoir établi les mouvemens vrais qui ont lieu dans le Syftême du Monde, nous pouvons continuer notre Analyfe en affurance.

9. Toutes les Planetes principales fe meuvent dans une Courbe autour du centre du Soleil, & font accélérées dans leur Mouvement à mefure qu'elles approchent de ce Globe & retardées à proportion qu'elles s'en éloignent; enforte qu'un Rayon tiré de chacune de ces Planetes au Soleil décrit toujours des Aires ou des Efpaces égaux en tems égaux : d'où il fuit, comme au Chap. II. §. 5, 6, 7, que la Puiffance qui fléchit leur route en une Ligne courbe doit être dirigée au Soleil. Cette Puiffance varie toujours de la même maniere que la Gravité de la Lune vers la Terre. Le même raifonnement par lequel on a comparé la Gravité de la Lune vers la Terre à fa plus grande & moindre diftances, au Chap. II. §. 8, 9, 10, peut être employé pour comparer les Puiffances qui agiffent fur chaque Planete principale, à fa plus grande & moindre diftances du Soleil, & il paroîtra que ces Puiffances augmentent comme le quarré de la diftance au Soleil diminue. Notre Auteur démontre ce Principe généralement, par la nature de la Courbe Elliptique dans laquelle chaque Planete fe meut.

10. Mais l'univerſalité de cette Loi & l'uniformité
de la Nature ſe manifeſtent toujours de plus en plus en
comparant les Mouvemens des différentes Planetes. La
Puiſſance qui agit ſur une Planete plus proche du
Soleil eſt évidemment plus grande que celle qui agit
ſur une Planette plus éloignée ; tant parce qu'elle ſe meut avec plus de viteſſe , qu'à cauſe que
ſon Orbite eſt moindre , qu'elle a plus de Courbure ,
& s'écarte davantage de ſa Tangente , dans des Arcs
de même longueur, qu'une plus grande Orbite. En comparant les mouvemens des Planetes , on trouve que la
viteſſe d'une Planete plus proche eſt plus grande que la
viteſſe d'une plus éloignée , en raiſon de la racine quarrée du nombre qui exprime la plus grande diſtance à
la racine quarrée de celui qui exprime la moindre diſtance ; en ſorte que ſi une Planete étoit quatre fois plus
éloignée du Soleil qu'une autre Planete , la viteſſe de la
premiere ſeroit la moitié de celle de la ſeconde, & la Planete plus proche parcourroit un Arc dans une minute ,
égal à l'Arc parcouru par la plus éloignée en deux minutes , & quoique la Courbure des Orbites fût la même ,
la Planete plus proche parcourroit dans une minute autant d'Eſpace en tombant par ſa Gravité , que l'autre en
parcourroit en deux minutes, & par conſéquent la Planete
plus proche parcourroit par ſa Gravité quatre fois autant
d'Eſpace que l'autre dans le même tems , ſuivant la Loi
du Mouvement des Corps dans leur chute mentionnée ſi
ſouvent ; la Gravité de la Planete plus proche ſe trouve
être quadruple par la raiſon ſeulement de ſa plus grande
viteſſe. Mais de plus comme le Rayon de la petite Orbite eſt ſuppoſé quatre fois moindre que le Rayon de
l'autre , la plus petite doit être quatre fois plus courbe ,
& l'extrémité d'un petit Arc de la même longueur s'écar-
tera quatre fois plus de la Tangente tirée à l'autre extrêmité dans la moindre Orbite que dans la plus grande ; enſorte que par cette ſeule raiſon , quoique les vi-

teſſes fuſſent égales, la Gravité de la Planete plus proche ſe trouveroit. être quadruple. Donc par ces deux
circonſtances réunies, la plus grande viteſſe de la Planete plus proche & la plus grande Courbure de ſon
Orbite, ſa Gravité vers le Soleil doit être ſeize fois plus
grande, quoique ſa diſtance au Soleil ne ſoit que quatre fois moindre que celle de l'autre; c'eſt-à-dire lorſque les diſtances ſont comme 1 à 4, les Gravités ſont
réciproquement comme les quarrés de ces nombres ou
comme 16 à 1. De la même maniere, en comparant
les mouvemens de toutes les Planetes, on trouve que
leurs Gravités diminuent comme les quarres de leurs
diſtances au Soleil augmentent.

11. Ainſi en comparant les mouvemens de chaque
Planete dans les différentes parties de ſon Orbite Elliptique, & les mouvemens de diverſes Planetes dans leurs
différentes Orbites, il paroît qu'il y a une Puiſſance
ſemblable à la Gravité des Corps peſans ſi bien connue
ſur la Terre, qui s'étend du Soleil à toutes diſtances
& diminue conſtamment comme les quarrés de ces
diſtances augmentent. Si quelque Planete venoit à occuper la place d'une autre, elle éprouveroit l'action de
la même Puiſſance & de la même maniere que cette
autre: & comme la Gravité conſerve l'union des parties qui forment la ſubſtance de la Terre & les empêche de ſe diſſiper par ſes differens mouvemens; de
même une Puiſſance ſemblable, agiſſant à la Surface du
Soleil, & à l'intérieur de ſon corps, retient ſes parties
enſemble & conſerve ſa Figure, malgré la Révolution
de ce Globe ſur ſon Axe.

12. De même que ce Principe dirige les mouvemens
des Planetes dans le grand Syſtême Solaire, il dirige
auſſi les mouvemens des Satellites dans les Syſtêmes
ſubalternes dont le plus grand eſt compoſé. Il y a la
même harmonie dans leurs mouvemens comparés avec

leurs diftances que dans le grand Syftême : nous voyons
les Satellites de Jupiter courber leurs Orbes autour de
lui , & s'écarter à chaque inftant des lignes qui font les
directions de leurs mouvemens ou des Tangentes de
leurs Orbites, en s'approchant de cette Planete: chacun décrivant des Aires égales en tems égaux par un Rayon tiré
du centre de Jupiter , auquel leur Gravité eft par conféquent dirigée. Les Satellites plus prochesfe meuvent avec
une plus grande viteffe , dans la même proportion que
que les Planetes principales les moins éloignées du Soleil fe meuvent plus rapidemment autour de lui , & leur
Gravité, par conféquent, varie fuivant la même Loi. On
doit dire la même chofe des Satellites de Saturne. Il
y a donc une Puiffance qui conferve la fubftance de ces
Planetes dans leurs differens mouvemens, qui agit à leurs
furfaces & s'étend autour d'elles, diminuant de la même
maniere que celle qui eft répandue de la Terre & du Soleil à toutes diftances.

13. Ces Planetes fecondaires doivent auffi graviter
vers le Soleil. Il feroit impoffible qu'elles euffent un
mouvement fi régulier autour de leurs Planetes refpectives fi elles n'étoient affujetties à l'action des mêmes
Puiffances. Si nous fuppofons que la même Puiffance
accélératrice agiffent fur elles en lignes paralleles, il n'en
réfultera aucun défordre ni aucun embarras ; car elles
accompagneront alors leurs Planetes principales dans
leurs mouvemens autour du Soleil , & fe mouvront autour d'elles en même tems avec la même régularité que
fi ces Planetes principales étoient en repos. Il en fera
de même que dans un Vaiffeau ou dans tout Efpace
emporté uniformement en avant : dans lequel les actions mutuelles des Corps font les mêmes que fi l'Efpace étoit en repos , car elles ne font aucunement affectées par un mouvement commun à tous les Corps.
Comme tout Projectile lorfqu'il fe meut en l'Air gra-

vite vers le Soleil & eft emporté avec la Terre autour de ce Globe tandis que fon mouvement propre
dans fa Courbe eft auffi régulier que fi la Terre étoit
en repos; de même la Lune que nous avons fait voir
n'être qu'un Projectile plus grand doit graviter vers le
Soleil , & tandis qu'elle eft emportée avec la Terre
autour de lui, ce mouvement ne l'empêche pas d'exécuter fes Révolutions chaque mois autour de la Terre. Les Satellites de Jupiter gravitent vers le Soleil
comme chaque partie du Corps de Jupiter , & les Satellites de Saturne gravitent vers le Soleil comme s'ils
faifoient parties de Saturne; ainfi les mouvemens dans
le grand Syftême Solaire & dans les Syftêmes particu-
culiers de chaque Planete , font compatibles les uns
avec les autres , & s'exécutent avec une harmonie réguliere fans confufion , & fans aucune interfection qu'autant qu'il doit néceffairement en réfulter des petites
inégalités dans les Gravités des Planetes principales & fecondaires, & du défaut de Parallélifme exact dans les
directions de ces Gravités, dont nous parlerons dans la
fuite.

14. Il ne paroît aucun Corps dans les parties inférieures de notre Syftême , quoique rarement & comme étranger, qui foit exempt de cette Gravitation univerfelle vers le Soleil. Nous voyons dans les Cometes l'effet de la même Puiffance qui agit fur elles, puifqu'elles defcendent avec un mouvement accéléré à mefure qu'elles approchent du Soleil & montent avec un mouvement retardé lorfqu'elles s'en éloignent, courbant leurs
Trajectoires autour du Soleil, & décrivant des Aires égales
en tems égaux par un Rayon dirigé au centre du Soleil. Cette Puiffance qui agit fur les Cometes varie fuivant la même Loi que la Gravité des Planetes , comme
il paroît en ce qu'elles décrivent des Paraboles , * ou

* Princip. Lib. III. Prop. 40.

des Ellipses très-excentriques dont un des Foyers est au centre du Soleil : notre Auteur ayant démontré que la Puissance qui fait qu'un Corps décrit une Parabole autour de son Foyer, doit varier suivant la Loi si souvent mentionnée. Si un Corps étoit projetté de notre Terre dans une ligne perpendiculaire à l'Horizon avec une certaine Force (à sçavoir celle qui lui feroit parcourir environ 420 milles d'un mouvement uniforme dans une minute) il s'éléveroit dans cette ligne continuellement & ne retomberoit plus sur la Terre : à la vérité sa Gravité retarderoit sans cesse son Mouvement, mais ne pourroit jamais le détruire, la force de la Gravité sur lui diminuant à mesure qu'il s'éléveroit à une plus grande hauteur. Si le Corps étoit projetté avec la même force dans quelqu'autre direction, il s'en iroit en décrivant une Parabole qui auroit son Foyer au centre de la Terre, & il ne retomberoit jamais sur elle. Une Force un peu moindre le feroit mouvoir dans une Ellipse très-excentrique dans laquelle il reviendroit après une longue Période à sa premiere place, s'il n'étoit pas dérangé dans son cours en approchant trop près de quelque Corps céleste. De la même maniere une Planete jettée avec une certaine Force se mouvroit continuellement dans une Courbe parabolique ayant son Foyer dans le Soleil. Tous ces mouvemens donc procédent du même Principe, qui agit d'une maniere différente mais très-réguliere en diverses circonstances, & ils sont tous Analogues aux mouvemens des Corps pesans projettés de notre Terre. Des effets si semblables doivent être attribués à la même cause, & il est à peine plus évident que c'est la même Puissance de Gravité qui agit sur les Corps terrestres en Europe & en Amérique, sous l'Equateur & sous les Poles, qu'il ne l'est que c'est le même Principe qui agit sur tout le Systême de l'Univers depuis le centre du Soleil jusqu'à l'Orbe éloigné de Saturne, ou à la plus grande hauteur de la Comete la plus excentrique.

15. Plusieurs Phénomenes nous donnent lieu de conclure qu'il y a une Atmosphere qui environne le Soleil & s'étend à une distance considérable de ce Globe. L'Anneau lumineux observé autour de la Lune, dans une Eclipse totale de Soleil, en 1605, mentionné par Kepler, & nouvellement en 1706 & 1724, qu'on a remarqué s'étendre à 9 ou 10 dégrés de distance de la Lune, paroît plutôt avoir été formé par la Réfraction de cette Atmosphere, tandis que les Rayons directs du Soleil étoient interceptés par la Lune, que par la Réfraction d'une Atmosphere placée autour de la Lune. La matiere de cette Atmosphere paroît graviter vers le Soleil, par l'effet qu'elle a sur la vapeur qui dans les Queues des Cometes s'éleve de leur *Noyau* & de leur Atmosphere, avec une direction opposée à celle de leur Gravité vers le Soleil. Car cette vapeur étant extrêmement raréfiée, paroît s'élever dans cette direction en conséquence de l'excès de la Gravité de l'Atmosphere Solaire vers le Soleil; de la même maniere qu'une Colomne de vapeur s'éleve en l'Air parce que sa Gravité vers la Terre est moindre que celle de l'Air; d'autant plus que cette vapeur s'éleve avec plus de rapidité, & plus abondamment, à proportion que la Comete est plus près du Soleil. Ainsi il n'y a aucune sorte de Matiere dans le Systême Solaire à laquelle nous ne puissions avec raison attribuer une Gravitation vers le Soleil.

Quant aux Etoiles fixes, elles sont placées à une distance si immense que leur Gravité vers le Soleil ne peut avoir d'effet sensible sur elles en plusieurs siecles, & ne peut se manifester par les Phénomenes. La Puissance de la Gravité diminue à proportion que le quarré de la distance augmente; les Etoiles fixes les plus proches paroiffent être à une diftance qui furpaffe plufieurs centaines de mille fois celle de la Terre au Soleil, & par conféquent leur Gravité doit être plus de 100000 x 100000 fois moindre que la Gravité de la Terre vers le Soleil. Ce n'eft donc pas par les Phénomenes mais feulement par Analogie que nous croyons que la Puiffance de la Gravité s'étend jufqu'aux Étoiles fixes. Il n'y a aucune influence que leur Lumiere qui foit capable de traverfer ce vafte abyme d'Efpace qui eft entre nous & elles, & qui puiffe avoir quelque effet fenfible. Cependant comme leur Lumiere eft abfolument la même que celle de notre Soleil, M. Newton penfe que l'argument tiré de l'Analogie doit avoir beaucoup de force en ce cas. Si elles gravitent auffi vers le Soleil & les unes vers les autres, nous pouvons alors fuppofer que le vuide immenfe qui fe trouve entre les Syftêmes dont elles font probablement les centres, comme le Soleil l'eft du nôtre, peut fervir à les empêcher de troubler leurs mouvemens les unes les autres, & de fe joindre enfemble en une vafte maffe informe de matiere. Il ne doit pas paroître étrange que là où le Soleil lui même eft à peine vifible, la Gravité vers ce Globe y foit infenfible, & que nous ne trouvions point ici d'effet d'aucune Gravitation vers les Etoiles fixes.

17. Comme l'action & la réaction font toujours égales & dans des directions oppofées ; enforte que la Terre, par exemple, gravite vers chaque Montagne auffi-bien que celle-ci gravite vers la Terre, & qu'elle gravite vers tout Projectile tandis qu'il fe meut en l'Air, de même que le Projectile gravite vers elle ; & fans cette Loi il n'y auroit rien de ftable ni de conftant dans la Nature : il fuit delà que le Soleil gravite vers tous les Corps du grand Syftême, & que les Planetes principales gravitent vers leurs Satellites. Ces Planetes

tes principales gravitent auffi l'une vers l'autre : ce qui eſt
évidemment prouvé par quelques petites irrégularités dans leurs mouvemens, particuliérement dans ceux
de Jupiter & de Saturne, les deux plus grandes Planetes, lorſqu'ils ſont en conjonction & s'approchent
le plus près l'un de l'autre. On trouve auſſi que les
mouvemens des Satellites de Jupiter & de Saturne
ſont ſujets à des irrégularités produites par leurs actions mutuelles. Nous pouvons enfin conclure par tant
de raiſons que dans le Syſtême Solaire tous les Corps
gravitent les uns vers les autres, & quoique nous ne
puiſſions pas conſidérer la Gravitation comme eſſentielle à la Matiere, nous devons cependant convenir
que les Phénomenes ne rendent pas moins évidente
ſon univerſalité, que celle de toute autre affection des
Corps quelle qu'elle ſoit.

CHAPITRE IV.

De la Gravitation générale de la Matiere.

1. **N**Ous n'avons confidéré jufqu'ici que la Force accélératrice de la Gravité à différentes diftances, aufquelles la viteffe qu'elle produit dans un tems donné eft toujours proportionnelle. Il refte à faire voir que le mouvement produit par cette Puiffance, à des diftances égales d'un centre donné, eft toujours proportionnel à la quantité de Matiere du Corps pefant; que la Gravité des Corps vient de la Gravitation mutuelle de leurs parties; & à déterminer la Loi de la Gravitation des parties des Corps. On convient, quant aux Corps terreftres, & M. le Chevalier Newton l'a confirmé par plufieurs expériences exactes, que ceux qui font de même volume & de même figure, quoique d'efpeces très-différentes, fufpendus par des fils de même longueur, font leurs vibrations, lorfqu'ils fe meuvent comme des Pendules, exactement dans le même-tems; d'où il fuit que la Force de leur Gravité eft exactement proportionnelle à leur quantité de Matiere : & il n'y auroit aucune différence dans les tems de leurs vibrations, quoique leur figure & leurs volumes fuffent différens, les diftances entre leurs centres de fufpenfion & d'ofcillation étant égales, fi ce n'étoit la réfiftance de l'Air. On a déja fait voir que la Lune tomberoit vers la Terre avec la même viteffe que tout autre Corps pefant, fi elle étoit à la même diftance de fon centre; & il eft manifefte que les Forces des Corps mûs avec des viteffes égales, font comme leurs quantités de Matiere, enforte que la Péfanteur de la Lune feroit à celle de

tout autre Corps à la même diftance du centre de la Terre, dans la même proportion que la Matiere de la Lune feroit à celle de ce Corps pefant. Les Planetes principales éprouvent différentes actions à leurs diverfes diftances, mais fuivant la loi qui apprend que fi elles étoient à des diftances égales, elles defcendroient vers le Soleil avec des viteffes égales, enforte que leur mouvement feroit proportionnel à leur quantité de Matiere. Il paroît de même que fi les Satellites de Jupiter & de Saturne étoient à des diftances égales des centres de leurs Planetes principales refpectives, ils defcendroient vers elles avec des viteffes égales. La Terre & la Lune, à des diftances égales du Soleil, feroient mûes par des Forces accélératrices égales, & defcendroient vers lui avec des viteffes égales: Jupiter & fes Satellites defcendroient avec la même viteffe vers le Soleil, fi leurs Mouvemens Projectiles étoient détruits. On doit dire la même chofe de Saturne & de fes Satellites. Une très-petite inégalité dans les Forces accélératrices, qui agiffent fur la Planete principale & fur fes Satellites, produiroit de très-grandes irrégularités dans leur mouvement. Dans tous ces cas, des viteffes égales étant produites en tems égaux, les mouvemens des Corps, & par conféquent, les Gravités qui produifent ces mouvemens, doivent être proportionnelles aux quantités de Matiere de ces Corps; d'où il fuit que toutes portions égales de Matiere, à diftances égales du centre de Gravitation, font également pefantes, quels que foient le volume, la figure, ou la contexture de leurs parties, & que la Gravitation des Corps vient de celle des parties dont ils font compofés.

2. Parce que l'action eft toujours égale à la réaction, fi on fuppofe les Planetes à des diftances égales du Soleil, & par conféquent, gravitant vers ce Globe avec des Forces proportionnelles à leurs quantités de Ma-

tiere, le Soleil gravitera vers chacune des Planetes, avec des Forces qui feront dans la même proportion. En général, le même Corps gravite vers tous autres Corps, à diftances égales, avec des Forces proportionnelles à leurs quantités de Matiere ; parce qu'il gravite vers eux avec les mêmes Forces avec lefquelles ces Corps gravitent vers lui, & celles-ci font en raifon de leurs quantités de Matiere. La Puiffance donc qui eft étendue du centre du Soleil & de chacune des Planetes, à toutes diftances autour de ces Corps, eft, à égales diftances de leurs centres, proportionnelle à leurs quantités de Matiere ; & en général, il paroît que la Péfanteur ou la Gravité d'un Corps eft plus confidérable, à proportion que fa quantité de Matiere & celle du Corps auquel il tend, font plus grandes, & que le Quarré de la diftance de ce même Corps eft moindre. En compofant ces trois Proportions enfemble, le poids & le mouvement des Corps, provenans de leur Gravitation, peuvent toujours être déterminés

3. Ayant trouvé, par tant d'expériences & d'obfervations, que la Gravité affecte toute la Matiere des Corps également, nous avons toujours plus de raifon d'en inférer fon univerfalité ; puifqu'elle paroît être une Puiffance qui n'agit pas feulement fur la furface des Corps, mais qui pénetre intimement leur fubftance, même jufqu'à leurs centres, puifqu'elle affecte leurs parties internes avec la même Force que les externes, & que fon action ne peut être altérée par aucun Corps interpofé, ou par aucun obftacle ; enfin puifqu'elle n'admet aucune forte de variation dans la même Matiere, que celle qui réfulte de fes differentes diftances au Corps vers lequel elle gravite.

4. L'action de la Gravité fur les Corps vient de fon action fur leurs parties, & n'eft que la réunion de ces actions ; enforte que la Gravitation des Corps doit dé-

river de celle de toutes leurs parties les unes vers
les autres. La Péfanteur d'un Corps vers la Terre réfulte
de la Gravité des parties du Corps; la Gravité d'une
Montagne vers la Terre eft caufée par la Gravitation
de toutes les parties de la Montagne vers elle; la Gravitation de l'Hémifphere Boréal vers l'Auftral provient de la Gravitation de toutes fes parties vers cet
Hémifphere, & fi nous fuppofons la Terre divifée en
deux Segmens inégaux, la Gravitation du plus grand
vers le plus petit réfultera de la Gravitation de toutes
les parties du plus grand vers ce dernier. Pareillement
la Gravité de toute la Terre, à l'exception d'une partie,
vers cette même partie feparée, doit réfulter de la
Gravitation de toutes les autres parties de la Terre,
vers celle-là feule. Chaque partie donc de ce Globe,
gravite vers chacune de fes parties en particulier, & par
la même raifon, chaque partie de Matiere dans le Syftême folaire gravite vers toutes les autres parties de ce
même Syftême.

5. Nous devons maintenant procéder à une partie importante de cette Doctrine, c'eft-à-dire, à déterminer
la Loi, fuivant laquelle les parties des Corps gravitent
les unes vers les autres; après avoir découvert celle qui
eft obfervée par les Corps compofés de ces parties.
Ceux qui fe contentent de faire des recherches fuper-
ficielles pourroient peut-être d'abord fe perfuader que
la première eft néceffairement la même que la derniere; mais on fait aifément voir que la Loi qui eft obfervée dans les Attractions des petites parties de Matiere
eft fouvent très-différente de celle que fuivent les
Sphéres compofées de ces parties. Si par exemple la
Gravitation des parties diminue dans la même proportion que les Cubes de leurs diftances augmentent, ou
en quelque raifon plus grande, les Spheres compofées
de ces parties ne graviteront pas l'une vers l'autre

avec des Forces qui diminuent dans la même proportion que les Cubes des distances de leurs centres augmentent, ou en cette autre raison plus grande; car les Spheres en contact, s'attireront l'une l'autre, en ces cas, avec une Force infiniment plus grande, que lorsqu'elles sont éloignées à la moindre distance du contact, quoiqu'il y ait une différence très-petite entre les distances de leurs centres dans ces deux cas. M. le Chevalier Newton se trouva par-là dans la nécessité de traiter ce sujet à fonds; & comme c'est une partie très-utile de la Théorie de la Gravité, mais qui ne peut être entendue comme il l'a traitée, sans une connoissance profonde de la Géométrie & la science des calculs les plus difficiles, nous tâcherons de l'exposer d'une maniere plus aisée, en choisissant toujours (comme nous avons fait jusqu'ici) les cas les plus simples. Supposons d'abord que la Gravitation vers chaque partie diminue dans la même proportion que le Quarré de la distance augmente, que PAEa, PBFb, (*Fig. 59.*) soient des Cones semblables, composés de ces parties, terminés par des bases sphériques AEa, BFb, qui ont leur centre en P; & la Gravitation en P vers le solide PAEa, sera à la Gravitation en P vers PBFb, comme PA est à PB, ou en même raison que les côtés homologues de ces solides semblables. Car que MNm soit une surface semblable à AEa, ayant son centre pareillement en P; & la Gravitation vers la Surface AEa sera à celle vers MNm, en raison composée de la raison directe de la Surface AEa à MNm (ou PA^2 à PM^2) & de la raison inverse de PA^2 à PM^2, c'est-à-dire, en raison d'égalité; par conséquent, la Gravitation vers la Surface AEaA étant représentée par A, la Gravitation vers le solide PAEa, sera représentée par A×PA, & celle vers le solide semblable PBFb par A×PB, qui sont en raison de PA à PB. De la même maniere, la

Gravitation vers la portion terminée par les Surfaces
AE*a* & MN*m*, est représentée par A × AM. Il est pareillement évident, que quoique les Surfaces AE*a* &
MN*m* soient de quelqu'autre figure, cependant la
derniere raison des Gravitations en P vers les Solides
coniques ou pyramidaux PAE*a*, PMN*m* est celle de
PA à PM; & que si AQ & M*q*, sont perpendiculaires
à PH en Q & *q*, ces Forces réduites à la direction
PH, seront enfin en raison de PQ à P*q*. De-là il paroît que si PB est égale à BA, l'Attraction de la petite
partie P par le Cone PB*b*, avec lequel elle est en contact, sera égale à l'Attraction de la portion du Cone terminée par les Surfaces AE*a*, BF*b*, lorsque l'Attraction
des petites parties est supposée augmenter comme le
Quarré de la distance diminue; & que, dans ce cas, l'Attraction d'une portion de matiere n'est pas beaucoup
plus grande lorsqu'elle est en contact avec la petite
partie attirée, que lorsqu'elle en est éloignée à fort peu
de distance.

6. Mais il n'en est pas de même, lorsque nous supposons l'Attraction des parties diminuer comme les
Cubes de leurs distances augmentent. Car dans ce cas,
la petite partie P tendra à la Surface MN*m* avec une
Force qui sera comme la Surface, ou le Quarré de PM
directement, & le Cube de PM réciproquement c'est-
à-dire, avec une Force qui sera comme PM réciproquement, ou directement, comme MV, l'ordonnée de
l'Hyperbole équilatérale KVI, décrite entre les
Asymptotes PA & PK. Par conséquent, l'Attraction
de la portion MN*m* AE*a*, sera mesurée par l'Aire hyperbolique MVIA terminée par les Ordonnées en A &
en M; & l'Attraction du Cone PMN*m* par l'Aire hyperbolique infinie, qui est conçue formée entre l'Ordonnée MV & l'Asymptote PK. Il suit alors que si
une telle Loi avoit lieu, la petite partie P tendroit vers

la moindre portion de Matiere en contact avec elle, avec plus de Force que vers le plus grand Corps, à une diſtance quelconque, quelque petite qu'elle fut. On démontre aiſément la même choſe, lorſque l'Attraction des parties diminue, à proportion de l'accroiſſement des Puiſſances quelconques des diſtances plus élevées que leurs Cubes. Il paroît donc, que l'Attraction d'une petite partie en contact avec un Corps n'eſt pas ſenſiblement augmentée par une addition ou une diminution de Matiere à une diſtance quelle petite qu'elle ſoit du contact, ſoit que cette addition ou diminution ſoit faite au Corps ou à la petite partie; & dans ces cas, plus cette partie eſt petite, plus les mouvemens imprimés ſur elle, à des diſtances infiniment petites, par ces Attractions, doivent être violens; parce que la même Force agiſſant ſur une partie, produit en elle une viteſſe qui eſt toujours plus grande à proportion que cette partie eſt moindre.

7. On peut démontrer la même propoſition ſans avoir recours à la propriété de l'Aire hyperbolique. Que PA (*Fig.* 60.) ſoit à PB, comme PB à PD; qu'on conçoive AB & BD diviſées en un nombre infini de parties ſemblables égales Ak, kl &c. & Bm, mn, &c. alors Ak ſera à Bm, comme AB à BD, & la Matiere entre les Surfaces dont les Rayons ſont PA & Pk, ſera à la Matiere entre les Surfaces, dont les Rayons ſont PB & Pm, comme PA^2 × Ak à PB^2 × Bm; c'eſt-à-dire, comme PA^3 à PB^3. Les Puiſſances Attractrices de parties égales placées entre les Surfaces des Rayons PA & Pk, & les Surfaces des Rayons PB & Pm, ſont en raiſon inverſe, ou comme PB^3 à PA^3 par la ſuppoſition; & ces deux proportions compoſées enſemble donnent une raiſon d'égalité. Donc parce que les Puiſſances Attractrices de la Matiere, terminée par deux pareilles Surfaces, ſont en raiſon compoſée des Attractions

tions de parties égales & du nombre des parties, il
suit que l'Attraction de la Matiere contenue par les Surfaces des Rayons PA & P*k* doit être égale à l'Attraction de la Matiere contenue par les Surfaces des Rayons
PB & P*m*. Pareillement l'Attraction de la Matiere contenue par les Surfaces dont les Rayons font P*k* & P*l*,
est égale à l'Attraction de la Matiere qui se trouve entre les Surfaces, dont les Rayons font P*m* & P*n*; &
l'Attraction de la portion AE*a*BF*b* est égale à l'Attraction de la portion BF*b*DG*d*. De même si PB est
à PD, comme PD à PH, l'Attraction de la portion
DG*d*HR*h* sera égale à l'Attraction de la portion AE*a*
BF*b*; & si cette suite de proportionels géométriques
décroissans est continuée, l'Attraction de la portion
contenue par des Surfaces dont les Rayons font deux
termes quelconques consécutifs de la progression, doit
être égale à l'Attraction de la premiere portion AE*a*
BF*b*. Mais dans cette progression décroissante, continuée depuis PB, le nombre des termes est infini; &
dans le solide PBF*b* il y a un nombre infini de portions, l'Attraction de chacune desquelles est égale à
celle de la premiere portion terminée par les Surfaces
AE*a*, BF*b*; donc l'Attraction du Solide BF*b* qui est en
contact avec la petite partie P, est infiniment plus
grande que l'Attraction de la portion terminée par les
Surfaces AE*a*, BF*b*, qui est le plus grand Solide, mais
qui est éloignée du contact de la particule P. Nous nous
sommes arrêtés à démontrer ici ce Théorême, &
à l'éclaircir, parce qu'il nous sera très-utile dans la
suite, & qu'il servira à faire connoître les avantages de la
Loi de la Gravité qui, dans le Systême solaire, tient le
premier rang parmi les autres Loix; quoique celles-ci,
en d'autres occasions, soient plus importantes.

8. La Gravitation des petites parties étant supposée
diminuer comme les Quarrés de leurs distances aug-

P p

mentent, les Forces avec lesquelles des parties semblablement situées, respectivement à des solides semblables
& homogénes, gravitent vers ces Solides, sont comme
leurs distances des Points semblablement situés dans
les Solides, ou comme leurs côtés homologues. Car
ces Solides peuvent être conçûs résolus en des Cones
semblables, ou des portions de Cones, qui ayent toujours leur sommet dans les petites parties, & la Gravitation vers ces Cones ou ces portions sera toujours en
même raison par le § 5. Mais si la Gravitation des parties diminue comme les Cubes des distances augmentent, les Forces avec lesquelles des parties semblablement situées, respectivement à des Solides semblables
homogénes, tendent vers ces Solides, seront égales.
Car ces Solides étant résolus en des portions de Cones
semblables qui ayent toujours leur sommet dans ces
petites parties, & qui soient semblablement situées respectivement à elles, la Gravitation vers ces portions
sera toujours égale, suivant ce qui a été démontré
dans le dernier article ; de la même maniere que les
Forces avec lesquelles la partie P tend vers les portions
semblables AE*a*BF*b*, DG*d*HR*h*, ont été démontrées
égales.

9. La Gravitation des parties étant supposée diminuer comme les Quarrés de leurs distances mutuelles augmentent, si une partie est placée dans le solide creux
formé de l'Espace annullaire, terminé par deux cercles
concentriques, ou deux Ellipses semblables concentriques ADBE & *adbe* (*Fig.* 61.) qui tournent autour de
l'Axe AB, elle n'aura point de Gravité vers ce Solide.
Car soit *p* une telle partie, *pr* une ligne droite tirée
de *p* qui rencontre le Cercle intérieur où l'Ellipse a
des points quelconques *f* & *q*, & la figure extérieure
en *x* & *r*; alors si *xr* est divisée en deux également en Z,
fq sera aussi divisée en deux également en Z, parce

que les figures font femblables & femblablement
fituées ; par conféquent *fx* eft égale à *qr* ; & les Gravitations de *p* vers des portions oppofées du Solide ,
qui ont leur fommet en *p* & font terminées par les mêmes lignes droites , prolongées de *p* avec des directions oppofées , feront toujours égales par l'article 5 , &
détruiront mutuellement leur effet. Il fuit de-là que la
Gravité d'un Point quelconque Q dans le demi-diametre CP , vers la Sphere ou le Sphéroide , eft à la
Gravité en P , comme CQ à CP , fuppofant que le
Point Q foit dans le Solide ; parce que la Gravitation
vers le Solide engendré par l'Efpace annullaire , qui eft
renfermé entre APB & *aQb* , n'a aucun effet fur une
partie en Q ; enforte que la Gravité en Q , vers tout le
Solide ADBE , eft la même que la Gravité en Q vers
le Solide *adbe* , laquelle eft à la Gravité en P vers le
Solide ADBE , comme CQ à CP par le dernier article. Il paroît donc que lorfqu'une Sphere ou un Sphéroide , d'une denfité uniforme , eft compofé de parties
qui attirent avec une Force décroiffante comme le
quarré de leur diftance augmente , la Gravitation vers
le Solide diminue de la Surface au Centre , dans un
demi-diamétre donné , en même raifon que la diftance
au Centre diminue.

10. Suppofons maintenant la Partie P (*Fig. 62.*)
placée hors de la Sphere ADBE , à la diftance PC du
Centre C ; & cette partie fera attirée vers la Sphere ,
avec une Force qui diminue comme le Quarré de la
diftance PC augmente. Car foit une Ligne droite PNM
tirée de P , rencontrant le demi-cercle générateur
ADB en N & M , & l'Arc CH décrit du Centre P ,
avec le Rayon PC , en L ; que P*nm* foit une autre Ligne droite tirée de P , formant un Angle infiniment
petit avec PM , rencontrant le demi-cercle en *n* , *m* ,
& l'Arc CH en *l* ; tirez LR , *lr* , perpendiculaires à PC

en R & r, & CV perpendiculaire à PM en V. Suppofons qu'un autre cerclé AdBe coupe le demi-cercle
ADBE dans l'Axe AB, & forme avec lui un Angle infiniment petit ; & que Lu & lx perpendiculaires au
plan ADB, rencontrent AdB en u & x. Alors la Gravitation de la partie P, vers la matiere contenue dans
la Surface Phyfique Luxl, fera mefurée par $\frac{Ll \times Lu}{PL^2}$ ou
$\frac{Ll \times Lu}{PC^2}$; par conféquent la Gravitation de P vers la
portion pyramidale terminée par les plans circulaires
ADB & AdB, & par des Plans perpendiculaires à
ADB en NM & nm, fera mefurée par $\frac{Ll \times Lu}{PC^2} \times$ NM, fuivant l'Article 5. de ce Chapitre. Mais l'Angle conte-
nu par les plans ADB, AdB étant donné, Lu eft à LR,
comme Dd, l'Arc intercepté par ces plans circulaires à
la diftance CD, eft à CD ou CA; & Ll étant à Rr
comme PL ou PC eft à LR, enforte que L$l \times$ LR eft
égal à PC $\times$ Rr ; il fuit que la Gravitation de P vers
cette portion fera mefurée par $\frac{Ll \times LR \times 2VM \times Dd}{PC^2 \times CD}$ ou
$\frac{Rr \times 2VM \times Dd}{PC \times CA}$. Cette Gravitation fe réduit à la direction
PC en la diminuant en raifon de PV, ou PR, à PC,
& fe mefure alors par $\frac{Dd \times Rr \times PR}{CA \times PC^2} \times 2$VM, ou (l'accroiffement fimultané de VM étant repréfenté par Vo, &
PR^2, ou PV^2, étant égal à VM^2+NPM, fuivant *Euclid.*
2. 6. ou à VM^2 + APB, enforte que APB étant conftant, les accroiffemens de PR^2 & de VM^2 doivent être
égaux, & R$r \times$ PR eft égal à V$o \times$VM) par $\frac{Dd \times 2VM^2 \times Vo}{CA \times PC^2}$;
qui eft l'accroiffement fimultané de $\frac{Dd \times 2VM^3}{CA \times 3PC^2}$; de même que l'accroiffement de VM^3, tandis que VM acquiert
l'augment infiniment petit Vo, eft 3VM$^2 \times$ Vo. Donc

l'Attraction de la partie du Segment de Sphere terminé par les plans circulaires ADB, AdB, qui est coupée
par un plan perpendiculaire à ADB dans la ligne
droite NM, est comme $\frac{Dd}{CA} \times \frac{2VM^3}{3PC^2}$; & l'Attraction de
la portion de Sphere, qui est produite par la Révolution
du Segment MDN autour de l'Axe AB, ayant la même proportion à l'Attraction de ce Segment, que la
circonférence de tout le Cercle à l'Arc Dd, elle est me-
surée par $\frac{c}{r} \times \frac{2VM^3}{3PC^2}$, $\frac{c}{r}$ exprimant la raison de la circonférence d'un Cercle au Rayon, & par conséquent el-
le est directement comme le Cube de la Corde MN,
& réciproquement comme le Quarré de PC distance
de la partie P au centre de la Sphere. Delà la Gravité
en P vers toute la Sphere est comme le Cube de son
Diametre, ou sa quantité de Matiere (la densité étant
donnée) directement, & le Quarré de la distance PC
réciproquement, la Corde MN se confondant avec le
Diametre AB, lorsqu'on considére l'Attraction de toute
la Sphere; ensorte que cette Attraction est mesurée par
$\frac{c}{r} \times \frac{2CA^3}{3PC^2}$

11. Il paroît par ce qui a été démontré qu'une petite partie quelconque P hors de la Sphere, en est attirée avec la même force que si toute la Matiere de la
Sphere étoit ramassée au centre, & attiroit de ce point
comme une partie; car la circonférence du Cercle
ADBE est exprimée par $\frac{c}{r} \times CA$, son Aire par $\frac{c}{r} \times \frac{CA^2}{2}$
la Surface de la Sphere par $\frac{c}{r} \times 2CA^2$, & le Solide qu'el-
le contient par $\frac{c}{r} \times \frac{2CA^3}{3}$; de sorte que l'Attraction de ce
Solide agissant du centre C à la distance PC, est me-
surée par $\frac{c}{r} \times \frac{2CA^3}{3PC^2}$ précisément la même quantité que

celle qui mesure l'Attraction de la Sphere à cette diftance par le dernier Article. On doit dire la même chose de la Gravité vers l'assemblage d'un nombre quelconque de Spheres qui ont un centre commun ; d'où
il suit que quelque variable que puisse être la densité
d'une Sphere à différentes distances du centre, pourvû
que la densité soit toujours la même à distances égales, la Gravité d'une petite partie vers la Sphere, hors de
laquelle elle est située, sera comme la quantité de Matiere contenue dans la Sphere directement, & le Quarré de sa distance au centre réciproquement. Si l'Attraction des parties augmentoit ou diminuoit dans la même proportion que leurs distances augmentent ou diminuent, la Sphere agiroit aussi, dans ce cas, de la même
maniere que si toutes ses parties étoient réunies au centre comme une seule partie ; mais le cas est different,
lorsque l'Attraction de la petite partie de Matiere observe d'autres Loix. Supposons que l'Attraction des petites parties soit réciproquement comme la Puissance
de la distance qui a pour exposant un nombre quelconque n moindre que 3, & l'Attraction de la Sphere composée de ces parties, à sa Surface, sera à la Force avec
laquelle toute la Matiere de la Sphere ramassée au
centre attireroit à la même distance, comme $3 \times 2^{2-n}$ à
$\overline{3-n} \times \overline{5-n}$. Si par exemple, l'Attraction des petites
parties étoit la même à toutes distances (auquel cas on
suppose $n = 0$) cette raison seroit celle de 4 à 5 : & si
l'Attraction des petites parties est réciproquement comme leur distance, la raison sera de 3 à 4, comme nous
l'avons fait voir ailleurs *.

12. Nous avons démontré que lorsque les petites
parties gravitent les unes vers les autres avec des Forces
qui sont en raison inverse des Quarrés de leurs distan-

Traité des Fluxions, §. 902.

ces, l'action d'une Sphere fur une partie placée hors
d'elle eft affujettie à la même Loi que celle des parties elles-mêmes, & diminue dans la même proportion que le Quarré de la diftance de la petite partie au
centre de la Sphere augmente; d'où il fuit, a caufe de
l'égalité de l'action & de la réaction, que la petite partie attirera la Sphere avec une force variante dans la
même proportion; fi à la place de cette petite partie
on fubftitue une feconde Sphere compofée de femblables parties, puifque l'action totale de cette feconde
Sphere fera la même que fi toute la Matiere étoit réunie à fon centre, les deux Spheres doivent par conféquent obferver la même Loi, en agiffant l'une fur l'autre, que deux petites parties placées à leurs centres;
c'eft-à-dire leur attraction doit diminuer à proportion que
le Quarré de la diftance entre leurs centres augmente.

13. La Gravitation des Corps ayant été réfolue par
M. le Chevalier Newton en celle de leurs parties,
& la Loi qui eft obfervée par la Gravité des Corps
ayant été découverte par les Phénomenes expofés ci-
deffus fort au long; il s'enfuit des conclufions précédentes, que la Gravité des parties dont les Corps font
compofés obferve précifément la même Loi. Cet illuftre Philofophe parvint, en procédant ainfi, à déterminer le progrès de la Gravité depuis le centre d'une
Sphere quelconque à la diftance la plus grande. Une
partie fituée au centre n'a aucune Gravité, étant également attirée de tous côtés par la matiere de la Sphere
qui l'environne Si elle eft placée dans la Sphere à quelque diftance du centre, fa Gravité augmentera à proportion que cette diftance fera plus grande, par l'article
9; car des parties de la Sphere celles-là feules agiffant
fur elle qui font à une moindre diftance du centre
qu'elle-même, & fa Gravité étant comme la matiere at-
tirante directement, & comme le Quarré de fa diftance

au centre réciproquement , puisque la matiere eft
comme le Cube de la même diftance , la Gravité
doit être comme la diftance elle même. Du Centre
à la Surface , fa Gravité augmente en raifon directe de fa diftance au Centre ; à la Surface fa Gravité
eft la plus grande; & de la Surface en haut elle diminue à proportion que le Quarré de fa diftance au centre
augmente; obfervant régulierement cette Loi jufqu'aux
dernieres limites de l'Efpace. Nous parlons ici de la
Puiffance accélératrice de la Gravité, qui eft proportionnelle à la viteffe qu'elle eft capable de produire
dans un inftant de tems donné ; & puifqu'elle produit
la même viteffe en tems égaux dans tous les Corps
quels qu'ils foient , à la même diftance , il fuit que leur
Péfanteur ou leur Mouvement caufé par la Gravité ,
doit être proportionnel à leurs quantités de matiere. En
général , pour eftimer la Péfanteur ou le Mouvement
d'une Sphere quelconque , qui eft attirée par une autre
dont les parties font également denfes à diftances égales de fon Centre, nous devons le mefurer en compofant
trois proportions , celle de la Matiere contenue dans les
Corps pefans qui gravitent, celle de la Matiere dans
les Spheres attirantes , vers lefquelles ils gravitent , &
la raifon réciproque des Quarrés des diftances refpectives entre les Centres des Spheres qui tendent l'une
vers l'autre ; telle eft la Loi que les Phénomenes nous
apprennent avoir lieu dans le Syftême de l'Univers.
Voyez l'Art. 2. de ce Chapitre.

14. Ainfi M. le Chevalier Newton a découvert &
pleinement démontré , par des obfervations de la derniere certitude & des calculs inconteftables , ce principe fimple de la Gravitation des petites parties de Matiere les unes vers les autres , qui étant étendu fur le
Syftême du Monde à toutes diftances & partant du
centre de chaque Globe, eft la chaîne qui tient leurs
parties réunies , & les conferve dans leurs Mouvemens

vemens réguliers autour de leurs propres centres. La
même Gravité qui nous eft fi bien connue fur la Terre, les affecte tous ; toute la maffe de l'Univers n'eft
à cet égard que d'une feule piece; & ce Principe, étendu
fi régulierement fur le Monde entier, annonce une influence & une conduite générales, dérivées d'une
caufe également active & puiffante par tout.

On a fait dans ces derniers tems differentes Obfervations qui confirment fa Doctrine, & fervent particulierement à faire voir que la Gravitation vers les Corps
vient de la Gravitation vers leurs parties. Telles font les
mefures d'un degré du Méridien prifes dernierement
avec une grande exactitude par les Mathématiciens
François, & la déclinaifon de la Ligne que donne un
à plomb de la vraie Ligne verticale, en conféquence
de l'Attraction d'une grande Montagne, fituée à peu de
diftance.

CHAPITRE V.

De la Quantité de Matiere & de la densité du Soleil & des Planetes.

C'Est ainsi que notre Auteur s'éleve par voie d'Analyse, recherchant les causes par leurs effets, &
découvrant par la parfaite ressemblance d'un grand
nombre d'effets, que la cause est plus générale qu'on
ne l'avoit pensé. Mais pour descendre par la Synthese,
& déterminer les effets par la cause alors connue, il
n'étoit pas suffisant d'établir la Gravitation générale des
parties de la Matiere; il étoit nécessaire de déterminer,
autant qu'il est possible, les quantités des Puissances
qui agissent dans le Système du Monde. Nous avons
vû qu'il y a une Gravité répandue de chaque Corps
de tous côtés, à distances égales de leurs centres,
proportionnelle à leurs quantités de Matiere. Nous
connoissons, par expérience, la Force de cette Puissance à la Surface de la Terre, & nous avons vû
comment on doit estimer son efficacité à toute autre
distance. Afin d'être en état d'estimer toutes les Puissances du Système du Monde, dirigées à leurs différens Corps, il est nécessaire de déterminer la proportion de leurs quantités de Matiere à celle de notre
Terre. Si on y parvient une fois, toutes les Puissances
qui operent dans l'Univers étant connues, il ne restera plus qu'à déterminer, par une sçavante application
de la Géométrie & de la Méchanique, les Mouvemens
& les Phénomenes des Corps célestes, qui en dépendent tous.

2. Mesurer la Matiere contenue dans le Soleil & les

Planetes, c'étoit un Problême de la derniere difficulté, & qui paroiſſoit d'abord au-deſſus de la portée de l'eſprit humain. Mais on trouva par les principes de cette Philoſophie une ſolution naturelle & aiſée de ce ſublime Problême, dans les cas les plus importans, & M. le Chevalier Newton a déterminé les proportions de la Matiere qui eſt dans le Soleil, Jupiter, Saturne, & la Lune, à celle qui eſt dans notre Terre; c'eſt-à-dire, il a démontré combien le Soleil, Saturne & Jupiter, pourroient former de Globes ſemblables au nôtre. Pour comprendre comment il parvint à ces découvertes, nous devons nous rappeller que la Matiere contenue dans chacun de ces Corps eſt en même raiſon que la Force de la Gravité vers eux, à diſtances égales de leurs Centres. Nous connoiſſons la Force de la Gravité vers notre Terre, par la deſcente des Corps peſans, & en calculant combien la Lune s'écarte de la Tangente de ſon Orbite, dans un tems donné quelconque. Nous n'avons point d'expérience d'aucune deſcente en Ligne droite de Corps peſans vers le Soleil, Jupiter & Saturne; mais comme les Planetes du premier ordre font leurs révolutions autour du Soleil, & qu'il y a des Satellites qui tournent autour de Jupiter & de Saturne, en calculant par leurs Mouvemens combien une Planete du premier ordre s'écarte de ſa Tangente dans un tems donné, & combien quelques Satellites de Jupiter & de Saturne tombent au-deſſous de leurs Tangentes dans le même tems, nous ſommes en état de déterminer la proportion de la Gravité d'une Planete du premier ordre vers le Soleil, & d'un Satellite vers ſa Planete principale, à la Gravité de la Lune vers la Terre, à leurs diſtances reſpectives: alors par la Loi générale de la variation de la Gravité, on calcule les Forces qui agiroient ſur ces Corps à diſtances égales du Soleil, de Jupiter, de Saturne & de la Terre; & ces Forces donnent la proportion de la Matiere contenue dans ces differens Corps.

3. Que la quantité de Matiere contenue dans Jupiter foit plus grande que la quantité de Matiere que
renferme la Terre, c'eft ce qu'il eft aifé de connoître
par le Mouvement de fes Satellites, qui tous font leurs
révolutions autour de fon Centre, en moins de tems
que la Lune ne fait la fienne autour de la Terre, &
font tous à l'exception du premier, à une plus grande
diftance de fon Centre que la Lune de celui de la
Terre. Le fecond Satellite eft plus éloigné de Jupiter
que la Lune de la Terre, à peu près en raifon de 3 à 2,
& fe meut dans une Orbite plus grande dans la même
proportion. Mais ce Satellite finit fa Révolution en 3
jours & 13 heures, ce qui eft moins que la feptieme partie du tems périodique de la Lune autour de la Terre;
par conféquent fon Mouvement doit être beaucoup
plus vîte que celui de la Lune. Un Satellite plus près
de Jupiter fe mouvroit encore avec plus de viteffe
que le précedent: de forte que fi un Satellite faifoit
fa Révolution autour de Jupiter à une diftance de fon
Centre égale à la diftance de la Lune à la Terre, il fe
mouvroit beaucoup plus vîte que la Lune ne fe meut
autour d'elle, & par conféquent feroit foumis à l'action
d'une Force centripete beaucoup plus grande; car il
faut toujours une plus grande Force pour courber dans
la même Orbite la direction d'un Corps qui fe meut
avec plus de viteffe. Mais les quantités de Matiere
contenue dans les Corps placés au Centre, font proportionnelles à leurs Puiffances Attractives à égales
diftances, & par conféquent la Matiere que renferme
Jupiter doit excéder de beaucoup celle qui eft contenue dans la Terre. Nous pouvons de même obferver
aifément que Mercure fait fa Révolution autour du Soleil, dans un tems plus que trois fois moindre que celui
dans lequel la Lune tourne autour de la Terre, & cependant il fe meut dans une Orbite environ 140 fois

plus grande, étant autant de fois plus éloigné du centre de son Mouvement; d'où il suit que si un Satellite faisoit sa Révolution autour de la Terre, à une distance de ce Globe aussi grande que celle de Mercure au Soleil, ce Satellite se mouvroit avec beaucoup moins de vitesse que Mercure; ensorte que la Puissance Attractive du Soleil, doit être fort supérieure à celle de la Terre, & par conséquent le Soleil doit contenir beaucoup plus de Matiere que la Terre. On trouve aussi que la Matiere que renferme Saturne surpasse celle qui est contenue dans la Terre. Il suit des calculs de notre Auteur, fondés sur ces Principes, que les quantités de Matiere contenue dans le Soleil, Jupiter, Saturne & la Terre, sont entre-elles comme les nombres 1, $\frac{1}{1067}$, $\frac{1}{3021}$, $\frac{1}{169282}$.

4. Les quantités de Matiere contenue dans ces Corps étant ainsi déterminées, & leur volume connu par les observations Astronomiques, il est aisé de calculer combien de Matiere chacun d'eux contient dans le même volume; ce qui donne la proportion de leurs densités. Ainsi notre Auteur trouve que les densités du Soleil, de Jupiter, de Saturne & de la Terre sont comme les nombres 100, $94\frac{1}{2}$, 67 & 400. De-là il paroît que la Terre est plus dense que Jupiter, & Jupiter plus dense que Saturne; c'est-à-dire, que les Planetes les plus proches du Soleil sont les plus denses, ce qui les met en état de recevoir de ce Globe une plus grande chaleur. Il résulte de nos recherches les plus subtiles dans la Nature, que tout est situé dans l'Univers de la maniere la plus avantageuse, & disposé avec une sagesse admirable. Si la Terre étoit transportée en bas dans l'orbe de Mercure, elle déviendroit inhabitable, notre Océan bouilliroit & seroit bien-tôt dissipé en vapeur. Si elle étoit élevée à l'Orbe de Saturne, l'Océan se géleroit à une si grande distance du Soleil, & le froid mettroit bien-tôt fin à la vie des Plantes &

des Animaux. Une variation beaucoup moins confidérable dans la diftance de la Terre au Soleil dépeupleroit la Zone Torride, fi ce Globe vénoit à s'approcher du Soleil ; & il en arriveroit de même aux Zones temperées, s'il s'en éloignoit. Une moindre chaleur à la diftance de Jupiter eft proportionnée à la plus grande rareté de fa fubftance : les fuites pourroient être auffi fatales en Jupiter, fi on le faifoit defcendre dans l'Orbe de la Terre, qu'il le feroit pour nous d'être abbaiffés dans celui de Mercure. La rareté encore plus grande de Saturne eft proportionnée à la diftance plus confidérable de fon Orbe au Soleil ; enforte que quoiqu'il foit la derniere des Planetes, & reçoive 90 fois moins de lumiere & de chaleur du Soleil que nous, il peut néanmoins être dans la meilleure fituation qu'il foit poffible de lui affigner dans le Syftême du Monde ; & la fituation de Jupiter & de toutes les Planetes inférieures peut paroître auffi terrible dans Saturne, que celle de Mercure refpectivement à nous. Saturne termine les Révolutions Planétaires ; & comme fi la chaleur du Soleil devoit être trop foible dans les Orbes plus élevés, nous ne trouvons aucuns Corps qui faffent leurs Révolutions plus haut, mais nous en voyons qui defcendent dans quelque partie de leur Orbite plus près de ce Centre de lumiere & de chaleur. Enfin nous fommes fondés à conclure que tous ces Corps font difpofés dans un tel ordre & dans de telles fituations, que s'il venoit à y arriver quelque changement confidérable, il en réfulteroit de funeftes effets. L'Hypothéfe de Defcartes le conduifit à placer les Planetes les plus denfes à une plus grande diftance du Soleil ; mais une Philofophie fondée fur l'Obfervation de la Nature correfpond mieux aux caufes finales des chofes, & prouve en toutes occafions la fageffe de l'Auteur.

5. Comme les Aftronomes n'ont point trouvé de Sa-

tellites qui fiffent leurs Révolutions autour de Mercure, de Venus ou de Mars, nous n'avons pas l'avantage de pouvoir de même comparer leurs Puiffances
Attractives, & leurs quantités proportionnelles de Matiere. Mais il eft très-probable, parce que nous avons
dit de la Terre, de Jupiter & de Saturne, que les denfités
des autres Planetes correfpondent à leurs diftances du
Soleil, & font plus grandes dans les Planetes les plus
proches. Notre Auteur a auffi calculé la proportion des
Puiffances Attractrices du Soleil, de Jupiter, de Saturne & de la Terre, à leurs Surfaces refpectives, & il
trouve qu'elles font en raifon de ces nombres 10000,
943, 529, 435, refpectivement. D'où il paroît que
la Force de la Gravité vers ces Corps très-inégaux entre-eux approche d'une façon furprenante de l'égalité
à leurs Surfaces : de forte que quoique Jupiter foit plufieurs centaines de fois plus grand que la Terre, la
Force de la Gravité à fa Surface n'eft gueres plus que
double de ce qu'elle eft à la Surface de la Terre ; & la
Force de la Gravité à la Surface de Saturne n'eft
qu'environ $\frac{1}{4}$ plus grande que celle des Corps terreftres.

6. Les Puiffances les plus confidérables qui agiffent
dans le Syftême de l'Univers étant ainfi déterminées ;
il eft néceffaire avant que nous procédions à confidérer leurs effets, de rechercher d'abord fi elles agiffent
dans un vuide, ou s'il y a quelque milieu qui réfifte
aux Mouvemens qu'elles produifent. Nous trouvons
que l'Air fait une réfiftance confidérable au Mouvement des Projectiles près de la Terre ; & s'il s'étendoit
jufqu'aux Régions Planetaires, il affecteroit auffi très-
confidérablement leurs Mouvemens. Mais les expériences nous apprennent que la denfité de l'Air eft proportionnelle à la Force qui le comprime, & que cette
Force n'eft que le poids de l'Atmofphere, deforte que
plus une portion d'Air eft élevée, le poids qui la com-

prime étant moindre, elle doit avoir moins de denfité dans la même proportion : & de-là il fuit que fi nous faifons abftraction de la diminution de la Gravité, & que les hauteurs depuis la Surface de la Terre foient prifes en Progreffion Arithmétique, les denfités de l'Air à ces hauteurs diminueront én Progreffion Géométrique *. Puifqu'il fuit donc de différentes Obfervations, faites en France & en Angleterre, que la denfité de l'Air diminue de telle maniere qu'à la hauteur de fept milles perpendiculaires, elle eft d'environ $\frac{1}{4}$ de la denfité qu'elle a au niveau de la Mer, à 14 milles elle doit être $\frac{1}{16}$ de cette denfité, à 21 milles $\frac{1}{64}$, à 28 milles $\frac{1}{256}$, à 35 milles $\frac{1}{1024}$, à 42 milles $\frac{1}{4096}$, à la hauteur de 49 milles $\frac{1}{16384}$ partie de cette même denfité, & à la hauteur d'un demi-diamétre de la Terre, elle fera infenfible. Il paroît par les Loix du Mouvement, & par plufieurs expériences exactes, que la réfiftance des Fluides, caufée par l'inertie de leur Matiere, eft proportionnelle à leur denfité; & par conféquent, la réfiftance de l'Air, quoique fenfible à la Surface de la Terre, feroit 16384 fois moindre à la hauteur de 49 milles, & ne pourroit être fenfible dans le plus grand nombre de Siecles à la hauteur d'un demi-diamétre de la Terre; elle doit être encore moindre à la diftance de la Lune, qui, par conféquent, ne rencontrant point de réfiftance, continue de faire fa Révolution dans fon Orbite, fans aucune diminution de Mouvement.

Quant à un Milieu plus fubtil que l'Air, les Expériences & les Obfervations ne nous apprennent pas qu'il y en ait aucun ni ici ni dans les Efpaces céleftes, qui puiffe produire quelque réfiftance fenfible.

* Voyez le Docteur Halley dans les Tranf. Phil. N. 181. & Schal. Prop. 42. Lib. II. Princip.

Fin du troifiéme Livre.

DÉCOUVERTES

DÉCOUVERTES

PHILOSOPHIQUES

DE M. NEWTON.

❖❖❖❖❖❖❖❖❖❖❖❖❖❖❖❖❖❖❖❖❖❖❖❖❖❖❖❖❖❖❖

LIVRE QUATRIEME.

Des effets de la Gravité générale déduits syn-
thétiquement.

CHAPITRE PREMIER.

Du Centre du Système Solaire.

ONSIEUR le Chevalier Newton ayant éta-
bli le Principe général de la Gravitation
des petites parties de la Matiere, & déterminé les principales Puissances qui
agissent dans le Système de l'Univers,
sçavoir celles qui tendent au Soleil à Jupiter, à Satur-

R r

ne & à la Terre ; & ayant trouvé que les mouvemens
céleftes s'exécutoient dans des Efpaces libres, où la réfiftance eft infenfible, il s'eft mis alors en état de procéder par voie de Synthefe dans fon explication du Syftême du Monde, & de rechercher les differens effets
produits par une Puiffance fi évidemment établie. Tout
Principe général démontré dans la Nature eft une grande acquifition en Philofophie, particuliérement lorfque
les variations de cette Puiffance, avec fa direction & fa
force, font clairement déterminées ; la fertilité de ce
Principe fe manifefte par les folutions qu'on en déduit de
tant de Phénomenes differens, comme nous allons le faire voir. M. le Chevalier Newton commence par rechercher le Centre du Syftême de l'Univers. Les Pythagoriciens attribuerent cette prérogative au Centre du Soleil,
les Sectateurs d'Ariftote & de Ptolomée à la Terre.
Mais M. Newton ayant trouvé que ces Corps gravitent
l'un vers l'autre & vers tous ceux du Syftême du Monde, ils ne peuvent non plus qu'aucun de ces derniers
être fuppofés fans mouvement

2. Le Centre de Gravité de tout le Syftême eft le
feul Point qu'on puiffe y fuppofer en repos ; le même
Point autour duquel toute la Matiere de l'Univers feroit bientôt accumulée, fi les Mouvemens progreffifs
des Corps étoient détruits, & que leur Gravité pût agir
librement. Les actions mutuelles des Corps les uns
fur les autres n'affectent jamais l'état de ce Centre leurs
Attractions ou leurs répulfions réciproques ne produifent aucun effet fur lui ; & il doit être en repos, ou
s'avancer uniformément en Ligne droite. Tous les fentimens paroiffent réunis à regarder le Centre du Syftême
du Monde comme en repos, & il n'y a point de raifon
ni d'obfervation qui nous engagent à lui attribuer aucun Mouvement. Ce Centre général de Gravité eft
donc le feul Point immobile, tandis que tous les Corps
de l'Univers tournent autour de lui avec differens
Mouvemens.

3. Comme nous connoiſſons la Gravité & les Loix de la Nature, parce qui ſe paſſe ſur la Surface de la Terre, nous ne pouvons donner de meilleurs éclairciſſemens ſur les Mouvemens des Corps du Syſtême Solaire produits par leur Gravité mutuelle, que par quelques images que nous en trouvons ſur la Terre, après avoir ſi pleinement démontré la ſimilitude des Puiſſances qui agiſſent ſur les parties de la Terre & ſur les Corps céleſtes. Nous ſçavons que lorſqu'un Corps eſt jetté en l'Air par une Puiſſance ou une Machine quelconque, cette Puiſſance réagit ſur la Terre avec une Force égale, & que ſi elle étoit ſuffiſante pour jetter une Montagne ou une partie beaucoup plus conſidérable de la Terre, elle agiroit ſur le reſte de ce Globe avec une force égale dans une direction oppoſée; de ſorte que tandis que la partie projettée commenceroit à ſe mouvoir dans ſa Courbe, le reſte de la Terre commenceroit en même tems à ſe mouvoir dans une direction oppoſée avec une égale quantité de mouvement, mais avec une viteſſe d'autant moindre que ſa quantité de Matiere ſurpaſſeroit celle de la partie projettée; & ces deux portions de la Terre feroient leur Révolution dans de certaines Orbites autour du Centre commun de Gravité, qui perſiſteroit dans le même état qu'avant la projection. Si, par la réſiſtance du milieu, les mouvemens de ces deux parties venoient à être détruits, elles ſe rejoindroient de nouveau & s'accumuleroient en une ſeule maſſe autour du même Centre. S'il y avoit un plus grand nombre de ſemblables parties de la Terre projettées, le Centre commun de Gravité ne ſeroit nullement affecté par ces projections, mais elles ſe mouvroient toutes autour de lui, de ſorte que la ſomme des mouvemens d'un côté de ce centre feroit égale à la ſomme des mouvemens de l'autre côté : & même ce Principe a lieu dans ces petits mouvemens qui ſont chaque jour produits ſur la Terre par les Puiſſances qui y agiſſent.   R r ij

4. Les mouvemens des grands Corps dans le Systé-
me Solaire font analogues à ceux dont nous venons de
parler : les différentes parties de ce grand Syſtême gravitent les unes vers les autres de même que celles de
la Terre ; elles fe meuvent de la même maniere autour
de leur Centre commun de Gravité , que celles qui ré-
fulteroient d'une diviſion ſuppoſée de la Terre fe mouvroient autour de leur Centre commun de Gravité , ſi
elles étoient projettées dans une direction quelconque ;
ou comme la Terre & tous les Corps qui ſont actuellement projettés chaque jour ſur ſa Surface tournent autour du Centre commun de Gravité de ce Globe & de
ces Projectiles. Il y a feulement cette différence que
les Corps du grand Syſtême ont été projettés à de
grandes diſtances , & de telle maniere que les Planetes font leurs Révolutions dans des Orbites preſque
circulaires, enforte qu'elles ne s'approchent ou ne s'éloignent gueres du Soleil dans leurs Révolutions. Le Créateur du Monde les auroit faites en vain de denſités
proportionnées à de certaines diſtances , s'il ne les
eut pas projettées avec les forces néceſſaires pour les
maintenir à ces diſtances dans leurs Révolutions , ou
ne les en laiſſer écarter que bien peu ; & comme la
grandeur de la force imprimée ſur ces vaſtes Corps ,
dont quelques-uns ſont pluſieurs fois plus grands que
la Terre, fait voir la Puiſſance du premier Moteur ; ainſi la juſte quantité de cette Force variée reguliérement
aux différentes diſtances des Planetes , & ſa direction
déterminée de la maniere la plus avantageuſe , manifeſtent la Science de ce Souverain Etre.

5. Nous pouvons ſuppoſer que toute la Matiere dont
le ſyſtême de l'Univers eſt compoſé fut d'abord créé
en une ſeule maſſe, où ſe trouve maintenant le Centre de Gravité de tout le Syſtême ; que de cette maſſe
différens Corps furent formés, & ſeparés les uns des autres à des diſtances conyenables, où ils reçurent leurs

mouvemens Projectiles ; & que les Puiffances qui les feparerent & les mirent en mouvement, obferverent la Loi de la Nature qui éxige une égalité entre l'action & la réaction, & qui actuellement a lieu dans les actions de toutes les Puiffances : de cette maniere ces mouvemens auroient commencé & continueroient durant toute l'éternité, fans produire aucun mouvement dans le Centre de Gravité du Syftême général.

6. Le mouvement des Corps dans leurs Orbites ayant ainfi commencé, on peut encore fuppofer que quelques-uns d'eux ayant été fubdivifés de nouveau en differens autres Corps par des Puiffances affujetties aux mêmes Loix, cette fubdivifion a donné naiffance à des Syftêmes d'un ordre inférieur tel que celui de la Terre & de la Lune, ceux de Jupiter & de Saturne avec leurs Satellites. Il n'y a aucun de ces Corps qui foit en repos dans fon Syftême particulier; la Terre & la Lune fe meuvent autour de leur Centre commun de Gravité, tandis qu'il eft lui-même emporté d'un mouvement régulier autour du Centre de Gravité du grand Syftême. Il en eft de même de Jupiter & de Saturne & de leurs Satellites ; il eft auffi certain par les Loix de la Nature, que les mouvemens qui dans chacun de ces Syftêmes fubalternes s'exécutent autour de ce Centre de Gravité, & le mouvement de ce même Point autour du Centre de Gravité du Syftême général, ne s'entrecoupent pas les uns les autres. Un de ces Syftêmes fubalternes étant ainfi formé, l'un des Corps qui le compofe pourroit être fubdivifé en d'autres plus petits dont il réfulteroit un Syftême d'un ordre inférieur. Mais nous ne trouvons pas que la Nature porte cette fubordination fi loin, à moins que nous ne confidérions le mouvement des Projectiles près des furfaces des Planetes fecondaires, comme un exemple de ce genre.

7. Il refte maintenant à confidérer où ce Point de repos du Centre commun de Gravité du Syftême doit

se trouver ; & il suit évidemment de ce que nous avons
déja vû qu'il ne peut pas être fort éloigné du Soleil ,
parce que la Matiere que renferme le Soleil excéde pro-
digieusement celle qui est contenue dans toutes les Planetes prises ensemble : de plus il paroît, parce que nous
avons dit ci-dessus du Centre de Gravité , qu'il est toujours plus près du plus grand Corps à proportion qu'il
est plus grand. Jupiter est la plus considérable des Planetes & cependant il n'est que $\frac{1}{1067}$ du Soleil, ensorte que leur Centre de Gravité doit être 1067 fois plus
près du Soleil que de Jupiter ; & comme la distance de
de Jupiter au Soleil est un peu plus que 1067 demi-
diamétres de ce dernier, il suit que le Centre de Gravité du Soleil & de Jupiter ne peut être fort au-dessus
de la surface du Soleil. Saturne est moindre que Jupiter en volume aussi-bien qu'en densité , & le Centre de
Gravité du Soleil & de Saturne tombe dans le Corps
du Soleil ; ainsi on voit évidemment que quand même
même toutes les Planetes seroient d'un seul côté du
Soleil & dans une même ligne, le Centre de Gravité de
ce vaste Corps & des Planetes pourroit à peine être éloigné de sa Surface plus que de la longueur de son demi-
diamétre : & c'est la plus grande distance à laquelle le
Soleil puisse jamais se trouver du Centre de Gravité. Il
paroît donc , que quoique le Soleil soit dans une agitation perpetuelle autour de ce Centre, cependant puisqu'il en est toujours si près , il peut avec justice être considéré par les Astronomes comme le Centre du Systême Solaire. Ainsi quoique le Globe terrestre reçoive
une impression de chaque Puissance qui met en mouvement, des Projectiles , & qu'il soit, pour parler exactement, un peu agité par ces Puissances , cependant nous
le considérons comme en repos, negligeant des actions
aussi peu considérables aussi-bien que leurs effets.

CHAPITRE II.

De la Maniere dont la Gravité produit quelques petites irregularités dans les Mouvemens des Planetes.

1. SI les Planetes n'étoient affujetties qu'à l'action d'une Puiffance dirigée au Centre du Soleil, dont les variations fuiviffent la Loi générale de la Gravité, & que ce Centre fût en repos, leur mouvement autour de lui feroit parfaitement régulier; mais nous avons trouvé que chacune des Planetes étoit auffi affujettie à l'action d'une Puiffance dirigée à tous les Corps en particulier du Syftême du Monde. Pour juger des effets de ces actions, M. Newton fuppofe d'abord deux Corps gravitant également l'un vers l'autre, & faifant leur Révolution autour de leur Centre commun de Gravité : & puifque la direction de leur Gravitation mutuelle paffe toujours de l'un à l'autre par leur Centre de Gravité, & que leurs diftances à ce Centre varient dans la même proportion que la diftance qui eft entre-eux ; il fuit qu'ils doivent décrire des Aires égales en tems égaux, & des Figures femblables autour de ce Centre & l'un autour de l'autre *. Enforte qu'il ne réfulte des Attractions mutuelles de ces deux Corps aucunes irrégularités dans leurs mouvemens l'un autour de l'autre, quelle que foit fuppofée la Loi de leur Gravité : feulement ils finiront leurs Révolutions autour du Centre de Gravité en moins de tems que fi l'un eut fait fa Révolution autour de l'autre en repos, à la même diftance, & avec la mê-

---

* *Princip. Lib.* I. *Prop.* 58.

me Force Centripete ; parce que l'Orbite décrite autour du Centre de Gravité étant moindre que celle qui feroit décrite par l'un d'eux autour de l'autre en repos (leur diftance mutuelle reftant la même dans les deux cas) & étant auffi femblable à cette derniere , elle doit être décrite dans un tems moindre.

2. Si trois ou un plus grand nombre quelconque de Corps s'attirent mutuellement les uns les autres , la Gravitation de chacun d'eux, produite par les actions de tous les autres, peut être déterminée par la Regle de la compofition du Mouvement; & fi la Loi de la Gravité eft la même que celle que nous trouvons avoir lieu dans le Syftême Solaire, fa Gravitation ne fera pas toujours dirigée au Centre de Gravité des autres Corps , ni même à aucun point fixe , mais quelquefois à un côté de ce Centre & quelquefois à l'autre ; & par conféquent des Aires égales ne feront pas décrites en tems égaux autour d'aucun point dans ce Syftême, enforte qu'il en réfultera néceffairement différentes irrégularirés dans les mouvemens des Corps. Mais fi nous fuppofons l'un de ces Corps beaucoup plus grand que les autres, enforte que les actions de ces derniers puiffent être négligées fi on les compare avec la fienne , & que le centre commun de Gravité fe trouve toujours près de lui; alors les irrégularités dans les mouvemens de ce Syftême feront très-peu confidérables. Les Aires décrites en tems égaux autour du Centre de ce grand Corps feront à peu près égales, & les Orbites prefque Elliptiques ayant ce Centre à leur Foyer. On voit évidemment que c'eft là le cas du Soleil & des Planetes, par ce que nous avons démontré fur leurs quantités de Matiere; & ainfi nous voyons que non-feulement les mouvemens réguliers des Planetes doivent être déduits du Principe de la Gravité, mais auffi que leurs moindres irrégularités font auffi expliquées par ce Principe. Le cas eft le même pour Jupiter & Saturne & leurs Satellites. Quant à la
Terre

Terre & à la Lune, quoiqu'il y ait une moindre difproportion dans leurs grandeurs, & que leur Centre
commun de Gravité foit fenfiblement éloigné de la
Terre, cependant comme il n'y a que deux Corps dans
ce Syftême, il ne réfulte aucunes irrégularités de leurs
actions mutuelles dans leurs mouvemens autour de leur
Centre commun de Gravité, ou bien elles font faciles à
déterminer lorfque la pofition de leur Centre de Gravité eft connue. Ces Syftêmes particuliers de la Terre,
de Jupiter & de Saturne, font emportés autour du Centre de Gravité du Syftême Solaire général, fans être abfolument dérangés ou troublés par l'action du Soleil &
des Planetes, qui eft égale fur toutes leurs parties &
dans la même direction. Lorfqu'une Flotte eft emportée par un Courant qui affecte également tous les Vaiffeaux, leurs mouvemens refpectifs n'en font pas alterés, & même ceux qui montent ces Vaiffeaux ne
s'apperçevroient pas du mouvement produit par le Courant, s'ils n'avoient devant les yeux des Corps qui ne
font pas affujettis à ce mouvement progreffif. De même fi la Gravité vers le Soleil agiffoit également, &
dans la même direction, fur les parties de ces Syftêmes
d'un ordre inférieur, elle n'auroit aucun effet fur leurs
mouvemens particuliers, & ne pourroit être découverte qu'en les comparant avec les Etoiles fixes, ou avec
quelque Corps étranger à ce Syftême fubalterne, &
fur qui le Soleil agit d'une maniere différente; mais
comme il y a quelque variation dans les actions du Soleil fur les parties de ces Syftêmes, & dans les directions de ces mêmes actions, il en réfulte néceffairement
quelques irrégularités.

3. Quoique les actions du Soleil & des Planetes inférieures combinées enfemble, ne produifent pas toujours dans une Planete fupérieure une Gravitation
dirigée exactement vers leur Centre de Gravité; cependant comme elle eft dirigée plus près de ce Point

S s

que de tout autre , on trouvera les Mouvemens d'une
Planete fupérieure plus réguliers , en fuppofant que ce
Point foit le Centre de fon Attraction plûtôt qu'aucun
autre , & l'Ellipfe qu'elle décrira fera exacte en y plaçant fon foyer inférieur. Une Planete plus élevée que
celle-là aura par fon Attraction quelque effet fur le
mouvement qui fe fait dans cette Ellipfe ; mais comme
elle agit auffi fur les Planetes inférieures en même-
tems , il ne réfultera aucune irrégularité de cette partie
de fon action qui eft égale & dans la même direction fur toutes les Planetes , mais feulement des différences de fes actions ; lefquelles étant extrêmement
petites , & ayant des effets contraires dans les fituations
oppofées de cette Planete plus élevée , peuvent à peine
produire des effets fenfibles en plufieurs Révolutions.

4. L'action de Jupiter fur Saturne , lorfqu'elle eft la
plus grande (c'eft-à-dire dans leur conjonction leur
diftance étant la moindre) fe trouve $\frac{1}{204}$ de l'action du
Soleil fur Saturne , en comparant la Matiere de Jupiter avec la Matiere contenue dans le Soleil , & le
Quarré de la diftance du Soleil à Saturne avec le
Quarré de la diftance de Jupiter à Saturne. L'effet de
cette action n'eft pas tout-à-fait infenfible ; & on trouvera que l'Orbe Elliptique de Saturne fera plus exact ,
fi on ne fuppofe pas fon foyer au Centre du Soleil ,
mais au Centre de Gravité du Soleil & de Jupiter , ou
plutôt au Centre de Gravité du Soleil & de toutes
les Planetes inférieures à Saturne. De la même maniere
l'Orbe Elliptique de toute autre Planete fe trouvera plus
exact , en fuppofant que fon Foyer foit au Centre de
Gravité du Soleil & de toutes les Planetes qui font au-
deffous d'elle.

5. Toute l'action de Jupiter trouble le Mouvement
de Saturne dans leur conjonction , parce que Jupiter
agit dans ce tems-là fur Saturne & fur le Soleil avec
des directions oppofées. Mais parce que Saturne agit

alors dans la même direction fur Jupiter & fur le Soleil, s'il agiffoit auffi avec la même Force fur l'un &
fur l'autre, il n'auroit aucun effet fur le mouvement
de Jupiter autour du Soleil; car ce n'eft qu'autant que fon
action fur cette Planete excéde de celle qu'il exerce
fur le Soleil qu'il trouble le mouvement de Jupiter. On
trouve que cet excès eft $\frac{1}{1923}$ de l'action du Soleil
fur Jupiter, & par conféquent il eft beaucoup moindre
que la Force avec laquelle Jupiter trouble le mouvement de Saturne. Les actions des autres Planetes les
unes fur les autres font incomparablement moindres
que celles-là, & les irrégularités produites par ces actions font toujours moins confidérables dans toute Planete, à mefure qu'elle eft plus près du Soleil. Seulement l'Orbite de la Terre peut paroître un peu plus irréguliere que celle des Planetes voifines, parce qu'elle
fait fa Révolution autour du Centre de Gravité de fon
Syftême particulier, tandis que ce Centre eft emporté
annuellement autour du Soleil.

6. Si les Planetes étoient attirées par le Soleil &
les unes par les autres mais que le Soleil ne fût pas réciproquement attiré par elles, le Centre de Gravité
du Syftême général feroit néceffairement en mouvement par le défaut de cette réaction; & ce feroit une
nouvelle fource d'erreurs & d'irrégularités. Si les Planetes du premier ordre n'étoient pas attirées par leurs
Satellites, auffi-bien que les Satellites par leurs Planetes principales, il en réfulteroit néceffairement d'autres
irrégularités. Si les grandes Planetes, Jupiter & Saturne, fe fuffent mues dans des Spheres plus baffes,
leurs influences auroient eu beaucoup plus d'effet pour
troubler les Mouvemens Planétaires. Mais comme elles
font leurs Révolutions à de fi grandes diftances des autres Corps céleftes, elles agiffent prefque également
fur le Soleil & fur les Planetes inférieures, & n'ont
que très-peu d'effet fur leurs mouvemens autour du

Soleil; & en même-tems les mouvemens de leurs Satellites font moins troublés par l'action du Soleil. La Terre & la Lune fe meuvent dans une Sphere plus baffe, mais leurs mouvémens font les moins irréguliers parce qu'il n'y a que deux Corps dans leur Syftême. Nous ferons voir dans la fuite que les Cometes reftent pendant très-peu de tems parmi les Spheres Planetaires, & que dans la plus grande partie de leurs Révolutions elles font emportées à des diftances fi immenfes que leurs actions ne peuvent prefque pas avoir d'effet fur les mouvemens des Planetes. C'eft ainfi que la Loi de la Gravité, la maniere dont elle agit, & la difpofition des Corps dans le Syftême de l'Univers, concourent à conferver leurs mouvemens avec une grande régularité; mais on le démontrera encore plus particulierement dans le Chapitre fuivant.

CHAPITRE III.

[Comment il arrive que les Planetes s'appro-
chent & s'éloignent du Soleil à chaque
Révolution.

1. JUsqu'ici nous avons confidéré les Puiffances qui
agiffent dans le Syftême du Soleil, & nous avons
trouvé que celles qui produifent les mouvemens réguliers des Planetes font bien fupérieures à celles qui
les troublent. Nous devons maintenant examiner comment leurs mouvemens dans les Orbites qu'elles parcourent réfultent de l'action de ces Puiffances ; &
pourquoi la Planete eft obligée de monter & de defcendre alternativement, en même-tems qu'elle fait fa Révolution autour du Centre vers lequel elle gravite.
Cela demande un éclairciffement avec d'autant plus
de raifon, que nous n'avons rien de femblable dans le
mouvement des Corps pefans à la Surface de la Terre ;
car ils font toujours obligés de retomber fur ce Globe
par leur Gravité : en quelque direction qu'ils foient
projettés, en haut, perpendiculairement, ou obliquement, bien-tôt leur Gravité les ramene de nouveau
vers la Terre. C'eft ce qui fait que beaucoup de perfonnes ont peine à concevoir comment une Planete après
s'être approchée du Soleil, peut s'en éloigner de nouveau, fur tout puifque fa Gravité eft augmentée à proportion que fa diftance diminue. On s'imagine qu'elle
doit continuer de s'approcher du Soleil, & à la fin tomber fur ce Globe, comme les Corps pefans tombent fur
la Terre.

2. Mais nous devons nous rappeller que la Force

avec laquelle les Corps pesans sont projettés, par les Machines les plus puissantes que nous ayons, n'est presque rien, comparée avec les mouvemens que leur Gravité pourroit leur donner en peu de minutes, & qu'ils parcourent de si petits Espaces, lorsqu'on les compare avec leur distance du Centre de la Terre, que leur Gravité est considérée comme agissant en Lignes paralleles, sans aucune erreur sensible, en sorte que la Force Centrifuge produite par la Rotation autour de ce Centre est entierement négligée. Mais lorsque nous examinons le Mouvement d'un Projectile dans des Espaces plus considérables, & que nous le suivons dans son Orbite, nous devons considérer l'action de la Gravité comme dirigée au Centre, & avoir égard à la Force Centrifuge résultante de son mouvement de Rotation autour de ce même Centre; & on verra qu'il y a réellement quelques Loix de Gravité qui feroient continuellement approcher les Corps du Centre, jusqu'à ce qu'ils y tombent, mais qu'il y en a d'autres qui les font approcher de ce Centre, & leur permettent de s'en éloigner alternativement. Nous allons maintenant considérer comment on peut distinguer ces Loix.

En premier lieu, on comprendra aisément que si S (*Fig. 63.*) est le Centre d'Attraction, & qu'un Corps soit projetté avec une certaine Force dans la Ligne AE, perpendiculaire à AS, il décrira le Cercle AL*a* d'un mouvement égal, & après une Révolution complette il retournera à sa premiere place A, avec son mouvement primitif. La même Gravité qui agissoit sur lui en A, & l'emportoit au-dessous de la Tangente AE, agit sur lui à un autre Point quelconque L, à une distance égale du Centre S, & l'écarte autant de la Tangente dans le même-tems. La Force Centrifuge, résultante de sa Rotation, étant égale à sa Gravité, l'une ne l'emporte pas sur l'autre, & le Corps par conséquent ne s'approche ni ne s'éloigne du Centre. Si on suppose

que le mouvement de Projection en A soit augmenté,
la Gravité nécessaire pour maintenir le Corps dans le
même Cercle doit être aussi augmentée; ensorte que
si la vitesse de la Projection est double, la Gravité
requise pour retenir le Corps dans le même Cercle
doit être quadruple; parce que AK étant double de
AL, le point K s'écarte quatre fois plus de la Tangente que le Point L, comme nous l'avons démontré
ci-dessus. En général la Gravité nécessaire pour retenir
le Corps dans le même Cercle est en raison doublée
du mouvement de Projection, & la vitesse, par conséquent, en raison soudoublée de la Gravité; ensorte
que lorsque les Gravités sont comme 1 à 4, les vitesses sont comme 1 à 2.

3. Si le Corps est projetté à une moindre distance du
Centre d'attraction, comme en D, avec la même vitesse, la Gravité nécessaire pour le retenir dans un Cercle, doit être plus grande; parce que la Courbure
étant plus grande, l'extrémité P de l'Arc DP, égal à
AL, s'écarte davantage de la Tangente en D, que L
ne s'écarte de la Tangente en A, à proportion que
l'Arc DP est plus Courbe, c'est-à-dire à proportion que la
distance SD est moindre que SA. Si la vitesse de Projection est augmentée en D, ensorte que le Corps décrive un plus grand Arc DQ dans le même tems, alors
la Force de la Gravité, nécessaire pour retenir le Corps
dans un Cercle, doit être augmentée en raison doublée;
parce que QT est à PR en raison doublée de DQ à DP.
Si la vitesse en D, par exemple, est plus grande que celle
en A, à proportion que SA est plus grande que SD,
alors QT sera à PR comme le quarré de SA est au
quarré de SD, & QT sera à LM comme le Cube de
SA est au Cube de SD; c'est-à-dire, la Force requise
pour retenir les Corps dans des Cercles doit-être réciproquement comme les Cubes des demi-diamétres,
lorsque les vitesses dans ces Cercles sont en raison in-

verfe de ces demi-diamétres eux-mêmes; & récipro-
ment fi les Gravités augmentent comme les Cubes des
diftances au Centre diminuent, les viteffes néceffaires
pour emporter les Corps dans des Cercles, à differentes
diftances du Centre d'Attraction, doivent augmenter
à proportion que les diftances diminuent.

4. En général, comme les Gravités des Corps qui
décrivent des Cercles autour du même Centre augmentent en raifon de l'accroiffement des Quarrés des
viteffes & de la diminution des diftances; il fuit réciproquement, qu'afin de comparer les viteffes de Projection qui font néceffaires pour emporter les Corps
dans des Cercles à ces differentes diftances, nous devons compofer enfemble la Proportion de ces Gravités
& celle de ces diftances; car cette raifon compofée
donnera celle des Quarrés des viteffes requifes. Ainfi
dans le Syftême Solaire, fi les diftances de deux Planetes font comme 1 à 4, les Gravités étant comme 16 à
1, ces Proportions compofées donnent celle de 16 à
4, ou de 4 à 1, qui eft celle des Quarrés des viteffes,
& par conféquent les viteffes elles mêmes font comme
2 à 1. De la même maniere nous pouvons déterminer
la Loi fuivant laquelle les viteffes néceffaires pour emporter les Corps dans des Cercles autour de S, varient
à des diftances quelconques, dans toute Loi de Gravité donnée.

5. Si un Corps eft projetté en A, (*Fig.* 64.) avec
une viteffe moindre que celle qui eft néceffaire pour l'y
emporter dans un Cercle, il doit tomber au dedans du
Cercle; la Force Centrifuge, produite par le Mouvement
de Rotation autour de S, eft moindre que celle qu'il
auroit dans le Cercle AL, à proportion que le Quarré
de fa viteffe eft moindre, & par conféquent elle eft
inférieure à fa Gravité dans la même Proportion : le
Corps donc par l'excès de fa Gravité fur fa Force Centrifuge

trifuge , eſt obligé de s'approcher du Centre. Le mouvement de ce Corps, tandis qu'il deſcend dans l'Orbite AMB, doit être accéléré , enſorte qu'il décrive
des Aires égales en tems égaux autour de S, & la viteſſe de ſon mouvement en M doit être plus grande
que ſa viteſſe en A, à proportion que SA eſt plus
grande que SP, perpendiculaire tirée de S ſur la Tangente à ſon Orbite en M; parce que ſi les Arcs AK,
MN, ſont décrits dans le même tems, les Eſpaces
triangulaires ASK, MSN étant égaux, les Baſes
AK, MN, doivent être réciproquement comme leurs
hauteurs SA, SP, & les viteſſes feront comme les
Arcs AK, MN, décrits dans le même-tems, & par
conſéquent réciproquement comme SA, SP. La viteſſe, donc, dans l'Orbite de A en M, augmente en
plus grande proportion que les diſtances SA, SM ne
diminuent, parce que SA eſt à SP, en plus grande
raiſon que SA eſt à SM: feulement ſi la direction du
Corps devient toujours de nouveau perpendiculaire au
Rayon tiré de S à un point quelconque, comme B,
alors SM & SP ſe confondront en ce Point, & la proportion des viteſſes ſera la même, que la raiſon réciproque des diſtances SA, SB.

6. Si un Corps eſt projetté en B dans une direction
perpendiculaire à SB, avec une viteſſe plus grande que
celle qui eſt néceſſaire pour l'emporter dans le Cercle
BGH autour du Centre d'Attraction, à la diſtance
SB, il doit être emporté hors de ce Cercle, & s'éloigner du Centre S. La Force Centrifuge, dans ce cas,
qui réſulte de ſon mouvement de Rotation, eſt plus
grande ·que celle qui feroit produite par ſon mouvement dans le Cercle BGH, & par conſéquent elle eſt
ſupérieure à ſa Gravité; donc par cet excès de ſa Force
Centrifuge, le Corps s'éloignera du Point S, Centre
d'Attraction. Le mouvement d'un Corps diminue à
meſure qu'il s'éleve , étant retardé par l'action de ſa

T t

Gravité, enforte que la viteffe eft toûjours moindre que celle qu'il avoit en B, à proportion que SB eft moindre que S*p*, perpendiculaire abbaiffée de S fur la direction de fon mouvement.

7. Une Planete defcend du Point A, qui eft appellé fon *Apfide* fupérieure, en B qui eft fon *Apfide* inférieure, & remonte de nouveau de B en A. Elle defcend de A, en s'approchant du Centre d'Attraction, parce que fa viteffe en A eft moindre que celle qui feroit capable de l'emporter dans un Cercle autour de S, à la diftance SA. Comme en defcendant elle fe trouve à de moindres diftances du Point S, fa viteffe dans fon Orbite augmente en plus grande raifon que ne croiffent les viteffes qui feroient fuffifantes pour emporter des Corps dans des Cercles à ces diftances: car la viteffe dans l'Orbite en B, eft plus grande que celle en A, à proportion que SA eft plus grande que SB ; au lieu que la viteffe dans un Cercle en B eft plus grande que la viteffe dans un Cercle en A à proportion que $\sqrt{}$ SA eft plus grande que $\sqrt{}$ SB. Si SA étoit à SB, comme 4 à 1, la premiere proportion feroit celle de 4 à 1, mais la feconde ne feroit que celle de 2 à 1. De-là il paroît combien la viteffe dans l'Orbite en B, excéde celle dans un Cercle à la même diftance, quoique la viteffe dans l'Orbite en A, fût inférieure à celle qui étoit capable d'emporter la Planete dans un Cercle à la diftance SA. Dans la partie fupérieure de l'Orbite, la viteffe du Corps eft moindre que celle qui l'y emporteroit dans un Cercle autour de S; mais la viteffe dans l'Orbite augmente en plus grande raifon, à mefure que le Corps approche du Centre d'Attraction, que les viteffes requifes pour emporter les Corps dans des Cercles, & ainfi elle devient la plus confiderable des deux dans la partie inférieure de l'Orbite. Elles l'emportent alternativement l'une fur l'autre, dans les deux Apfides : la viteffe dans le Cercle à l'Apfide fupérieure, &

la viteſſe dans l'Orbite à l'Apſide inférieure. Après que le Corps eſt emporté en B par ſa viteſſe qui excéde celle dans un Cercle, cette derniere prévaut enſuite, parce qu'elle ne diminue pas ſi rapidemment que la viteſſe dans l'Orbite, & le Corps eſt obligé de ſe mouvoir en montant dans une demi-Ellipſe égale & ſituée ſemblablement à celle qu'il a décrite dans ſa deſcente.

8. La Gravité véritablement eſt plus grande en B que la Gravité en A, à proportion que le Quarré de la diſtance eſt moindre. Mais la Force Centrifuge, produite par le mouvement Circulaire autour de S, augmente en plus grande proportion, ſçavoir, comme les Cubes des diſtances diminuent; car ces Forces Centrifuges ſont en raiſon directe des Quarrés des viteſſes, & en raiſon inverſe des diſtances, compoſées enſemble : la premiere de ces Proportions eſt la raiſon inverſe des Quarrés des diſtances, & les deux enſemble compoſent l'inverſe des Cubes des diſtances. Les Forces Centrifuges, donc, augmentent plus promptement que les Gravités ; & quoique les Gravités prévalent dans la partie ſupérieure de l'Orbite, les Forces Centrifuges l'emportent à leur tour dans la partie inférieure. La Gravité prévalant dans l'Apſide ſupérieure fait approcher le Corps du Point S, la Force Centrifuge l'emportant ſur elle dans l'Apſide inférieure fait éloigner le Corps du même point S; & par leurs actions, il fait continuellement ſa Révolution de l'une à l'autre de ſes Apſides.

9. Il eſt aiſé de voir, parce que nous avons dit, que le Corps peut deſcendre de l'Apſide ſupérieure à l'inférieure, & remonter de nouveau de celle-ci à la ſupérieure, lorſque les viteſſes néceſſaires pour emporter les Corps dans des Cercles autour du Centre d'Attraction augmentent, en approchant de ce Centre, dans une moindre proportion que n'augmente la viteſſe d'un

Tt ij

Corps qui se meut dans une Orbite AMB. Car quoique la vitesse dans un Cercle aux plus grandes distances excéde la vitesse dans l'Orbite, cette derniere, en augmentant plus promptement à mesure que la distance diminue, devient supérieure à l'autre dans la partie inférieure de l'Orbite, & emporte le Corps de nouveau. Mais si les vitesses par lesquelles des Cercles peuvent être décrits autour du Centre d'Attraction, augmentent, en approchant de ce Centre, en plus grande proportion ou dans la même raison que la vitesse dans l'Orbite, alors cette derniere ayant été supposée en A moindre que la premiere, elle doit toujours rester de même, & ne devenir jamais supérieure, en sorte qu'elle soit en état d'emporter le Corps; & par conséquent dans tous ces cas, il ne peut jamais s'éloigner du Centre après qu'il a une fois commencé de s'en approcher, mais il doit descendre à des distances moindres de plus en plus, jusqu'à ce qu'il tombe tout-à-fait au Centre. Il s'approche en A, parce que sa vitesse est moindre que celle qui est nécessaire pour l'emporter à ce Point dans un Cercle, sa vitesse augmente à la vérité, à mesure qu'il descend à de moindres distances, mais les vitesses qui emporteroient les Corps dans des Cercles à ces distances autour de S, augmentant dans une aussi grande proportion, la vitesse dans l'Orbite doit toujours continuer d'être moindre que dans ces Cercles, & le Corps doit s'approcher continuellement du Centre.

10. Pour fixer les limites de ces deux cas, nous devons considérer que les vitesses dans une Orbite en A & en B, sont en raison inverse des distances de ces Points au Centre de Gravitation; & que si la Gravité augmente comme les Cubes des distances diminuent, les vitesses nécessaires pour décrire les Cercles en A & en B sont dans la même raison inverse des distances de A & de B au Point S. Dans ce cas, donc, les vitesses dans les Cercles, & dans l'Orbite en A & en B, varient dans

la même proportion, & la même qui est supérieure à
une distance doit l'être aussi à l'autre; ensorte que,
par la même raison que le Corps étant en A s'appro-
choit du Point S, il s'en approcheroit étant situé en B,
& s'il s'en éloignoit à ce Point B, il devroit s'en éloigner au Point A; c'est-à-dire, s'il commence une fois
à s'approcher de S, il doit toujours continuer de le faire, & si au contraire il commence une fois à s'en éloigner, il doit sans cesse persister dans ce mouvement.
Cela suit aussi de ce que nous avons dit de la Force
Centrifuge, qui, dans la même Orbite, augmente
comme le Cube de la distance diminue, & par conséquent dans la même proportion dans laquelle la Gravité est supposée augmenter dans ce cas; ensorte que de
ces deux Puissances, celle qui est toujours supposée
supérieure dans une Apside quelconque, le sera de
même dans toute autre Apside, si on en pouvoit assi-
gner; & le Corps s'approchera ou s'éloignera continuellement du Centre.

11. Si la Gravité augmente dans une plus grande
proportion que ne diminuent les Cubes des distances
au Centre d'Attraction, alors les vitesses nécessaires
pour emporter les Corps dans des Cercles autour de
ce Centre augmenteront, en approchant de lui, en
plus grande raison que les distances ne diminuent;
c'est-à-dire, dans une plus grande proportion que n'augmente la vitesse dans une Orbite de A en B; ensorte
que comme la vitesse dans un Cercle excédoit la vitesse dans l'Orbite à ce même Point, elle doit l'excéder beaucoup plus en B; & par conséquent le Corps
assujetti à l'action d'une Gravité, qui varie de cette maniere, doit approcher du Centre jusqu'à ce qu'il y
tombe, si une fois il commence à s'en approcher
en A; & s'il commence une fois à s'en éloigner, il
doit le faire continuellement. Plus grand est l'exposant
de la Puissance de la distance à laquelle la Gravité est

réciproquement proportionnelle, moins le Corps employera de Révolutions pour defcendre au Centre, dans de pareilles circonftances. Si la Gravité eft réciproquement proportionnelle aux Cubes des diftances, le Corps defcendra après un nombre infini de Révolutions. Si la Gravité augmente comme la quatriéme Puiffance de la diftance diminue, & fi le Corps eft projetté en A avec une viteffe moindre que celle qui l'emporteroit dans un Cercle autour de S à proportion que $\sqrt{2}$ eft moindre que $\sqrt{3}$, le Corps décrira une certaine Epicycloïde autour de S, & tombera à ce Centre après la moitié d'une Révolution. Si la Gravité augmente comme la cinquiéme Puiffance de la diftance diminue, & que la viteffe de Projection foit à celle qui l'emporteroit dans un Cercle autour du Centre S, comme 1 à $\sqrt{2}$, il defcendra dans un demi-Cercle, décrit fur le Diametre SA, & tombera au Centre dans le quart d'une Révolution. Si la Gravité augmente comme la feptiéme Puiffance de la diftance diminue, & que ces viteffes foient comme 1 à $\sqrt{3}$, il tombera au Centre dans $\frac{1}{8}$ d'une Révolution. En général fi la Gravité augmente comme la Puiffance $n+3$ de la diftance diminue, & que la viteffe de Projection en A foit à la viteffe qui, à ce Point, emporteroit le Corps dans un Cercle autour de S, comme 1 à $\sqrt{1+\frac{n}{2}}$, il tombera au Centre à la $\frac{1}{2n}$ partie d'une Révolution. Si la Gravité augmente comme la $3\frac{1}{100}$ Puiffance de la diftance diminue, & que les viteffes foient comme 1 à $\sqrt{1+\frac{1}{200}}$, le Corps doit tomber au Centre après 50 Révolutions. Nous ne prétendons pas démontrer ici ces propofitions, car nous ne les avons rapportées que pour éclaircir cette Théorie (a).

* Voyez Traité des Fluxions. Art. 437.

12. Si la Gravité augmente dans une moindre proportion que ne diminuent les Cubes des diftances, les
viteffes néceffaires pour emporter les Corps dans des
Cercles autour du Centre S, augmenteront, en approchant de ce Point, dans une moindre proportion que la
fimple raifon dans laquelle les diftances diminuent,
& par conféquent, en une moindre proportion que
la viteffe dans l'Orbite de A en B; enforte que quoique la premiere foit fupérieure dans les plus grandes
diftances, la derniere peut l'être à fon tour aux moindres diftances, & par conféquent le Corps peut defcendre de l'Apfide fupérieure à l'inférieure, & remonter de celle-ci à la fupérieure alternativement. La Gravité peut l'emporter fur la Force Centrifuge dans les
parties les plus élevées de l'Orbite; mais, augmentant
plus lentement en defcendant aux moindres diftances
que la Force Centrifuge, elle en eft furmontée dans
les Parties inférieures de l'Orbite, & le Corps eft obligé de s'éloigner de nouveau à fa premiere diftance. Si
la Gravité augmente comme les Cubes des diftances
diminuent, le Corps n'arrivera jamais à l'Apfide inférieure B. Si la Gravité augmente comme les Quarrés
des diftances diminuent, le Corps defcendra dans une
demi-Ellipfe de l'Apfide fupérieure à l'inférieure, dans
la moitié d'une Révolution.

13. Si la Gravité augmente en raifon réciproque de
quelque Puiffance de la diftance entre le Quarré & le
Cube, le Corps employera plus de la moitié d'une
Révolution à defcendre de l'Apfide fupérieure à l'inférieure, & cela d'autant plus que l'augmentation
la Gravité approchera de la raifon réciproque des
Cubes des diftances; car la viteffe dans l'Orbite
trouvera plus de difficulté à l'emporter fur le mouvement qui feroit mouvoir le Corps dans un Cercle ou la Force Centrifuge trouvera plus de difficulté
à fe rendre fupérieure à la Gravité; mais fi la Gravité

augmente à proportion que quelque Puiſſance de la diſtance moindre que le Quarré diminue, les viteſſes dans les Cercles augmentant moins en approchant du Centre, la viteſſe dans l'Orbite l'emportera plus aiſément, & la Force Centrifuge excedera plutôt la Gravité; & par conſéquent, le Corps deſcendra à l'Apſide inférieure en moins d'une demie Révolution, & retournera à l'Apſide ſupérieure en moins d'une Révolution complete. D'où il paroît que comme les Apſides ſont fixes dans le cours régulier de la Gravité, c'eſt-à-dire, tandis qu'elle augmente comme les Quarrés des diſtances diminuent, elles doivent être emportées en avant dans la direction du mouvement du Corps, lorſque la Gravité varie dans une plus grande proportion que celle-là, & doivent être emportées en arriere avec un mouvement contraire, lorſque la Gravité varie moins qu'en cette raiſon. Comme un changement de la proportion des Quarrés à celle des Cubes donne un mouvement infini aux Apſides, enſorte que le Corps n'arrive jamais de nouveau à aucune d'elles; un très-petit changement dans le cours de la Gravité produira un mouvement ſenſible dans les Apſides, & le moindre changement du cours régulier de la Gravité doit devenir très-ſenſible dans un grand nombre de Révolutions, par le mouvement des Apſides. D'où nous apprenons que puiſque les Apſides des Planetes ont un ſi petit mouvement que quelques Aſtronomes le négligent entiérement, & doutent ſi en effet elles ont quelque mouvement réel, nous pouvons conclure que leur Gravité doit obſerver très-exactement, dans ſes variations, la Loi des Quarrés des diſtances.

14 M. Newton, pour réduire au calcul le mouvement des Apſides réſultant de la variation du cours régulier de la Gravité, ſuppoſe avec les Aſtronomes que le Corps ſe meut dans une Ellipſe emportée en même tems d'un mouvement régulier autour de S, qui

dans

dans une Révolution entiere donne le Mouvement des
Apſides. Dans une Ellipſe en repos (*Fig. 65.*) la Courbure en A & en B étant la même, on a trouvé ci-deſſus que les Forces Centripetes y ſuivoient la proportion inverſe des Quarrés des diſtances SA & SB. Suppoſons que le Corps ſe meuve dans l'Ellipſe *alb*, tandis que cette Ellipſe elle-même eſt emportée autour de
S avec un Mouvement régulier, enſorte que S*l* dans
l'Orbite mobile étant égale à SL dans l'Orbite fixe,
l'Angle AS*l* ſoit à ASL en une proportion conſtante &
invariable : ſuppoſons que ce ſoit celle de G à F ; alors
les augmentations de ces Angles, tandis que SL & S*l*
diminuent également, obſerveront la même proportion
conſtante, & les mouvemens angulaires autour de S
de deux Corps *l* & L, qui font leurs Révolutions en
même tems dans ces Orbites, ſeront dans la même
proportion, comme auſſi les Aires décrites par des
Rayons tirés de ces Corps au Point S : enſorte que ſi les
Corps ſont projettés enſemble en A avec des viteſſes
dans la même proportion, & aſſujettis à l'action des
Forces Centripetes néceſſaires, ils ſe mouvront dans
ces Orbites, s'approcheront également de S & arrive-
ront en *l* & L en même tems. Le mouvement par lequel ils s'approchent du Centre étant le même à diſtances égales de ce Point, & ce mouvement étant
cauſé par l'excès de leurs Gravités ſur les Forces Centrifuges réſultantes de leurs mouvemens circulaires autour de S, la Gravité excédera la Force Centrifuge dans
une Orbite de la même quantité que dans l'autre, &
par conſéquent la différence des Forces Centrifuges
doit être la même que celle de leurs Gravités : enſorte
que pour trouver la Gravité dans l'Orbite mobile, nous
devons ajouter à la Gravité dans l'Orbite fixe, à la même diſtance, l'excès de la Force Centrifuge dans l'Orbite mobile ſur la Force Centrifuge dans l'Orbite fixe
à la même diſtance. Ces Forces Centrifuges ſont entre-

elles en raison donnée, fçavoir, celle des Quarrés des mouvemens angulaires, ou en raison de G^2 à F^2, & leur différence doit être dans une proportion donnée à l'une ou à l'autre. Les mêmes Forces Centrifuges, à différentes diftances, font réciproquement comme les Cubes des diftances, ainfi que nous l'avons fait voir ci-deffus; & leurs différences doivent varier dans la même proportion: enforte que la différence des Gravités dans l'Ellipfe mobile & immobile, doit varier en raison réciproque des Cubes des diftances.

15. Si l'Ellipfe eft emportée autour de S d'un mouvement progreffif, c'eft-à-dire dans la direction du mouvement du Corps, le mouvement angulaire du Corps dans l'Orbite mobile eft plus grand que dans l'Orbite fixe, & la Force Centrifuge & par conféquent la Gravité eft plus grande; mais fi l'Ellipfe eft emportée autour de S d'un mouvement rétrograde, le mouvement angulaire dans l'Orbite fixe, & par conféquent la Gravité eft moindre. Dans le premier cas, la différence des Forces Centrifuges doit être ajoutée à la Gravité dans l'Orbite fixe, pour trouver la Gravité dans l'Orbite mobile à la même diftance de S. Dans le dernier, cas la différence des Forces Centrifuges doit être fouftraite de la Gravité dans l'Orbite fixe, pour trouver la Gravité dans l'Orbite mobile à la même diftance de S.

16. La Force dans l'Ellipfe fixe augmente comme le Quarré de la diftance diminue; ajoutez-y une Force qui augmente comme le Cube de la diftance diminue, & la fomme augmentera en plus grande proportion que celles des Quarrés des diftances, mais jamais en fi grande raifon que leurs Cubes. Un Corps donc qui fe meut dans une Ellipfe qui a elle-même un mouvement progreffif autour de S, doit éprouver l'action d'une Force qui varie fuivant quelque Puiffance de la diftance plus élévée que le Quarré mais moindre que le Cube. Plus ce Mouvement de l'Ellipfe eft grand, plus

grand eſt l'excès de la Force Centrifuge dans l'Ellipſe
mobile ſur celle dans l'Ellipſe fixe à la même diſtance de S; & plus grande eſt la quantité qui varie comme le Cube de la diſtance dans la Force compoſée reſpeƈtivement à celle qui y varie ſeulement comme le
Quarré de la diſtance; enfin plus la proportion de la Force compoſée varie de la raiſon des Quarrés vers celle
des Cubes des diſtances. Dans cette Ellipſe mobile, la
Gravité qui eſt comme la Force compoſée ne peut être
regardée comme variant dans la proportion de quelque Puiſſance de la diſtance exaƈtement; mais ſi l'Ellipſe eſt fort approchante d'un Cercle, on trouvera que
la proportion de la Force compoſée varie à très-peu de
choſe près comme une certaine Puiſſance de la diſtance; & le mouvement de l'Ellipſe peut être tel que le
compoſé de ces Forces varie en une raiſon très-appro-
chante de quelque Puiſſance de la diſtance aſſignable
entre les Quarrés & les Cubes.

17. Si d'une Force qui augmente comme le Quarré
de la diſtance diminue, on ſouſtrait une Force qui augmente en plus grande proportion, ſçavoir, comme le
Cube de la diſtance diminue, le reſte doit augmenter
dans une moindre proportion que celle dans laquelle
le Quarré de la diſtance diminue. Un Corps, donc,
qui ſe meut dans une Ellipſe qui fait elle-même ſa Révolution en même tems avec un mouvement rétrograde autour de S, doit éprouver l'action d'une Gravité qui varie dans une moindre proportion que le Quarré de la diſtance; & cette Gravité variera dans une
proportion d'autant moindre que le mouvement de
l'Ellipſe ſera plus grand, enforte que ſi le Mouvement
de l'Ellipſe eſt ſuffiſamment grand, la Gravité pourra
décroître au lieu d'augmenter en raiſon de la diminution de la diſtance. En ſuppoſant l'Orbite approchante
d'un Cercle, le mouvement de l'Ellipſe peut-être tel
que la Force reſtante varie ſuivant quelque proportion

DÉCOUVERTES PHILOSOPHIQUES
qui foit moindre que celle des Quarrés des diſtances.

18. Notre Auteur a déduit de là la maniere de juger du Mouvement des Apſides, quelque Loi que ſuive l'action de la Gravité : car en ſuppoſant que cette Puiſſance dans l'Ellipſe mobile, lorſqu'elle eſt approchante d'un Cercle, calculée par les Principes expoſés ci-deſſus, varie ſuivant une Loi donnée quelconque, il détermine quel doit être le mouvement de l'Ellipſe ou des Apſides en conſéquence de cette ſuppoſition ; ou le Mouvement de l'Ellipſe étant donné, il détermine quelle eſt la Puiſſance de la diſtance ſuivant laquelle la Gravité varie à peu de choſe près, lorſque l'Ellipſe fait ſa Révolution avec ce mouvement donné *.

19. Nous avons parlé autant qu'il convenoit à notre deſſein des mouvemens produits par la Gravité dans des Révolutions régulieres d'un Apſide à l'autre, où la diſtance au Centre de Gravitation varie à la vérité, mais de ſorte que cette variation eſt renfermée dans de certaines limites entre leſquelles le Corps fait conſtamment ſa Révolution : & nous avons fait voir que le mouvement de ce Corps peut être tel, ſi la Gravité diminue dans une moindre proportion que n'augmentent les Cubes des diſtances au Centre. Mais le mouvement du Corps n'eſt pas toujours de cette nature ; car, dans quelques cas, ſi la viteſſe de projection en B eſt ſuffiſamment grande, il s'éloignera continuellement du Centre de Gravitation, & n'arrivera jamais à l'Apſide ſupérieure A. Nous avons déja démontré que ſi la Gravité diminue comme les Cubes, ou quelques Puiſſances plus élevées de la diſtance augmentent, & que la viteſſe en B excéde, tant ſoit peu, celle qui y emporteroit le Corps dans un Cercle autour du Centre de Gravitation, il s'éloignera continuellement de S. Si la

* Voyez Princip. Lib. I. Sect. 9.

Gravité diminue dans une moindre proportion que les
Cubes des distances n'augmentent , il peut être projetté en B avec un mouvement qui l'éloignera encore
continuellement du Centre, pourvû que la Gravité diminue dans une proportion plus grande que celle dans
laquelle les distances augmentent : car la limite est alors
la raison simple inverse des distances. Si la Gravité varie davantage , le Corps peut être continuellement éloigné du Centre par un mouvement fini de Projection ;
mais si la Gravité varie dans cette proportion ou dans
quelqu'autre moindre , alors aucune Force finie ne sera capable de faire mouvoir le Corps , desorte qu'il
s'éloigne continuellement du Centre S; mais dans ces cas
il fera toujours sa Révolution entre les deux Apsides.

20. Pour se convaincre de ce que nous venons de
dire , on peut d'abord supposer un Corps projetté perpendiculairement à l'Horison , assujetti à l'action d'une
Gravité qui diminue dans une plus grande proportion
que n'augmentent les distances ; & si la Force de Projection est suffisamment grande , il s'élévera pendant
toute l'éternité avec un mouvement continuellement
retardé par l'action de sa Gravité; mais cette Force ne
sera jamais entierement détruite par ces actions , parce qu'elles diminuent de telle maniere que la somme
d'un nombre infini de pareilles actions équivaut à une
quantité finie.

21. La même Loi de Gravité est la limite entre les
cas d'ascensions infinies dans des mouvemens Curvilignes & Rectilignes ; car notre Auteur a démontré que
si un Corps se meut dans une Courbe, & qu'un autre
monte ou descende dans une ligne droite, assujetti à l'action de la même Gravité; ensorte que leurs vitesses soient
égales à quelques hauteurs égales , elles seront aussi égales à toutes autres hauteurs égales *. Et puisque la Gravité

* Supposons que les vitesses des   égales en L & P , à distances égales
Corps L & P (*Fig.* 66.) soient   SL, SP ; & qu'ils parcourent des

du Corps projetté en haut dans une ligne verticale, avec une certaine Force aſſignable, n'eſt pas capable de le faire retourner en arriere, elle ne pourroit pas plus produire cet effet s'il étoit projetté avec la même Force obliquement en haut, enſorte qu'il décrivit une Courbe; car la Force Centrifuge réſultante du mouvement de Rotation autour de S, diminue l'effet de la Gravité, & le rend moins capable de détruire le mouvement d'Aſcenſion, dans ce cas, que dans celui d'une élévation perpendiculaire. Par conſéquent ſi la Gravité varie en raiſon réciproque de quelque Puiſſance de la diſtance plus élevée que l'unité, le Corps peut décrire une Orbite qui s'étende à l'infini, s'il eſt jetté avec une certaine Force.

22. Si cette Force eſt la même qu'il auroit acquiſe en tombant d'une hauteur infinie, il s'échappe dans une Courbe parabolique; mais s'il eſt jetté avec une plus grande Force que celle qu'il auroit acquiſe même par une deſcente infinie, la Courbe ſera de nature hyperbolique. S'il eſt projetté avec la même viteſſe qu'il auroit acquiſe en tombant d'une hauteur infinie (ſuppo-

ligues très-petites L*l*, P*p*, enſorte que S*p* étant égale à S*l*, & *p*N*l* un Arc circulaire décrit du Centre S rencontrant SL en N, LN doit être égale à P*p*. La Gravité de L vers S peut être réſolue en deux Forces dont l'une, repréſentée par LR, agit dans la direction de la Tangente LR, l'autre dans une direction RS perpendiculaire à la Tangente ou à la direction du mouvement du Corps. La derniere n'a aucun effet pour accélérer ſon mouvement, lui étant perpendiculaire, & la premiere eſt à la Gravité, comme LR eſt à SL ou comme LN eſt à L*l*. Le mouvement du Corps P eſt accéléré par toute ſa Gravité, enſorte que les Forces qui accélerent les Corps L & P ſont l'une à l'autre comme LN (ou P*p*) à L*l*; mais les viteſſes en L & en P ayant été égales, les tems dans leſquels L*l* & P*p* ſont parcourues ſont en raiſon des Eſpaces L*l* & P*p*; enſorte que quoique le Corps L ſoit accéléré par une Force moindre en deſcendant en *l*, le tems de ſon accélération eſt plus grand dans la même proportion; d'où il paroît que leurs accélérations ſont égales en parcourant ces Eſpaces, & leurs viteſſes par conſéquent égales en *l* & en *p*. Les viteſſes donc de ces Corps doivent être égales à toutes hauteurs égales. Voyez *Princip. Math. Lib. 1. Prop.* 40.

fant différentes Loix de Gravité, mais d'autres circonftances femblables,) il s'éloignera à l'infini après
une partie plus ou moins grande d'une Révolution, ou
après un nombre plus grand ou plus petit de Révolutions,
fuivant que la Puiffance de la diftance, qui eft réciproquement proportionnelle à la Gravité, fera plus ou moins
grande. La limite eft, en ce cas, le quart d'une Révolution depuis l'Apfide, ou le lieu où la direction du
mouvement du Corps eft perpendiculaire à la ligne tirée
au Centre; car il doit toujours employer plus de tems
que cela pour s'éloigner depuis l'Apfide à l'infini. Si
la Gravité obferve la proportion fefquialtere réciproque
de la diftance, alors le Corps s'en ira dans le $\frac{1}{3}$ d'une
Révolution. Si elle obferve la raifon doublée réciproque, il s'éloignera continuellement dans la moitié d'une
Révolution, en décrivant une Parabole : fi elle obferve
la Puiffance $\frac{5}{2}$ réciproque de la diftance, il s'en ira dans
une Révolution complette; mais fi la Gravité obferve la
proportion triplée réciproque de la diftance, & que
le Corps foit projetté obliquement au Rayon, il s'en
ira dans un nombre infini de Révolutions *.

23. Si la Gravité diminue dans une moindre proportion que la fimple raifon réciproque des diftances, &
qu'un Corps foit projetté de l'Apfide avec une Force
finie quelle qu'elle foit, il ne pourra s'élever continuel-

---

* En général fi la Gravité varie
comme la puiffance m de la diftance réciproquement, & que le
Corps foit projetté obliquement
en haut avec une Force qui foit à
celle qui l'emporteroit dans un Cer-
cle comme 1 à $\sqrt{\frac{m-1}{2}}$, il s'éloignera continuellement du Centre, &
s'en ira dans la $\frac{1}{6-2m}$ partie d'une

Révolution, ou dans la $\frac{1}{3}$ n partie
de la Révolution : fuppofant que $\frac{1}{n}$
foit l'excès de 3 fur le nombre m.
Si la Gravité fuit la proportion réciproque de la $2\frac{99}{100}$ Puiffance de la
diftance, le Corps s'en ira en 50
Révolutions. Voyez les *Fluxions*
Article 416. & *fuiv.*

lement; mais il aura la même viteffe à une diftance quelconque qu'il auroit eu à la même diftance , fuppofant qu'il eut été jetté au Point A directement en haut avec la même Force de Projection : & puifque toute Force finie auroit été détruite dans la perpendiculaire, fi le Corps fe meut dans une Courbe il doit revenir de nouveau, & après avoir paffé par l'Apfide fupérieure defcendre à l'inférieure , quoique cette Apfide ne foit pas dans le même lieu qu'auparavant. Si la Gravité augmente comme la diftance , à plus forte raifon le Corps ne pourra jamais s'élever à une diftance infinie. Ces Obfervations font voir les limites des diverfes fortes de mouvemens qui peuvent réfulter de différentes Loix de Gravité.

CHAPITRE

CHAPITRE IV.
Du Mouvement de la Lune.

1. NOus avons expliqué les mouvemens des Corps dans le Syftême Solaire par la Gravité, & nous y avons remarqué quelques inégalités ou quelques erreurs qui réfultent du même Principe; mais les diverfes irrégularités qu'elle produit dans le mouvement de la Lune méritent particulierement d'être confidérées; parce que c'eft la Planete la plus près de nous, & qu'on pourroit retirer de grands avantages de fes mouvemens, s'ils étoient réduits à un calcul exact. Ceux qui ont autrefois bâti des Syftêmes ont trouvé de grandes difficultés à concilier leurs Principes avec les Phénomenes : notre Auteur anticipe les Obfervations, & plus notre connoiffance des mouvemens qui s'exécutent dans le Syftême du Monde fe perfectionnera, plus cette Philofophie fera eftimée. La Pofterité en verra l'excellence bien mieux que nous, lorfque les Mouvemens céleftes feront déterminés plus exactement par une fuite d'Obfervations faites avec foin, pendant un long efpace de tems.

2. Pour donner les Principes des Calculs du Chevalier Newton fur une Matiere fujette à tant de difficultés, auffi clairement qu'il eft poffible, nous devons faire attention à ce qui a déja été obfervé; que fi le Soleil agiffoit également fur la Terre & fur la Lune & toujours en lignes paralleles, cette action ferviroit feulement à produire leurs mouvemens annuels autour du Soleil, & n'auroit aucun effet fur leurs actions mutuelles, ou leurs mouvemens autour de leur Centre commun de Gravité. Dans ce cas, s'il leur étoit libre à l'une & à l'autre de tomber directement vers le Soleil, elles tomberoient

X x

également, & leurs situations respectives ne seroient
point affectées par leur descente égale vers ce Globe.
Nous pourrions alors les concevoir comme dans un
plan, sur chaque partie duquel le Soleil agissant également, tout le plan descendroit vers lui, mais les mou-
mens respectifs de la Terre & de la Lune seroient les
mêmes dans ce plan que s'il étoit en repos. Supposant
alors que ce même plan eut le Mouvement annuel imprimé sur lui, il se mouvroit régulierement autour du
Soleil, tandis que la Terre & la Lune se mouvroient
dans ce plan, l'une respectivement à l'autre, comme s'il
étoit en repos sans aucunes irrégularités. Mais parce
que la Lune est plus près du Soleil que la Terre, dans
la moitié de son Orbite, & que dans l'autre moitié elle en est à une plus grande distance, tandis que la
Puissance de la Gravité est toujours plus grande à une
moindre distance; il suit que dans une moitié de son
Orbite la Lune est plus attirée que la Terre vers le Soleil, & que dans l'autre moitié elle est moins attirée que
ce Globe; d'où il résulte nécessairement des irrégularités
dans les Mouvemens de la Lune, l'excès d'Attraction
dans le premier cas, & le défaut dans le second, deve-
nant une Force qui trouble son mouvement: ajoûtez
à cela que l'action du Soleil sur la Terre & sur la Lune
n'est pas dirigée en lignes parallèles, mais suivant des
lignes qui se rencontrent au Centre du Soleil.

3. Pour connoître les effets de ces Puissances, supposons que les mouvemens Projectiles de la Terre &
de la Lune soient détruits, & qu'il leur soit permis de
descendre librement vers le Soleil. Si la Lune étoit en
conjonction avec le Soleil, ou dans cette partie de son
Orbite qui est la plus près de lui, la Lune seroit plus
attirée que la Terre, & tomberoit avec une plus grande
vitesse vers le Soleil; ensorte que la distance de la Lune à la Terre seroit augmentée dans la chûte. Si la Lune étoit en opposition, ou dans la partie de son Orbite

qui eft la plus éloignée du Soleil, elle feroit moins attirée que la Terre par ce Globe, & tomberoit vers lui
avec moins de viteffe que la Terre, qui la laifferoit en
arriere : enforte que la diftance de la Lune à la Terre
feroit auffi augmentée, dans ce cas. Si la Lune étoit dans
les quadratures, alors la Terre & la Lune étant l'une
& l'autre attirées vers le Centre du Soleil, elles defcendroient toutes deux directement vers ce Centre, & en
approchant de ce point elles s'approcheroient néceffairement en même tems l'une de l'autre, & leur diftance entre-elles feroit diminuée. Maintenant toutes les fois
que l'action du Soleil augmenteroit leur diftance, s'il leur
étoit permis de tomber vers lui, nous pouvons être affurés
qu'en s'efforçant de les féparer, elle diminue leur Gravité
l'une vers l'autre : toutes les fois que cette action du
Soleil diminueroit leur diftance, alors en s'efforçant
de les faire approcher l'une de l'autre, elle augmente leur Gravité refpective : c'eft-à-dire dans la conjonction & l'oppofition, leur Gravité l'une vers l'autre eft
diminuée par l'action du Soleil ; mais dans les quadratures elle eft augmentée par cette même action du Soleil. Afin de prévenir les erreurs à ce fujet, on doit fe
reffouvenir que ce n'eft pas l'action totale du Soleil fur
ces Corps qui trouble leurs mouvemens, c'eft feulement cette partie de fon action par laquelle il tend, dans
le premier cas, à les féparer à une plus grande diftance
l'un de l'autre, & cette partie de fon action par laquelle il tend à les approcher l'un de l'autre, dans le fecond
cas, qui ont quelque effet fur leurs mouvemens refpectifs. L'autre partie qui eft beaucoup plus confidérable
n'a d'autre effet que de les retenir dans la Révolution
annuelle qu'ils font enfemble autour du Soleil.

4. En confidérant donc les effets de l'action du Soleil fur les mouvemens relatifs de la Terre & de la
Lune, il faut feulement faire attention à l'excès de
fon action fur la Lune au-deffus de fon action fur la

Terre, dans leur conjonction ; & on doit alors considérer cet excès comme tirant la Lune vers le Soleil en la séparant de la Terre. Dans l'opposition, on doit seulement avoir égard à l'excès de l'action du Soleil sur la Terre au-dessus de son action sur la Lune, & considérer cet excès comme séparant la Lune de la Terre, en ce cas, dans une direction opposée à la premiere, c'est-à-dire vers le lieu opposé à celui où est le Soleil ; parce que nous regardons la Terre comme en repos, & nous rapportons le mouvement, & toutes ses irrégularités, à la Lune. Dans les quadratures, nous considérons l'action du Soleil comme ajoutant quelque chose à la Gravité de la Lune vers la Terre.

5. Supposons que la Lune sorte de la quadrature qui précede la conjonction, avec une vitesse qui lui feroit parcourir un Cerele exact autour de la Terre, si l'action du Soleil n'avoit aucun effet sur elle ; & parce que la Gravité est augmentée par cette action, elle doit descendre vers la Terre, & se mouvoir à l'intérieur de ce Cercle : son Orbite alors fera plus courbe qu'elle n'eut été sans cela ; parce que cette addition à sa Gravité la fera plus écarter, à l'extrêmité d'un Arc, de la Tangente tirée à l'autre extrêmité. Son mouvement sera par là accéléré, & continuera de l'être jusqu'à ce qu'elle arrive à la conjonction prochaine ; parce que la direction de l'action du Soleil sur elle, durant ce tems, fait un Angle aigu avec celle de son mouvement. A la conjonction, sa Gravité vers la Terre étant diminuée par l'action du Soleil, son Orbite y sera moins courbe pour cette raison ; & la Lune sera emportée plus loin de la Terre, tandis qu'elle s'avancera à la prochaine quadrature ; & parce que l'action du Soleil fait alors un Angle obtus avec la direction de son mouvement, il sera retardé par les mêmes dégrés qu'il étoit accéléré auparavant.

6. Ainfi la Lune defcendra un peu vers la Terre, en avançant de la premiere quadrature vers la conjonc- tion , & s'en éloignera depuis la conjonction jufqu'à la quadrature fuivante. L'action qui trouble fon mouve- ment aura fur elle un effet femblable & prefque égal , lorfqu'elle parcourra l'autre moitié de fon Orbite , je veux dire celle qui eft la plus éloignée du Soleil : elle s'avancera de la quadrature qui fuit la conjonction avec un mouvement accéléré à l'oppofition , s'approchant un peu de la Terre , à caufe de l'addition faite alors à fa Gravité par l'action du Soleil , & elle s'en éloignera de nouveau , en revenant de l'oppofition à la quadrature dont nous l'avons fuppofée partir. Les Aires décrites en tems égaux , par un Rayon tiré de la Lune à la Ter- re , ne feront pas égales , mais elles feront accélérées par l'action du Soleil , tandis que la Lune fe meut vers la conjonction ou l'oppofition des quadratures qui les pré- cédent ; & elles feront retardées par la même action , lorfqu'elle s'avance de la conjonction ou de l'oppofition aux quadratures qui les fuivent.

7. Notre Auteur a calculé les quantités de ces irré- gularités par leurs caufes. Il trouve que la Force ajou- tée à la Gravité de la Lune dans fes quadratures eft à la Gravité avec laquelle elle feroit fa Révolution dans un Cercle autour de la Terre , à fa diftance moyenne actuelle , fi le Soleil n'avoit point d'effet fur elle , com- me 1 à $178\frac{29}{40}$. Il trouve que la Force fouftraite de fa Gravité, dans les conjonctions & oppofitions, eft double de cette quantité , & que l'Aire , décrite en un tems donné dans les quadratures , eft à l'Aire décrite dans le même tems dans les conjonctions & oppofitions , com- me 10973 à 11073. Il réfulte de fes Calculs que dans une telle Orbite , fa diftance à la Terre dans fes qua- dratures feroit à fa diftance dans les conjonctions & op- pofitions , comme 70 à 69.

8. La Lune ne fe meut pas dans le même plan au-

tour de la Terre dans lequel la Terre se meut autour du Soleil, mais dans un plan qui est incliné à ce dernier d'un Angle d'environ 5 degrés : ce qui fait que le Centre de la Lune nous paroît décrire un Cercle different de l'Ecliptique, qui est le Cercle que le Centre du Soleil semble parcourir dans les Cieux. Ces Cercles se coupent l'un l'autre en deux points opposés, qui sont appellés par les Astronomes les Nœuds de la Lune; à la plus grande distance des Nœuds, ces mêmes Cercles sont séparés l'un de l'autre d'environ cinq degrés. Les Eclipses de Soleil & de Lune dépendent des distances de ces Globes à ces nœuds, au tems de la nouvelle & pleine Lune; car si le changement de Lune arrive lorsqu'elle est près de l'un des Nœuds elle éclipse le Soleil; & si la Lune est pleine dans le tems où elle est près de l'un de ces Nœuds, elle se trouvera dans l'ombre de la Terre & y sera éclipsée. Les Astronomes ont été de tous tems très-attentifs à la situation des Nœuds, afin de calculer ces Eclipses; Phénomene qu'ils ont toujours observé avec le plus grand soin. Les Nœuds ne sont pas fixes dans la même partie des Cieux, mais on trouve qu'ils parcourent tous les Signes de l'Ecliptique, d'un mouvement rétrograde, dans l'espace d'environ dix-huit ou dix-neuf ans.

9. Le Chevalier Newton a non seulement fait voir que ce mouvement vient de l'action du Soleil, mais il a calculé, avec une merveilleuse habileté, tous les élemens & toutes les variétés de ce mouvement par sa cause. On appelle les Nœuds de la Lune ces Points où son Orbite coupe le plan dans lequel la Terre fait sa Révolution autour du Soleil, & la ligne qui joint ces Points est appellée la Ligne des Nœuds. On dit que le mouvement des Nœuds est direct lorsqu'ils s'avancent dans la même direction que la Lune se meut dans son Orbite, à sçavoir, d'Occident en Orient suivant l'ordre des Signes, le Belier, le Taureau, &c. dans l'Ecliptique; & on dit que leur Mouvement est rétrograde lors-

qu'ils fe meuvent d'un mouvement contraire à celui de
la Lune , ou d'Orient en Occident contre l'ordre des
Signes. On conçoit que le Plan du mouvement de la
Lune paffe toujours par le Centre de la Terre & celui
de la Lune , & que c'eft un plan dans lequel fe trouvent la Ligne droite qui joint leurs Centres , & celle qui eft la direction du mouvement de la Lune , ou la
Tangente à fon Orbite. Il eft certain que fi le Soleil
agiffoit toujours également fur la Terre & fur la Lune, elles defcendroient également vers lui ; le plan déterminé toujours par ces deux lignes defcendroit avec elles ,
étant continuellement parallele à lui-même , enforte
que la Lune nous paroîtroit faire conftamment fa Révolution dans le même plan refpectivement à la Terre ; mais les inégalités dans l'action du Soleil, expofées
ci-deffus , emporteront la Lune hors de ce plan, du côté où eft le Soleil , dans la moitié de fon Orbite qui eft
la plus près de ce Globe , & vers l'autre côté dans la
moitié de fon Orbite la plus éloignée du Soleil.

10. Delà nous avons cette Regle générale pour juger
de l'effet du Soleil fur les Nœuds ; que tandis que la Lune eft dans la moitié de fon Orbite qui eft la plus près
du Soleil , le Nœud duquel elle s'approche fe meut
vers la conjonction avec le Soleil ; & tandis que la Lune eft dans l'autre moitié de fon Orbite la plus éloignée
du Soleil, le Nœud vers lequel elle s'avance a fon mouvement du côté de l'oppofition : mais lorfque les Nœuds
font en conjonction avec le Soleil , fon action n'a point
d'effet fur eux. Dans le premier cas, la Lune eft emportée dans une direction qui eft du même côté , que le
Soleil , de celle qu'elle fuivroit d'elle-même : & l'interfection d'un plan paffant par cette direction , & par le
Centre de la Terre, coupera l'Ecliptique du côté vers lequel la Lune fe meut , dans un Point plus près de la
conjonction que s'il n'y avoit point d'action du Soleil
qui troublât fon mouvement, Dans l'autre cas , l'action

du Soleil a une direction contraire, & ; par la même
raifon, fait mouvoir le Nœud fuivant vers l'oppofition.
Lorfque la Ligne des Nœuds prolongée paffe par le Soleil, alors ce Globe étant dans le plan du mouvement
de la Lune, n'a point d'effet pour l'emporter d'aucun
côté ; & par conféquent, dans ce cas, les Nœuds n'ont
point de mouvement du tout.

11. Par cette regle générale, il paroît que fi on fuppofe les nœuds dans les quadratures A & C (*Fig.* 67.)
après que la Lune eft fortie du nœud A, c'eft-à-dire, dans
la quadrature qui précéde la conjonction B, le Nœud
fuivant C fe meut vers la conjonction B, & par conféquent eft rétrograde ; parce qu'il fe meut dans une
direction oppofée à celle du mouvement de la Lune :
& dans toute cette Révolution de la Lune, les Nœuds
font manifeftement rétrogrades ; car après que la Lune
a paffé la quadrature C qui fuit la conjonction, alors
le Nœud fuivant A fe meut vers l'oppofition D, enforte que, dans cette moitié de fon Orbite, les Nœuds font
auffi rétrogrades.

12. Suppofons les Nœuds dans la fituation N*n*, en
forte que l'un d'eux foit entre la quadrature A & la conjonction fuivante B, tandis que l'autre Nœud *n* tombe
fur le point oppofé de l'Orbe de la Lune, entre la quadrature fuivante C & l'oppofition D. Dans ce cas, tandis que la Lune avance de A en N, le Nœud N fe meut
vers la conjonction B (par le Principe général au §. 10)
& par conféquent fon mouvement eft direct. Lorfque
la Lune s'avance de N en C, le Nœud fuivant *n* fe meut
vers la conjonction B, & par conféquent eft rétrograde ; & parce que l'Arc NC excéde AN, le mouvement rétrograde excéde le mouvement direct. Tandis
que la Lune fe meut de C en *n*, le Nœud fuivant *n*
fe meut vers l'oppofition D & fon mouvement eft alors
direct : mais tandis que la Lune fe meut de *n* en A, le
Nœud fuivant N fe meut vers l'oppofition D, & alors le
mouvement

le mouvement des Nœuds étant contraire au mouvement de la Lune , il eft rétrograde ; & parce que l'Arc
*n*A excéde *n*C , il eft évident que le mouvement eft plus
rétrograde que direct.

13. Lorfque (*Fig.* 68.) un Nœud eft entre la conjonction B & la quadrature fuivante C , tandis que la Lune
avance de A en N , le Nœud fuivant N fe meut vers la
conjonction B , & par conféquent eft rétrograde : tandis que la Lune fe meut de N en C , le Nœud fuivant *n*
fe meut vers la conjonction , & eft direct ; mais comme
l'Arc AN excéde NC , le mouvement rétrograde des
Nœuds doit excéder le mouvement direct. Tandis que
la Lune fe meut de C en *n*, le mouvement du Nœud
fuivant eft vers l'oppofition D & par conféquent eft rétrograde. Pendant que la Lune fe meut de *n* en A le
Nœud fuivant N fe meut vers l'oppofition D & par conféquent eft direct ; mais comme l'Arc C*n* excéde A*n* ,
il fuit que le mouvement rétrograde excéde le mouvement direct.

Il paroît donc que dans chaque Révolution de la
Lune , le mouvement rétrograde des Nœuds excéde le
mouvement direct , excepté feulement lorfque la ligne
des Nœuds paffe par le Soleil , dans lequel cas ils n'ont
aucun mouvement. Nous voyons donc comment
la Gravité fait rétrograder chaque année les Nœuds
de la Lune. Notre Auteur a déterminé la quantité *
de ce mouvement rétrograde à chaque Révolution
de la Lune , & dans chaque année ; & on ne peut voir
fans une grande fatisfaction avec combien d'exactitude
la Théorie de ces mouvemens déduits de leurs caufes,
répond aux Obfervations des Aftronomes. Il trouve par
la Théorie de la Gravité , que les Nœuds doivent fe mouvoir en arriere d'environ 19° 18′ 1″ dans l'efpace d'une
année , & les Tables Aftronomiques font ce mouve-
de 19° 21′ 21″ , dont la différence n'eft pas $\frac{1}{300}$ du

* *Princip. Lib. III. Prop.* 32.

mouvement total des Nœuds dans une année ; par un calcul plus exact de ce mouvement déduit de sa cause, la Théorie & l'Observation s'accordent à peu de secondes près.

14. L'inclinaison de l'Orbite de la Lune à l'Écliptique est aussi sujette à plusieurs variations. Lorsque les Nœuds sont dans les quadratures A & C, tandis que la Lune se meut de la quadrature A à la conjonction B, l'action du Soleil diminue l'inclinaison du plan de son Orbite ; l'inclinaison de ce plan est la moindre de toutes, lorsque la Lune est dans la conjonction B : elle augmente de nouveau à mesure que la Lune se meut de la conjonction B à la quadrature suivante en C, & elle s'y rétablit à peu près à sa première quantité. Lorsque les Nœuds de la Lune sont en B & D, ensorte que la Ligne des Nœuds passe par le Soleil, l'inclinaison de l'Orbite de la Lune n'est pas affectée par l'action du Soleil ; parce que dans ce cas le plan de son Orbite prolongé passe par le Soleil, & par conséquent l'action du Soleil ne peut avoir d'effet pour emporter la Lune hors de ce plan d'aucun côté. C'est dans ce dernier cas que l'inclinaison de l'Orbite de la Lune est la plus grande ; elle diminue à mesure que les Nœuds se meuvent vers les quadratures, & elle est la moindre lorsqu'ils se trouvent dans ces quadratures, & que la Lune est en conjonction ou en opposition. Notre Auteur calcule ces irrégularités par leurs causes, & ses conclusions conviennent parfaitement avec les Observations des Astronomes *.

---

* Pour rendre encore plus claire l'explication précédente du Mouvement de la Lune, nous avons ajouté la *Fig. 69* (*Pl.* VI.) dans laquelle, le Plan de la Figure représentant celui de l'Ecliptique, S est le Soleil, T le Centre de la Terre, L la Lune dans son Orbite DN*dn*;

N*n* est la Ligne des Nœuds passant entre la quadrature Q & le lieu de la Lune L, dans son premier quartier. Maintenant que LP, partie quelconque de LS, représente l'excès de l'action du Soleil en L, sur son action en T, & LP étant résolue en ces deux Forces LR, perpendiculai-

15. L'action du Soleil diminue la Gravité de la Lune, vers la Terre, dans les conjonctions & oppositions, plus qu'elle n'y ajoute dans les quadratures; & en diminuant la Force qui retient la Lune dans son Orbite, elle augmente sa distance à la Terre, & son tems périodique : & parce que la Terre & la Lune sont plus près du Soleil dans leur Périhélie que dans leur Aphélie, & que le Soleil y agit avec une plus grande Force, ensorte qu'il diminue davantage de la Gravité de la Lune vers la Terre; il suit que la Lune doit faire sa Révolution à une plus grande distance, & employer un tems plus long à la finir dans le Périhélie de la Terre, que dans l'Aphélie; & cela est aussi conforme aux Observations.

16. Il y a une autre irrégularité remarquable dans le mouvement de la Lune, qui résulte aussi de l'action du Soleil : à sçavoir, le mouvement progressif des Apsides. La Lune décrit autour du Centre de la Terre une Ellipse qui a un de ses foyers à ce Centre. Sa plus grande & sa moindre distances de la Terre sont dans les Apsides, ou extrémités du plus long Axe de l'Ellipse. Cet Axe ne se trouve pas toujours répondre au même lieu dans les Cieux; mais on observe qu'il se meut d'un mouvement progressif en avant, ensorte qu'il finit une Révolution autour du Centre de la Terre, dans l'Espace d'environ neuf ans.

Pour entendre la raison de ce mouvement des Ap-

re au Plan de l'Orbite de la Lune, & PR parallele à ce Plan, il n'y a que la première qui ait quelqu'effet pour changer la position de l'Orbite, & elle y est totalement employée. Elle produit un effet double ; 1. Elle diminue son inclinaison par un mouvement que nous pouvons concevoir comme exécuté autour du Diametre D*d*, auquel LT est perpendiculaire. 2. Etant combinée avec le mouvement de la Lune suivant la Tangente en L, elle lui donne une direction intermédiaire L*t* ; si par cette direction & le Centre de la Terre on vient à tirer un Plan, il rencontrera l'Ecliptique plus près de la conjonction C qu'auparavant; on explique les autres cas de la même maniere.

sides, nous devons nous ressouvenir de ce qui a été démontré ci-dessus, que si la Gravité d'un Corps diminuoit moins, à mesure que la distance augmente, que suivant le cours régulier de la Gravité, le Corps descendroit de l'Apside supérieure à l'inférieure, avant la moitié d'une Révolution; & par conséquent l'Apside rétrograderoit en ce cas, car elle se mouvroit dans une direction contraire à celle du Corps, & le rencontreroit dans son mouvement. Mais si la Gravité du Corps diminuoit plus à mesure que la distance augmente, que suivant le cours régulier de la Gravité, c'est-à-dire, en plus grande proportion, que comme le Quarré de la distance augmente, le Corps emploiroit plus de la moitié d'une Révolution pour se mouvoir de l'Apside supérieure à l'inférieure; & par conséquent, dans ce cas, les Apsides auroient un mouvement progressif dans la même direction que le Corps.

Dans les Quadratures, l'action du Soleil ajoute à la Gravité de la Lune, & la Force qu'elle ajoute est plus grande, à mesure que la distance de la Lune à la Terre est plus considérable; ensorte que l'action du Soleil empêche sa Gravité vers la Terre, de diminuer autant, à proportion que la distance augmente, qu'elle le devroit suivant le cours régulier de la Gravité; & par conséquent, tandis que la Lune est dans les Quadratures, ses Apsides doivent retrograder. Dans la conjonction & l'opposition, l'action du Soleil diminue de la Gravité de la Lune vers la Terre, & en diminue davantage, à proportion que sa distance à la Terre est plus grande, ensorte qu'elle fait que sa Gravité diminue plus, à mesure que la distance augmente, que suivant le cours régulier de la Gravité; & par conséquent, dans ce cas, les Apsides ont un mouvement progressif. Parce que l'action du Soleil retranche plus de la Gravité de la Lune dans les conjonctions & oppositions, qu'elle n'y ajoute dans les Quadratures, & en général diminue plus fa Gravité qu'elle ne l'augmente ; il fuit que le mouvement progreſſif des Apſides excéde le mouvement rétrograde ; & par conféquent, les Apſides font emportées fuivant l'ordre des ſignes.

17. C'eſt ainſi que les diverſes irrégularités du Mouvement de la Lune s'expliquent par la Gravité : & au moyen de cette Théorie avec le ſecours d'une longue ſuite d'Obſervations faites avec ſoin, on peut calculer ſon Mouvement avec tant de préciſion & prédire le tems où elle arrive aux Etoiles fixes ſous leſquelles elle paſſe dans ſa courſe avec une ſi grande exactitude , que dans pluſieurs occaſions , les Navigateurs en pourront tirer de très-grands avantages, pour découvrir leur Longitude en Mer.

CHAPITRE V.

De l'Orbe d'une Planete secondaire décrit sur un Plan immobile ; avec un éclaircissement de l'explication de M. le Chevalier Newton des mouvemens des Satellites , par la Théorie de la Gravité *.*

EN exposant les Mouvemens du Système Solaire, on a coutume de considérer les Planetes du premier ordre , comme faisant leurs Révolutions dans des Plans immobiles , mais de rapporter les mouvemens des Satellites aux Plans qui sont emportés avec leurs Planetes principales autour du Soleil. M. le Chevalier Newton suit la même méthode , en expliquant leurs mouvemens par la Théorie de la Gravité : par cette Analyse , l'explication des mouvemens considérés en eux-mêmes , & celle des Puissances qui les produisent , devient plus simple & plus aisée , que si nous rapportions le mouvement du Satellite à un Plan immobile , & que nous recherchassions seulement la Ligne qu'il décrit dans l'Espace absolu en conséquence d'un mouvement si composé. Les propriétés cependant de cette Courbe, sont plus simples qu'on ne s'y attendroit après un examen superficiel ; & il peut-être utile , dans quelques occasions, de considérer ainsi le mouvement du Satellite, particulierement pour résoudre les difficultés que quelques personnes ont trouvées à entendre l'explication que donne M. le Chevalier Newton, des mouvemens

---

*On a inféré ici le Chapitre suivant comme appartenant proprement à ce lieu ; il est tiré d'une lettre de l'Auteur à son sçavant Ami le Docteur Benjamin Hoaldy , Medécin de la Famille Royale.

des Satellites , par la Gravité. Cet Orbe eſt , dans quelques cas , concave vers le Soleil dans toutes ſes parties;
dans d'autres cas, la partie la plus près du Soleil eſt
convexe vers lui , & le reſte eſt concave. Nous avons
un exemple de la premiere eſpece dans la Lune, & de
la derniere dans les Satellites des Planetes ſupérieures.

La Force qui fait mouvoir le Satellite dans une
Courbe , lorſque le mouvement eſt rapporté à un
Plan immobile, eſt, à la conjonction, la différence de
ſa Gravité vers le Soleil, & de ſa Gravité vers la Planete principale. Lorſque la premiere l'emporte ſur l'autre , la Force qui courbe la direction du Satellite
tend vers le Soleil; par conſéquent, la concavité de
l'Orbe eſt vers le Soleil : & c'eſt là le cas de la Lune ,
comme il paroîtra dans la ſuite. Lorſque la Gravité vers
la Planete principale excede la Gravité vers le Soleil , à
la conjonction, alors la Force qui courbe la direction
du mouvement du Satellite tend vers la Planete principale, & par conſéquent vers l'oppoſition du Soleil ;
l'Orbe eſt donc alors convexe vers le Soleil; & c'eſt
le cas des Satellites de Jupiter. Lorſque ces deux Forces ſont égales, l'Orbe a , à la conjonction, ce que les
Mathématiciens appellent un Point de *Rectitude*, dans
lequel cas , cependant, il eſt concave vers le Soleil
dans toutes ſes parties.

Parce que la Gravité de la Lune vers le Soleil ſe
trouve être plus grande, à la conjonction, que ſa Gravité vers la Terre, enſorte que le Point d'Attraction
égale, où ces deux Puiſſances ſe ſoutiendroient l'une
l'autre , tombe alors entre la Lune & la Terre, quelques-uns (*a*) ſe ſont imaginés que la Parallaxe du Soleil ou étoit très-différente de celle qui eſt aſſignée par
les Aſtronomes, ou que la Lune devoit néceſſairement
abandonner la Terre. Cette idée peut aiſément être
détruite, en faiſant attention à ce qui a été démontré

* Voyez *Coſmotheoria puerilis.*

par M. le Chevalier Newton , & confirmé par des expériences très-connues fur les mouvemens des Corps les
uns autour des autres , tandis qu'une troifiéme Force
agit fur eux tous dans la même direction. Leurs mouvemens refpectifs, n'étant abfolument point troublés par
cette troifiéme Force , fi elle agit également fur eux en
Lignes parallèles : comme les mouvemens relatifs des
Vaiffeaux dans une Flotte , emportée par un Courant ,
n'en font point affectés, s'il agit également fur eux ; ou
comme la Rotation d'un Boulet ou d'une Bombe, autour de fon Axe , tandis qu'on le projette en l'Air, ou la
figure d'une goute de Pluye qui tombe , ne font point
du tout affectées par la Gravité des petites parties dont
elles font compofées, vers la Terre. Ce n'eft qu'à l'inégalité des actions du Soleil fur la Terre & fur la Lune ,
& au manque de Parallélifme dans les directions de ces
actions , que nous devons attribuer les irrégularités
qu'on obferve dans le mouvement de la Lune.

Mais on trouvera des raifons qui pourront contribuer
à réfoudre cette difficulté , en obfervant que fi la viteffe abfolue de la Lune, à la conjonction , étoit moindre que celle qui eft néceffaire pour y emporter un
Corps dans un Cercle autour du Soleil, fuppofant ce
Corps affujetti à l'action de la même Force , qui, dans
ce tems, agit fur la Lune (c'eft-à-dire, l'excès de fa
Gravité vers le Soleil , fur fa Gravité vers la Terre)
alors la Lune abandonneroit en effet la Terre. Car, dans
ce cas, la Lune ayant moins de viteffe qu'il ne feroit
néceffaire pour l'empêcher dedefcendre au dedans de ce
Cercle, elle s'approcheroit du Soleil , & s'éloigneroit de
la Terre. Mais quoique la viteffe abfolue de la Lune en
conjonction, foit moindre que la viteffe de la Terre
dans fon Orbite annuelle, cependant fa Gravité vers
le Soleil eft tellement diminuée par fa Gravité vers la
Terre , que fa viteffe abfolue eft toujours beaucoup fupérieure à celle qui fuffiroit pour emporter à cette diftance

tancé un Corps dans un Cercle autour du Soleil, ce
Corps n'éprouvant que l'action de la Force restante.
Par conséquent du moment de la conjonction, la Lune
est emportée hors d'un semblable Cercle, s'éloignant
continuellement du Soleil de plus en plus, jusqu'à ce
qu'elle arrive à l'opposition; où éprouvant l'action de
la somme de ces deux Gravités, & sa vitesse étant alors
moindre que celle qui est requise pour emporter à
cette distance, dans un Cercle autour du Soleil, un
Corps sur lequel agiroit une Force égale à cette somme,
la Lune de-là commence à s'approcher de nouveau du
Soleil. Ainsi elle s'éloigne du Soleil & s'en approche
alternativement, & à chaque mois son Orbe à deux
Apsides, un Périhélie à la conjonction, & un Aphélie à
l'opposition; entre lesquelles elle est toujours emportée, de la même manière que les Planetes principales
font leurs Révolutions entre leurs Apsides. La Planete
s'éloigne du Soleil au Périhélie, parce que sa vitesse
alors est plus grande que celle avec laquelle un Cercle pourroit être décrit autour du Soleil, à la même
distance, par la même Force centripete; & elle s'approche vers le Soleil depuis l'Aphélie, parce que sa vitesse y est moindre que celle qui seroit nécessaire pour
l'emporter dans un Cercle, à cette distance, autour du
Soleil. Voyez le Traité des Fluxions, Art. 447.

Quoique l'Orbe de la Lune soit concave vers le
Soleil, dans toutes ses parties, sa Courbure est très-iné-
gale : elle est moindre à chaque Apside inférieure ou
dans la conjonction, & plus grande à chaque Apside
supérieure ou à l'opposition. L'Orbe d'un Satellite de
Jupiter a pareillement deux Apsides, dans la partie
qui est décrite chaque Révolution Synodique, mais
dans l'Apside inférieure, la convéxité est vers le Soleil;
& il a de même deux Points de Courbure contraire dans
chaque partie décrite durant une Révolution Synodique*.

* Voyez la note au Coroll. I, Prop. 11, ci-après.

Z z

En confidérant cet Orbe, nous arriverons aux mêmes conclufions que Mr. le Chevalier Newton a tirées,
par une Méthode plus courte, des Loix du Mouvement, à fçavoir que fi l'action du Soleil étoit la même
fur le Satellite, & fur la Planete principale, & avoit la
même direction, le mouvement du Satellite, autour
de la Planete principale, feroit le même que fi le Soleil n'exiftoit pas. C'eft ce qu'on verra évidemment
par les propofitions fuivantes, où nous fuppofons les
Orbites de la Planete principale autour du Soleil & du
Satellite autour de fa principale, circulaires l'une & l'autre, & les mouvemens dans ces Orbites, uniformes,
& dans le même Plan.

PROPOSITION I.

*L'Orbe d'un Satellite, fur un Plan immobile, eft une
Epicycloïde décrite par un Point donné dans le Plan d'un
Cercle qui fait fa Révolution fur une Bafe circulaire, dont
le Centre eft celui du Soleil, & dont le Diametre eft dans
la même proportion au Diametre du Cercle qui fait fa Révolution, que le tems périodique de la Planete principale autour du Soleil, au tems de la Révolution fynodique du Satellite autour de fa Planete principale : la Tangente à
l'Orbe eft perpendiculaire à la ligne droite tirée du Satellite au contact des deux Cercles ; & la vitesse abfolue du Satellite eft toujours proportionnelle à fa diftance de ce contact.*

Que T dénote le tems périodique de la Planete
principale autour du Soleil, *t* le tems périodique du Satellite autour de fa Planete ; que S (*Fig. 70.*) repréfente le Soleil, Aa l'Orbite de la Planete principale ;
fur le Rayon AS prenez AE à AS comme *t* eft à T. Du
Centre S décrivez le Cercle EeZ, & du Centre A le
Cercle EMF. Que ce Cercle EMF faffe fa Révolution

fur l'autre E*e*Z, comme fa Bafe : alors un Point L pris fur le Plan du Cercle EMF, à la diftance AL, égale à la diftance du Satellite à la Planete principale, décrira l'Orbe du Satellite.

Car fuppofons que le Cercle EMF fe tranfporte dans la fituation *emf*, le Point A en *a*, L en *l*, & que AL & *al* prolongées rencontrent, EMF & *emf*, en M & *m*. Sur l'Arc *em* prenez *er* = EM, alors l'Angle *ear* = EAM. Que *ar* rencontre le Cercle *cld*, décrit du Centre *a* avec la diftance *al*, en *q*; & parce que *eaq* = EAL, l'Angle *eaq* repréfente l'Elongation du Satellite au Soleil à fa premiere pofition L. Parce que *em* (= *er* + *rm*) = *e*E + EM & *er* = EM, il fuit que *rm* = *e*E; par conféquent l'Angle *ram* : *e*SE :: SE : AE :: T — *t* : *t* ; ou comme la viteffe angulaire du Satellite autour du Soleil eft à la viteffe angulaire de la Planete principale au tour de ce même Globe. Mais ES*e* eft l'Angle décrit par la Planete principale autour du Soleil, par conféquent *ram*, ou *qal*, eft l'accroiffement fimultané de l'Elongation du Satellite au Soleil; *l* eft le lieu qu'il occupe lorfque la Planete principale vient en *a*, & l'Epicloïde décrite par *l* eft l'Orbe du Satellite.

Parce que le Cercle EMF fe meut fur le Point E, la direction du mouvement d'un Point comme L eft perpendiculaire à EL, ou la Tangente de l'Orbe à un Point quelconque L eft perpendiculaire à EL. La viteffe d'un Point L eft comme fa diftance EL; & le mouvement de la Planete principale A étant fuppofé uniforme & repréfenté par EA, la vitesse du Satellite fera repréfentée par EL.

PROPOSITION II.

Sur AS *prenez* AB : AS :: *tt* : TT (*ou* AB : AE :: AE : AS); *fur le Diametre* EB *décrivez le Cercle* EKB *rencontrant* EL *en* K, *prenez* LO *troifiéme proportio-nelle à* LK, & LE, *du même côté de* L *que* LK;

& O fera le Centre de la Courbure de l'Orbe en L, & LO
fon Rayon.

Parce que EL & *el* font perpendiculaires à l'Orbe
aux Points L & *l*, qu'on les prolonge & leur derniere
interfection O fera le Centre de la Courbure en L.
Prolongez *qe* jufqu'à ce qu'elle rencontre LE en V,
joignez SV & l'Angle S*e*V = *qea* = LEA = SEV;
par conféquent l'Angle *e*VE = *e*SE, l'Angle EVS =
*e*ES & l'Angle EVS = E*e*S, & SV eft en derniere raifon perpendiculaire à EO. Maintenant l'Angle EO*e* eft
en derniere raifon à EV*e* (= ES*e*) comme EV à EO,
c'eft-à-dire (à caufe que EV : EK : : ES : EB : : AS :
AE) comme EK × AS à EO × AE. Mais le mouvement angulaire de EL étant égal au mouvement angulaire de EA, tandis que le Cercle EMF roule fur
le Point E, LE*l* eft par conféquent en derniere raifon
égal à AE*a*, qui eft à ES*e* comme SA à AE; & EO*e*
étant à LE*l* comme EL à LO, il fuit que EO*e* : ES*e* : :
SA × EL : AE × LO : : EK × SA : EO × AE. Donc EL :
LO : : EK : EO & EL : LK : : LO : EL, ou LK, LE
& LO font en proportion continuelle. Ce Théorême
fert à déterminer le Rayon de Courbure des Epicycloï-
des & des Cycloïdes de toutes fortes; feulement lorfque la Bafe E*e* eft une ligne droite, AB s'évanouit, & EB
devient égale à EA.

Coroll. I. Lorfque AL ou AC eft moindre que AB, alors
(parce que LO eft toujours du même côté du Point L
que LK) l'Orbe eft concave vers S dans toutes fes parties.
Lorfque AC = AB, la Courbure à la conjonction s'évanouit ou la Courbe y a un Point de *Rectitude.* Lorfque
AC eft plus grande que AB (ou AS × $\frac{tt}{TT}$) une partie de
l'Orbe près la conjonction eft convexe vers S, parce
qu'une partie du Cercle CLD tombe dans le Cercle BKE;
& Lorfque L vient à l'une des interfections de ces deux
Cercles, l'Orbe a un Point de Courbure contraire[*].

* Si AC = AE, ces Points fe rencontrent de nouveau & forment

Coroll. II. Dans le cas de la Lune $tt : TT :: 1 : 178$, & $AB = \frac{1}{178} \times AS$; mais AC est environ $\frac{1}{337} \times AS$; par conséquent AC est moindre que AB, & l'Orbe de la Lune est concave vers le Soleil dans toutes ses parties.

PROPOSITION III.

Que AB : AS :: tt : TT, & la Force par laquelle l'Orbe du Satellite peut être décrit sur un Plan immobile sera toujours dirigée au Point B sur le Rayon AS, & mesurée par BL distance du Satellite au Point B, la Gravité de la Planete principale vers le Soleil étant représentée par BA.

Concevons la Force par laquelle cet Orbe pourroit être décrit, sur un Plan immobile, résolue en une Force qui agit dans la direction LO, perpendiculaire à l'Orbe qu'elle courbe, mais qui n'a aucun effet sur la vitesse du Satellite, & une Force perpendiculaire à LO qui accélere ou retarde le mouvement du Satellite. La première de ces Forces est mesurée par LK, la dernière par BK, la Gravité de la Planete principale vers le Soleil étant mesurée par AB; car la première est à la Gravité de la Planete principale vers S comme $\frac{EL^2}{LO}$ à $\frac{EA^2}{AS}$ (ces Forces étant directement comme les Quarrés des vitesses, & réciproquement comme les Rayons de la Courbure) c'est-à-dire comme LK à AB par la Prop. II. Par conséquent la Gravité de la Planete principale étant représentée par AB, la première Force sera mesurée par LK.

La seconde Force qui agit sur le Satellite dans la direction de la Tangente à son Orbe, & qui accélere ou retarde son mouvement, est comme la Fluxion de la vi-

---

une *pointe* : & si AC est plus grande que AE, l'Orbe a un nœud : ce dernier cas est celui du plus inté-

rieur des Satellites de Jupiter & de Saturne.

teſſe EL directement & la Fluxion du tems récipro-
ment. La Fluxion du tems eſt meſurée par $\frac{Aa}{EA}$ (Aa
étant l'Arc parcouru par la Planete principale, & EA la vi-
teſſe avec laquelle elle le parcourt ($= \frac{Ee}{EB} = \frac{rm}{EB} = \frac{lq \times AE}{EB \times AC}$
$=$ (ſuppoſant an & qu perpendiculaires à el en n & u,
parce que $lq : lu :: ac : an$, ou $AC : AN$. ($= \frac{AE \times lu}{EB \times AN} = \frac{lu}{BK}$.
Par conſéquent la Force qui eſt meſurée par lu, Flu-
xion de la viteſſe El ou EL, diviſée par la Fluxion du
tems, ou $\frac{lu}{BK}$, eſt meſurée par BK. La Force, donc, dans
la direction LE étant meſurée par LK, & la Force dans
la direction perpendiculaire KB par KB, la Force compoſée eſt meſurée par LB, & eſt dirigée de L en B.

Il paroît par ce qui a été démontré que l'Orbe peut
être décrit par une Force dirigée vers le Point B, (qui
eſt donné ſur le Rayon AS, mais qui fait ſa Révolution avec ce Rayon autour de S) ou par des Forces
quelconques qui, combinées enſemble, produiſent une
Force, tendant vers B, & toujours proportionnelle à
LB, diſtance du Satellite au Point B. Que LH ſoit
égale & parallele à AB, ABHL ſera un Parallelogramme, & la Force LB pourra être compoſée
de LH & LA ; c'eſt-à-dire la Force LB peut ré-
ſulter d'une Force LH agiſſant ſur le Satellite, égale &
parallele à AB, Gravité de la Planete principale vers le
Soleil, & d'une Force LA tendant à la principale, &
égale à la Gravité par laquelle le Satellite décriroit le
Cercle CLD autour de la Planete principale, dans le
même tems périodique t, ſi le Soleil n'exiſtoit pas ; parce qu'une telle Force eſt à la Gravité de la Planete
principale vers le Soleil repréſentée par AB, comme
$\frac{AL}{tt}$ à $\frac{AS}{TT}$, ou comme AL à AS $\times \frac{tt}{TT} = $ AB.

Ainſi nous arrivons à la même concluſion que M.
le Chevalier Newton a déduite, d'une maniere plus

abregée, de l'Analyfe des mouvemens d'un Satellite, à
fçavoir, que tandis que le Satellite gravite vers la Planete principale, fi en même tems le Soleil agit fur lui
avec la même Force que fur cette Planete principale, &
dans une direction parallele, il fera fa Révolution autour de la principale, de la même maniere que fi cette
derniere étoit en repos, & qu'il n'y eut point d'action
Solaire. Ces deux Forces la Gravitation vers la Planete principale, & une Force égale & parallele à cette
Gravitation de la principale vers le Soleil, font exactement fuffifantes pour expliquer le mouvement compofé du Satellite dans fon Orbe, quelque complexe que
cette Courbe puiffe paroître. Il n'y a aucune altération dans le mouvement du Satellite, que celle qui
réfulte de l'inégalité de la Gravité du Satellite & de la
Planete principale vers le Soleil, ou de ce qu'elles n'agiffent pas en lignes paralleles. Si nous fuppofions ces
Corps fe mouvoir autour de leur Centre commun de
Gravité, tandis qu'il feroit lui-même emporté autour
du Soleil, ou fi on fuppofoit que les Orbites fuffent
elliptiques, on trouveroit toujours les conclufions d'accord avec celles que ce grand homme à déduites par
un moyen plus court.

CHAPITRE VI.

De la Figure de la Terre, & de la Préceſſion des Equinoxes.

1. SI la Terre étoit fluide & n'avoit point de mouvement ſur ſon Axe, la Gravitation égale de ſes
parties l'une vers l'autre lui donneroit une figure exactement ſphérique, les Colomnes de la Surface au Centre ſe ſoutenant mutuellement l'une l'autre à hauteurs
égales. Mais à cauſe de la Rotation diurne de la Terre ſur ſon Axe, la Gravité des parties ſous l'Equateur eſt
diminuée par la Force Centrifuge produite par cette
Rotation ; la Gravité des parties de l'un ou de l'autre
côté de l'Equateur eſt moins diminuée à meſure que la
viteſſe de Rotation eſt moindre, & que la Force Centrifuge qui en réſulte agit moins directement contre la
Gravité de ces parties ; enfin la Gravité ſous les Poles
n'eſt point du tout affectée par la Rotation. L'Equilibre
qui étoit ſuppoſé parmi ſes parties ne ſubſiſtera donc
plus dans une Figure Sphérique, mais ſera détruit par
l'inégalité de leur Gravitation juſqu'à ce que l'Eau s'éléve ſous l'Equateur & s'abbaiſſe ſous les Poles, enſorte
qu'une plus grande hauteur ſous l'Equateur compenſe
l'excès de Gravité ſous les Poles ; enſorte qu'en prenant
une hauteur moyenne dans les lieux intermédiaires,
toute la Terre devienne de la forme d'un Sphéroïde
applati, dont le Diametre ſous l'Equateur ſoit la Ligne
la plus grande, & l'Axe la moindre, de toutes celles qui
pourront paſſer par le Centre.

2. Si la Gravité d'un Corps ſous l'Equateur étoit
détruite, le mouvement de Rotation le feroit échapper

par

par une Tangente à la Terre ; & en se mouvant suivant la Tangente, il s'éleveroit, dans une seconde de
tems, au-dessus du Corps Sphérique de la Terre, autant qu'une extrémité de l'Arc que les Corps y décrivent, dans une seconde, s'abbaisse au-dessous de la Tangente, tirée à l'autre extrémité : on a trouvé que cet Espace étoit d'environ 7, 54 lignes, mesure de France.
L'effet de la Force Centrifuge des Corps à l'Equateur,
dans une seconde de tems, est proportionnel à cet Espace. L'effet de la Force Centrifuge à un lieu quelconque éloigné de l'Equateur, par exemple à Paris, est
moindre pour les raisons ci-dessus mentionnées, & on
trouve par le calcul qu'elle n'y pourroit produire qu'un
mouvement de 3, 267 lignes, dans une seconde.
Ajoutez à cela l'Espace que l'on a découvert, par diverses expériences, que les Corps parcourent en conséquence de leur Gravité à Paris ; sçavoir, 15 pieds 1
pouce & 2 lignes, & la somme 2177, 267 lignes
exprimera l'Espace que les Corps parcourroient par
leur Gravité, dans une seconde de tems, s'il n'y avoit
point de Force Centrifuge. En comparant cette
quantité avec l'effet de la Force Centrifuge sous
l'Equateur, dans le même-tems, nous trouverons
que cette Force y est la $\frac{1}{289}$ partie de la Puissance de
la Gravité, parce que 7, 54 est à 2177, 267, com-
me 1 à 289.

3. De-là il suit qu'un Corps sous l'Equateur perd
au moins $\frac{1}{289}$ de sa Gravité ; & que l'Equateur doit être
pour le moins $\frac{1}{289}$ plus élevé que les Poles. Mais
comme les parties de l'Equateur perdent toujours de
leur Gravité, à mesure qu'elles s'éloignent du Centre de la Terre, & que le cours régulier de la Gravité
est altéré par le changement de Figure, ce n'est pas-là
la vraie Proportion de la hauteur de la Terre sous
l'Equateur, à sa hauteur sous les Poles.

Le Chevalier Newton avoit tant de sagacité qu'il

ne manquoit jamais de trouver quelqu'expédient qui pût le mettre en état de déterminer ce qu'il cherchoit, exactement, ou du moins sans s'écarter que bien peu de la vérité. Afin donc de procéder avec succès dans ces recherches si fertiles en difficultés, il suppose, comme une hypothése, que l'Axe de la Terre est au Diametre de l'Équateur, comme 100 à 101; il détermine de-là qu'elle doit être la Force Centrifuge sous l'Equateur, afin que la Terre puisse prendre une telle forme, & il trouve qu'elle devroit être $\frac{4}{505}$ de la Gravité, & que par conséquent elle excéderoit la Force Centrifuge actuelle, qui n'est que $\frac{1}{289}$ de la Gravité. Par la regle de Proportion, il dit, que si une Force Centrifuge égale à $\frac{4}{505}$ de la Gravité rendoit la Terre plus élevée sous l'Equateur que sous les Poles de $\frac{1}{100}$ de la hauteur entiere sous les Poles, une Force Centrifuge, qui est la $\frac{1}{289}$ partie de la Gravité, la rendroit plus élevée d'une quantité proportionnelle, qu'on trouve par le calcul $\frac{1}{229}$ de la hauteur sous les Poles; ainsi notre Auteur découvre que le Diametre à l'Equateur est au Diametre aux Poles, ou à l'Axe, comme 230 à 229 (a).

4. Dans ce calcul, on suppose la Terre d'une densité uniforme par tout, mais si elle est plus dense près du Centre, les Corps seront alors plus attirés sous les Poles par ce surcroît de matiere, parce qu'ils en seront plus près; & pour cette raison, l'excès du demi-Diamétre de l'Equateur sur la moitié de l'Axe sera différent. Ce que nous avons dit d'une Terre supposée fluide doit aussi s'appliquer à la Terre telle qu'elle

* On sçait combien cette Théorie se trouve d'accord avec les Observations des célébres Académiciens, qui ont été envoyés par le Roi jusqu'au fonds du Nord, pour terminer cette fameuse Question de la Figure de la Terre; ils ont seulement rouvé que le Diametre de l'Equa-teur avoit une plus grande proportion à l'Axe de la Terre que celle qui résulte du Calcul de M. Newton. L'accélération du Pendule vers le Pole est aussi un peu plus grande que ce Grand-Homme ne l'avoit déterminée.

eſt actuellement; car ſi elle n'avoit pas cette figure dans ſes parties ſolides, mais qu'elle fut Sphérique, l'Océan ſe répandroit ſur toutes les Régions de l'Equateur, & laiſſeroit les Régions Polaires élevées pluſieurs milles au-deſſus du niveau de la Mer; au lieu que nous trouvons que les unes ne ſont pas plus élevées au-deſſus du niveau de l'Océan, que les autres.

5. La Planete de Jupiter fait ſa Révolution ſur ſon Axe avec beaucoup plus de rapidité que notre Terre, & finit ſa Rotation diurne en moins de dix heures. La denſité de cette Planete eſt auſſi moindre, & par conſéquent, ſa Figure differe plus d'une Sphere que celle de la Terre, & ſon Diamétre à l'Equateur excéde ſon Axe en plus grande proportion. Leur différence eſt ſi ſenſible qu'on trouve, par les Obſervations des Aſtronomes, qu'ils ſont l'un à l'autre comme 13 eſt à 12.

6. La diminution de la Gravité des Poles vers l'Equateur, eſt très-manifeſte par le mouvement des Pendules. Un Pendule qui oſcille en une ſeconde dans les Régions Septentrionales, lorſqu'il eſt tranſporté ſous l'Equateur, ſé meut toujours trop lentement, & doit néceſſairement être accourci pour oſciller exactement dans une ſeconde. On conclud de-là que la Gravité y eſt moindre; & cette Obſervation confirme le mouvement diurne de la Terre &, en même-tems, ſa Figure Sphéroïde applatie. C'eſt auſſi une conſéquence de cette Figure de la Terre, que les degrés dans un Méridien doivent augmenter de l'Equateur aux Poles; mais la différence eſt ſi petite, qu'elle ne peut être découverte par l'Obſervation, que dans des Latitudes qui different conſidérablement l'une de l'autre; & la variation des degrés qui ſont près les uns des autres paroît, par les calculs de notre Auteur, incomparablement moins propres à faire juger de la Figure de la Terre, que le mouvement des Pendules, dont la moindre variation devient très-ſenſible, dans un grand nombre de vibrations.   Aaa ij

7. Quelques perfonnes fe font imaginées que la lenteur des Pendules, fous l'Equateur, pouvoit être caufée
par la chaleur, en ce qu'elle augmente la longueur de
la verge du Pendule : mais le Chevalier Newton a démontré que cela ne pouvoit produire qu'une très-petite
partie de l'effet. M. Richer, qui faifoit fes Obfervations avec grand foin, trouva qu'un Pendule qui of-
cilloit dans une feconde de tems, à l'Ifle Cayenne,
étoit plus court d'une ligne & un quart que celui qui
faifoit fes vibrations à Paris dans le même-tems. M.
Newton, fondé fur de bonnes raifons, penfe qu'on doit
attribuer à l'effet de la chaleur, une différence de la
fixiéme partie d'une ligne ; & la fouftrayant de la différence obfervée par M. Richer, le refte, 1 ligne &
$\frac{1}{12}$ de ligne eft la différence dûe à la diminution de
la Gravité, ce qui eft très-conforme à ce que notre
Auteur déduit de fa Théorie. Cette Obfervation s'accorde avec cette même Théorie, à compter dix-fept
milles pour l'excès de la hauteur de la Terre à l'Equateur, fur fa hauteur aux Poles.

8. M. Newton a expliqué la Préceffion des Equinoxes par la Figure Sphéroïde applatie de la Terre. On
fuppofe communément que tandis que la Terre fe
meut dans fon Orbite autour du Soleil, fon Axe continue d'être parallele à lui-même, enforte qu'il forme
avec l'Ecliptique un Angle invariable d'environ $66\frac{1}{2}$
degrés : d'où il fuit que le Plan de l'Equateur eft incliné à l'Ecliptique d'un Angle de $23\frac{1}{2}$ degrés, & que
prolongé il paffe par le Centre du Soleil, deux fois feulement dans chaque Révolution. Les Points des Cieux,
où le Centre du Soleil paroît être dans ces deux cas,
font appellés les Points Equinoxiaux. Dans toutes autres
parties de la Terre, le Soleil eft de l'un des côtes du
Plan de l'Equateur, c'eft-à-dire, au Nord de ce Plan
durant la moitié de l'année en Eté, & au Midi pendant l'autre moitié en Hyver. Ces Points Equinoxiaux

ne font pas fixes dans les Cieux, mais ils ont un Mouvement lent d'Orient en Occident, parmi les Etoiles,
d'environ 50″ dans une année; & de-là il fuit que l'intervalle du tems entre un Equinoxe & le retour de ce
même Equinoxe, dans la Révolution fuivante de la
Terre, que les Aftronomes appellent l'année Tropi-
que, eft de quelques minutes plus court que l'Année
Périodique, ou le tems dans lequel la Terre fait fa
Révolution d'un Point de fon Orbite, jufqu'à ce qu'elle
retourne de nouveau à ce même Point; & parce que
le Mouvement rétrograde des Points Equinoxiaux,
avance ainfi le tems de chaque Equinoxe, un peu plûtôt qu'il ne feroit arrivé fans cela, on appelle ce Phénomene la Préceffion des Equinoxes. Les Philofophes
qui foutenoient le Syftême de Ptolomée attribuerent
ce Mouvement aux Etoiles fixes; & fuivant leur coûtume, ils ne firent pas fcrupule d'imaginer une Sphere
pour cet effet, qu'ils fuppoferent tourner d'un Mouvement très-lent fur les Poles de l'Ecliptique, & emporter avec elle toutes les Etoiles fixes; au lieu que ce
Phénomene s'explique par un mouvement rétrograde
des Nœuds de l'Équateur & de l'Ecliptique, femblable
au Mouvement des Nœuds de l'Orbite de la Lune.

On a fait voir ci-deffus comment l'action du Soleil
produit le Mouvement rétrograde des Nœuds de la
Lune; & il fuit des mêmes principes, que fi une Planete faifoit fa Révolution autour de la Terre près de fa
Surface dans le Plan de l'Equateur, fes Nœuds rétrograderoient auffi, quoique plus lentement que ceux
de la Lune, à proportion que fa diftance au Centre de
la Terre feroit moindre que celle de la Lune. Suppofons que le nombre de ces Planetes foit augmenté jufqu'à ce qu'elles fe touchent l'une l'autre, & forment un
anneau dans l'Equateur, les Nœuds de cet anneau rétrograderoient de la même maniere que les Nœuds de
l'Orbite de chacune de ces Planetes en particulier. Sup-

pofons alors que cet anneau foit adhérent à la Terre ;
fes Nœuds rétrograderoient toujours, mais d'un mouvement beaucoup plus lent, parce que l'Anneau devroit
mouvoir toute la Terre à laquelle il eft fuppofé adhérent. L'élévation des parties de l'Equateur de la
Terre a le même effet qu'auroit cet Anneau ; feulement
le mouvement des Nœuds de l'Equateur, ou des
Points Equinoxiaux, eft plus lent, parce que les parties
accumulées de la Terre, qui l'empêchent d'être d'une
Figure Sphérique, font répandues fur fa Surface, & ont
un effet moindre que fi elles étoient raffemblées dans
le Plan de l'Equateur, fous la forme d'un Anneau. La
Lune a une plus grande force fur cet Anneau que le
Soleil, parce qu'elle eft beaucoup moins éloignée de
la Terre ; & ils contribuent l'un & l'autre à produire le
mouvement rétrograde des Points Equinoxiaux : le
mouvement cependant qu'ils produifent eft fi lent,
que ces Points n'emploieront pas moins de 25000 ans,
à finir une Révolution. Notre Auteur a déterminé la
quantité de ce mouvement par fes caufes, & le réfultat de fa Théorie eft parfaitement d'accord avec les Obfervations des Aftronomes.

Il y a un autre effet de l'action du Soleil & de la
Lune fur cet Anneau, qui eft trop peu confidérable
pour être fenfible dans les Obfervations Aftronomiques :
c'eft-à-dire que l'inclinaifon de l'Anneau à l'Ecliptique
diminue & augmente alternativement, deux fois chaque année.

CHAPITRE VII.

Du Flux & Réflux de la Mer.

CE n'est pas seulement dans les mouvemens des Corps célestes que les effets de leur Gravitation mutuelle se manifestent, car nous allons maintenant faire voir qu'un Phénomene qui se passe sur la Terre, & qui est connu de tout le Monde, provient du même Principe ; je veux dire le Flux & Reflux de la Mer, dont la solution étoit devenue par le peu de succès de ceux qui l'avoient tentée avant M. le Chevalier Newton, le sujet d'un reproche continuel à la Philosophie. Mais il a pleinement & évidemment expliqué ce Phénomene, par les Gravitations inégales des parties de la Terre vers le Soleil & la Lune. Comme cette question est très-fameuse, il sera fort à propos d'insister au long sur la maniere de la résoudre.

Il est évident que si la Terre étoit entiérement fluide & en repos, ses parties par leur Gravitation les unes vers les autres formeroient d'elles-mêmes une Sphere exacte. Supposons maintenant que quelque Puissance agisse sur toutes les parties de cette Terre, avec une Force égale & dans des directions paralleles, toute la masse sera mue par une telle Puissance, mais sa Figure ne souffrira par là aucune altération ; parce que toutes les parties étant également mues par cette Puissance en lignes paralleles, elles conserveront la même situation les unes respectivement aux autres, & formeront toujours une Sphere, dont le Centre aura le même mouvement que chaque partie. Car de même qu'une goutte d'Eau, tandis qu'elle tombe vers la Terre, retient sa Figure sphérique, & que la situation des

Corps dans un Vaiſſeau, qui avance d'un mouvement
uniforme, n'eſt pas affectée par un mouvement commun au Vaiſſeau & à tous les Corps qu'il contient ;
ainſi la ſituation des parties de la Terre, les unes reſpectivement aux autres, ne peut être affectée par aucune Puiſſance qui agiſſe avec la même Force, & dans la
même direction, ſur chaque partie en particulier, & qui
leur imprime à toutes le même mouvement.

Nous avons déja démontré que les parties de la Terre
gravitent vers la Lune, & que ſi la Gravitation étoit par
tout la même & agiſſoit dans la même direction, elle
n'auroit point d'effet ſur la Figure de la Terre ; enſorte
que ſi le mouvement de ce Globe autour du Centre commun de Gravité de ſon Syſtême particulier étoit
détruit, & que la Terre fut abandonnée à l'influence
de ſa Gravitation vers la Lune, alors tombant vers
cette Planete, elle retiendroit ſa Figure Sphérique, toutes ſes parties étant également emportées, & conſer-
vant par conſéquent la même ſituation les unes reſpectivement aux autres.

Mais les actions de la Lune ſur différentes parties de
la Terre ſont inégales ; car ſuivant la Loi générale, les
parties les plus proches de la Lune ſont les plus attirées, & celles qui en ſont les plus éloignées éprouvent
moins l'action de cette Planete : Enfin celles qui ſont
à une diſtance moyenne ſont attirées avec un dégré
de force moyen. Cette Puiſſance n'agit pas non plus
ſur toutes les parties en lignes paralleles, mais ſuivant
des lignes dirigées vers le Centre de la Lune : & pour
toutes ces raiſons la Figure Sphérique de la Terre doit
ſouffrir quelque changement par l'action de la Lune.

Suppoſons que la Terre tombe vers la Lune comme auparavant, & faiſons abſtraction de la Gravitation
mutuelle de ſes parties les unes vers les autres, auſſi bien
que de leur cohéſion. On comprendra alors aiſément que
les parties les plus proches de la Lune tomberoient avec
une

une plus grande viteffe, étant plus fortement attirées,
& qu'elles laifferoient en arriere le Centre ou le plus
grand volume de la Terre dans leur chûte ; tandis que
les parties les plus éloignées tomberoient d'un mouvement plus lent, étant moins attirées que le refte, & feroient laiffées un peu en arriere par le principal volume de la Terre, enforte qu'elles fe trouveroient à une
plus grande diftance de fon Centre qu'au commencement du mouvement. D'où il eft manifefte que la Terre perdroit bientôt fa Figure fphérique, & deviendroit
un Sphéroïde oblong, dont le plus long Diametre feroit dirigé au Centre de la Lune. Si les parties de la
Terre ne gravitoient pas les unes vers les autres, mais
feulement vers la Lune, les diftances entre les parties
de la Terre fuppofées les plus près de la Lune, & les
parties centrales, augmenteroient continuellement à caufe de la plus grande viteffe des premieres dans leur
chûte ; & la diftance entre les parties centrales, & celles qui font les plus éloignées de la Lune, augmenteroit
auffi continuellement en même tems, celles-ci étant
laiffées en arriere parce qu'elles ne fuivroient les autres
qu'avec une viteffe moindre. Ainfi la Figure de la Terre deviendroit oblongue de plus en plus, celui de fes
Diametres qui tendroit vers la Lune augmentant continuellement.

Mais ce n'eft pas là la feule raifon pourquoi la Terre prendroit bientôt une forme Sphéroïde oblongue, fi
rien n'empêchoit fes parties de tomber librement par
leur Gravité vers le Centre de la Lune. Les parties
latérales de la Terre (c'eft-à-dire celles qui font à la
diftance d'un quart de Cercle du Point qui eft directement au-deffous de la Lune) & les parties centrales
defcendant avec des viteffes égales, vers le même Point,
fçavoir le Centre de la Lune, s'approcheroient auffi en
même tems les unes des autres, & leur diftance deve-
nant moindre, les Diametres de la Terre qui les traverfent

diminueroient auſſi ; enſorte que le Diametre dirigé vers la Lune augmenteroit, & les Diametres perpendiculaires à la ligne qui joint les Centres de la Terre & de la Lune diminueroient en même tems , & rendroient par cette raiſon la Figure du Globe terreſtre encore plus oblongue.

Conſidérons maintenant que les parties de la Terre gravitent vers ſon Centre ; & comme cette Gravitation excéde conſidérablement l'action de la Lune , & ſurpaſſe encore beaucoup plus les différences de ſes actions ſur les diverſes parties de la Terre , l'effet qui réſultera des inégalités de ces actions de la Lune , ne ſera qu'une légere diminution de la Gravité de ces parties de la Terre , qu'elle s'efforçoit dans notre premiere ſuppoſition de ſéparer du Centre de ce Globe , & une petite addition à la Gravité des parties qu'elle tendoit à approcher de ce même Centre ; c'eſt-à-dire les parties de la Terre qui ſont les plus proches de la Lune, & celles qui en ſont les plus éloignées, auront leur Gravité vers le Centre de la Terre quelque peu diminuée ; au lieu que celle des parties latérales ſera augmentée. D'où il ſuit que ſi la Terre étoit ſuppoſée fluide les Colomnes du Centre aux parties les plus proches & les plus éloignées s'éléveroient, juſqu'à ce que , par leur plus grande hauteur , elles fuſſent en état de contrebalancer les autres Colomnes, dont la Gravité ne ſeroit pas autant diminuée , ou même ſeroit augmentée par les inégalités de l'action de la Lune ; & ainſi la Figure de la Terre ſuppoſée fluide ſeroit encore un Sphéroïde oblong.

Nous avons ſuppoſé juſqu'ici que la Terre tombe vers la Lune par ſa Gravité. Conſidérons maintenant la Terre comme projettée dans quelque direction , en ſorte qu'elle ſe meuve autour du Centre de Gravité de ſon Syſtême : il eſt manifeſte que chaque partie, par ſa Gravité vers la Lune, s'efforcera de s'écarter autant de

la Tangente , à chaque inftant , que s'il étoit libre à la
Terre de tomber vers la Lune ; de la même maniere
que tout Projectile , à notre Globe, s'écarte de la ligne
de Projection autant qu'il tomberoit par fa Gravité fuivant la perpendiculaire en tems égal. Donc les parties
de la Terre les plus proches de la Lune s'efforceront
de s'écarter le plus de la Tangente, & celles qui font
les plus éloignées de cette Planete tendront à s'écarter
de la Tangente, moins que toutes les autres parties de
la Terre ; & par conféquent la Figure de ce Globe fera la même que s'il tomboit librement vers la Lune
c'eft-à-dire, la Terre affectera toujours une Figure fphéroïdale ayant fon plus long Diametre dirigé vers la
Lune.

On doit remarquer ici avec beaucoup de foin que
ce n'eft pas l'action de la Lune , mais les inégalités
de cette action , qui produifent quelque changement
dans la Figure de la Terre ; & que fi cette action
étoit la même dans toutes les parties que dans celles
qui font au Centre , & fi elle produifoit fon effet dans
la même direction, il ne s'enfuivroit aucun changement.
C'eft pourquoi M. Newton , pour expliquer ce Phénomene , conçoit d'abord l'Attraction des parties centrales
répandue avec une Force égale fur toutes les parties ,
dans la même direction , & enfuite il regarde les inégalités , comme l'effet d'une Puiffance ajoutée de fur-
croît , & dirigée vers la Lune lorfqu'il y a un excès, &
dans une ligne oppofée lorfqu'il y un défaut, dans l'Attraction des parties , comparée avec celle des parties
centrales : car de cette maniere dans le premier cas
où l'attraction excéde celle des parties centrales, elle
fera exprimée par la fomme de ces deux Forces , dont
au contraire la différence exprimera cette même Attraction, dans le fecond cas , où elle eft moindre que celles
des parties centrales. Et lorfque les effets de ces Puiffances font confidérés en tant qu'ils affectent la Figu-

re de la Terre, il eſt manifeſte qu'ils doivent produire
un Sphéroïde oblong, tel que nous nous l'avons décrit;
la Force de ſurcroît tirant vers la Lune les parties qui
ſont les plus près d'elle, & par conſéquent les éloignant
du Centre de la Terre, tandis qu'elle tire dans une
direction oppoſée les parties qui ſont les plus éloignées
de la Lune, & par conſéquent les écarte auſſi du Centre du Globe Terreſtre.

L'action de la Lune ſur les parties latérales ſe dé-
compoſe en deux, l'une égale & parallele dans ſa direction à ſon action ſur les parties centrales, & l'autre
dirigée de ces parties latérales vers le Centre de la
Terre. La premiere ne peut avoir d'effet ſur la Figure
de ce Globe, étant conſidérée comme commune à toutes les parties, & par conſéquent elle doit être négligée
dans cette recherche; c'eſt l'autre qui ajoute à la Gravité des parties latérales vers le Centre de la Terre,
& en ajoutant au poids des Colomnes latérales, elle leur
fait ſoûtenir les autres Colomnes quoique plus élévées,
mais dont la Gravité eſt diminuée par l'action de la
Lune : & la Puiſſance qui altére la Figure ſphérique
doit être eſtimée comme la ſomme de deux Puiſſances, celle qui eſt ajoutée à la Gravité des parties latérales, & celle qui eſt retranchée de la Gravité des autres.

Nous avons juſqu'ici fait abſtraction du mouvement
de la Terre ſur ſon Axe : mais on doit auſſi y avoir
égard afin de connoître l'effet réel des actions de la
Lune ſur la Mer. Si ce n'étoit ce mouvement, le plus
long Diametre de la Figure ſphéroïde, que la Terre
prendroit, ſeroit dirigé au Centre de la Lune; mais, à
cauſe du mouvement de toute la maſſe de la Terre ſur
ſon Axe d'Occident en Orient, la partie la plus élévée de l'Eau ne répond plus préciſement à la Lune,
mais elle eſt emportée au-delà de ce Globe vers l'Orient
dans la direction de la Rotation.

L'Eau continue de s'élever après qu'elle a passé directement sous la Lune, quoique l'action immédiate de cette Planete commence alors à diminuer, & elle ne parvient à sa plus grande élévation qu'après s'être avancée plus loin de la moitié d'un quart de Cercle. Elle continue de baisser après qu'elle a passé à 90 dégrés de distance du Point qui est directement sous la Lune, quoique la Force que la Lune ajoûte à sa Gravité commence alors à décroître. Car l'action de la Lune ajoûte encore à sa Gravité & la fait baisser jusqu'à ce qu'elle soit avancée plus loin de la moitié d'un quart de Cercle. La plus grande élévation, donc, n'est pas dans les Points qui sont dans une même ligne avec les Centres de la Terre & de la Lune, mais à environ la moitié d'un quart de Cercle à l'Orient de ces Points dans la direction du mouvement de Rotation.

Ainsi il paroît que la figure Sphéroïde, que la Terre prendroit, si elle étoit fluide, seroit située de sorte que le plus long Diamétre se dirigeroit à l'Orient de la Lune, ou que la Lune seroit toujours à l'Occident du Méridien des parties les plus élevées. Supposons maintenant une Isle dans ce Fluide, elle s'approchera, dans chaque Révolution, des parties élevées de ce Sphéroïde, & l'Eau montera nécessairement deux fois chaque jour Lunaire sur le rivage de cette Isle; & le tems de la plus grande hauteur de l'Eau sera lorsque l'Isle s'approchera de ces parties élevées, c'est-à-dire, lorsqu'elle aura passé à l'Orient de la Lune, ou lorsque la Lune se trouvera à quelque Distance à l'Occident du Méridien.

Nous n'avons examiné jusqu'ici que l'action de la Lune; mais il est évident que, pour les mêmes raisons, l'inégalité de l'action du Soleil sur les différentes parties de la Terre produiroit un effet semblable, & causeroit seule une pareille altération dans la figure Sphérique d'un Globe supposé fluide. A la vérité l'effet du Soleil,

à caufe de fa diftance immenfe, doit être confidérablement moindre, quoique la Gravité vers le Soleil
foit beaucoup plus grande. Car ce ne font pas leurs
actions, mais feulement les inégalités des actions de
chacun de ces Corps, qui ont quelqu'effet, comme
nous l'avons fouvent remarqué. La diftance du Soleil
eft fi grande, que le diametre de la Terre eft comme
un Point refpectivement à cette diftance, & la différence entre les actions du Soleil fur les parties les
plus proches & les plus éloignées devient, par-là, beaucoup moindre qu'elle ne feroit fi le Soleil étoit auffi
près de nous que la Lune, dont la diftance eft d'environ
30 Diamétres de la Terre. C'eft ainfi que l'inégalité de
l'action de la Terre fur les parties d'une goutte d'eau
eft abfolument infenfible, parce que le Diametre de
de la goutte eft une quantité qui s'évanouit, comparée
avec fa diftance au Centre de la Terre.

Cependant le Volume immenfe du Soleil rend fon
effet encore fenfible à une diftance fi confidérable; &
par conféquent, quoique le Flux & Reflux foit principalement dû à l'action de la Lune, celle du Soleil y
ajoute fenfiblement, lorfque ces Puiffances agiffent enfemble de concert, comme dans la nouvelle & pleine Lune, tems auquel ces deux Globes
fe trouvent à peu près dans la même Ligne avec le
Centre de la Terre, & par conféquent uniffent leurs
Forces; de forte que les Marées font alors les plus
grandes, & c'eft ce qu'on appelle les *Vives-eaux ou Reverdies*. L'action du Soleil diminue l'effet de l'action
de la Lune dans les Quadratures, parce que l'une,
dans ce cas, éleve l'eau, tandis que l'autre l'ab-
baiffe; & par conféquent, les Marées font alors
les moindres, & nous les appellons *Mortes eaux*.
Quoiqu'à parler exactement, les Vives-eaux & les
Mortes-eaux ne doivent arriver que quelque tems après,
parce qu'il en eft de ce cas, comme de tous les autres

où nous avons remarqué que l'effet n'eſt pas le plus
grand ou le moindre, lorſque l'influence immédiate de
la cauſe eſt la plus grande ou la moindre. De même
que la plus grande chaleur, par exemple, n'eſt pas au
jour du Solſtice, où l'action immédiate du Soleil eſt
la plus forte, mais quelque tems après.

Pour qu'on puiſſe entendre cela plus clairement, on
n'a qu'à faire attention, que quoique les actions du Soleil & de la Lune vinſſent à ceſſer à ce moment, cependant les Marées continueroïent d'avoir leur cours
pendant quelque-tems: car l'Eau parvenue à ſa plus
grande hauteur, retomberoit enſuite, & ſe répandroit ſur les parties plus baſſes, juſqu'à ce que, par ce
mouvement de deſcente, étant accumulée à une trop
grande hauteur, elle revint néceſſairement de nouveau
à ſon premier état; quoique cependant ſon élévation
diminueroit de plus en plus, par la réſiſtance qui réſul-
teroit du frottement de ſes parties. Ainſi on la verroit quelque tems dans une agitation ſemblable à celle
où elle eſt actuellement. Les Vagues de la Mer qui per-
ſiſtent après que la tempête a ceſſé, & preſque tous
les mouvemens qui peuvent ſe produire dans un fluide,
confirment ce que nous venons de remarquer.

L'élévation de l'Eau ne répond pas toujours à la même ſituation de la Lune, mais elle arrive quelquefois
plûtôt, quelquefois plus tard que ſi la Lune agiſſoit ſeule
ſur la Mer. Ce Phénomene vient de l'action du Soleil
qui éleve plutôt l'Eau, lorſque le Soleil ſeul produiroit
un Flux & Reflux avant la Lune, comme il le feroit ma-
nifeſtement dans la premiere & troiſiéme Quadratures:
& cette même action retarde un peu le tems de l'élévation de l'Eau, lorſque le Soleil produiroit ſeul un Flux
& Reflux plus tard que la Lune, comme dans la ſeconde
& derniere Quadratures. Les différentes diſtances de la
Lune à la Terre produiſent pareillement une variation ſenſible dans les Marées. Lorſque la Lune appro-

che de la Terre, fon action fur chaque partie augmente, & les differences de cette action, defquelles dépendent les Marées augmentent auffi. Car fon action augmente comme les Quarrés des diftances diminuent; & quoique les differences des diftances elles-mêmes foient égales, il y a cependant une plus grande difproportion entre les Quarrés des moindres quantités, qu'entre ceux des plus grandes. Car, par exemple, 3 excéde 2 autant que 2 furpaffe 1 ; mais le Quarré de 2 eft quadruple du Quarré de 1, tandis que le Quarré de 3 (c'eft-à-dire 9) eft un peu plus que le double du Quarré de 2 (qui eft 4) Ainfi il paroît que la Lune s'approchant de la Terre, fon action fur les parties les plus proches augmente plus vite que celle fur les parties éloignées, & que les Marées par conféquent augmentent en plus grande proportion que ne diminuent les diftances de la Lune. M. Newton fait voir que les Marées augmentent à proportion que les Cubes des diftances diminuent, enforte que la Lune, à la moitié de fa diftance actuelle, produiroit un Flux & Reflux huit fois plus grand. La Lune décrit une Ellipfe autour de la Terre, & dans fa moindre diftance produit un Flux & Reflux fenfiblement plus confidérable qu'à fa plus grande diftance de la Terre : de-là vient que deux grandes Reverdies ne fe fuccédent jamais l'une l'autre immédiatement; car fi la Lune eft à fa moindre diftance de la Terre, à fon renouvellement, elle doit être à fa plus grande diftance, à fon plein, ayant fini, dans le tems intermédiaire, la moitié d'une Révolution; par conféquent les Vives-eaux feront beaucoup moins confidérables qu'elles n'étoient à la nouvelle Lune : & par la même raifon, fi de grandes Vives-eaux arrivent au tems de la pleine Lune, le Flux & Reflux au changement de Lune fuivant fera moindre.

Il eft manifefte que fi le Soleil ou la Lune étoient au Pole, ils n'auroient point d'effet fur les Marées,

car

car leur action éleveroit toute l'Eau fous l'Equateur à la même hauteur ; & un lieu quelconque de la Terre, en décrivant fon Parallele à l'Equateur, ne rencontreroit dans fa courfe, aucune partie de l'Eau plus élevée qu'une autre ; enforte qu'il n'y auroit de Flux & Reflux nulle part. L'effet du Soleil ou de la Lune eft le plus grand, lorfqu'ils font à l'Equateur ; car alors l'Axe de la Figure Sphéroïde, réfultante de leur action, fe meut dans le plus grand Cercle, & l'Eau fe trouve dans la plus grande agitation ; c'eft pour cela que les Vives-Eaux qui arrivent, lorfque le Soleil & la Lune font l'un & l'autre dans l'Equateur, font les plus confidérables de toutes, & que les Mortes-Eaux font les moindres environ ce tems-là. Mais les Marées produites, lorfque le Soleil eft à l'un des Tropiques & la Lune dans fes Quadratures, font plus grandes que celles qui arrivent, lorfque le Soleil eft à l'Equateur & la Lune dans fes Quadratures ; parce que dans le premier cas la Lune eft à l'Equateur & dans le dernier elle eft à l'un des Tropiques ; & le Flux & Reflux dépendant plus de l'action de la Lune que de celle du Soleil, eft par conféquent le plus confidérable lorfque l'action de la Lune eft la plus grande : cependant parce que le Soleil eft plus près de la Terre en Hyver qu'en Eté, il fuit de-là que les plus grandes Reverdies arrivent après l'Equinoxe d'Automne & avant celui du Printems.

Lorfque la Lune décline de l'Equateur vers l'un des deux Poles, l'une des plus grandes élévations de l'Eau fuit la Lune, & parcourt à peu près, fur la Surface de la Terre, le Parallele qui répond à celui que la Lune paroît parcourir à caufe du mouvement diurne : & la plus grande, élévation oppofée, étant aux Antipodes de la première, doit parcourir un Parallele auffi éloigné de l'autre côté de l'Equateur ; enforte que tandis que l'une fe meut au Nord de l'Equateur, l'autre fe meut au Midi à la même diftance. Maintenant la plus grande

Ccc

élévation, qui fe meut du même côté de l'Equateur qu'un lieu donné, fera plus près de ce lieu que l'éléva-tion oppofée, qui fe meut dans un Parallele de l'autre côté de l'Equateur; & par conféquent fi un lieu eft du même côté de l'Equateur que la Lune, le Flux & Reflux du jour ou celui qui eft produit pendant que la Lune eft au-deffus de l'Horizon de ce lieu, excédera le Flux & Reflux de la Nuit, ou celui qui arrive tandis que la Lune eft fous l'Horizon de ce même lieu. C'eft le contraire fi la Lune eft d'un côté, & le lieu propofé de l'autre côté de l'Equateur; car alors l'élévation qui eft oppofée à la Lune fe meut du même côté de l'Equa-teur que le lieu en queftion, & par conféquent en fe-ra plus près que l'autre élévation. Cette différence fera la plus grande, lorfque le Soleil & la Lune fe trouvent l'un & l'autre dans les Tropiques; parce que les deux élévations parcourent dans ce cas les deux Cercles pa-ralleles les plus éloignés de tous ceux qu'elles puiffent parcourir. Ainfi on trouve, par l'Obfervation, que les Marées du Soir en Eté excédent celles du Matin, & que celles du Matin en Hyver furpaffent celles du Soir. On a remarqué que la différence à *Briftol* alloit à quinze pouces, à *Plimouth* à un pied. Elle feroit enco-re plus grande fi ce n'étoit qu'un Fluide retient tou-jours quelque tems le mouvement qui lui eft impri-mé; enforte que les Marées précédentes affe&tent tou-jours celles qui les fuivent *.

---

* Voyez, la *Fig.* 71. (de M. Newton) dans laquelle le Sphé-roïde PApE repréfente la Terre, P *p* les Poles, AE l'Equateur, F un lieu quelconque qui ne foit pas dans l'Equateur, F*f* fon Parallele, D*d* un Parallele de l'autre côté de l'Equa-teur, L le lieu de la Lune trois heures auparavant, H le lieu de la Terre au-quel L eft vertical, & *h* le lieu op-pofé, K*k*, lieux diftans de 90° des deux précédens. Alors CH & C*h* mefureront les plus grandes éléva-tions de l'Eau, & CK, C*k* les moindres. CF, C*f*, CD, C*d* feront les élévations en F, *f*, D, *d*. Et fi NM eft un Cercle du Sphéroïde, rencontrant l'Equateur & fes Paral-leles en S, R, T, CN fera l'éléva-tion de l'Eau en S, R, T, ou tous autres lieux dans le Cercle NM. Les plus hautes Marées à un lieu quel-

Les Phénomenes des lieux particuliers s'accordent avec ces Obfervations générales, fi on y a égard à la fituation & à l'étendue des Mers & des Rivages. On a toujours remarqué que les Marées fuivent le mouvement de la Lune, les Eaux de l'Océan s'élévant deux fois, pendant le tems qui s'écoule entre deux paffages fucceffifs de cette Planete par le Méridien d'un lieu donné; ce tems excéde un jour Solaire d'environ trois quarts d'heure, parce que la Lune, par fon mouvement propre, retarde d'autant fon retour au Méridien de ce même lieu. Ce que nous avons dit des effets de l'action du Soleil, qui augmentent ou diminuent ceux de l'action de la Lune, de la maniere qui a été expliquée, fe trouve parfaitement d'accord avec l'Obfervation conftante, & les Marées produites dans les lieux qui font fur un Océan vafte & profond, où l'Eau peut aifément fuivre les influences du Soleil & de la Lune, confirment cette Théorie.

Pour que les Marées puiffent avoir leur Mouvement libre, l'Océan dans lequel elles font produites doit être étendu d'Orient en Occident de 90°, ou d'un quart de Cercle de la Terre au moins; parce que les lieux où la Lune éleve & abaiffe les plus le Eaux font à cette diftance l'un de l'autre. Il paroît delà que ce n'eft que dans les grands Océans que de telles Marées peuvent être produites, & pourquoi dans la Mer pacifique elles excédent celles de l'Océan Atlantique. On voit auffi évidemment pourquoi les Marées ne font pas fi confidérables dans la Zone Torride, entre l'Afrique & l'Amérique, où l'Océan eft plus refferré,

---

conque F arrivent en F & f trois heures après le paffage de la Lune par le Méridien, au-deffus ou au-deffous de l'Horizon; & les plus baffes en Q trois heures après fon coucher ou fon Lever. Et fi F & L font du même côté de l'Equateur, le Flux du jour s'élévera plus haut que celui de la nuit, CF étant plus grande que Cf. C'eft le contraire, lorfque la déclinaifon de la Lune & la Latitude d'un lieu D font de dénominations oppofées, l'une du Nord & l'autre du Midi; parce que alors CD excéde Cd.

que dans les Zones temperées; on peut encore comprendre par là pourquoi le Flux & Reflux eſt ſi petit dans les Iſles qui ſont très-éloignées des Rivages. Il eſt manifeſte que, dans l'Océan Atlantique, l'Eau ne peut s'éléver ſur un Rivage qu'elle ne deſcende ſur l'autre; enſorte que, dans les Iſles à une diſtance intermédiaire, elle doit perſiſter à peu près à une hauteur moyenne entre ſon élévation ſur l'un & ſur l'autre Rivage.

Lorſque les Marées traverſent les Bancs de ſable & s'écoulent par les détroits dans les Golphes & les Bayes, leur mouvement devient plus variable, & leur hauteur dépend d'un grand nombre de circonſtances. Le Flux & Reflux produit ſur les Côtes Occidentales d'Europe, dans l'Océan Atlantique, correſpond à la ſituation de la Lune que nous avons expoſée ci-deſſus. Ainſi l'Eau parvient à ſa plus grande élévation ſur les Côtes d'Eſpagne, de Portugal, & ſur celles de l'Occident d'Irlande, environ trois heures après le paſſage de la Lune par le Méridien. Delà elle s'écoule par les Détroits adjacens où elle trouve le moins de réſiſtance. Un Courant, par exemple, ſe répand par le Midi d'Angleterre, un autre par le Nord d'Ecoſſe : ils employent un tems conſidérable à parcourir tout cet Eſpace, & par là l'Eau s'éléve plutôt dans les lieux où ils arrivent plus promptement; & elle commençe à y baiſſer, tandis que ces Courans avancent encore à d'autres lieux plus éloignés. Lorſqu'ils reviennent ils ne peuvent pas produire de Marées, parce que l'Eau s'écoule avec trop de rapidité, juſqu'à ce que, par un autre Flux pouſſé depuis le grand Océan, le retour du Courant ſoit arrêté, & que l'Eau commence à s'élever de nouveau. La Marée emploie douze heures à venir de l'Océan au Pont de Londres, enſorte que lorſque l'Eau y eſt à ſa plus grande hauteur, une nouvelle Marée eſt déja parvenue à ſon plus haut Point d'élévation dans l'Océan; & l'Eau doit être baſſe en même tems, dans

quelques lieux intermédiaires. Dans les Détroits & les
Mers refferrées, le progrès des Marées peut-être comparé à quelques égards au mouvement des vagues de
la Mer. M. Newton obferve auffi que, lorfque le Flux
& Reflux paffe fur des Bancs de fable & fe répand
fur des Rivages unis, l'Eau s'élève à une plus grande
hauteur que dans les Océans vaftes & profonds qui
ont des Bancs efcarpés ; parce que la Force de fon
mouvement ne peut être abbattue fur ces Rivages unis,
que l'Eau ne s'éléve à une plus grande hauteur.

Si un lieu communique à deux Océans, ou par deux
différentes voies au même Océan, l'une defquelles foit
un paffage plus prompt & plus aifé, il peut arriver deux
Marées en ce lieu en différens tems, qui, fe confondant enfemble, produiront une grande variété de Phénomenes. M. Newton fait mention d'un exemple extraordinaire en ce genre qui fe voit à Batsha, Port du
Royaume de Tunquin dans les Indes Orientales, à 20°
50' de Latitude Septentrionale. Le jour auquel la Lune
eft dans l'Equateur, l'Eau y eft tranquille fans aucun
mouvement : dès que la Lune s'éloigne de l'Equateur,
l'Eau commence à s'éléver & à s'abbaifer une fois par
jour ; & elle eft haute au coucher de la Lune & baffe
à fon lever. Ce Flux & Reflux diurne augmente pendant environ fept à huit jours, & diminue enfuite
durant autant de jours, par les mêmes dégrés, jufqu'à ce que ce mouvement ceffe lorfque la Lune eft
retournée à l'Equateur. Dès qu'elle a paffé l'Equateur &
décline vers le Pole Méridional, l'Eau s'élève & s'ab-
baiffe de nouveau comme auparavant ; mais alors les
Eaux font hautes au Lever & baffes au Coucher de la
Lune. M. Newton, pour expliquer ce Flux & Reflux
fingulier, confidere que dans ce Port de Batsha il y a
deux entrées, l'une par l'Océan Chinois entre le Continent & Manille, l'autre par la Mer des Indes entre
le Continent & Borneo, ce qui le conduit à propofer

comme une folution du Phénomene, qu'une Marée peut arriver à Batsha par l'une de ces entrées à la troifiéme heure de la Lune, & une feconde par l'autre de ces entrées fix heures après, à la neuvieme heure de la Lune. Car lorfque ces Marées font égales, l'une venant à fluer tandis que l'autre reflue, l'Eau doit refter tranquille, or elles font égales lorfque la Lune eft dans l'Equateur ; mais auffi-tôt que la Lune commence à décliner du même côté de l'Equateur que Batsha, nous avons fait voir que le Flux & Reflux du jour devoit excéder celui de la Nuit, enforte qu'il doit arriver à Batsha deux Marées plus grandes & deux moindres alternativement. La différence de ces deux Marées produira une agitation de l'Eau, qui s'élévera à fa plus grande hauteur, au tems moyen entre les deux Marées les plus confidérables, & s'abbaiffera le plus au tems moyen entre les deux moindres, enforte que les Eaux feront hautes environ vers la fixiéme heure après le coucher de la Lune & baffes à fon lever. Lorfque la Lune fe trouvera de l'autre côté de l'Equateur, le Flux & Reflux de la nuit excédera celui du jour ; & par conféquent les Eaux feront hautes au lever & baffes au coucher de la Lune. Les mêmes Principes ferviront à expliquer les autres Marées extraordinaires, qui s'obfervent, fuivant ce qu'on nous rapporte, dans des lieux expofés par leur fituation à de pareilles irrégularités.

M. Newton ne fe contente pas de ces Obfervations générales, mais il calcule les effets du Soleil & de la Lune fur les Marées, par leurs Puiffances attraêtrices. L'augmentation de la Gravité des parties latérales de la Terre, produite par l'aêtion du Soleil, eft un effet femblable à l'augmentation que produit la même caufe fur la Gravité de la Lune vers la Terre, lorfque la premiere eft dans fes Quadratures, augmentation dont notre Auteur a donné la jufte eftimation ; feulement l'addition

faite à la Gravité des parties latérales est * environ $60\frac{1}{2}$
fois moindre , parce que leur distance du Centre de la
Terre est autant de fois moindre que celle de la Lune
à ce même Point. La Gravité des Parties de la Terre
qui sont directement sous le Soleil & de celles qui
lui sont opposées, est diminuée d'une quantité double
de ce qui est ajouté à la Gravité des parties latérales;
& comme la diminution de la Gravité des unes, &
l'augmentation de la Gravité des autres, conspirent ensemble à élever les Eaux sous le Soleil & du côté qui lui
est opposé au-dessus de leur hauteur dans les parties latérales; toute la Force qui produit cet effet doit être
considérée comme triple de ce qui est ajouté à la Gravité des parties latérales : d'où il suit qu'elle est à la
Gravité des petites parties, comme 1 à 12868200, &
à la Force Centrifuge sous l'Equateur, comme 1 est à
44527. L'élévation des Eaux , par cette Force, est regardée par M. Newton, comme un effet semblable à
l'élévation des parties de l'Equateur au-dessus des parties polaires de la Terre, résultante de la Force Centrifuge à l'Equateur ; & comme elle est 44527 fois
moindre, il s'ensuit qu'elle doit être de 1 pied $11\frac{1}{30}$ pouces mesure de Paris. Telle est l'élévation produite par
l'action du Soleil sur l'Océan.

Pour déterminer la Force de la Lune sur les Eaux
de la Mer , il compare les Vives-Eaux ou Reverdies à
l'embouchure de la Riviere *Avon* au-dessus de *Bristol*,
(qui sont l'effet de la somme des Forces du Soleil &
de la Lune, lorsque leurs actions conspirent presque
ensemble) avec les Mortes-Eaux au même lieu (qui
sont l'effet de la différence de ces Forces, lorsque leurs
actions sont presqu'opposées) & il trouve que leur proportion est celle de 9 à 5 ; d'où, après différentes corrections nécessaires, il conclut que la Force de la Lune
est à la Force du Soleil, pour élever les eaux de l'Océan,

* *Princip. Lib. III. Prop. 36.*

comme 4, 4815 eſt à 1; enſorte que la Force de la Lune
eſt capable de produire d'elle-même une élévation de
8 pieds & 7$\frac{1}{12}$ pouces, & le Soleil & la Lune enſemble peuvent produire une élévation d'environ 10$\frac{1}{2}$
pieds, à leurs diſtances moyennes de la Terre, & une
élévation d'environ 12 pieds; lorſque la Lune eſt
dans ſon Périgée. Et en effet, la hauteur à laquelle
on trouve que l'Eau s'élève, ſur les côtes d'un Océan vaſte & profond, eſt aſſez conforme au réſultat de ce calcul.

C'eſt par-là qu'il eſt en état de déterminer la denſité
de la Lune & la quantité de matiere qu'elle contient. Son influence ſur les Marées eſt le ſeul effet
de la Puiſſance Attractrice de la Lune, qu'il nous ſoit
poſſible de meſurer, & cela nous donne le moyen d'eſtimer ſa denſité, comparée avec celle du Soleil; nous
trouvons qu'elle excéde cette derniere en raiſon de
4891 à 1000; & puiſque la denſité de la Terre eſt à
celle du Soleil, comme 4000 à 1000, il ſuit que la
Lune doit être plus denſe que la Terre, en raiſon de
4891 à 4000, ou de 11 à 9 à peu près. On ſçait, par
les Obſervations Aſtronomiques, que le Diamétre de
la Terre eſt à celui de la Lune, comme 365 à 100; &
de ces deux proportions on infere aiſément que la quantité de Matiere contenue dans la Lune eſt à celle de
la Terre, comme 1 eſt à 39, 788; & le Centre de Gravité de la Terre & de la Lune doit être, par conſéquent, preſque 40 fois plus près de la Terre que de
la Lune; & la ſituation de leur Centre de Gravité étant
connue, les mouvemens qui ont lieu dans leur Syſtême peuvent être déterminés avec une grande préciſion.

M. Newton recherche enſuite qu'elle eſt la Figure
de la Lune: & parce que la Terre contient près de 40
fois plus de Matiere que la Lune, l'élévation produite
par l'action de la Terre dans les parties de la Lune qui
ſont les plus prcohes d'elle, & dans les parties oppoſées à
celles-là, ſeroit près de 40 fois plus grande que celle que

la

la Lune produit dans nos Mers, si cette élévation ne devoit pas être diminuée, à proportion que le demi-Diamétre de la Lune est moindre que le demi-Diamétre de la Terre, c'est-à-dire, en raison de 100 à 365. En composant ces proportions, il trouve que le Diametre de la Lune qui passe par le Centre de la Terre doit excéder ceux qui lui sont perpendiculaires, d'environ 186 pieds. Il pense que les parties solides de la Lune forment un Sphéroïde, dont le plus long Diamétre est dirigé vers la Terre ; & ce peut-être là la raison pourquoi la Lune tourne toûjours le même côté vers nous. S'il y avoit de grandes Mers dans la Lune, & si elle faisoit sa Révolution sur son Axe, de sorte qu'elle tournât differens côtés vers la Terre, il y auroit eu de très-grands Flux & Reflux qui auroient surpassé dix fois les notres ; mais en conservant toujours le même côté vers la Terre, il n'y a de Flux & Reflux produits dans ses Mers, que ceux qui résultent des différences de leurs distances à la Terre, & des librations de la Lune ; car l'action du Soleil ne peut avoir que très-peu d'effet sur ces Mers.

CHAPITRE VIII.

Des Cometes.

NOus n'avons traité jufqu'ici que des Planetes : mais on découvre de plus dans l'étendue des Cieux plu-fieurs autres Corps appartenant au Syftême du Soleil, qui paroiffent avoir des mouvemens beaucoup plus ir-réguliers. Ce font les Cométes, qui, defcendant avec rapidité des parties les plus éloignées de ce Syftême, nous furprennent par l'apparence finguliere d'une traî-née de lumiere, ou d'une Queue qui, les accompagne, & deviennent vifibles pour nous dans les parties infé-rieures de leurs Orbites; mais peu de tems après elles font emportées de nouveau à de vaftes diftances, & dif-paroiffent. Quoique parmi les Anciens quelques-uns en euffent de plus juftes notions, cependant l'opinion ayant prévalu que ce n'étoient que des Météores en-gendrés dans l'Air, femblables à ceux que nous y voyons chaque nuit, & qui s'évanouiffent en quelques-momens, on ne prit aucun foin d'obferver ou de dé-crire exactement leurs Phénoménes, jufqu'à ces der-niers tems. De-là vient que cette partie de l'Aftrono-mie fe trouve très-imparfaite. Le nombre des Come-tes eft bien éloigné d'être connnu : Les Hiftoriens dans l'Antiquité en ont fait mention fouvent, & el-les n'ont pas été obfervées en petit nombre par les Aftronomes de nos jours, il y en a même quelques-unes qui ont été découvertes par hafard à l'aide des Télefco-pes, lorfqu'elles paffoient près de nous, & qui ne font jamais devenus vifibles à l'œil nud; enforte que nous pouvons conclure qu'elles font en très-grand nombre. Leurs périodes, leurs grandeurs, & les dimenfions de leurs Orbites font auffi incertaines. C'eft une partie de la Science Aftronomique, dont la perfection eft refervée à quelques Siecles éloignés de nous, lorfque ces Corps nombreux & leurs vaftes Orbites, par le fecours d'une fuite d'Obfervations exactes, feront ajoutés aux parties connues du Syftême Solaire. L'Aftronomie paroîtra alors comme une Science nouvelle, après toutes les découvertes dont nous nous glorifions à préfent: mais on fe reffouviendra, même dans ces jours floriffans de l'Aftronomie, que ce fut M. Newton qui découvrit & démontra les principes, par lefquels feuls on pouvoit faire de fi grands progrès; & qu'il commença, & pénétra fi avant, qu'il n'a prefque laiffé à la poftérité, que le foin d'obferver les Cieux, & de calculer fuivant les modeles qu'il a donnés.

Ayant à traiter cette partie de l'Aftronomie prefque depuis fes élémens, il commença par démontrer, contre les Philofophes Scholaftiques, que les Cométes font au-deffus de la Lune, parce qu'elles participent du mouvement diurne apparent, fe levant & fe couchant chaque jour, comme tous les Corps qui ne dépendent pas de la Terre, & cela fans aucune Parallaxe diurne fenfible. Mais parce qu'elles font toutes affectées par le mouvement annuel de la Terre, paroiffant, comme les Planetes, tantôt directes, tantôt rétrogrades, il conclud que lorfqu'elles deviennent vifibles pour nous, elles doivent être dans les Régions des Planetes. Comme il eft impoffible de décrire leurs mouvemens, avec quelque régularité, fans avoir égard au mouvement de la Terre, & qu'il fuffit feul pour expliquer les irrégularités de chaque Cométe, auffi-bien que de toutes les Planetes, nous avons de-là une nouvelle confirmation du mouvement de la Terre, & nous trouvons toutes les parties de cette Philofophie parfaitement d'accord entr'elles.

Notre Auteur ayant démontré, contre l'opinion de

Descartes, que les Cométes descendent dans les Régions Planétaires, lorsqu'elles sont visibles pour nous, il recherche quelle est la Courbe qu'elles décrivent dans leurs courses. Il suit, de la Loi générale de la Pésanteur déja établie, qu'elles doivent se mouvoir dans des Orbites Paraboliques, ou dans des Ellipses très-excentriques, qui ont un foyer au Centre du Soleil. Alors, avec sa sagacité ordinaire, il se livre à une longue suite de travaux, pour tâcher de découvrir comment un mouvement dans une Parabole peut convenir avec les Observations qui ont été faites sur les Cométes; dans cette vûe, il démontre la maniere de déterminer la Trajectoire Parabolique que décrit une Comete, à l'aide de trois Observations; & il paroît, par differens exemples qu'il a donnés, que sa Théorie est tellement d'accord avec les Observations, qu'elle en reçoit une nouvelle évidence; ce qui nous apprend combien cette Théorie peut servir à étendre plus loin les connoissances que nous avons du Systême de l'Univers.

Il insiste particulierement sur la célebre Cométe qui parut vers la fin de l'année 1680, & au commencement de 1681. Il détermine sa Trajectoire, ou la Courbe qu'elle décrit, par trois Observations faites par M. Flamsteed; & alors il compare toutes celles qui ont été faites par lui même ou par d'autres, avec le mouvement d'un Corps dans cette Courbe, & trouve de très-petites différences entre les lieux observés de cette Cométe, & ceux qu'il a trouvé par le calcul qu'elle devoit occuper dans la Courbe, en même-tems. C'étoit la même Cométe qui fut vûe en Novembre 1680, & en Décembre, Janvier, Février & Mars suivans, quoiqu'on crut généralement que c'étoient deux différentes Cométes. En Novembre elle descendit vers le Soleil; elle en passa très-près le 12 de Décembre, où ayant été échauffée à un degré prodigieux, quoique la lumiere de la Tête ou du Noyau fut plus foible, cependant, lorsqu'elle

remonta dans l'autre moitié de son Orbite, sa Queue
fut beaucoup plus grande qu'auparavant, s'étendant
quelquefois à 70° degrés en longueur, & continuant
d'être visible, même après que la Tête ou le Noyau
eût été emporté hors de la portée de notre vûe.

Le Docteur Halley, auquel chaque partie d'Astronomie
est si redevable, mais celle-ci en particulier, a joint ses
travaux à ceux de notre Auteur à ce sujet, & il n'est
pas nécessaire pour nous de les séparer. Trouvant que
trois Observations de Cométes, dont l'Histoire fait
mention, convenoient avec celle-ci dans des circonstances remarquables, & qu'elles avoient reparu à la
distance de 575 ans l'une de l'autre, il soupçonna que
ce pouvoit être une seule & même Cométe, faisant sa
Révolution autour du Soleil dans cette période. Il
supposa donc la Parabole changée en une Ellipse excentrique telle que la Cométe pourroit la décrire en
575 ans, & qui se confondroit à peu près avec la Parabole dans sa partie inférieure. Ayant ensuite calculé
les lieux de la Comete dans cette Orbite Elliptique, il
les trouva si conformes avec ceux où la Cométe fut observée, que les variations n'excédoient pas les différences qu'on trouve entre les lieux calculés des Planetes, & ceux où on les observe; quoique les mouvemens de ces dernieres ayent été le sujet du calcul
Astronomique pendant quelques milliers d'années.
Cette Cométe peut, par conséquent, être attendue de
nouveau, après avoir fini la même période, environ
l'année 2255. Si elle reparoît alors, elle donnera un
nouveau lustre & une nouvelle évidence à la Philosophie de Mr. Newton, dans ces Siecles éloignés. Et si
l'inconstance des choses humaines, & les Révolutions
perpétuelles ausquelles elles sont sujettes, venoient à
occasionner quelque négligence de notre Philosophie
dans les Siécles qui précéderont ce tems, cette Cométe la feroit revivre, & feroit retentir de nouveau la

gloire de ce grand homme dans la bouche de tous ceux qui en feront témoins. On ne doit pas regarder cette prédiction comme vaine, car nous fommes très-fondés à croire que les Aftronomes de ces tems feront la plus grande attention à cette Cométe, parce que dans une partie de fon Orbe, elle s'approche très-près de l'Orbite de notre Terre; enforte que dans quelques Révolutions, elle peut en approcher affez près pour y produire des effets très-confidérables, s'ils ne font pas dangereux. On ne doit pas douter que, tandis qu'un fi grand nombre de Cométes paffent parmi les Orbites des Planetes, & traînent après elles des Queues fi immenfes, nous n'euffions été contraints, par les effets extraordinaires qui s'en feroient fuivis, de faire attention à ces Corps depuis long-tems, fi les mouvemens opérés dans l'Univers, n'euffent été d'abord déterminés, & produits par un Etre d'une connoiffance affez étendue pour en prévoir toutes les fuites les plus indirectes. Notre Terre étoit hors de la route de cette Comete, lorfqu'elle vint à paffer près de fon Orbite; mais il faut avoir une parfaite connoiffance du mouvement de la Comete, pour être en état de juger, fi elle paffera toujours près de nous avec fi peu d'effet. Nous pouvons obferver ici que ces grandes Périodes, & ces Obfervations éloignées dépendantes les unes des autres, promettent ce bon effet, qu'elles contribueront à préferver le goût des Sciences des Révolutions aufquelles il a été fujet autrefois. Elles réuniffent, pour ainfi-dire, les Siecles éloignés, & fourniffent une matiere perpétuelle propre à exciter la curiofité des hommes, de tems en tems.

Mais nous ne devons pas attendre le retour de cette Cométe éloignée, pour voir la Théorie de notre Auteur vérifiée, & fes prédictions en ce genre commencer à s'accomplir. En comparant entr'elles les Orbites des Cometes qui parurent en 1607 & 1682, on trouve qu'elles se confondent tellement ensemble, qu'il est naturel de croire que c'est une seule & même Comete, faisant sa Révolution en 75 ans autour du Soleil. Si cette Comete, suivant cette Période, reparoît en 1758, l'Astronomie aura encore un nouveau sujet de se glorifier. Elle semble être au nombre de celles qui s'élevent le moins au-dessus du Soleil, sa plus grande distance surpassant seulement trente-cinq fois celle de la Terre au Soleil; ensorte qu'à sa derniere hauteur, elle ne s'éloigne pas de nous quatre fois plus que Saturne. Ce sera problablement la premiere qu'on ajoutera au nombre des Planetes, & qui confirmera cette partie de la Théorie de notre Auteur.

M. Newton ne s'est pas borné à ces Cométes, il a encore considéré les mouvemens de plusieurs autres, & il trouve sa Théorie toujours d'accord avec l'Observation. Il calcule particulierement les lieux d'une Cométe remarquable qui parut en 1664 & 1665. Son mouvement étoit de 20° par jour, & elle parcourut presque six signes dans les Cieux avant de disparoître; sa Trajectoire s'écarta d'un grand Cercle, vers le Nord, & son mouvement qui avoit été auparavant rétrograde, devint direct vers la fin; cependant malgré un trajet si extraordinaire, ses lieux calculés par la Théorie de notre Auteur conviennent avec les lieux observés, autant que ceux des Planetes avec leur Théorie.

Les Phénomenes de toutes les Cometes, mais en particulier de celle de 1680, nous apprennent que ce sont des Corps solides, fixes & durables. Cette Comete étoit, dans son Périhélie, 166 fois plus près du Soleil que n'en est notre Terre: & de-là, notre Auteur calcule qu'elle doit avoir reçû une chaleur 2000 fois plus grande que celle du Fer prêt à entrer en fusion, & que si elle étoit égale à notre Terre, & se réfroidissoit de la même maniere que les Corps terrestres, elle employeroit 50000 ans à se réfroidir: pour supporter une si prodigieufe chaleur, elle doit fûrement être d'une nature très-folide & très-fixe.

Il y a un Phénomene qui fuit chaque Comete, & qui leur eft particulier, qu'on appelle leur Queue : quelques-uns l'ont attribuée à la réfraction des Rayons du Soleil, paffant au travers de la Tête, ou du *Noyau* qu'ils fuppofoient tranfparent ; d'autres à la réfraction des Rayons refléchis de la Tête, tandis qu'ils nous font tranfmis par les Efpaces intermédiaires. Notre Auteur réfute l'une & l'autre de ces opinions, & fait voir que la Queue eft formée d'une vapeur qui s'éleve continuellement du Corps de la Comete, vers les parties oppofées au Soleil, par la même raifon que les vapeurs ou la fumée s'élevent dans l'Atmofphere de la Terre. A caufe du mouvement du Corps de la Comete, la Queue eft un peu courbée vers le lieu où le Noyau a paffé; ces Queues fe trouvent les plus grandes, lorfque la Cométe fort de fon Périhélie, c'eft-à-dire, du lieu où elle eft à fa moindre diftance du Soleil, où elle reçoit le plus de chaleur, & où l'Atmofphere du Soleil eft dans fa plus grande denfité. La Tête paroît après cela obfcurcie par la vapeur épaiffe qui s'en éleve abondamment. La Queue de la Cométe de 1680, étoit d'un volume prodigieux ; elle s'étendoit depuis la Tête à une diftance à peine inférieure à celle du Soleil à la Terre. Comme la matiere de la Queue participe du mouvement de la Cométe, elle eft emportée avec elle, & il s'en fépare quelque partie qui fe rejoint de nouveau à la Tête de la Cométe : à mefure que la matiere de la Queue s'éleve, elle devient rarefiée de plus en plus, comme il paroît par l'accroiffement de cette traînée de lumiere en largeur vers le haut. Une grande partie de ces Queues doit fe répandre, par cette raréfaction dans le Syftême Solaire ; une portion, par fa Gravité, peut tomber vers les Planetes, fe mêler avec leurs Atmofpheres, & remplacer les Fluides qui fe confument dans les opérations de la Nature, & pour-

B

ra peut-être aussi réparer la perte de cet esprit subtil répandu dans l'Air, qui est si nécessaire à la vie des animaux, & à plusieurs autres opérations de la Nature.

Nous ne devons pas attendre que les mouvemens des Cométes soient aussi exacts, & les périodes de leurs Révolutions si égales, que ceux des Planetes ; considérant leur grand nombre, & leur distance énorme du Soleil dans leur Aphélie, où leurs actions les unes sur les autres doivent avoir quelqu'effet pour en troubler les mouvemens. La résistance qu'elles rencontrent dans l'Atmosphere du Soleil, lorsqu'elles descendent aux parties inférieures de leurs Orbites, les affectera aussi. La lenteur de leur mouvement dans ces parties inférieures permettra à leur Gravité de les faire approcher de plus en plus du Soleil, dans chaque Révolution, jusqu'à ce qu'enfin elles soient englouties dans cet immense Globe de feu, auquel elles serviront d'aliment. La Comete de 1680 passa à une distance de la Surface du Soleil, qui n'excédoit pas la sixiéme partie du Diamétre de ce Globe ; elle en approchera encore plus près dans la Révolution suivante, & tombera enfin tout-à-fait sur le Soleil. Les pertes que souffrent les Etoiles fixes peuvent être reparées, de la même maniere, par des Cométes qu'elles absorbent ; & quelques-unes de ces Etoiles, dont la lumiere & la chaleur sont presque épuisées, peuvent par ce moyen recevoir un nouvel aliment. C'est ce qui paroît avoir lieu dans celles qu'on a observées briller tout-à-coup d'un grand éclat, & s'évanouir ensuite peu à peu. Telle fut l'Etoile en *Cassiopé*, qui n'étoit pas visible le 8 Novembre 1572, mais qui brilla la nuit suivante d'un éclat presque égal à la Planete de Venus, & diminua continuellement ensuite, jusqu'à ce que, dans l'Espace de 16 mois, elle s'évanoüit entierement. Les Disciples de Kepler en remarquerent une autre de la même

E e e

forte, dans le pied droit du Serpentaire, le 30 Septembre 1604, plus brillante que Jupiter, quoiqu'elle ne fut pas vifible la nuit précédente ; elle diminua auffi par degrés, & s'évanouit en quinze ou feize mois. On dit que ce fut une Etoile nouvelle de cette efpece, qui, paroiffant d'un éclat extraordinaire dans les Cieux, induifit Hipparque à faire fon Catalogue des Etoiles fixes. Mais ces Etoiles qui paroiffent & difparoiffent, augmentant par degrés & diminuant alternativement, femblent être d'un genre différent, & avoir un côté lumineux & un autre obfcur, que, par la rotation fur leur Axe, elles tournent vers nous fucceffivement.

L'argument contre l'éternité de l'Univers, tiré des pertes que fouffre le Soleil, fubfifte toujours, & même acquiert une nouvelle force par cette Théorie des Cométes; puifque l'aliment qu'elles lui fourniffent auroit déja été confumé depuis long-tems, fi le Monde eut exifté de toute éternité. La Matiere contenue dans les Cométes elles-mêmes, qui produit la vapeur qui s'en exhale dans chaque Révolution au Périhélie, & forme leurs Queues, auroit auffi été épuifée long-tems avant notre Siécle. En général, toutes quantités qui doivent être fuppofées diminuer ou augmenter continuellement, répugnent à l'éternité du Monde; puifque les premieres euffent été épuifées, & les dernieres feroient parvenues à une grandeur infinie, au tems où nous vivons, fi le Monde étoit éternel : & il eft manifefte qu'il y a differentes fortes de quantités de ces deux efpeces dans l'Univers.

La defcente des Cometes dans les Régions Planétaires fait voir que les Orbes folides, dans lefquels les Scholaftiques penfoient que les Planetes faifoient leurs Révolutions, font imaginaires. Et la régularité de leurs mouvemens, tandis qu'elles font emportées dans des Orbes très-excentriques, en toutes directions, dans tou-

tes les parties du Ciel, conspire avec plusieurs autres
Argumens à renverser les Tourbillons de Descartes.

M. Newton observe de plus, que, tandis que les Cométes se meuvent dans toutes les parties des Cieux,
avec differentes directions, & dans des Orbes très-excentriques, dont les plans sont inclinés entr'eux, &
forment de grands Angles, on ne peut attribuer à une
aveugle nécessité, les mouvemens des Planetes autour
du Soleil, & ceux des Satellites autour de leurs Planetes respectives, tous avec la même direction, dans des
Orbites à peu près circulaires, & presque dans le même plan. Les Cométes, en se mouvant dans des Orbes très-excentriques, descendent avec une grande vitesse, & sont rapidement emportées au travers des Régions Planétaires, où elles approchent le plus près les
unes des autres, & des Planetes, en sorte qu'elles ont
le moins de tems qu'il est possible pour altérer leurs
mouvemens propres, ou ceux des Planetes. En se
mouvant dans des plans très-différens, elles sont emportées à une vaste distance les unes des autres, dans
les parties les plus élevées de leurs Orbites, où, à cause
de la lenteur de leurs mouvemens & de la foiblesse
de l'action du Soleil à de si grandes distances, leurs
actions mutuelles produiroient, sans cette précaution les
plus grands désordres. Ainsi nous voyons toujours, que
ce qui, à la premiere vûe, a quelque apparence d'irrégularité & de confusion dans la Nature, se trouve, après
une recherche plus exacte, disposé suivant le meilleur
ordre, & conduit avec le plus de prudence que l'on
puisse imaginer.

M. le Chevalier Newton fait ensuite quelques réfléxions sur la nature de la cause suprême, & il infére, de
la structure du Monde visible, qu'il est soumis à un
Etre Tout-Puissant, & souverainement sage, qui le

gouverne, noncomme étant son Ame, mais comme son
Maître, exerçant un pouvoir absolu sur l'Univers, non
comme sur son Corps, mais comme sur son Ouvrage,
& y agissant comme il lui plaît, sans en être affecté
de quelque maniere que ce soit. Nous allons maintenant
exposer plus au long dans le Chapitre suivant ce qu'il a
enseigné sur la Divinité.

CHAPITRE IX.

De l'Auteur suprême & Conservateur de l'Univers.

1. ARistote conclud son Traité du Monde, en observant « qu'il y auroit de l'impiété à traiter « du Monde, sans parler de son Auteur, » puisqu'il n'y a rien en effet, que nous rencontrions plus souvent & plus constamment dans la Nature, que les traces d'un Dieu qui gouverne tout. Et le Philosophe qui n'y fait aucune attention, & qui se contente des apparences de l'Univers matériel, & des Loix Méchaniques du Mouvement, néglige ce qu'il y a de plus excellent, & préfere ce qui est imparfait à ce qui est souverainement parfait, le fini à l'infini, ce qui est foible & resserré dans d'étroites limites, à ce qui est Tout-Puissant & sans bornes, & ce qui est périssable à ce qui dure éternellement. Ceux qui ne font pas refléxion à des indications si manifestes d'une Sagesse & d'une Bonté suprêmes, qui se présentent continuellement à eux de quelque côté qu'ils portent leurs regards, ou qu'ils commencent leurs recherches, ressemblent trop à ces anciens Philosophes qui firent de la Nuit, de la Matiere, & du Chaos l'origine de toutes choses.

2. Comme nous manquons d'idées & de termes suffisans pour parler du premier Etre, Aristote, dans la conclusion du Traité dont nous avons fait mention ci-dessus, est obligé de se contenter de le comparer avec ce qu'il y a de plus relevé & de plus excellent en

tout genre. * Ainſi nous diſons qu'il eſt le Roi où le Maître de toutes choſes, le pere de toutes ſes créatures, l'Ame du Monde, ou le grand eſprit qui anime l'Univers. Ces expreſſions furent d'abord priſes dans le ſens qu'elles devoient avoir, mais dans la ſuite on en abuſa quelque fois; particulierement de celle d'Ame du Monde, qui pouvoit le repréſenter non-ſeulement comme un principe actif, & ſe mouvant de lui-même, mais auſſi comme paſſif, & capable d'être affecté par les actions & les mouvemens des Corps. La nature abſtraite du ſujet donna occaſion aux derniers Platoniciens, particulierement à Plotin, d'introduire les notions les plus myſtiques & les plus inintelligibles ſur la Divinité & le culte que nous lui devons. Comme lorſqu'il nous dit que l'entendemement ne doit pas être attribué à Dieu, & que le culte le plus parfait que nous puiſſions lui rendre conſiſte, non en des actes de vénération, de reſpect, de gratitude & d'amour, mais dans un certain anéantiſſement miſtérieux de ſoi-même, & une abolition totale de toutes nos facultés. Ces Dogmes, tout abſurdes qu'ils ſont, ont eu des Sectateurs, qui, dans ce cas, comme dans pluſieurs autres, en voulant s'élever beaucoup au-deſſus de leur portée, forcent leurs facultés & tombent dans une ſorte de folie; contribuant, autant qu'il eſt en eux, à faire mépriſer la vraie dévotion & la piété ſolide.

3. Ceux qui, ſous prétexte d'exalter la Puiſſance eſſentielle de la cauſe ſuprême, font dépendre entierement de ſa volonté la vérité & la fauſſeté, ne méritent

---

* Καθόλε δὲ, ὅπερ ἐν νηὶ κυβερνήτης, ἐν ἅρμαῖι δὲ ἡνιοχ℗, ἐν χορῷ δὲ κορυφαῖος, ἐν πόλει δὲ νόμος, ἐν ςραΤοπέδω δὲ ἡγεμών· τᾶΤο θεὸς ἐν κόςμω· πλὴν καθ᾽ ὅσον, τοῖς μὲν καμαΤηρὸν τὸ ἄρχειν, πολυκίνηΤον τε ᴋ πολυμέριμνον· τῷ δὲ, ἄλυπον, ἀπονὸν τε ᴋ πάσης κεχωρισμένον σωμαΤικῆς ἀσθενείας· ὂν ἀκινήτω γὰρ ἰδρυμένος πάνΤα κινεῖ, ᴋ περιάγει ὅπου βέλεΤαι, ᴋ ὅπως, ἐν διαφόροις ἰδέαις τε ᴋ φύσεσιν. *De Mundo. Cap. 6.*

pas d'être loués à cet égard, comme nous l'avons obfervé de Defcartes, *liv.* 1. *ch.* 4. Ces Dogmes tendent directement à introduire l'opinion abfurde, que
les facultés intellectuelles peuvent être formées de
façon qu'elles perçoivent clairement & diftinctement
comme vrai, ce qui eft réellement faux. Ceux-là jugent
beaucoup mieux, qui, fans fcrupule, mefurent la Toute-
Puiffance Divine elle-même, & la poffibilité des chofes, par les idées claires qu'ils en ont, affirmant que
Dieu lui-même ne peut faire que des chofes contradictoires foient vraies en même-tems; & qui repréfentent
la partie certaine de nos connoiffances, en quelque
degré, comme une émanation de la fcience & de la fageffe de Dieu qui nous a été communiquée, dans le
fpectacle de la Nature qu'il a expofé à nos yeux.

4. La fublimité du fujet eft propre à élever & à tranfporter les efprits des hommes au-delà du terme où
leurs facultés font en état d'atteindre : ce qui fait que,
pour les aider, on a inventé des repréfentations allégo-
riques & énigmatiques, qui, dans la fuite du tems,
ont donné lieu aux plus grands abus. Lorfqu'on vint à
confidérer des figures Métaphoriques & des noms
comme des réalités, à la place du vrai Dieu on fubfti-
tua un nombre infini de fauffes Divinités; & fous, prétexte de dévotion, on rendit aux objets les plus déteftables un culte qui tendoit à éteindre les notions du vrai
mérite & de la vertu parmi les hommes.

5. Comme il n'y a point de recherches plus épineu-
fes & d'une nature plus relevée, que celles qui ont
rapport à la Divinité, ou d'une fi grande importance à
des Etres intellectuels, que de difcerner la vérité de la
fauffeté, le jufte de l'injufte; ainfi il eft manifefte qu'il
n'y a rien où il foit néceffaire de pouffer plus loin la
précaution & la prudence. De-là vient qu'on ne voit
qu'à regret avec quelle liberté, ou plutôt quelle licence, les Philofophes ont avancé leurs notions témé-

raires fur la nature & l'effence de Dieu, fur fa liberté & fes autres attributs. Nous avons fait voir dans le premier Livre, prefque par les propres paroles de Defcartes, combien ce Philofophe a pris de liberté en expofant la formation de l'Univers fans l'interpofition de la Divinité, & en prétendant déduire de fes attributs des conféquences qui font maintenant reconnues pour fauffes. On a lieu de croire qu'une maniere de procéder fi peu conforme à la raifon, dans un fujet fr férieux & fi important, peut avoir rebuté la partie la plus fage & la plus modérée du Genre humain. Tandis que Spinofa élevoit d'une façon monftrueufe fa Doctrine de la Néceffité abfolue, & furpaffoit tous les autres Philofophes, par la foibleffe de fes preuves auffibien que par l'impiété de fes Dogmes, il affecta cependant, en differentes occafions, de parler de la Divinité dans les termes les plus refpectueux. M. Leibnitz & plufieurs de fes Difciples ont pareillement foutenu la même Doctrine de la Néceffité abfolue, l'étendant jufqu'à Dieu lui-même, dont nos idées font fi imparfaites, & cependant dont il nous importe tant de ne pas prendre de fauffes notions. Mais M. le Chevalier Newton s'eft éminemment diftingué par fa prudence & par fa circonfpection, en parlant ou en traitant de ce fujet, dans fes difcours auffi-bien que dans fes Ecrits; quoiqu'il n'ait pas échappé aux reproches de fes adverfaires, même à cet égard. Comme Dieu eft la caufe premiere & fuprême dont les autres caufes tirent toute leur force & leur énergie, il penfa qu'il étoit abfolument contraire à la raifon de l'exclure *lui feul* de l'Univers. Il lui parut beaucoup plus jufte & plus raifonnable, de croire que tout l'enchaînement, ou les différentes fuites de caufes, fe rapportoient à lui, comme à leur fource & leur origine, & que tout le Syftême de l'Univers dépendoit de lui qui eft la feule caufe indépendante.

Le grand Argument pour l'exiftence de Dieu, qui fe
manifefte

manifeste à tous les hommes, & qui porte avec lui une
conviction à laquelle on ne peut résister, se tire de la
structure admirable du Monde, & du rapport qu'on observe évidemment entre toutes les parties qui le composent. Il n'est pas nécessaire de recourir ici à des raisonnemens subtils & recherchés : ce rapport manifeste
des choses les unes avec les autres annonce incontes-
tablement un Auteur. Nous en sommes frappés comme
d'une sensation ; & si on peut opposer quelques raisonnemens qui nous embarrassent, c'est sans ébran-
ler notre créance. Il n'y a personne, par exemple, qui,
connoissant les principes d'Optique & la structure de
l'Œil, puisse croire qu'il ait été formé sans une parfaite
connoissance de cette science ; ou que l'Oreille ait été
construite, sans connoître la nature des sons, ou que le
mâle & la femelle dans les animaux, ne soient pas
formés l'un pour l'autre, & pour perpétuer leur espece.
Nous trouvons dans la Nature une infinité de pareils
exemples. La merveilleuse structure des choses pour
les causes finales, nous donne une idée sublime de
l'*Auteur* ; l'unité de dessein fait connoître qu'il est *un*.
Les grands mouvemens exécutés dans l'Univers avec
la même facilité que les plus petits, nous annoncent
sa *Toute-Puissance*, qui met en mouvement la Terre
& les Corps célestes, aussi facilement que les plus petites parties. La subtilité des mouvemens & des actions
dans les parties internes des Corps, fait voir que son
influence pénétre jusqu'aux derniers élemens qui les
composent, & qu'il est également *actif & présent* partout. La simplicité des Loix qui ont lieu dans le Monde, l'excellente disposition des choses pour les meilleures fins, & la beauté qui embellit les Ouvrages de la
Nature, bien supérieures à tout ce que l'Art peut produire de plus parfait, démontrent sa *Sagesse* consom-
mée. L'utilité de toutes les choses qui existent & qui

fe trouvent, fi bien difpofées en faveur des Etres intelligens qui en jouiffent, la forme intérieure & la ftructure
morale de ces Etres eux-mêmes, font des preuves con-
vainquantes de fa *Bonté* fans bornes. Ce font là des argumens qui fe manifeftent fuffifamment aux yeux du
vulgaire, & qui ne font pas au-deffus de fa capacité,
mais qui reçoivent en même-tems une nouvelle
force & un nouveau luftre des découvertes des Sçavans. L'action de Dieu fur l'Univers fait voir qu'il le
gouverne auffi-bien qu'il l'a formé, & la profondeur
de fes confeils, (même en conduifant le Monde matériel) dont la plus grande partie eft au-deffus de notre
entendement, nous infpire de la crainte & de la vénération pour ce grand Etre, & nous difpofe à recevoir ce qui peut nous être revelé fur lui par d'autres
voies. On a obfervé avec juftice, que quelques-unes des
Loix de la Nature, actuellement connues, nous euffent
échappé fi nous avions été privés du fens de la vûe. Il
peut être en fon pouvoir de nous donner d'autres fens,
dont nous n'avons à préfent aucune idée; fans lefquels
il nous eft impoffible de connoître tous fes Ouvrages,
ou d'avoir des idées de lui plus complettes. Dans notre
état préfent, nous avons affez de connoiffances pour
être perfuadés de la dépendance où nous fommes de
cet Etre fouverain, & des devoirs que nous lui devons,
comme le Maître & le difpenfateur de toutes chofes. Il
n'eft pas l'objet des fens, fon effence, & même celle
de toutes les autres fubftances, font au-deffus de la portée de nos découvertes, mais fes attributs fe font voir
clairement dans fes admirables Ouvrages. Nous fçavons que les plus hautes idées que nous fommes capables d'en former, font toujours au-deffous de fes perfections réelles; mais fa Puiffance & fon Empire fur
nous, & nos devoirs envers lui font manifeftes.

7. M. Newton a particulierement foin de repréfenter

toujours cet Etre Suprême , comme un Agent libre ; craignant avec juſtice les dangereuſes conſéquences de cette Doctrine qui introduit une Néceſſité fatale ou abſolue qui préſide ſur toutes choſes. Il a fait le Monde, non qu'il y fût déterminé par aucune néceſſité , mais lorſqu'il le jugea à propos : la Matiere n'eſt pas infinie ou néceſſaire , mais il en créa autant qu'il convenoit à ſes deſſeins : il a placé les Syſtêmes des Etoiles fixes à differentes diſtances les uns des autres , à ſa volonté : il a formé les Planetes, dans le Syſtême Solaire, en un certain nombre , & les a diſpoſées à diverſes diſtances du Soleil, comme il lui a plû : il les a fait toutes mouvoir d'Occident en Orient , quoiqu'il ſoit évident, par les mouvemens des Cométes , qu'il auroit pû les faire mouvoir d'Orient en Occident. Dans ces exemples & dans un grand nombre d'autres ſemblables , nous voyons évidemment les veſtiges d'un Agent ſage, mais parfaitement libre. Comme la circonſpection étoit une partie éminente du caractere de M. le Chevalier Newton, mais qui ne dérogeoit en rien à ſa pénétration, à la ſubtilité & à l'élévation de ſon génie, nous avons, en cette occaſion , une raiſon particuliere de lui applaudir, & d'avouer que ſa Philoſophie a toujours ſervi aux deſſeins les plus importans, ſans jamais avoir la moindre tendance à leur nuire.

8. Comme en traitant de ce ſujet ineffable , nous manquons d'idées & de termes qui lui ſoient en quelque maniere proportionnés, & que pour donner quelque force à nos notions , nous ſommes obligés d'avoir recours à des expreſſions figurées , ainſi qu'il a déja été obſervé ; à peine eſt-il poſſible même aux plus circonſpects d'en employer qui ne ſoient ſuſceptibles de quelques conteſtations , de la part de ceux qui , par des raiſonnemens ſubtils ne ſe plaiſent qu'à cauſer des diſputes M. Newton pour exprimer ſon idée de l'*Omni-préſence* de Dieu , avoit dit que cet Etre Suprême percevoit tout ce qui ſe paſſoit dans

l'Efpace pleinement & intimément, comme dans fon
Senforium. Il s'éleva auffi-tôt une clameur parmi fes adverfaires , comme s'il vouloit dire que l'Efpace fut à
Dieu, ce que le *Senforium* eft à nos Ames. Mais quiconque confidére cette expreffion, fans préjugés , conviendra qu'elle donne une très-forte idée de la préfen-
ce intime de Dieu par tout, & de la faculté qu'il a de
percevoir tout ce qui arrive de la maniere la plus complette, fans-fe fervir d'aucuns agens ou inftrumens intermédiaires, & que M. Newton n'en a fait ufage que
dans cette vûe ; car il étoit principalement en garde
contre l'opinion de ceux qui s'imaginent que les objets externes agiffent fur Dieu, & qu'il en éprouve quelque paffion ou quelque réaction. On fuppofe communément que l'Ame reffent intimément les impreffions
faites fur le *Senforium*, & que ce n'eft que là qu'elle eft
immédiatement préfente ; & comme nous devons déduire nos idées des attributs de Dieu, de ce que nous
connoiffons de nos Ames, ou de celle des autres hommes, de la meilleure maniere qui foit en notre Puiffance, en rejettant toute imperfection & toute limite ; ainfi il étoit à peine poffible de nous repréfenter
l'Omni-préfence de Dieu , & fa Science univerfelle
dans un plus grand jour que par cette comparaifon.
Mais l'attachement des Philofophes à leurs Syftêmes
favoris , les irrite fouvent contre ceux, qui, dans la
recherche de la vérité, renverfent innocemment leurs
Dogmes, & les porte à faifir toute occafion où ils peu-
peuvent découvrir la moindre apparence d'erreur.

9. Mais la plus grande clameur qui fe foit élevée
contre le Chevalier Newton, ce fut de la part de ceux
qui s'imaginerent qu'il repréfentoit l'Efpace infini comme un attribut de Dieu, & qu'il le croyoit préfent par
la diffufion de fa fubftance dans toutes les parties de
l'Efpace. Mais on ne trouve point de femblables expreffions dans fes Ecrits ; il a toujours penfé & parlé de

Dieu avec trop de respect pour prendre de pareilles libertés. Au contraire, il nous dit * que Dieu dure de l'Eternité jusqu'à l'Eternité, & qu'il est présent de l'Infini à l'Infini; mais qu'il n'est pas l'Eternité ou l'Infinité, l'Espace ou la Durée. Il ajoûte, à la vérité, que comme Dieu existe nécessairement, & que par la même nécessité, il existe par tout & toujours, il constitue l'Espace & la Durée : mais il ne paroît pas que cette expression puisse avec justice donner lieu à aucun reproche; car cela ne signifie autre chose, sinon que puisqu'il est essentiellement & nécessairement présent dans toutes les parties de l'Espace & de la Durée, celles-ci, par conséquent, doivent aussi nécessairement exister.

10. Bien loin que cette idée puisse donner aucun juste fondement à former des plaintes contre lui, elle explique l'existence nécessaire de l'Espace, d'une façon digne de Dieu, & nous apprend le grand avantage qu'on peut retirer de cette Doctrine, qui est si évidente & si manifeste. Le Chevalier Newton est si éloigné de représenter Dieu comme présent dans l'Espace par diffusion (comme quelques-uns l'ont injustement avancé) qu'il dit expressément * qu'il y a des parties successives dans la durée, & des parties co-existentes dans l'Espace; mais que ni les unes ni les autres ne se trouvent dans l'Ame de l'homme, ou dans le Principe pensant qui est en lui ; & encore moins dans

---

* Æternus est & infinitus, omnipotens & omnisciens, id est., durat ab æterno in æternum, & adest ab infinito in infinitum ; omnia regit, & omnia cognoscit, quæ fiunt aut fieri possunt. Non est æternitas & infinitas, sed æternus & infinitus; non est duratio & spatium, sed durat & adest. Durat semper, & adest ubique, & existendo semper & ubique, durationem & spatium constituit. Newton Princip. Scholium generale. Pag. 528.

* Partes dantur successivæ in duratione, coexistentes in spatio, neutræ in persona hominis seu principio ejus cogitante; & multò minùs in substantia cogitante. Dei. Omnis homo quatenus res sentiens, est unus & idem homo durante vitâ suâ in omnibus & singulis sensuum organis. Deus est unus & idem Deus semper & ubique. Ibid.

la Subſtance Divine. Comme l'homme eſt toujours le
même dans toutes les périodes de ſa vie, & malgré
toutes les ſenſations & les paſſions différentes qu'il
éprouve; à plus forte raiſon, Dieu eſt-il toujours le
même en tout tems, & en tout Eſpace, ſans être ſujet
à aucun changement. Il ajoute que Dieu eſt préſent
par tout, *non per virtutem ſolam, ſed etiam per ſubſtan-
tiam, ſed modo prorſus incorporeo, modo nobis penitus ignoto.*
Il eſt clair, donc, qu'il étoit bien éloigné de penſer
que Dieu fut préſent par tout, par la diffuſion de ſa
ſubſtance, comme un Corps eſt préſent dans l'Eſpace,
en ce que ſes parties y ſont étendues; & il n'eſt pas
étonnant que nous ne puiſſions donner une explication
ſatisfaiſante de la maniere dont Dieu eſt préſent partout. Notre connoiſſance des choſes ne pénétre pas
juſques dans leur ſubſtance; nous n'appercevons que la
figure, la couleur, la ſurface externe des objets, & les
effets qu'ils ont ſur nous, mais nous ne pouvons découvrir leur ſubſtance, ni par les ſens, ni par aucun acte de
refléxion, & beaucoup moins connoiſſons-nous celle de Dieu. Comme un aveugle ne connoît pas
les couleurs, & n'a aucune idée de la ſenſation de
ceux qui voyent, de même nous n'avons pas de notion de la maniere dont Dieu connoît & agit.

11. Son exiſtence & ſes attributs ſe manifeſtent à
nous dans ſes Ouvrages, d'une maniere ſenſible & ſatiſ-
faiſante; mais ſon eſſence eſt impénétrable. Nous concluons de notre exiſtence & de celle des autres Etres
qui nous environnent, qu'il y a une premiere cauſe,
dont l'exiſtence doit être néceſſaire & indépendante
de tout autre Etre; mais ce n'eſt qu'*à poſteriori*, que
nous inferons ainſi la néceſſité de ſon exiſtence, & non
de la même maniere que nous déduiſons la vérité néceſſaire d'une propoſition en Géométrie, ou la propriété d'une figure, de ſon eſſence: ce qui eſt bien différent de cette évidence immédiate & directe que nous

avons pour la nécessité de l'existence de l'Espace. Nous ne parlons ici de toutes ces choses, que pour rendre justice à l'idée du Chevalier Newton, lorsqu'il avance que l'existence nécessaire de l'Espace, est relative à l'existence nécessaire de Dieu. Les Philosophes ont toujours été en dispute sur l'infinité de l'Espace & de la Durée ; & probablement leurs contestations à ce sujet, n'auront jamais de fin : tout ce que nous avons à représenter ici, c'est seulement que ce que ce grand homme a avancé sur ces Matieres, en si peu de mots & avec tant de modestie, est au moins aussi raisonnable, aussi digne de Dieu, & aussi-bien fondé sur la vraie Philosophie qu'aucun de leurs Systêmes ; quoiqu'on ait lieu de s'attendre que les meilleurs raisonnemens qu'on puisse faire sur des Matieres d'une nature si épineuse, seront toujours sujets à des difficultés & à des objections. Quant à ceux qui ne conviendront pas que l'Espace soit quelque chose de réel, nous avons observé ci-dessus, que la réalité du mouvement, qui est connue par l'expérience, prouve la réalité de l'Espace absolu ; & si on refusoit de l'admettre cet Espace, il n'y auroit que confusion & contradictions dans la Philosophie Naturelle. Les Physiciens ont traité fort au long de plusieurs autres argumens, sur tout de ceux qui sont tirés de cet Axiome, *non entis nulla sunt attributa*, en faveur de la réalité de l'Espace, dont les parties sont sujettes à la mesure & à differens rapports.

12. Nous avons observé ci-dessus, que comme Dieu est la cause premiere & suprême de toutes choses, ainsi il est absolument contraire à la raison de l'exclure de la Nature, & de le représenter comme une intelligence hors du Monde. Au contraire, il est très-naturel de penser qu'il est le premier Moteur dans tout l'Univers, & que toutes les autres causes dépendent de lui : ce Principe est conforme à ce qui résulte de toutes nos recherches dans la Nature, où nous trouvons con-

tinuellement des Puiſſances qui ſurpaſſent le pur Méchaniſme , ou les effets de la Matiere & du Mouvement. Les Loix de la Nature ſont conſtantes & régulieres , & , autant que nous le connoiſſons, peuvent toutes ſe réſoudre en une Püiſſance générale & univerſelle ; mais cette Puiſſance elle-même dérive ſes propriétés & ſon efficacité, non du Méchaniſme, mais en
grande partie des influences immédiates du premier
Moteur. Il paroît cependant que ce n'a pas été ſon intention , que l'état préſent des choſes ſubſiſtât éternellement ſans altération ; non-ſeulement par ce qui ſe
paſſe dans le Monde moral, mais auſſi par les Phénomenes du Monde matériel; comme il eſt évident
qu'il ne pourroit avoir perſiſté dans ſon état préſent,
de toute éternité.

13. La Puiſſance de la Gravité , par laquelle les Corps
céleſtes perſéverent dans leurs Révolutions , pénétre
juſqu'aux centres du Soleil & des Planetes, ſans aucune
diminution de ſa vertu, & s'étend à des diſtances im-
menſes, décroiſſant ſuivant un cours régulier. Son action eſt proportionnelle à la quantité de Matiere ſolide
contenue dans les Corps, & non pas à leurs Surfaces,
comme on l'obſerve des cauſes Méchaniques : cette
Puiſſance ſemble donc ſupérieure au pur Méchaniſme.
Néanmoins il n'eſt pas probable qu'elle puiſſe avoir
produit , au commencement, la ſituation réguliere des
Orbes , & la diſpoſition préſente des choſes. La Gravité ne pourroit avoir déterminé les Planetes à ſe mouvoir d'Occident en Orient, dans des Orbites à peu
près circulaires , preſque dans le même Plan ; & cette
Puiſſance ne pourroit pas non plus avoir projetté les
Cometes dans toutes ſortes de Directions. Si nous ſup-
poſions que la Matiere du Syſtême de l'Univers fût
accumulée au Centre par ſa Gravité , aucuns principes
Méchaniques , aidés de cette Puiſſance, ne pourroient ſéparer de cette Maſſe énorme des parties, telles que le Soleil

...Ieil & les Planetes, & après les avoir emportées à leurs
différentes diftances, les projetter dans toutes leurs
Directions, confervant toujours l'égalité de l'action &
de la réaction, ou le Centre de Gravité de tout le Syftême du Monde dans la même fituation. Une ftructure des chofes fi merveilleufe, ne peut venir que de la
production d'un Agent intelligent, libre & d'un pouvoir
fouverain. Les mêmes Puiffances donc qui gouvernent
à préfent l'Univers matériel, & qui conduifent fes mou-
mens divers, font très-differentes de celles qui étoient
néceffaires pour le produire de rien, ou pour le difpo-
fer dans la forme admirable où nous le voyons actuellement.

14. Comme il eft impoffible de ne pas regarder l'Univers comme dépendant de la premiere caufe & du
premier Moteur, dont il feroit abfurde, pour ne pas dire
impie, d'exclure l'action fur lui, ainfi nous avons quelques idées de la maniere dont il opére dans la Nature,
par les Loix que nous y trouvons établies. Quoiqu'il
foit la fource de toute efficacité, il laiffe cependant
agir les fecondes caufes qui lui font fubordonnées; &
le Méchanifme contribue à la production des mouvemens du grand Syftême de la Nature. * L'égalité de
l'action & de la réaction qui a lieu même dans les
Puiffances, qui paroiffent furpaffer le Méchanifme &
dériver du premier Etre plus immédiatement, nous
fait voir que quoiqu'elles tirent de lui leur efficacité,
elles font cependant, en un certain degré, limitées &
reglées dans leurs opérations par des principes Méchaniques ; & qu'elles ne doivent pas être confiderées
comme de pures volitions immédiates de Dieu (ainfi

---

* Ἀλλὰ τοῦτο ἦν τὸ θειότατον,
τὸ μετὰ ῥαςώνης κỳ ἁπλῆς κινήσεως
παντοδαπὰς ἀποτελεῖν ἰδέας, ὡς-
πὲρ ἄμελει δρῶσιν οἱ μηχανοποιοί

διὰ μιᾶς ὀργάνα σχαςηρίας, πολ-
λας κỳ ποικίλας ἐνεργείας ἀποτελῦγ-
τε.
S. Arift. *Ubi fuprà.*

qu'on les a souvent représentées) mais plutôt comme des instrumens qu'il a formés pour exécuter les desseins ausquels il les destinoit. Si par exemple les Phenomenes les plus nobles de la Nature font produits par un Milieu éthéré, rare, élastique, comme M. le Chevalier Newton l'a conjecturé, toute l'efficacité de ce milieu doit être résolue en sa Puissance & en sa volonté, qui est la cause suprême. Cela n'empêche pas cependant que ce Milieu ne puisse être sujet aux mêmes Loix que les autres fluides élastiques, dans ses actions & ses vibrations; & que si sa nature nous étoit mieux connue, ces Loix ne nous servissent à faire des découvertes curieuses & utiles sur ses effets. Il est aisé de voir que cette conjecture ne déroge en rien à l'action continuelle & aux influences de Dieu ; tandis qu'elle nous laisse en liberté de suivre nos recherches sur la nature & les opérations de ce Milieu. Au lieu que ceux qui rapportent précipitamment ces Puissances aux volitions immédiates de la cause suprême, sans admettre aucuns instrumens intermédiaires, mettent fin tout-à-coup à nos recherches, & nous privent de ce qui est probablement la partie la plus sublime de la Philosophie, en le représentant comme vain & imaginaire : par-là, comme nous l'avons observé ci-dessus, * ils nuisent à la même cause qu'ils paroissent si ardens à défendre ; car plus nous nous élevons en suivant l'échelle de la Nature, vers la cause suprême, plus nos connoissances en Philosophie s'embellissent & s'étendent. Il n'y a rien d'extraordinaire dans ce qu'on avance ici, sur la maniere dont le premier Etre agit dans l'Univers, en employant des instrumens subordonnés & des Agens qui ont leur force & leur efficacité particulieres; car nous sçavons qu'il en est ainsi dans le cours commun de la Nature, où nous trouvons la Gravité, l'Attraction & la Répulsion, &c. constamment combinées avec les principes de

* Liv. I. Chap. V. §. 5.

Méchanisme : & nous ne voyons aucune raison pourquoi cela n'auroit pas également lieu dans les Phénomenes & les mouvemens les plus subtils, & les plus
difficiles à découvrir, du Système du Monde.

15. On a démontré qu'il étoit arrivé de grandes révolutions, dans les tems qui nous ont précedés, sur la
Surface de la Terre, particulierement par les Phénomenes des differentes couches de ce Globe, qu'on
voit quelquefois situées d'une maniere très-réguliere, & quelquefois rompues & séparées l'une de l'autre à des distances très-considérables, où elles se re-
trouvent de nouveau dans le même ordre; par des impressions de Plantes laissées sur des Corps très-durs tirés des entrailles de la Terre, & dans des lieux où l'on
n'a jamais vû croître de semblables Plantes; & par les
os des animaux Terrestres ou Marins, découverts
plusieurs centaines de coudées au-dessous de la Surface
du Globe terrestre, & à de très-grandes distances de
la Mer. Quelques Philosophes expliquent ces changemens par les Révolutions des Cométes, où par d'autres moyens naturels : Mais Dieu ayant formé l'Univers,
dépendant de lui-même, ensorte qu'il exige d'être
comme renouvellé par ce Souverain Etre, quoiqu'à des
périodes de tems très-éloignées; il ne paroît pas que ce
soit une question fort importante, de rechercher si ces
grands changemens sont produits par l'intervention de
quelques instrumens, ou par les mêmes influences immédiates, qui dès le commencement donnerent la forme
aux choses.

16. Nous ne pouvons nous empêcher de remarquer
un dessein que l'Auteur de la Nature paroît avoir eu :
il nous a mis dans l'impossibilité d'avoir aucune communication de cette Terre avec les autres grands Corps
de l'Univers dans notre état présent ; & il est très-probable qu'il a pareillement privé de toute correspon-
dence les autres Planetes & les differens Systêmes.

Nous sommes en état par les Télescopes de découvrir très-clairement des Montagnes , des Précipices & des Cavités dans la Lune : mais nous ne sçavons pas quels sont les Etres qui marchent dans ces Précipices , ou à quoi servent ces grandes Cavités , dont plusieurs ont une élévation au milieu ; & nous ne pouvons concevoir comment cette Planete , sans aucune Atmosphere , sans vapeurs & sans Mers , suivant l'opinion communement reçue parmi les Astronomes, peut servir aux mêmes usages que notre Terre. On observe des révolutions subites & surprenantes sur la Surface de la grande Planete de Jupiter , qui auroient été fatales aux Habitans de la Terre. Nous connoissons assez tous ces Corps pour exciter notre curiosité , mais non pas pour la satisfaire. Nous sommes portés par là, aussi-bien que par l'état du Monde moral & par plusieurs autres considérations , à croire que notre état présent seroit très-imparfait , s'il n'étoit suivi d'un autre, où nos connoissances de la Nature & de son grand Auteur , seront plus claires & plus satisfaisantes. Il ne paroît pas conforme à la sagesse qui se manifeste par toute la Nature de penser que nous ne porterions nos vûes si loin , & que notre curiosité ne seroit tant excitée sur les Ouvrages de Dieu , que pour ne jamais atteindre au but. Comme l'homme est indubitablement le Chef sur la Terre , & que ce Globe peut n'être pas moins considérable aux égards les plus importans qu'aucun autre du Systême Solaire , qui lui-même n'est pas inférieur, que nous sçachions, à aucun Systême de l'Univers ; ainsi si nous supposions que l'homme périt sans acquérir une connoissance plus complette de la Nature que celle qu'il a dans son état actuel , toute imparfaite qu'elle est ; nous pourrions conclure par analogie que les Habitans de toutes les autres Planetes & de tous les Systêmes seroient aussi privés de la satisfaction de voir accomplir ces mêmes desirs ; & que les merveilles de la Nature ne seroient jamais développées à aucun d'eux que d'une maniere très-obscures. Cela nous conduit, donc, naturellement à ne considérer notre état présent que comme l'Aurore ou le commencement de notre éxistence, & comme une préparation ou une épreuve pour passer à un état plus parfait : ce qui paroît avoir été l'opinion des Philosophes de l'Antiquité les plus judicieux. Et quiconque considére attentivement la constitution de la nature humaine, particulierement les desirs & les passions des hommes, qui paroissent bien supérieurs à leurs objets présens, se persuadera aisément que l'homme a été destiné à de plus hautes connoissances que celles qu'il a dans cette vie. L'Auteur de la Nature les tient peut-être en reserve, pour nous les découvrir dans un tems convenable, & après une préparation suffisante. Il est sûrement en son pouvoir de perfectionner considérablement les facultés que nous possedons déja, ou de nous en accorder de nouvelles, dont nous n'avons actuellement aucune idée, afin que nous puissions pénétrer plus avant dans le Systême de la Nature, & nous approcher plus près de lui, la cause premiere & suprême. Nous ne sçavons pas combien il étoit à propos que nos connoissances ne fussent pas acquises tout-à-coup, mais que nous avançassions par dégrés, afin qu'en comparant les nouveaux objets ou les nouvelles Découvertes avec ce qui nous étoit connu auparavant, nos progrès pussent être plus complets & plus réguliers; ni combien il peut être nécessaire ou avantageux que des Etres intelligens passent comme par une espece d'enfance. Car une nouvelle connoissance ne consiste pas tant à approcher d'un nouvel objet qu'à le comparer avec les autres déja connus, à observer les rapports qu'il a avec eux, ou à distinguer ce qu'il a de commun avec ces objets & en quoi il en diffère. Par où il est aisé de voir que l'étendue de nos connoissances est beaucoup plus considérable que celle

qui réfulteroit de la fomme de tous leurs objets pris
féparement, & que lorfque nous venons à découvrir
un nouvel objet, l'augmentation qu'elles reçoivent eft
d'autant plus grande que le nombre de ceux qui faifoient déja leur matiere étoit plus étendu : de maniere
que cette augmentation doit être évaluée fuivant un
rapport bien fupérieur à celui de l'augmentation de ces
mêmes objets. ****

F I N.

De l'Imprimerie de JACQUES CHARDON.

APPROBATION.

J'Ai lû, par l'ordre de Monseigneur le Chancelier, un Manuscrit qui a pour titre *Exposition des Découvertes Philosophiques de M. Newton*, traduite par *M. Lavirotte*, & je crois que l'impression en sera utile au Public. A Paris ce 15 Février 1749.

CLAIRAUT.

PRIVILEGE DU ROY.

LOUIS, par la Grace de Dieu, Roy de France & de Navarre: A nos amés & féaux Conseillers, les Gens tenans nos Cours de Parlement, Maîtres des Requêtes ordinaires de notre Hôtel, Grand Conseil, Prevôt de Paris, Baillifs, Sénéchaux, leurs Lieutenans Civils & autres nos Justiciers qu'il appartiendra, SALUT. Notre bien amé le sieur * * *, Nous a fait exposer qu'il désireroit faire imprimer & donner au Public un ouvrage qui a pour titre : *Exposition des Découvertes Philosophiques de M. Newton, traduites de Maclaurin par M. Lavirotte, Medécin*. S'il nous plaisoit lui accorder nos Lettres de Privilége pour ce nécessaire. A CES CAUSES, voulant favorablement traiter l'Exposant, Nous lui avons permis & permettons par ces Présentes, de faire imprimer ledit Ouvrage en un ou plusieurs volumes, & autant de fois que bon lui semblera, & de le vendre, faire vendre & débiter par tout notre Royaume pendant le tems de *six* années consécutives, à compter du jour de la date desdites Présentes : faisons défenses à toutes personnes de quelque qualité & condition qu'elles soient, d'en introduire d'impression étrangere dans aucun lieu de notre obéïssance, comme aussi à tous Libraires & Imprimeurs d'imprimer, ou faire imprimer, vendre, faire vendre, débiter ni contrefaire ledit Ouvrage, ni d'en faire aucuns Extraits sous quelque prétexte que ce soit, d'augmentation, correction, changement ou autres, sans la permission expresse & par écrit dudit Exposant ou de ceux qui auront droit de lui, à peine de confiscation des Exemplaires contrefaits, de trois mille livres d'amende contre chacun des Contrevenans, dont un tiers à Nous, un tiers à l'Hôtel-Dieu de Paris, l'autre tiers audit Exposant, ou à celui qui aura droit de lui, & de tous dépens, dommages & intérêts ; à la charge que ces Présentes seront enregistrées tout au long sur le Registre de la Communauté des Libraires & Imprimeurs de Paris, dans trois mois de la date d'icelles ; que l'impression dudit Ouvrage sera faite dans notre Royaume & non ailleurs, en bon papier & beaux caracteres, conformément à la feüille imprimée & attachée pour modéle, sous le contre-scel desdites Présentes ; que l'Impétrant se conformera en tout aux Réglemens de la Librairie, & notamment à celui du 10 Avril 1725, qu'avant de l'exposer en vente, le Manuscrit qui aura servi de copie à l'Impression dudit Ouvrage, sera remis dans le même état où l'Approbation y aura été donnée, s mains de notre très-cher & féal Chevalier le Sieur Daguesseau, Chancelier de France, Commandeur de nos Ordres ; & qu'il en sera ensuite remis deux Exemplaires de chacun dans notre Bibliothéque publique, un dans celle de notre Château du Louvre, & un dans celle de notredit très-cher & féal Chevalier le Sieur Daguesseau, Chancelier de France, Commandeur de nos Ordres; le tout à peine de nullité des Présentes. Du contenu desquelles vous mandons & enjoignons de faire joüir l'Exposant ou ses ayans cause, pleinement & paisiblement, sans souffrir qu'il leur soit fait aucun trouble ou empêchement. Voulons que la copie desdites Présentes qui sera imprimée tout au long au commencement ou à la fin dudit Ouvrage, soit tenue pour dûëment signifiée, & qu'aux copies collationnées par l'un de nos amés & féaux Conseillers & Secrétaires, foy soit ajoutée comme à l'original Commandons au premier notre Huiffier ou Sergent, de faire pour l'exécution d'icelles, tous Actes requis & nécessaires, sans demander autre permission, & nonobftant clameur de Haro, Charte Normande, & Lettres à ce contraire : CAR tel eft notre plaifir. DONNE' à Versailles le premier jour du mois de Mars l'An de Grace mil sept cens quarante-neuf, & de notre Regne le trente-quatriéme. Par le Roy en son Conseil.

SAINSON.

Regiſtré ſur le Regiſtre XII. de la Chambre Royale & Syndicale des Libraires & Imprimeurs de Paris, N°. 169. fol. 160. conformément au Réglement de 1723. qui fait défenſe Art. 4. à toutes perſonnes de quelque qualité qu'elles ſoient autres que les Libraires & Imprimeurs de vendre, debiter & faire afficher aucuns Livres pour les vendre en leurs noms, ſoit qu'ils s'en diſent les Auteurs ou autrement, & à la charge de fournir à la ſuſdite Chambre huit Exemplaires preſcrits par l'Art. 108. du même Réglement. Regiſtré nonobſtant les trois mois paſſés à cauſe d'une oppoſition, dont la main-levée n'a été donnée que ce jourd'hui. A Paris ce trois Juin 1749.

Signé, G. CAVELIER, *Syndic.*

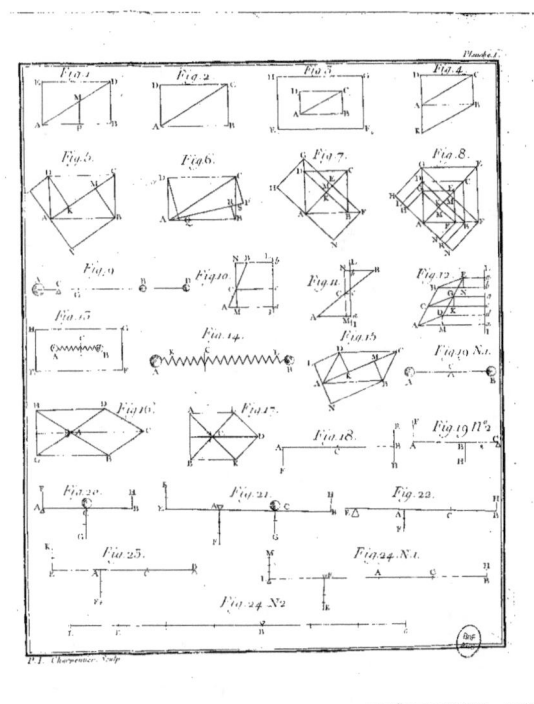

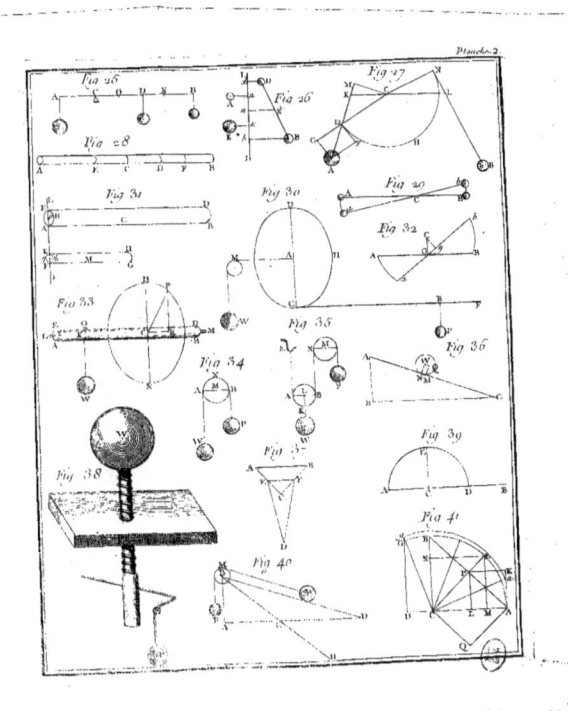

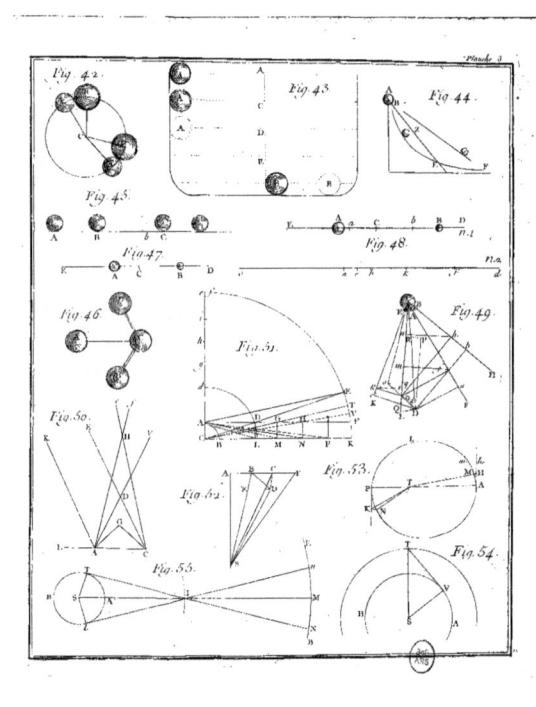

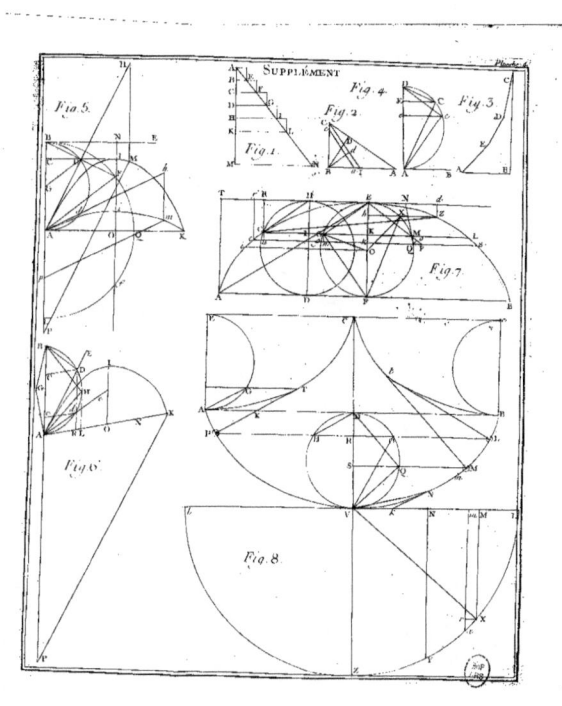

Fig. 5.

Fig. 4.

Fig. 3.

SUPPLEMENT

Fig. 2.

Fig. 1.

Fig. 7.

Fig. 6.

Fig. 8.

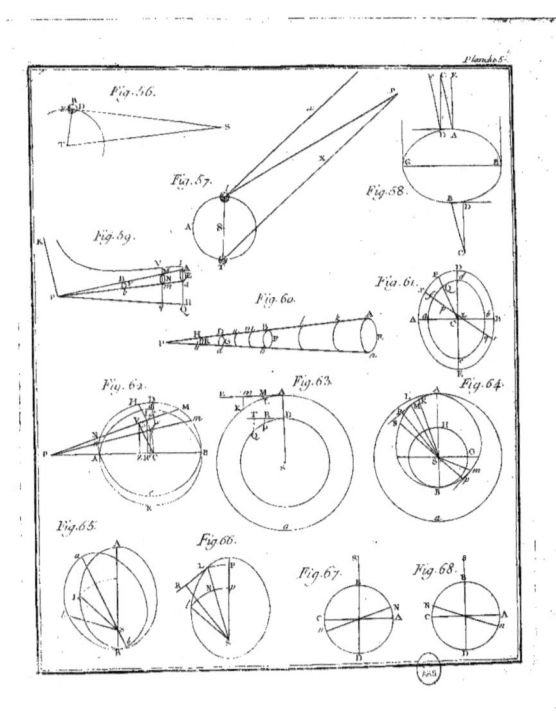

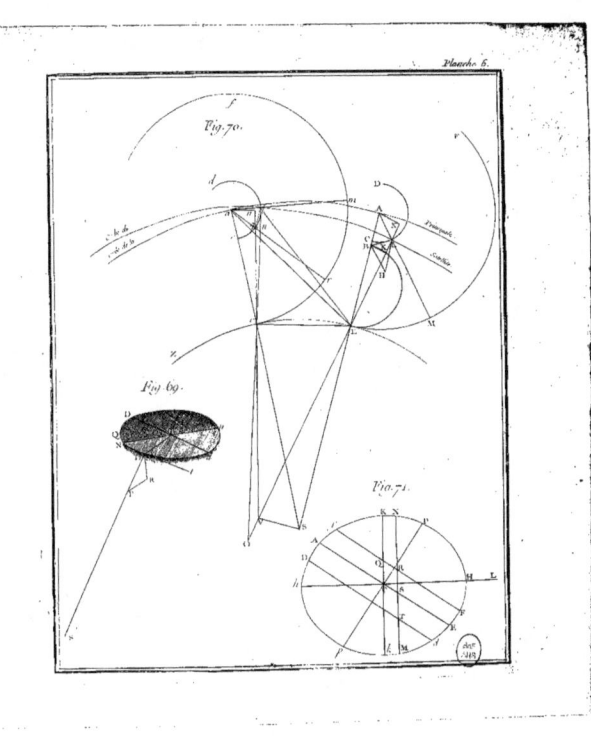

Fig. 70.

Fig. 69.

Fig. 71.